JOHANN NICOLAUS TETENS

Metaphysik

Mit einer Einleitung und Anmerkungen
textkritisch herausgegeben von

MICHAEL SELLHOFF

FELIX MEINER VERLAG
HAMBURG

PHILOSOPHISCHE BIBLIOTHEK BAND 677

Bibliographische Information der Deutschen Nationalbibliothek

Die Deutsche Nationalbibliothek verzeichnet diese Publikation in der Deutschen Nationalbibliographie; detaillierte bibliographische Daten sind im Internet über <http://portal.dnb.de> abrufbar.

ISBN 978-3-7873-2765-2
ISBN eBook 978-3-7873-2840-6

Gedruckt mit Unterstützung der DFG

Satz: Michael Sellhoff, http://michael-sellhoff.de. Druck: Strauss, Mörlenbach. Buchbinderische Verarbeitung: Litges & Dopf, Heppenheim. Werkdruckpapier: alterungsbeständig nach ANSI-Norm resp. DIN-ISO 9706, hergestellt aus 100 % chlorfrei gebleichtem Zellstoff. Printed in Germany. *www.meiner.de*

INHALT

METAPHYSIK BEY DEM H. PROFESSOR TETENS

SIGLEN

Siglen der Schriften Tetens'

Gedancken Johann Nicolaus Tetens, *Gedancken über einige Ursachen, warum in der Metaphysik nur wenige ausgemachte Wahrheiten sind, als eine Einladungs-Schrift zu seinen den 13ten October auf der neuen Bützowschen Academie anzufangenden Vorlesungen, entworfen von Johann Nicolaus Tetens, Phil. D. Bützow und Wismar, bey Berger und Boedner, 1760.* In: ders., *Die philosophischen Werke, Band III: Kleinere Schriften, Teil 1.* In Zusammenarbeit mit Rüdiger Thiele und Robert Mößgen ausgewählt, eingeleitet und herausgegeben von Jürgen Engfer, Hildesheim/Zürich/New York 2005, 9–76.

Ursprung [anon.,] *Ueber den Ursprung der Sprachen und der Schrift.* Bützow und Wismar, in der Berger- und Boednerschen Buchhandlung, 1772. In: ders., *Die philosophischen Werke, Band III: Kleinere Schriften, Teil 1*, 471–549.

ASP [anon.,] *Ueber die allgemeine speculativische Philosophie.* Si quis universam velit vituperare, secundo id populo facere posset. Cic. Bützow und Wismar, in der Berger- und Boednerschen Buchhandlung, 1775. In: ders., *Die philosophischen Werke, Band IV: Kleinere Schriften, Teil 2*, 1–94.

Versuche Johann Nicolaus Tetens, *Philosophische Versuche über die menschliche Natur und ihre Entwickelung.* Erster Band. Zweyter Band. Leipzig, bey M. G. Weidmanns Erben und Reich. 1777. ND als *Die philosophischen Werke*, Band I/II.

Werke Johann Nicolaus Tetens, *Die philosophischen Werke.* 4 Bde., Hildesheim/Zürich/New York 1979–2005.

Metaphysik »Metaphysik bey dem H. Profeßor Tetens«, der hier edierte Text.

Weitere Siglen

AA Immanuel Kant, *Kant's gesammelte Schriften*, hrsg. von der Königlich Preußischen Akademie der Wissenschaften [ab 2002: Berlin-Brandenburgische Akademie der Wissenschaften], Berlin 1900 ff.

Adelung Johann Christoph Adelung, *Versuch eines vollständigen grammatisch-kritischen Wörterbuches der hochdeutschen Mundart*, 5 Bde., Leipzig 1774–1786; Digitalisat der Ausgabe 1811 unter http://lexika.digitale-sammlungen.de/adelung/.

De mundi sensibilis Immanuel Kant: *De mundi sensibilis atque intelligibilis forma et principiis* (= AA 2, 385–419), 1770. Zitiert nach Immanuel Kant: *Werke in sechs Bänden*, hrsg. v. Wilhelm Weischedel, Darmstadt 1998, Bd. III, 7–107.

Discursus Christian Wolff: *Discursus praeliminaris de philosophia in genere = Einleitende Abhandlung über Philosophie im allgemeinen*, hrsg. v. Günter Gawlick/Lothar Kreimendahl (= FMDA; I/1), Stuttgart-Bad Cannstatt 1996.

DM Christian Wolff: *Vernünfftige Gedanken von Gott, der Welt und der Seele des Menschen, auch allen Dingen überhaupt* (= Wolff-Werke; I/2), Hildesheim 2003.

Eisler	Rudolf Eisler, *Wörterbuch der philosophischen Begriffe*, Berlin 1904; digitalisiert verfügbar unter http://www.textlog.de/eisler_woerterbuch.html.
Georges	Karl Ernst Georges: *Ausführliches lateinisch-deutsches Handwörterbuch*, 2., erw. Ausg. (= Digitale Bibliothek; 69), Berlin 2004.
Herder-Werke	Johann Gottfried Herder, *Sämtliche Werke*, hrsg. von Bernhard Suphan, ND Hildesheim 1967/1968.
HWPh	*Historisches Wörterbuch der Philosophie*, hrsg. von Joachim Ritter und Karlfried Gründer, Basel 1971–2007.
KrV	Immanuel Kant, *Critik der reinen Vernunft*, Riga 1781; zitiert wird unter Angabe der Paginierung von Ausgabe A (1781) bzw. B (1787).
Met.	Alexander Gottlieb Baumgarten: *Metaphysica. Historisch-kritische Ausgabe*, hrsg. v. Günter Gawlick/Lothar Kreimendahl (= FMDA; I/2), Stuttgart-Bad Cannstatt 2011.
Walch	Johann Georg Walch, *Philosophisches Lexicon*, Leipzig 1726.
Wolff-Werke	Christian Wolff, *Gesammelte Werke*, hrsg. und bearb. von Jean École, Hildesheim 1962 ff.
Zedler	Johann Heinrich Zedler, *Grosses vollständiges Universal Lexicon Aller Wissenschaften und Künste*, 68 Bde., Leipzig 1732–1750; Digitalisat unter http://www.zedler-lexikon.de.

EINLEITUNG

1. *Zur Person*

Der am 16. September 1736 als Sohn des Gastwirts und Kornhändlers Jacob Tetens und seiner Frau Martje (geb. Claußen) im nordfriesischen Tetenbüll geborene Jan Claßen Tetens erhält 15 Jahre später, beim Übertritt von der Tönninger Stadtschule in die dortige Lateinklasse, den hochdeutschen Vornamen Johann Nicolaus.[1] Tetens hat im Elternhaus wie in der Schule eine religiöse Prägung erfahren: Das amtliche Güterverzeichnis des väterlichen Nachlasses notiert mehrere christliche Bücher, seine Abgangsrede zu Ostern 1754 widmete er der Frage, »ob die weltlichen Studia der Religion und Gottesfurcht zuwider oder schädlich seyn?«.[2] Am 23. Mai 1755 immatrikuliert er sich an der Universität Rostock, wechselt zwei Jahre darauf als »Student der Theologie« nach Kopenhagen,[3] um 1759 in Rostock Magister und 1760 mit der Abhandlung *De causa caerulei coeli coloris* promoviert zu werden.[4] Noch im selben Herbst beginnt Tetens seine Lehrtätigkeit an der neugegründeten Friedrichs-Universität oder »Akademie« in der mecklenburgischen Landstadt Bützow.

Zwölf Jahre jünger als Kant, acht Jahre älter als Herder, unterscheidet sich Tetens' Biographie bereits hier in einer wesentlichen Hinsicht: In der zügigen Geradlinigkeit, mit der er im akademischen Beruf ankommt. Ohne Verzögerungen durch Hauslehrer-Stellen, Reisen und andere

[1] Otto Hintze: *Die Eiderstedter Ahnen und die Lehrer des Philosophen Johann Nicolaus Tetens*, [Garding] 1936, 5.

[2] Ebd., 17, 19; vgl. außerdem Alexei N. Krouglov: »Die Theologie der Vernunft bei J.N. Tetens«, in: *Aufklärung* 21 (2009), 103–116, hier 103–104.

[3] Ebd., 104.

[4] Hintze: *Eiderstedter Ahnen*, 21.

Zwischenstationen – man denke nur an Kant[5] und Herder[6] – wird Tetens direkt im Anschluß an die Promotion mit erst 24 Jahren besoldeter Privatdozent. Neben der bald bestimmenden Philosophie bleibt er seinen weiteren Disziplinen treu: Er lehrt weiterhin Mathematik und wird 1763 ordentlicher Professor der Physik. Ab 1765 leitet er als Direktor das Bützower Pädagogium, eine »Real-Schule« zur Vorbereitung nicht nur auf ein späteres Studium, sondern auch auf praktische Berufe.[7]

Nach seinem Wechsel an die Christian-Albrechts-Universität zu Kiel im Jahr 1776 setzt er diese Verbindung aus breit gespannter akademischer und praktisch-amtsführender Tätigkeit fort: Neben dem philosophischen Unterricht bereist er im Regierungsauftrag zur Deichinspektion die »Marschländer« der Nordsee und entwirft daraus eine Verbesserung des Deichbaus, widmet sich finanzmathematischen Inhalten und übernimmt angesehene Positionen in der dänischen Verwaltung des Landes. Im Jahr 1789 wechselt er dann ganz in den Verwaltungsdienst und nimmt den Ruf in das Kopenhagener Finanzkollegium an.[8] Insgesamt liegt die Annahme nahe, daß der hinsichtlich seiner universellen Gelehrtheit mit Leibniz verglichene Tetens[9] die Facetten seiner vielfältigen Interessen und Engagements kaum als konkurrierend angesehen haben dürfte, sondern eher als verschiedene Seiten einer Medaille. Dennoch bleibt

[5] Vgl. Manfred Kühn: *Kant: eine Biographie*, hrsg. v. Martin Pfeiffer, München 2003, 119.

[6] Siehe Rudolf Haym: *Herder nach seinem Leben und seinen Werken*, Berlin 1880, Bd. 1, Drittes Buch: »Reiseleben«, 313–450.

[7] Vgl. Jürgen Engfer: »Einleitung«, in: ders. (Hrsg.): *Kleinere Schriften* (= Johann Nicolaus Tetens. Philosophische Schriften; III), Hildesheim 2005, 15–41, xxxi–xxxiii.

[8] Vgl. ebd., xv; Hintze: *Eiderstedter Ahnen*, 23–24; Wilhelm Uebele: *Johann Nicolaus Tetens nach seiner Gesamtentwicklung betrachtet, mit besonderer Berücksichtigung des Verhältnisses zu Kant* (= Kantstudien Ergänzungshefte; 24), Berlin 1911, 20–22.

[9] Heintel nach Engfer: »Einleitung«, vi.

neben dem Erstaunen über das vollständige philosophische Verstummen ab 1789 die Neugierde über dessen Gründe.

Bekanntlich ist die Quellenlage zu Johann Nicolaus Tetens denkbar unbefriedigend: Neben den verdienstvoll von Jürgen Engfer in den *Philosophischen Werken*[10] herausgegebenen Druckschriften steht der Forschung keine weitere Überlieferung zur Verfügung – keine bekannten Briefe, kein Nachlaß. Dieser Zustand wird noch verschärft durch den Umstand, daß sich Tetens nach dem Erscheinen der Kantischen *Kritik der reinen Vernunft* nicht mehr substantiell philosophisch geäußert hat: Nach den *Philosophischen Versuchen* von 1777 erscheinen in dieser Hinsicht allein die religionsphilosophischen Aufsätze der Jahre 1778 und 1783. Es steht die berechtigte Vermutung im Raum, Tetens habe

> »mit Kants ›Kritik der reinen Vernunft‹ [...] ein Buch erscheinen sehen, das dem von ihm imaginierten systematischen Entwurf möglicherweise bis zu dessen Überflüssigkeit nahe gekommen war. In den Kritiken Kants, so könnte man zuspitzen, war Tetens' Programm einer ›spekulativischen Philosophie‹ realisiert und zugleich überholt worden.«[11]

[10] Johann Nicolaus Tetens: *Die philosophischen Werke*, hrsg. v. Jürgen Engfer, Hildesheim u.a. 1979. Raffaele Ciafardone hat darüber hinaus italienische (Teil-)Übersetzungen bereits vorliegender Tetensscher Schriften besorgt; vgl. ders.: *Saggi filosofici e scritti minori*, hrsg. v. Raffaele Ciafardone, L'Aquila 1983 und ders.: *Saggi filosofici sulla natura umana e sul suo sviluppo*, hrsg. v. Raffaele Ciafardone, Milano 2008. Jüngst haben die *Gedancken* Eingang in eine konzeptionell vielversprechende kommentierte Quellenedition gefunden: Seung- Kee Lee u. a. (Hrsg.): *Philosophical academic programs of the German enlightenment. A literary genre recontextualized* (= FMU; 4), Stuttgart- Bad Cannstatt 2012 (vgl. unten S. ?? für weitere Anmerkungen). – Die während der Fertigstellung dieser Arbeit erschienene Ausgabe Johann Nikolaus Tetens: *Philosophische Versuche über die menschliche Natur und ihre Entwickelung: Kommentierte Ausgabe*, hrsg. v. Udo Roth/Gideon Stiening, Berlin 2014 konnte inhaltlich leider nicht mehr berücksichtigt werden.

[11] Dirk Westerkamp: »Der Anfang der Vernunft. Johann Nicolaus Tetens und die Sprachphilosophie der Aufklärung«, in: *Christia-*

Mit dem hier edierten Vorlesungsmanuskript stellt sich die Frage nach einer – wie auch immer subkutanen – Reaktion Tetens' auf die Kantische Kritik neu.[12] Denn die durch glückliche Zufälle vor wenigen Jahren in schwedischem Privatbesitz aufgefundene Handschrift mit dem Titel »Metaphysik bey dem H. Profeßor Tetens« läßt sich, obwohl undatiert, zeitlich genau einordnen: Der »Vorbericht« nennt unter den jüngsten zur Metaphysik gehörenden Schriften den *Versuch* von Heinrich Corrodi (1752–1798), der im Jahr 1788 erschienen ist. Da Tetens in Kiel stets im Winter über Metaphysik gelesen hat, und das letztmalig im Wintersemester 1788/89,[13] so kommt allein diese Vorlesung in Frage. Das Manuskript enthält allem Anschein nach ein vollständiges Kolleg,[14] gibt ausgerechnet Tetens' letzte philosophische Vorlesung überhaupt, seine Abschiedsvorlesung an der Kieler Christian-Albrechts-Universität unmittelbar vor seiner Übersiedlung nach Kopenhagen wieder.

2. *Forschungsperspektiven*

Die ältere Literatur zu Tetens bietet einen noch heute wertvollen Materialreichtum: Insbesondere Wilhelm Uebeles Darstellung der Tetensschen »Gesamtentwicklung« ist weiterhin unverzichtbar, ist sie doch eine der seltenen

na Albertina: Forschungen und Berichte aus der Christian-Albrechts-Universität zu Kiel 64 (2007), 6–20, hier 18.

[12] Laut Max Frischeisen-Köhler/Willy Moog: *Die Philosophie der Neuzeit bis zum Ende des 18. Jahrhunderts*, Bd. 3 (= Ueberweg: Grundriß der Geschichte der Philosophie), Berlin 1924, 483 bezeichnet Tetens' Abhandlung »Von der Abhängigkeit des Endlichen vom Unendlichen« (*Werke* IV, 259–330) von 1783 »den Beginn einer Auseinandersetzung mit Kants Kritik der reinen Vernunft«.

[13] Vgl. den *Index praelectionum in Academia Regia Christiano-Albertina ... habendarum*, Kiliae Holsatorum der Jahre 1776 bis 1789; die Ankündigung dieser Vorlesung ist auf Seite cxxx des editorischen Vorberichts wiedergegeben.

[14] Vgl. unten den editorischen Vorbericht, cxxiii.

Studien, die sich nicht bloß schwerpunkthaft auf die *Philosophischen Versuche* stützt, sondern eine – wenn auch teils stark zeitgebundene – Sichtung nahezu des gesamten Werks unternimmt. Wenig überraschend hebt Uebele die Vermittlung von Locke und Leibniz unter Einbeziehung der englischen empirischen und französischen sensualistischen Philosophie als die wichtigsten Einlüsse hervor.[15]

Hatte Tetens bereits der zeitgenössischen Philosophiegeschichtsschreibung als einer der führenden Psychologen gegolten,[16] so erfährt er folgerichtig in Max Dessoirs *Geschichte der neueren deutschen Psychologie* ausführliche Behandlung; Dessoir nennt als »Ausgangspunkt seiner kritischen Überlegungen« die den *Philosophischen Versuchen* ablesbaren Bezüge auf »Wolff, Search, Hartley, Helvetius und Bonnet«.[17] Deutlich anregender, wenn auch vielfach eher von thesen- denn belegfreudiger Argumentation geprägt, ist die sensibel auf Affinitäten zwischen scheinbar Disparatem reagierende Analyse Robert Sommers in den *Grundzügen einer Geschichte der deutschen Psychologie und Aesthetik*, der Tetens als wichtigen eigenständigen Denker wahrnimmt und dabei nicht nur die Einflüsse Leibniz', Reimarus' und auch Hallers aufzeigt, sondern auch Tetens' methodisches Vorgehen »als konsequente Uebertragung von *Lambert*'s rationellem Empirismus bei Behandlung

[15] Vgl. Uebele: *Gesamtentwicklung*, 213.

[16] So konstatiert etwa Johann Gottlieb Buhle: *Geschichte der neuern Philosophie seit der Epoche der Wiederherstellung der Wissenschaften*, Bd. 6, Göttingen 1804, 510: »Zu den vornehmsten und berühmtesten deutschen Philosophen, welche die Psychologie in Verbindung mit der Logik, Metaphysik und Moral cultivirten, gehören *Moses Mendelssohn*, *Sulzer*, *Eberhard*, *Plattner*, *Tetens*, *Feder*, u.a.« Buhle hält übrigens die *Philosophischen Versuche* für »noch nicht vollendet; es ist aber seit der Versetzung des Verfassers nach Kopenhagen nichts mehr davon erschienen« (ebd., 531).

[17] Max Dessoir: *Geschichte der neueren deutschen Psychologie*, Berlin 1902, 336.

der äußeren Sinnesempfindung auf das Gebiet der inneren Erfahrung«[18] versteht.

In einer Reihe von im weiteren Sinne philosophisch motivierten Dissertationen zwischen 1878[19] und 1928[20] tritt mehr und mehr die Betrachtung Tetens' als bloßer Vorläufer Kants in den Vordergrund. Gegenüber dieser eher instrumentellen Annäherung – Tetens als Mittel zum Zweck der Kant-Exegese – leistet Ernst Cassirer 1907 im siebten und achten Buch des *Erkenntnisproblems*[21] und in seiner *Philosophie der Aufklärung* von 1932 eine vorerst letzte tiefgehende Analyse der Philosophie Tetens', bevor der Name für längere Zeit beinahe in Vergessenheit gerät.

Daß dieses Desinteresse nicht endgültig geblieben ist, beruht wohl vor allem auf zwei Umständen: Einerseits der allgemeinen Ausdifferenzierung und Vertiefung systematischer wie historischer Forschungen, in deren Verlauf sich nach dem Erreichen eines gewissen Wissensniveaus zu den »großen Gestalten« der Blick auch zunehmend auf Detailfragen und »dii minores« richten konnte. Andererseits mußte auch die Kant-Forschung immer wieder auf Tetens stoßen: Denn es ist ja nicht nur als Anekdote bekannt, daß Kant bei der Abfassung der *Kritik der reinen Vernunft* Tetens' *Philosophische Versuche* stets vor Augen gehabt habe,[22] vielmehr äußert sich Kant selbst mehrfach

[18] Robert Sommer: *Grundzüge einer Geschichte der deutschen Psychologie und Aesthetik von Wolff–Baumgarten bis Kant–Schiller*, Würzburg 1892, 262.

[19] Friedrich Harms: *Ueber die Psychologie von Johann Nicolas Tetens*, Berlin 1878.

[20] Karl Fervers: »Die Beziehungen zwischen Gefühl und Willen bei Tetens und Kant«, in: *Jahrbuch der Dissertationen der Philosophischen Fakultät der Rheinischen Friedrich-Wilhelms-Universität zu Bonn* 3 (1928), 76–85.

[21] Ernst Cassirer: *Das Erkenntnisproblem in der Philosophie und Wissenschaft der neueren Zeit*, hrsg. v. Birgit Recki (= ECW; Bd. 2–5), Hamburg 1999, v.a. 476–488.

[22] Der Hinweis findet sich bspw. bei Uebele: *Gesamtentwicklung*, 1: Brief Hamanns an Herder, 17. Mai 1779. In *Hamann's Schriften.*

zu Tetens – erst mit Hoffnungen auf dessen Aufnahme der Kritischen Philosophie, dann mit Enttäuschung über sein Schweigen. So schreibt er am 11. Mai 1781 an Marcus Herz:

> »Daß Herr Mendelssohn mein Buch zur Seite gelegt habe ist mir sehr unangenehm aber ich hoffe daß es nicht auf immer geschehen seyn werde. Er ist unter allen die die Welt in diesem Punkte aufklären könten der wichtigste Mann, und auf Ihn, HEn Tetens und Sie mein Werthester habe ich unter allen am meisten gerechnet.« (*AA* 10, 270)

Und noch am 7. August 1783 an Christian Garve, für die in Aussicht gestellte »unverstümmelte Recension« (*AA* 10, 338) werbend:[23]

> »Garve, Mendelssohn u. Tetens wären wohl die einzige Männer die ich kenne, durch deren Mitwirkung diese Sache in eben nicht langer Zeit zu einem Ziele könte gebracht werden, dahin es Iarhunderte nicht haben bringen können; allein diese vortrefliche Männer scheuen die Bearbeitung einer Sandwüste, die, bey aller auf sie verwandten Mühe, doch immer so undankbar geblieben ist.« (*AA* 10, 341)

Doch schon am 16. August desselben Jahres, also nur neun Tage später, schlägt in einem Brief an Moses Mendelssohn der Ton in Resignation um: »Mendelssohn, Garve u. Tetens scheinen dieser Art von Geschäfte entsagt zu haben und wo ist noch sonst jemand, der Talent u. guten Willen hat, sich damit zu befassen?« (*AA* 10, 346)

Bd. VI ist der Brief enthalten, die Stelle lautet wörtlich (83): »Kant arbeitet frisch darauf los an seiner Moral der reinen Vernunft und Tetens liegt immer vor ihm. Er wies mir einen Brief von Feder, den ich fast gar nicht kenne, aber sein Werk über den Willen lesen will.«

[23] Kant nimmt Bezug auf die bekannte Auseinandersetzung über die von Feder »verstümmelte« Rezension Garves zur *Kritik der reinen Vernunft.* Darüber informiert noch immer am grundlegendsten Albert Stein, *Über die Beziehungen Chr. Garve's zu Kant: nebst mehreren bisher ungedruckten Briefen Kant's, Feder's und Garve's*, Leipzig 1884.

Darüber hinaus stiften den durch die Forschung aktualisierbaren Zusammenhang beider Denker die vielfach parallelen Interessen und thematischen Überschneidungen von Kant und Tetens. Bereits einer lockeren Anordnung ihrer frühen Schriften ist dies ablesbar: von der Astronomie[24] über die theoretische Mathematik[25] bis hin zu den Gottesbeweisen[26].

Grundlegender und philosophiehistorisch bedeutsamer wird diese Parallelität in einem Projekt augenfällig, das ins Herz spätaufklärerischen Philosophierens zielt: Die Krise der Wolffschen Schulphilosophie, ja die Krise metaphysischen Systemdenkens überhaupt[27] führt einerseits zur notwendigen Metaphysik-Kritik. Zugleich stellen sich beide gegen den »Modeton des Zeitalters«, der der »Königin der Wissenschaften nur noch »alle Verachtung zu beweisen« bestrebt sei.[28] An die Analyse, »warum in der Metaphysik nur so wenige ausgemachte Wahrheiten sind« (Tetens) schließt sich die Begründung einer »Metaphysik, die als Wissenschaft wird auftreten können« (Kant) an. Während Kant diese transzendentalphilosophisch auf die »Kritik

[24] Kants *Allgemeine Naturgeschichte und Theorie des Himmels* (1755), Tetens' *De causa caerulei coeli coloris* (1760).

[25] Vgl. Rüdiger Thiele: »Tetens als Mathematiker und Mechaniker«, in: Jürgen Engfer (Hrsg.): *Die philosophischen Werke*, Bd. III, Hildesheim 2005, xliii–liii; Kants *Gedanken von der wahren Schätzung der lebendigen Kräfte* (1749), Tetens' Johann Nicolaus Tetens: »Abhandlung Von dem Maaß der lebendigen Kräfte«, in: Jürgen Engfer (Hrsg.): *Die philosophischen Werke*, Bd. III, Hildesheim [u.a.] 2005, 77–131 (1761).

[26] Kants *Der einzig mögliche Beweisgrund zu einer Demonstration des Daseins Gottes* (1763), Tetens' »Abhandlung von den vorzüglichsten Beweisen des Daseins Gottes« (1761).

[27] Manfred Kühn: *Scottish Common Sense in Germany 1768–1800*, Kingston 2004, 36 charakterisiert die philosophische Lage in Deutschland nach Wolffs Tod im Jahr 1754 mit Bezug auf Wessell als »cognitive crisis«. Kühn greift bemerkenswerterweise ebenfalls Wessells Gedanken auf, Thomas S. Kuhns wissenschaftstheoretischen Krisen-Begriff auf diese Situation anzuwenden.

[28] *KrV* A viii.

der reinen Vernunft« als »ein Traktat von der Methode«[29] baut, führt Tetens die sprachphilosophische Kritik seines Bützower Grundsatzprogramms über den Entwurf einer »allgemeinen speculativischen Philosophie« zur Ausführung als psychologisch fundierte Anthropologie in den *Philosophischen Versuchen.*[30] Tetens und Kant teilen das Bewußtsein der Krise der Metaphysik wie der Notwendigkeit ihrer Neubegründung zum Zwecke wissenschaftlicher Erkenntnis überhaupt.

So ist es kaum verwunderlich, daß neben einer Kant-Forschung, die »Legion« ist, auch Tetens in der jüngeren Literatur wieder größere Beachtung findet. Dabei spiegeln die Perspektiven in groben Umrissen auch die Geschichte wissenschaftlicher »Wenden« wider: Beginnend mit einem sprachphilosophischen und -wissenschaftlichen Fokus,[31] läuft neben einem breiten philosophiegeschichtlichen Interesse die Erforschung der Tetensschen Philosophie auf die nicht bloß philosophische Psychologie zu,[32] um jene mit den Bewußtseinstheorien in der Genese moderner *philosophy of mind* zu situieren.[33]

[29] *KrV* B xxii.

[30] Zu Tetens' Programm vgl. unten Seite xlix ff.

[31] Johann Nicolaus Tetens: *Über den Ursprung der Sprachen und der Schrift*, hrsg. v. Hannelore Pallus (= Philosophische Studientexte), Berlin (Ost) 1966; ders.: *Sprachphilosophische Versuche*, hrsg. v. Erich Heintel/Heinrich Pfannkuch (= Philosophische Bibliothek; 258), Hamburg 1971; Mechthild Böhm: *Etymologie als Problem*, Würzburg 1976.

[32] Jeffery Barnouw: »Psychologie empirique et épistémologie dans les ›Philosophische Versuche‹ de Tetens«, in: *Archives de Philosophie* 46 (1983), 271–290; Ulman Lindenberger/Paul B. Baltes: »Die Entwicklungspsychologie der Lebensspanne (Lifespan-Psychologie)«, in: *Zeitschrift für Psychologie* 207.3/4 (1999), 299–323.

[33] Christian Hauser: *Selbstbewusstsein und personale Identität: Positionen und Aporien ihrer vorkantischen Geschichte ; Locke, Leibniz, Hume und Tetens* (= FMDA; II/7), Stuttgart-Bad Cannstatt 1994; Falk Wunderlich: *Kant und die Bewußtseinstheorien*

Daneben stehen in der jüngsten Forschung vor allem ertragreiche Einzelinteressen im Vordergrund[34] und deuten sich anthropologische und ästhetische Studien als neue Schwerpunkte an.[35] Dabei erfährt die Untersuchung der Philosophie der zweiten Hälfte des 18. Jahrhunderts durch eine zunehmend üblichere Überschreitung ehemals starrer Fachgrenzen neue Impulse, ermöglicht der Einbezug literarischer wie naturwissenschaftlicher Gegenstände die zunehmende Weitung des Blicks auf Aspekte einer Geschichte des aufklärerischphilosophischen Denkens. Darüber hinaus erlaubt es die hohe Ausdifferenzierung der gegenwärtigen philosophischen Forschung, das reichhaltige Beziehungsgeflecht der Philosophie »zwischen Wolff und Kant«[36] durch eine personenbezogene Erforschung bisher vernachlässigter Denker zu erschließen.[37]

des 18. Jahrhunderts, Berlin 2005; Fernando Vidal: *Les sciences de l'âme*, Paris 2006; engl. als: Ders.: *The Sciences of the Soul: The Early Modern Origins of Psychology*, 2011.

34 Vgl. bspw. die Aufsätze Westerkamp: »Anfang«; Gideon Stiening: »›Grade der Gewißheit‹: physische Anthropologie als Antiskeptizismus bei Ernst Platner, Johann Nicolaus Tetens und Johann Karl Wezel«, in: *Wezel-Jahrbuch* 10/11 (Aug. 2007), 115–146.

35 Thomas Sturm: *Kant und die Wissenschaften vom Menschen*, Paderborn 2009; Hans-Peter Nowitzki: *Der wohltemperierte Mensch. Aufklärungsanthropologien im Widerstreit*, Berlin 2003; Ernst Stöckmann: *Anthropologische Ästhetik*, Tübingen 2009.

36 So der Titel eines unter Herausgeberschaft von Falk Wunderlich durchgeführten Digitalisierungsprojekts der Herzog-August-Bibliothek Wolfenbüttel. Die Wolfenbütteler Digitale Bibliothek (WDB) stellt als Ergebnis zwanzig Digitalisate von Schriften Dietrich Tiedemanns, Christoph Meiners', Johann Georg Heinrich Feders und Michael Hißmanns bereit.

37 Vgl. die verdienstvollen Tagungen zu Gottsched, Sulzer, Hißmann und nun Tetens sowie die daraus resultierenden Bände der Reihe »Werkprofile« im Akademie-Verlag (nun De Gruyter; Gideon Stiening/Udo Thiel (Hrsg.): *Johann Nikolaus Tetens (1736–1807): Philosophie in der Tradition des europäischen Empirismus*, Berlin 2014.

Vor dem Hintergrund des hier edierten Vorlesungsmanuskriptes stellt sich die Frage nach Tetens' Verhältnis zur philosophischen Tradition wie zu zeitgenössischen Strömungen neu: Es ist zum einen überhaupt das erste Dokument einer im engeren Sinne *systematischen* Ausarbeitung Tetens'. Darüber hinaus wird die Vorlesung durch die Edition zur einzigen philosophisch umfassenden Äußerung nach dem Erscheinen der *Kritik der reinen Vernunft* im Jahre 1781.[38] Um also den Status dieses singulären Textzeugnisses näher zu erhellen, bedarf es einer eingehenden Untersuchung der Beziehung Tetens' zur systematischen Metaphysik der Zeit: Die Bützower und Kieler Vorlesungsverzeichnisse stellen zu diesem Zweck insofern eine wichtige Quelle dar, als in der zu rekonstruierenden Vorlesungstätigkeit Tetens' eine Suchbewegung erkennbar wird, in der Tetens die Metaphysik seit Wolff lehrend prüft.

Denn zur Mitte des 18. Jahrhunderts, als Tetens studiert und anschließend seine ersten eigenen akademischen Schritte tut, ist einerseits Wolff von derart großer Wirkmächtigkeit, »daß Philosophie hierzulande beinahe gleichbedeutend war mit Wolffischer Philosophie«[39]. Bis die Rezeption der Kantischen Philosophie in den 1780er Jahren an Fahrt gewinnt, nimmt der Einfluß des Wolffianismus vor allem aufgrund seiner formalen und methodologischen Geschlossenheit sogar über Wolffs Tod hinaus noch an Breite zu.[40] Andererseits beinhaltete Wolffs Philosophie selbst die Gründe zur Ausdifferenzierung der Schule wie

[38] Mit Ausnahme eher marginalen Bezugs in den religionsphilosophischen Aufsätzen der 1780er Jahre; vgl. Anm. 12 auf Seite xiv.

[39] Günter Gawlick/Lothar Kreimendahl: »Einleitung«, in: ders. (Hrsg.): *Christian Wolff: Discursus praeliminaris de philosophia in genere* (= FMDA; I/1), Stuttgart-Bad Cannstatt 1996, xvii–li, hier xlvi.

[40] Günter Mühlpfordt: »Radikaler Wolffianismus: zur Differenzierung und Wirkung der Wolffschen Schule ab 1735«, in: Werner Schneiders (Hrsg.): *Christian Wolff 1679–1754. Interpretatio-*

zur sukzessive an Massivität zunehmenden Kritik:[41] Von einigen Aspekten der Wolffschen Staatstheorie und Ethik konnte, wie beispielsweise im Falle Darjes', ein radikaler Wolffianismus seinen Ausgang nehmen,[42] zugleich erzeugt Wolffs Verschränkung rationalistischer und empiristischer Perspektive eine »vexierbildhafte Doppelung«[43] seiner Philosophie, die gerade die deduktive Geschlossenheit und das unbedingte Systemstreben starken Spannungen aussetzt. Die deutsche Universitätsphilosophie weist also zu der Zeit, in der Tetens seine Lehrtätigkeit aufnimmt, *sowohl* einen einflußreichen Wolffianismus *als auch* Strömungen der abweichenden Differenzierung und starken Kritik an Wolffs Philosophie auf.[44]

nen zu seiner Philosophie und deren Wirkung, 1983, 237–253, 239–240.

[41] Norbert Hinske: »Wolffs Stellung in der deutschen Aufklärung«, in: Werner Schneiders (Hrsg.): *Christian Wolff 1679–1754. Interpretationen zu seiner Philosophie und deren Wirkung*, Hamburg 1983, 306–319 zeigt auf, wie »der Einfluß Wolffs [...] fast zum Beginn des 19. Jahrhunderts« (313) reicht und daß Wolff Kristallisationspunkt der großen Kontroversen der Philosophie des 18. Jahrhunderts ist. Wolff formuliert die »zugrunde liegende Wissenschaftsidee« der deutschen Hochaufklärung »als die Bewegung der *Philosophia systematica*« (311), von der sich erst die deutsche Spätaufklärung als *Philosophia critica* abstoßen konnte.

[42] Mühlpfordt: »Radikaler Wolffianismus«, 242–243.

[43] Hans Werner Arndt: »Rationalismus und Empirismus in der Erkenntnislehre Christian Wolffs«, in: Werner Schneiders (Hrsg.): *Christian Wolff 1679–1754. Interpretationen zu seiner Philosophie und deren Wirkung*, Hamburg 1983, 31–47, hier 32.

[44] Notker Hammerstein: »Christian Wolff und die Universitäten: zur Wirkungsgeschichte des Wolffianismus im 18. Jahrhundert«, in: Werner Schneiders (Hrsg.): *Christian Wolff 1679–1754. Interpretationen zu seiner Philosophie und deren Wirkung* (= Studien zum achtzehnten Jahrhundert; 4), 1983, 266–277 scheint den Einfluß Wolffs zu bestreiten beziehungsweise für geringer zu halten. Es ist aber zu beachten, daß es Hammerstein um eine Differenzierung zu tun ist, die insgesamt die Rolle der Philosophischen gegenüber der Juristischen Fakultät in Bezug auf die Entwicklung

Wolffs Philosophie zeichnet sich durch einen strengen Systembegriff aus, nach dem Muster der von Wolff auch »scientia architectonica« genannten Ontologie bilden alle enthaltenen Sätze nicht ein bloßes Aggregat, sondern stehen in lückenloser Folgerichtigkeit.[45] Wolffs Begründungsleistung mündet somit insgesamt in eine »Architektonik«, ein System, das in Übereinstimmung mit der Vernunft fest gebaut ist.[46] Die mit dem Problem der Einteilung der Wissenschaften überhaupt eng verknüpfte Frage nach den Teilen der Philosophie und ihrer Anordnung wird von Wolff ausführlich im dritten Kapitel des *Discursus praeliminaris de philosophia in genere* von 1728 behandelt.[47] Wolffs eigener Darlegung ist das Ringen um die Einheit des Wissens und der Wissenschaften in der Form des architektonisch kohärenten Systems abzulesen. Von seinen Ambivalenzen und Unentschiedenheiten ausgehend, entfaltet sich in der deutschsprachigen Philosophie zur Mitte des Jahrhunderts ein wenn auch größtenteils unterschwelliger, so doch veritabler Streit um die Anordnung der Teile der Metaphysik.[48] Dieser ist Teil dessen, was Manfred Kühn die »cognitive

der Universitäten relativiert. Demgegenüber ist hier nur von der *innerphilosophischen* Bedeutung Wolffs die Rede.

45 Vgl. Hans Lüthje: »Christian Wolffs Philosophiebegriff«, in: *Kant-Studien* 1925, 39–66, hier 60–63.

46 Wolff verwendet die Metaphorik des Bauens und des Gebäudes bereits 1720 in *Deutsche Metaphysik*, §§ 169 ff. Vgl. Baumgartens Gleichsetzung von Ontologie und Architektonik, *Metaphysica*, § 4; sowie Kants »Architektonik der reinen Vernunft«, *Kritik der reinen Vernunft*, B 860–862. Zu diesem Bildfeld überhaupt vgl. Hannes Böhringer: »Bauen«, in: Ralf Konersmann (Hrsg.): *Wörterbuch der philosophischen Metaphern*, Darmstadt 2007, 34–46. – Vgl. außerdem Ina Goy: *Architektonik oder die Kunst der Systeme. Eine Untersuchung zur Systemphilosophie der ›Kritik der reinen Vernunft‹*, Paderborn 2007, 31: »Architektonik ist ein metasystematischer Begriff. Er bezeichnet die systematische Perspektive auf das Systematische.«

47 Vgl. Wolff: *Discursus praeliminaris*, §§ 55–114; 67–125.

48 Vgl. nachfolgenden Abschnitt 3.

crisis«[49] der ›Generation Kant‹ nennt, und auch Tetens reagiert mit seiner lehrenden Suchbewegung auf sie. Im Aufbau der Vorlesung von 1789 wird das (End-)Ergebnis seiner Reaktion auf die Krise des metaphysischen Systemdenkens lesbar, sie ist das Resultat seiner Prüfung verschiedener konzeptioneller Verschiebungen, die er sich im Rahmen der Vorlesungen nach fremdem Text vornimmt.

Die folgenden Abschnitte werden also zunächst das Ringen um die Architektonik der Metaphysik aus der Perspektive Tetens' rekonstruieren (Kapitel 3), daraufhin das eigentliche Programm seiner philosophischen Arbeiten herauspräparieren (4), um im Anschluß die *Metaphysik* in ausgewählten Aspekten zu charakterisieren (5). Auf eine resümierende Schlußbetrachtung (6) folgen ausblickhafte Überlegungen zu historiographischen und wissenschaftstheoretischen Aspekten der Philosophie des 18. Jahrhunderts.

»Der mündliche Vortrag einer Vorlesung existiert [nur; MS] der Möglichkeit nach«, ihr Text ist allein »virtuell«, materiell »nicht präsent«.[50] Insbesondere im Falle von Einzelüberlieferungen wie dem vorliegenden Manuskript liegt also eine durchaus gebrochene Tradierung der Inhalte vor, die zum vorsichtigen Umgang mahnt, da zum einen das Kurzzeitgedächtnis von Skribenten nicht nur individuell stark variiert und selektiv ist, sondern darüber hinaus auch belegt ist, daß insbesondere die sprachliche Gestalt stark von den nachschreibenden Hörern und den situativen Umständen abhängt.[51] Andererseits erlaubt ein Manuskript wie das hier präsentierte, die »Universitätsphilosophie als Produktionsstätte dessen, was wir für Philosophie hal-

[49] Kühn: *Scottish Common Sense*, 36.

[50] Matthias Janssen: »›Ueber Collegien und Colegienhefte‹. Anmerkungen zur Textsorte Vorlesungsmitschrift«, in: *Schrift – Text – Edition*, Tübingen 2003, 53–63, hier 63.

[51] Vgl. ebd., 61.

ten«[52] auf privilegierte Weise in den Blick zu nehmen, da in ihm die philosophische Praxis eines Denkers und seiner Zeit plastischer zutage treten kann. Ist also einerseits ein singuläres Dokument wie Tetens' *Metaphysik* nicht nur eine philologische Herausforderung, sondern darüber hinaus auch ganz handgreiflich ein heuristisches Problem, so ist selbstverständlich weder Unterlassung noch naive Unbeschwertheit eine lohnende Option. Was allein bleibt, ist die Bemühung um eine sorgfältige Plausibilisierung der Interpretation anhand des verfügbaren Materials. Für den hier behandelten Gegenstand bedeutet dies die Verknüpfung von Manuskript, Druckschriften und philosophiegeschichtlicher Kontextualisierung.

3. Arbeit an der Architektonik der Metaphysik: Tetens' Vorlesungen

In *Die neuzeitliche Metaphysikkritik* interpretiert Panajotis Kondylis – pointiert die Ergebnisse seiner großen Aufklärungs-Studie[53] zusammenfassend – die Entwicklung der Metaphysik seit dem 16. Jahrhundert als einen im Modus der Kritik erfolgenden Abstoß von der traditionell-aristotelisch geprägten Metaphysik. Im Zeitalter der Aufklärung, Kondylis meint das 18. Jahrhundert, kommt durch das Wirken der mathematischen Naturwissenschaften eine ontologische Autarkie der sinnlichen Welt zum Tragen, die selbst *innerhalb* der Metaphysik anti-metaphysische Einstellungen und Positionen bevorzugte.[54] Gemeinsam mit der »Ausstrahlung der jungen biologischen Wissenschaften«[55] und der von ihnen ausgehenden materia-

[52] Ulrich Johannes Schneider: *Philosophie und Universität: Historisierung der Vernunft im 19. Jahrhundert*, Hamburg 1999, 1.
[53] Panajotis Kondylis: *Die Aufklärung im Rahmen des neuzeitlichen Rationalismus*, Stuttgart 1981.
[54] Ders.: *Die neuzeitliche Metaphysikkritik*, Stuttgart 1990, 275.
[55] Ebd.

listischen Tendenz wirkte »[a]us offensichtlichen Gründen [...] die ontologische Aufwertung der materiellen Welt für die neuralgische traditionelle metaphysische Unterscheidung zwischen Geist und Materie, d.h. letzten Endes für die Unterscheidung zwischen Jenseits und Diesseits selbst verheerend«[56]. Agnostizismus und Religionskritik trafen sich dergestalt in ihrer Infragestellung der Erkennbarkeit immaterieller Substanzen mit dem erkenntnistheoretisch das 18. Jahrhundert dominierenden Empirismus, daß sich überhaupt »nun die Aufmerksamkeit auf die Mechanismen der Erkenntnis sowohl als subjektive Erfahrung wie auch als Wissenschaft [richtet]. [...] ›Metaphysik‹ bedeutet fortan zunehmend allgemeine Erkenntnistheorie oder Epistemologie.« Kondylis setzt diese Entwicklung in einen noch weiteren Kontext:

> »Aber die Durchsetzung der Erkenntnistheorie gegenüber der traditionellen Metaphysik und Ontologie stellte ihrerseits die Folge einer umfangreicheren weltanschaulichen Verschiebung dar, die kurz als Ersetzung Gottes und der Theologie durch den Menschen und die Anthropologie bezeichnet werden könnte. Der Primat des Menschen und der Anthropologie impliziert letzten Endes, daß das sogenannte Seiende Funktion, wenn nicht Produkt, des menschlichen Erkenntnisvermögens [ist].«[57]

Kondylis liefert eine überzeugende, die großen historischen wie systematischen Entwicklungen reflektierende Interpretation der Transformationen hin zur kritischen Metaphysik Kants. Die weitgespannte, Jahrhunderte wie das gesamte westliche Europa umfassende Perspektive hat allerdings zur Folge, daß nach der Behandlung Leibniz' die deutschsprachige Metaphysik des 18. Jahrhunderts beinahe ausschließlich in der Person Kants als Zielfigur vorkommt, während die Entwicklung *dorthin* anhand der englischen

[56] Kondylis: *Die neuzeitliche Metaphysikkritik*, 276.
[57] Ebd., 277.

und französischen Philosophie dargestellt wird. Die Feststellung, daß Kant »[w]ie Wolff und Baumgarten [...] nicht zwischen metaphysica generalis [...] und metaphysica specialis [unterscheidet], sondern [...] die Ontologie als den ersten Teil einer vierteiligen, aber systematisch einheitlichen Metaphysik auf[faßt]«[58], mag im Ergebnis berechtigt sein. Ausgeblendet bleiben bei Kondylis jedoch die bereits mit Wolff beginnenden, für die deutschsprachige Philosophie des 18. Jahrhunderts charakteristischen Bemühungen, der Legitimationskrise der Metaphysik mittels systematisch-architektonischen Verschiebungen und Neubegründungen beizukommen.[59]

Eine monographische Studie, ja sogar ein übergreifender Aufsatz zu der Frage nach der »Architektonik der Metaphysik« im 18. Jahrhundert ist Desiderat, es fehlt eine eingehende systematisch-philosophiegeschichtliche Untersuchung der Frage nach den verschiedenen Strukturen der Metaphysik und ihren Begründungen.[60] Verdienstvolle

[58] Ebd., 308.

[59] Stellen auch die jüngeren und jüngsten Studien zur deutschsprachigen Philosophie des 18. Jahrhunderts in dieser Perspektive eine stringente Reaktion auf die und Fortsetzung der Ergebnisse Kondylis' dar, indem sie verstärkt die sich im Modus der Erkenntnistheorie und Anthropologie ereignenden Verbindungen der Philosophie mit Literatur, Ästhetik, und Lebenswissenschaften fokussieren, so leisten sie doch eben gerade das eine, hier in Rede stehende nicht, nämlich eine Untersuchung der systematischen und kritischen Arbeit an der Architektonik der Metaphysik. Stellvertretend seien chronologisch die folgenden Studien und Sammelbände genannt: Nowitzki: *Der wohltemperierte Mensch. Aufklärungsanthropologien im Widerstreit*, Katja Regenspurger/Temilo Zantwijk (Hrsg.): *Wissenschaftliche Anthropologie um 1800?*, Stuttgart 2005, Stöckmann: *Anthropologische Ästhetik*, Sturm: *Kant und die Wissenschaften vom Menschen*, Vidal: *Sciences of the Soul*.

[60] Ernst Vollrath: »Die Gliederung der Metaphysik in eine Metaphysica generalis und eine Metaphysica specialis«, in: *Zeitschrift für philosophische Forschung* 16.2 (1962), 258–284, konzentriert sich neben der titelgebenden Dichotomoie v.a. auf die philoso-

Vorarbeit und eine erste Materialsammlung für eine erschöpfendere Behandlung liegen allerdings dank Giorgio Tonelli vor.[61] Seine Ausführungen zeigen deutlich, wie umfassend mit der Verbreitung der Wolffschen Philosophie die Auseinandersetzung um die Anordnung der Teile der Metaphysik entbrennt: Geführt wird dieser Streit teils manifest in engagiert verfaßten Vorreden und Rezensionen, teils latent in der systematischen Ausführung metaphysischer Schriften. Andererseits ringt aber ja bereits Christian Wolff selbst unübersehbar mit der »Ordnung der Teile der Metaphysik«, ersichtlich in der dahingehenden Grundlegung im *Discursus praeliminaris de philosophia in genere*[62] wie auch in den davon abweichenden und untereinander differierenden Ausführungen des Systems in den deutschen und lateinischen Hauptschriften.

Tetens schaltet sich in dieses Ringen um die Architektonik der Metaphysik in den Jahren 1760 und 1775, mit den *Gedancken* und der *Speculativischen Philosophie*, öffentlich ein und argumentiert in beiden Texten für eine Renovierung der Metaphysik. Diese Schriften können als Explikation seines systematischen Programms aufgefaßt werden; zugleich sind sie Ausgangs- (1760) und Endpunkt (1775) seiner praktischen Arbeit an der Architektonik der Metaphysik, wie er sie zuerst in Bützow, dann in Kiel anhand seiner eigenen Vorlesungstätigkeit nach wechselnden Vorlagen durchführt.

Über Tetens' immerhin 16 Jahre dauernde Lehre an der Bützower Akademie ist bei Uebele lediglich zu erfah-

phiegeschichtliche Herleitung der Ontologie als Philosophia prima wie die Integration der Kosmologie in die Metaphysica specialis durch Wolff; weiter ist für sein Interesse die Anordnung der Teile nicht relevant.

61 Vgl. Giorgio Tonelli: »The problem of classification of the sciences in Kant's time«, in: *Rivista Critica di Storia della Filosofia* 30 (1975), 243–294.

62 Vgl. die §§ 87–99, Wolff: *Discursus praeliminaris*, 93–109.

ren,[63] daß er im Winter 1760 folgende Veranstaltungen abgehalten hat: Logik nach Corvinus' *Institutiones*, Metaphysik nach Baumgarten, Naturrecht und philosophische Moral nach Darjes, Naturlehre nach Segner. Hinsichtlich der darauffolgenden Semester bemerkt Uebele lediglich, im Jahr 1761 habe er »wesentlich dasselbe« gelesen, allerdings halte er von nun an die Logik nach der *Vernunftlehre* von Hermann Samuel Reimarus (1694–1768) ab. Doch die im Universitätsarchiv Rostock, wenn auch nicht lückenlos, verfügbaren Verzeichnisse verraten mehr:[64] Von Winter 1765 bis Sommer 1767 liest er Metaphysik auf der Grundlage von Wilhelm Jacob 's Gravesandes (1688–1742) *Introductio ad philosophiam.* Von Zeit zu Zeit aber auch mehrmals ohne eine Vorlage, wie es heißt: »delineationem aliquam a se ipso conscriptam«.[65] Ab dem Wintersemester 1769 dann liest Tetens Logik und Metaphysik jeweils nach dem im selben Jahr erschienenen und eben *Logik und Metaphysik* betitelten Lehrbuch Johann Georg Heinrich Feders, im Wintersemester 1774/75 wie im Sommer 1775 hält er gar – durchaus überraschend – eine Vorlesung über Ästhetik auf der Grundlage von Charles Batteux' *Einleitung in die Schönen Wissenschaften.*[66]

63 Uebele: *Gesamtentwicklung*, 7.

64 Vgl. *Elenchus praelectionum …, quibus in Academia Fridericiana Buetzoviensi, … operam navabunt*, Buetzovii 1760 und die folgenden Jahre.

65 Etwa: »Nach ziemlich von ihm selbst verfaßter/m Darstellung/Abriß«.

66 Also vermutlich nach der 1756 erschienenen Übersetzung Charles Batteux: *Einleitung in die Schönen Wissenschaften. Nach dem Französischen des Herrn Batteux, mit Zusätzen vermehret von C. W. Ramler*, Leipzig 1756. – Meines Wissens ist dies der erste Beleg dafür, daß Tetens sich überhaupt in irgendeiner Form mit Ästhetik im Sinne von Kunsttheorie befaßt hat. So sehr auch die *erkenntnistheoretische* Untersuchung der Einbildungs- und Dichtkraft im Zentrum der *Philosophischen Versuche* steht: Es bleibt doch stets bei eher rhapsodischen Bemerkungen zur poetischen Dichtung, zum Geniebegriff und ähnlichem. Allein in der »Abhandlung von

Über Tetens' Auftakt in Kiel weiß Uebele dann jedenfalls aus der *Kielischen Gelehrten Zeitung* zu berichten,[67] im Winter 1776 habe er – neben vier mathematischen Vorlesungen – bereits Geschichte der Philosophie nach Büschings *Grundriß* und Logik nach Reimarus gegeben. Nachdem Tetens im Sommer 1777 sowohl Logik als auch Metaphysik nach Johann August Heinrich Ulrich (1764–1813) gelesen hat, werden, wie Uebele sagt, »die philosophischen Vorlesungen bald einförmig«[68]. Während er in der Logik der Reimarischen *Vernunftlehre* treu bleibt, liest er im Sommer 1778 erstmals Metaphysik »ad dictata sua«[69] bzw. »ad propria praecepta«[70], wie den Vorlesungsverzeichnissen zu entnehmen ist – und dabei wird es bis zu seinem Ausscheiden im Jahr 1789 bleiben: Er liest stets sommers Logik und winters Metaphysik. Uebele merkt lakonisch an: »Dieselben [also die eigenen Diktate; MS] waren nicht mehr zu bekommen«.[71] Das Manuskript der Metaphysik-Vorlesung von 1789 gibt nun Material an die Hand, um

den vorzüglichsten Beweisen des Daseins Gottes« von 1761 findet sich ein ausführlicheres Eingehen auf Fragen der Kunst, Tetens diskutiert dort vergleichend die Implikationen von Kunstwerk und Schöpfung. Mit dem vorliegenden Hinweis auf Tetens' Bützower Vorlesungen ist zumindest das bloße Faktum einer *systematischen* Beschäftigung mit der Ästhetik belegt. Möglicherweise bildet die Arbeit mit Batteux die kunsttheoretische Ergänzung zu der ihm aus der Baumgartenschen *Metaphysica* bekannten Ästhetik als »gnoseologia inferior« wie sie in den §§ 519–623 der *Metaphysica* behandelt und in deren § 533 als »Aesthetica« definiert wird.

[67] Uebele: *Gesamtentwicklung*, 18.

[68] Ebd.

[69] *Index praelectionum in Academia Regia Christiano-Albertina ... habendarum*, Sommer 1778.

[70] Ebd., Winter 1778.

[71] Uebele: *Gesamtentwicklung*, 19, Anm. 1. Vgl. auch die Mutmaßung Hölschers, die *Philosophischen Versuche* seien eben die Veröffentlichung seiner »Dictate«; Uvo Hölscher: »Urkundliche Geschichte der Friedrichs-Universität Bützow«, in: Verein für Mecklenburgische Geschichte und Altertumskunde e.V. (Hrsg.): *Mecklenburgische Jahrbücher* 50 (1885), 1–110, hier 71.

die tatsächliche Ausführung des gesamten Systems in einen Vergleich mit den rezipierten Autoren wie auch seinen eigenen Druckschriften zu stellen.

Wolff –

Daß Christian Wolff auch heute noch häufig als der Inbegriff des rationalistischen Dogmatikers gilt, spiegelt weniger den Forschungsstand[72] als vielmehr die Langlebigkeit und Griffigkeit der mit Kant aufkommenden, holzschnittartigen Gegenüberstellung von Rationalismus und Empirismus.[73] Wolffs Philosophiebegriff[74] hat diese Dichotomie sicherlich befördert: Von Beginn faßt er sie als »scientia«;[75] so bereits im Vorbericht der *Deutschen Logik* (1713) als »Wissenschaft aller möglichen Dinge, wie und warum sie möglich sind«[76], deren philosophische Erkenntnis der *Gründe* der Erfahrungstatsachen[77] aufs engste verschränkt ist mit der lückenlosen Beweisführung der mathematischen Methode, dem folgerichtigen Aufbau aus ihren Teilen und dem Universalismus seiner Philosophie.

Wolff beabsichtigt im *Discursus praeliminaris de philosophia in genere* (1728), also zu Beginn der Reformulierung

72 Vgl. allein Arndt: »Rationalismus und Empirismus« und Hans-Jürgen Engfer: *Empirismus versus Rationalismus? Kritik eines philosophiegeschichtlichen Schemas*, Paderborn 1996, hier bes. 268–283.

73 Vgl. die einleitenden Ausführungen in ebd., 11–29.

74 Immer noch grundlegend: Lüthje: »Christian Wolffs Philosophiebegriff«.

75 Werner Schneiders: »Deus est philosophus absolute summus: über Christian Wolffs Philosophie und Philosophenbegriff«, in: Christian Wolff (Hrsg.): *Christian Wolff: 1679–1754. Interpretationen zu seiner Philosophie und deren Wirkung*, Hamburg 1983, 9–30, hier 13.

76 Christian Wolff: *Vernünftige Gedanken von den Kräften des menschlichen Verstandes und ihrem richtigen Gebrauche in Erkenntnis der Wahrheit* (= Wolff-Werke; I/1), Hildesheim 1978, § 1.

77 Vgl. ebd., §§ 5, 6.

seines Werkes in lateinischer Sprache , nichts geringeres als die Grundlegung eines deduktiv geschlossenen Systems aller Wissenschaften, ja, einer Systematisierung des menschlichen Wissens überhaupt. Soll die Philosophie Wissenschaft sein,[78] so muß sie ihre Aussagen »aus gültigen und unerschütterlichen Grundsätzen durch gültigen Schluß [herleiten]«.[79] Über die zweifache empirische Fundierung der Grundsätze[80] und die Anwendung der mathematischen Methode hinaus bedarf es zu der geforderten Gewißheit[81] auch einer systematischen Anordnung der Teile der Philosophie.

Wie sich der Philosoph für gültige Schlüsse keinesfalls undefinierter Ausdrücke und unbewiesener Grundsätze bedienen darf, so müssen auch im System der Wissenschaften diejenigen Teile der Philosophie »vorangehen, von denen die anderen Grundsätze entlehnen.«[82] Die im *Discursus praeliminaris* entworfene Anordnung weicht in zwei wesentlichen Punkten von diesem Grundsatz ab: Zum einen stellt er die Logik sowohl aus didaktischen Gründen[83] als auch aufgrund ihrer praktischen Nützlichkeit[84] an die erste Stelle. Zum anderen bedarf es in der Psychologie analog zur experimentellen Physik eines empirischen Teils,[85] der

78 Vgl. Wolff: *Discursus praeliminaris*, § 29.

79 Vgl. ebd., § 30.

80 Vgl. ebd., § 34: Ableitung aus Erfahrung, Bestätigung durch Experimente und Beobachtung.

81 Vgl. ebd., § 33.

82 Ebd., § 87.

83 Ebd., §§ 88, 91.

84 Ebd. Vgl. die entsprechenden Hinweise bei Jean-François Goubet: »In welchem Sinne ist die Wolffsche Psychologie als Fundament zu verstehen? Zum vermeintlichen Zirkel zwischen Psychologie und Logik«, in: Oliver-Pierre Rudolph/Jean-François Goubet (Hrsg.): *Die Psychologie Christian Wolffs*, Tübingen 2004, 51–60, hier 57 auf Wolffs *logica practica et utens*. Goubet belegt außerdem, daß in der rein demonstrativen Ordnung – was der *Discursus* offen läßt – die Logik durch die *empirische* Psychologie fundiert werden muß (ebd., 53).

85 Wolff: *Discursus praeliminaris*, § 111.

dem rationalen Teil[86] vorangestellt wird, da die Kenntnisse noch nicht ausreichten, um rein »durch die Vernunft herleiten« zu können.[87] Damit ergibt sich im Anschluß an die Logik der folgende Aufbau der Metaphysik:[88]

I. Ontologie
II. Allgemeine Kosmologie
III. Empirische Psychologie
IV. Rationale Psychologie
V. Natürliche Theologie

Bekanntermaßen war Wolff aber in seiner nicht minder einflußreichen *Deutschen Metaphysik* (1720) von dieser *ex post* im *Discursus praeliminaris* gegebenen Rationalisierung abgewichen: Nicht nur hebt er mit einer Grundlegung der gesamten Metaphysik im Bewußtsein an,[89] sondern er läßt auch gegen die Architektonik des *Discursus* und der lateinischen Schriften den empirischen und den rationalen Teil der Psychologie auseinandertreten, zieht die Empiricam vor die Kosmologie:[90]

I. Wie wir erkennen, daß wir sind, und was uns diese Erkäntniß nutzet.
II. Von den ersten Gründen unserer Erkäntniß und allen Dingen überhaupt [Ontologie].
III. Von der Seele überhaupt, was wir nehmlich von ihr wahrnehmen [Empirische Psychologie].
IV. Von der Welt [Kosmologie].

[86] Dem dogmatischen in der Physik.
[87] ders.: *Ausführliche Nachricht von seinen eigenen Schrifften, die er in deutscher Sprache heraus gegeben* (= Wolff-Werke; I/9), Hildesheim 1973, § 164. – Abweichend von der Parallelisierung von Physik und Psychologie im *Discursus praeliminaris* hält Wolff hier noch fest, daß »was ich schon selbst in der Metaphysik auch von unserer Seele unternommen, gehet in der Physick noch nicht an.«
[88] Vgl. ders.: *Discursus praeliminaris*, § 99.
[89] Vgl. ders.: *Deutsche Metaphysik*, Kapitel I, §§ 1–9.
[90] Vgl. ebd., 114, »Inhalt des ganzen Buchs«.

V. Von dem Wesen der Seele und eines Geistes überhaupt [Rationale Psychologie].
VI. Von GOTT [Natürliche Theologie].

Der erste Teil fungiert, wie Roderich Barth minutiös dargelegt hat,[91] als ein einleitendes »Methodenkapitel« aus dem »genuinen Gegenstandsbereich [seiner; MS] empirische[n] Psychologie«.[92] Durch deren »kriteriologische Funktion«[93] erhält geradezu die gesamte Metaphysik eine Begründung aus der erfahrungsbasierten Untersuchung der »mentalen Operationen der Seele«. Wolff vollzieht damit eine manifeste »psychologische[ ] Genetisierung«.[94]

Die Wolffsche Philosophie weist eine grundlegende Ambivalenz auf, denn trotz aller Bevorzugung der geometrischen Methode und Forderung deduktiver Geschlossenheit ist für die Gesamtheit rationaler und wissenschaftlicher Erkenntnis das Erfahrungsfundament in doppelter Weise erforderlich:[95] Als durch die Sinne gegebenes Material his-

[91] Roderich Barth: »Von Wolffs ›Psychologia empirica‹ zu Herders ›Psychologie aus Bildwörtern‹. Beobachtungen zur Umformung des Seelenbegriffs in der Aufklärung«, in: Katja Crone u. a. (Hrsg.): *Über die Seele*, Frankfurt/M. 2010, 174–209.

[92] Ebd., 182.

[93] Ebd., 184.

[94] Ebd., 189; Jürgen Stolzenberg: »›Wie wir erkennen, daß wir sind‹: Überlegungen zu Wolffs Beweis des Satzes ›Ich bin‹ im ersten Kapitel der Deutschen Metaphysik«, in: Luigi Cataldi Madonna (Hrsg.): *Macht und Bescheidenheit der Vernunft* (= Wolff-Werke; III/98.1), Hildesheim 2005, 123–131, weist darauf hin, daß Wolffs Argumentation hinsichtlich der Erkenntnis, daß wir sind, »ein Satz zugrundeliegt, der eine Tatsachenwahrheit zum Ausdruck bringt« (129). Die unbedingte Gewißheit zu entwickeln, die sich aus der Unterscheidung des Status von Gegenstands- und Selbstbewußtsein ergäbe, habe Wolff versäumt.

[95] Oliver-Pierre Rudolph: »Christian Wolffs Ontologie als Wissenschaft des Möglichen«, in: Faustino Fabbianelli/Jean Wolff Ecole (Hrsg.): *Zwischen Grundsätzen und Gegenständen. Untersuchungen zur Ontologie Christian Wolffs* (= Wolff-Werke III/133), Hildesheim 2011, 11–22, beleuchtet diese Ambivalenz vor dem Hintergrund der dreifachen menschlichen Erkenntnis im *Discursus*,

torischen Wissens, aus dem die Vernunft erst ihre Schlüsse zieht,[96] aber auch als von der Vernunft methodisch angeleitetes, experimentell gewonnenes Wissen. Wolff stellt im *Discursus praeliminaris* nicht weniger als eine umfassende experimentelle Philosophie in Aussicht,[97] deren Aufgabe es einerseits sei, Grundsätze, die »nicht immer durch Beobachtung erhellen, [...] durch Experimente ans Licht«[98] zu bringen, wie auch andererseits erfolgte Beweise experimentell zu bestätigen.[99] Auf diese Weise werde »der mittlere Grad zwischen der historischen und philosophischen Erkenntnis«[100] erworben. Wolff knüpft damit an die im ersten Kapitel differenzierte Dreiteilung der menschlichen Erkenntnis an: Die historische Erkenntnis teilt sich in die gemeine (*communis*) und verborgene (*arcana*) ein,[101] wir können die »durch besondere Kunstgriffe ans Licht«[102] gebrachten, bisher verborgenen Tatsachen der Natur als »experimentelle Erkenntnis« bezeichnen.

Die Experimentellen Philosophie ist – wie auch die ähnlich positionierte *ars inveniendi*[103] – unausgeführt geblieben. Beide Entwürfe berühren Wolffs Versuch der »Ver-

von dort greift er aus auf den von Wolff via angefügter Beispiele angestrebten »lebensweltlichen Bezug« in der Ontologie (19–21).

96 »In [rational knowledge], knowledge arises through the senses, but is mathematically demonstrated according to the logical-ontological principles [...].« Tonelli: »The problem of classification«, 247.

97 Vgl. Wolff: *Discursus praeliminaris*, § 107 (Anm.), 117.

98 Ebd., § 107, 115.

99 Ebd., § 107, 115–116.

100 Ebd., § 107, 117.

101 Vgl. ebd., § 21, 23.

102 Ebd.

103 Vgl. für eine sehr erhellende Interpretation hinsichtlich der Empirie und Theorie vermittelnden Leistung der Erfindungskunst Cornelis Anthonie van Peursen: »Ars inveniendi im Rahmen der Metaphysik Christian Wolffs: Die Rolle der ars inveniendi«, in: *Christian Wolff 1679–1754. Interpretationen zu seiner Philosophie und deren Wirkung*, Hamburg 1985, 66–88.

söhnung von Apriorismus und Empirismus«[104], sind Facetten des bereits zitierten »Vexierbildes« seiner Philosophie je nach empiristischer oder rationalistischer (Zentral-)Perspektive[105] wie auch Aspekte des »sanctum connubium« von Vernunft und Erfahrung.[106]

Aus dem Blickwinkel dieser Doppelgestaltigkeit ist der *Discursus praeliminaris* der Ort einer Weggabelung: Die *Deutsche Metaphysik* hatte mit ihrer Grundlegung in der Bewußtseinserfahrung auf der einen und deren rationalistischem Beweis[107] auf der anderen Seite ein weitreichendes Äquilibrium zwischen Erfahrung und Ratio hergestellt, dabei der Psychologie einen hohen Stellenwert und deshalb vorderen Platz innerhalb der Architektonik der Metaphysik zugewiesen. Diese theoriepolitische Balance reflektiert der *Discursus praeliminaris* noch mit dem differenzierten Verhältnis von historischer und philosophischer Erkenntnis, von experimenteller und dogmatischer Philosophie und gestaltet sie darin weiter aus.

Zugleich werden in der eingehenden Diskussion der Teile der Philosophie und ihrer Anordnung die gewichtige Stellung der Psychologie wie die einleitende Verankerung der Metaphysik im Bewußtsein kassiert, erscheint deshalb zumindest rein architektonisch das sich anschließende lateinische Werk als konservativer »Rückschritt« und traditionalistischere Lösung, die im direkten Vergleich zur *Deutschen Metaphysik* rationalistische Schlagseite hat. Die insgesamt für Wolff festzustellende Unentschiedenheit hinsichtlich des systematischen Orts der Psychologie und der

104 Hinske: »Wolffs Stellung in der deutschen Aufklärung«, 314.
105 Vgl. Arndt: »Rationalismus und Empirismus«, 32.
106 Vgl. Wolff: *Discursus praeliminaris*, § 12, 12.
107 Vgl. Werner Euler: »Bewußtsein – Seele – Geist. Untersuchung zur Transformation des Cartesischen ›Cogito‹ in der Psychologie Christian Wolffs«, in: Oliver-Pierre Rudolph/Jean-François Goubet (Hrsg.): *Die Psychologie Christian Wolffs*, Tübingen 2004, 11–50.

ihr nahestehenden Logik ist meines Erachtens symptomatisch. Die Krise der Metaphysik geht, um eine Wendung Fernando Vidals aufzugreifen, im »Century of Psychology«[108] auf dessen Leitwissenschaft, also die Psychologie zurück. Der Philosophie, genauer der Metaphysik, wird im Spannungsfeld von naturwissenschaftlicher Wissensexpansion, empirischen, anthropologischen und materialistischen Tendenzen insbesondere die Psychologie zum Problem. Die von Kondylis benannte Epistemologisierung der gesamten Metaphysik[109] vollzieht sich über die Untersuchung der menschlichen Seelenvermögen; es ist also gerade die Psychologisierung der Metaphysik, die innerhalb der Architektonik der Metaphysik den Platz der Psychologie selbst unsicher werden läßt.

Wie kommt nun Tetens dazu, in der Metaphysik-Vorlesung von 1789 die empirische Psychologie nicht nur wie Wolff vor die Kosmologie, sondern gar vor die Ontologie an die erste Stelle zu setzen? – Tetens' lapidar anhebende Formulierung erinnert zunächst an Wolffs nachträgliche didaktische Rechtfertigung zum Aufbau der *Deutschen Metaphysik*, in der Wolff bemerkt: »[...] so habe ich den einen Theil von der Psychologie, nemlich die Empiricam, vor die Cosmologie gesetzet, weil sie leichter als diese ist und Anfängern anmuthiger fället, denen der Verdruß dadurch benommen wird, den sie bey der Ontologie gehabt, indem sie auf verschiedenes genauer haben acht geben müssen, als sie zu thun etwan gewohnet sind.«[110]

Tetens argumentiert über dieses »es hindert nichts«[111] hinaus auch dezidiert inhaltlich, denn die Erfahrungsseelenlehre soll ja »den Verstand auf die Gemeinbegriffe der

[108] Fernando Vidal: »The eighteenth century as ›century of psychology‹«, in: *Jahrbuch für Recht und Ethik* 8 (2000), 407–434.
[109] Kondylis: *Die neuzeitliche Metaphysikkritik*, 277.
[110] Wolff: *Ausführliche Nachricht*, § 79, 232.
[111] *Metaphysik*, Vorbericht, § 2, unten Seite 3.

Ontologie [vorbereiten]«[112]. Dient also die Voranstellung der Erfahrungsseelenlehre seinem Anliegen, die Erneuerung der Metaphysik durch einen stärkeren Einbezug von Erfahrungswissen zu befördern, so lassen sich anhand der wechselnden Vorlagen seiner Metaphysik-Vorlesungen die Stationen des dahingehenden Arbeitsprogramms und die daraus resultierenden Einflüsse identifizieren.

Eschenbach –

Das Studium in Rostock hatte Tetens mit der Philosophie Johann Christian Eschenbachs d. Ä. (1719–59) in Berührung gebracht.[113] Eschenbach hatte 1756 eine Übersetzung und Studie zum Idealismus George Berkeleys und Arthur Colliers veröffentlicht[114] und darf deshalb als Kenner der britischen Philosophie gelten.[115] Mit seiner *Logic* (1756)

[112] Ebd.

[113] Paul Falkenberg: *Die Professoren der Universität Rostock von 1600 bis 1900* (= [Manuskript um 1900] = Catalogus Professorum Rostochiensium (CPR) [Online-Lexikon]), Rostock 2006, 209 notiert, Eschenbach sei seit Sommer 1750 ordentlicher Professor der Poesie in Rostock gewesen, »las aber nur Logik, Metaphysik und Naturrecht«; begab sich 1753 auf Reisen, um sich ganz der Jurisprudenz zu widmen; seit Ende 1754 Dr. juris in Rostock. – Daß Tetens ihn mit Sicherheit gehört haben kann, ergibt sich mangels weiterer Angaben von Falkenberg erst durch den Eintrag im »Register Personen und Körperschaften« der Landesbibliothek Mecklenburg-Vorpommern: Ab 1756 war Eschenbach ordentlicher Professor der Philosophie und Rektor der Universität Rostock; angegebene Quelle Krey 1816. Außerdem führen ihn die Rostocker Indices lectionum der Jahre 1752–1758 als Lehrenden der Philosophischen Fakultät; vgl. http://web10.ub.uni-rostock.de-/wiki/Projekte:Digitalisierung_Vorlesungsverzeichnisse [19. März 2013].

[114] Johann Christian Eschenbach: *Sammlung der vornehmsten Schriftsteller die die Würklichkeit ihres eignen Körpers und der ganzen Körperwelt läugnen*, Rostock 1756.

[115] Lewis White Beck: *Early German Philosophy*, Cambridge/Mass. 1969, 412 hält fest, daß es sich um die erste deutsche Berkeley--

und der *Metaphisic* (1757) hat er zwei damals für Rostock maßgebliche Lehrbücher vorgelegt.

In der *Logic oder Denkungswissenschaft*, einem schulphilosophisch ableitenden Cursus eigenen Zuschnitts, definiert Eschenbach die Philosophie als Wissenschaft von den Dingen, »die die blosse sich selbst gelassene menschliche Vernunft erkennt«,[116] sie »gründet sich [...] auf untriegliche Erfahrungen und vor sich unläugbare Wahrheiten«.[117] Auch letztere erklärt Eschenbach im Anschluß an Locke aus der Erfahrung: »Nihil est in intellectu quod non antea fuerit in sensu.«[118] Wie er dem lagerbildenden Dogmatismus eine deutliche Absage erteilt,[119] so betont Eschenbach die didaktisch motivierte Anordnung der Teile der Philosophie in differenzierter Weise: Das Studium habe sich nach den Lernenden zu richten – dem angehenden Theologen empfehle sich eine andere Auswahl und Zusammenstellung als dem Juristen.[120]

Bei der Anordnung der Teile der Philosophie komme es »sehr viel auf den Willkühr eines jeden an«[121], jedoch seien in umfassenden systematischen Darstellungen diejenigen Wissenschaften voranzusetzen, »die dazu dienen, daß man die andern desto besser verstehen, und in andern desto bessere Grundsätze zum schliessen bekommen könne.«[122] Dieser wolffschen Regel läßt Eschenbach eine nur leicht modifizierte Architektonik folgen, ohne jedoch auf

Übersetzung handelt und daß Tetens als Schüler Eschenbachs durch ihn mit der britischen Philosophie bekannt geworden sei.

116 Johann Christian Eschenbach: *Logic oder Denkungswissenschaft*, Rostock 1756, § 1, 5.

117 Ebd., § 4, 10.

118 Ebd., § 4, 10 (Anm.)

119 »[Ein Philosoph] macht sich also zwar die Meinungen aller Secten in der Philosophie bekannt. Allein er bleibt doch im philosophiren ein Eclecticus«; ebd., § 17, 28.

120 Ebd., § 26, 41.

121 Ebd., § 26, 40.

122 Ebd.

die systematische oder lehrende Reihenfolge *innerhalb* der Metaphysik einzugehen:[123]

- I. Philosophia Instrumentalis sive Logica
- II. Philosophia Theoretica
  - A. entia finita.
    - 1) seorsim[124]
      - a) hominem
        - i. animam: Psychologia.
        - ii. corpus: Medicina.
      - c) res corporeas: Physica, Mathesis.
    - 2) in nexu: Cosmologia.
  - B. ens infinitum: Theologia Naturalis.
- III. Philosophia Practica[125]

Die ein Jahr später erschienene *Metaphisic oder Hauptwissenschaft*[126] handelt »von der Natur und Beschaffenheit

[123] Warum Eschenbach die Ontologie zwar in seinen Ausführungen berücksichtigt, nicht jedoch in dem Schaubild, läßt sich nicht erschließen. Tonelli: »The problem of classification«, der Eschenbach vermutlich als Schüler des ebenfalls behandelten Darjes knapp anführt, ergänzt das Schema stillschweigend um die Ontologie (269, 272).

[124] Abgesondert.

[125] Die Einteilung der praktischen Philosophie übergehe ich.

[126] Moses Mendelssohn: »Sieben und acht und dreyßigster Brief. Von des Herrn Prof. Eschenbachs Metaphysik«, in: *Briefe, die neueste Litteratur betreffend* 1 (1759), 271–285 rezensiert das Werk: »Der Herr Professor Eschenbach zu Rostock hat eine Metaphysik geschrieben: (denn welcher Deutsche wird über eine Wissenschaft lesen, ohne ein eignes Lehrbuch zu verfertigen?) in welcher das Wolfische Lehrgebäude ganz ohne Verschonen niedergerissen wird. Da bleibet keine einzige Erklärung unangefochten, kein Satz unbestritten, und fast keine Seite in Wolfens Schriften, auf welcher der Herr Verfasser nicht augenscheinliche Widersprüche finden sollte. Ich versprach mir recht viel von diesem Buche. Je mehr ich den vornehmsten Lehren der Wolfischen Weltweisheit anhange, mit desto grösserer Begierde lese ich die Zweifel und Einwürfe, die dawider gemacht werden. [...] Ich machte mir also Hofnung bey einem Weltweisen, der mit so vieler Freyheit von der betretenen Bahn abgehet, wenigstens einige neue philosophische Aussichten gewahr zu werden [...]. Allein ich ward betrogen.« (271–272)

des Menschen, und zeigt, daß er nicht nur ein körperliches, sondern auch denkendes Ding sei«[127], das Scholion formuliert: »Metaphysica continet Anthropologiam sive Psychologiam«. Die Seelenlehre solle »füglicher« als Menschenlehre betrachtet werden, denn

> »man [weiß] von Anfang bis fast zu Ende zwar, daß der Mensch gedenke, Verstand und Willen habe; nicht aber daß man eine Sele habe, und daß die Sele gedenke u.s.w. Es ist irrig, wenn einige glauben, wir erkenneten ehe das Dasein unsrer Sele, als unsers Körpers; man weiß, wo man nicht den Redegebrauch verlassen will, nicht ehr daß wir eine Sele haben, bis man weiß daß die Ursache der Gedanken in uns, ein vom Körper wesentlich unterschiedenes Ding sei. Man hat wichtige Gründe, hierauf zu achten, um der Materialisten willen.«[128]

Eschenbach übt scharfe Kritik an »barbarischen Distinctiones und Wortverdrehungen«, die der Metaphysik gegenwärtig Verachtung eingetrügen.[129] Mit seinen Vorschlägen zu ihrer Verbesserung ist er teils Nachfolger Wolffs – man denke an die auf die Freiheit des Philosophierens zielende Kritik philosophischer Ruhmsucht und Autoritätshörigkeit im *Discursus praeliminaris* – sowie Vorbild für Tetens' *Gedancken* von 1760. Eschenbach empfiehlt (1) den gemeinen Redegebrauch ohne willkürliche Einteilungen und Erklärungen; (2) das Gründen auf Erfahrungssätzen

Eschenbach wolle allein sein eigenes System aufrichten, sei dabei unfähig, sich in die Gedanken eines anderen zu versetzen und wolle dem »Unwissenden ein Blendwerk vormachen« (273). Dabei könne er die »Meinungen« seines eigenen Systems »unmöglich zusammenhangend gedacht haben« (278). Mendelssohn zeiht ihn eines naiven »ich weiß es ja« zum Beweis der Existenz des eigenen Körpers: »Warum läßt man nicht lieber den Idealismus unbestritten, ehe man ihm solche Gründe entgegen setzt?« (283)

[127] Johann Christian Eschenbach: *Metaphisic oder Hauptwissenschaft*, Rostock 1757, § 1.

[128] Ebd., § 1, Anm., 6 f.

[129] Ebd., § 3, 9 f.

oder unmittelbare Stützung durch sie; (3) undogmatische Wahrheitssuche ohne Blendung durch große Namen; (4) Voransetzung der Teile der Metaphysik, durch die die nachfolgenden zu verstehen sind.[130] Deshalb halte er es für die beste Ordnung, nach der Ontologie die Menschenlehre, darauf die Kosmologie und endlich die Theologie zu behandeln.

Baumgarten, Gravesande –

Tetens beginnt seine Lehrtätigkeit mit der Baumgartenschen *Metaphysica*. Damit wählt er zwar ein Lehrbuch zur Vorlage, in dem allein durch die äußerste Verknappung der lateinischen Formulierungen das Erfahrungswissen beinahe völlig zurücktritt,[131] doch enthält sie zugleich das Novum einer elaborierten Logik des unteren Erkenntnisvermögens entgegen, die Baumgarten im Rahmen seiner empirischen Psychologie sehr detailliert und raumgreifend erläutert. Das angestrebte empirisch-sensualistische Fundament der Tetensschen Metaphysik-Erneuerung wird gewissermaßen in die Sphäre der rationalistisch-spekulativen Philosophie gehoben. Im Anschluß an Robert Sommer läßt sich pointieren: Tetens erarbeitet sich mit diesem in die Baumgartensche *Metaphysica* eingelassenen Fundament einer Aisthesiologie das Bindeglied zwischen Monadologie und Psychologie.[132]

[130] Eschenbach: *Metaphisic*, § 4, 11 f.

[131] Vgl. Günter Gawlick/Lothar Kreimendahl: »Einleitung«, in: ders. (Hrsg.): *A.G. Baumgarten: Metaphysica. Historisch-kritische Ausgabe* (= FMDA; I/2), Stuttgart-Bad Cannstatt 2011, ix–lxxxvii, xxxvii–xxxix.

[132] Sommer, zu dessen Lieblingsmetaphern das »Bindeglied« gehört, weist auf die Parallelität der systematischen Perspektiven Lamberts und Tetens' in Bezug auf ihre Neubewertung der Sinneswahrnehmungen hin, diese ist ohne Baumgartens »Logik des unteren Erkenntnisvermögens« undenkbar; vgl. Sommer: *Grundzüge*, 260–266

Die dann 1765–67 gehaltenen Vorlesungen zu Willem Jacob 's Gravesandes (1688–1742) Metaphysik referieren ein Werk gänzlich anderer Art: In der *Introductio ad philosophiam* erhält die Psychologie einen hohen Rang, indem sie allein mit der Ontologie für eine äußerst verknappte Metaphysik steht, die auf nur 80 Seiten wenige zentrale Begriffe und Grundprobleme behandelt. Beinahe drei Viertel des Werks widmen sich der im zweiten Buch folgenden Logik als Urteils-, Anleitungs- und Methodenlehre.

Über Tetens' Gründe, sich ausgerechnet Gravesandes Metaphysik vorzunehmen, kann lediglich spekuliert werden. Auch heute noch heißt es, Gravesande »had a powerful influence on experimental physics for most of the eighteenth century«,[133] ist Gravesande außerdem für die Verbreitung der Newtonschen Naturphilosophie bekannt.[134] Tetens als Professor der Physik, dem in Bützow »eine für jene Zeiten reich ausgestattete Sammlung physikalischer Apparate zur Verfügung stand«[135], könnte Gravesandes kurze Metaphysik mit Ausführungen zu experimentellen Untersuchungen verbunden haben, wie er sie auch gelegentlich in die *Philosophischen Versuche* integriert hat.[136]

[133] Museo galileo. Institute and Museum of the History of Science: Willem Jacob 's Gravesande, http://catalogue.museogalileo.it/biography/WillemJacobSGravesande.html [5. März 2013].

[134] Vgl. seine mehrfach aufgelegten *Physices* von 1720.

[135] Max Dessoir: »Des Nic. Tetens Stellung in der Geschichte der Philosophie«, in: *Vierteljahrsschrift für wissenschaftliche Philosophie* 16 (1892), 355–368, hier 356; ders.: *Geschichte*, 333–334.

[136] Vgl. bspw. die Messung der Dauer von Nachempfindungen; *Versuche* I, 32 f. – Der *Zedler* vermerkt zum Lemma <Experimentum, Versuch>, daß »die Observationes [...] nicht allezeit zulänglich« sind: »Man muß dahero sich Mühe geben *zu versuchen*, ob man die Natur nicht dahin vermögen könne, daß sie uns dasjenige sehen lasse, was zu unserem Unterrichte dienet« (*Zedler* 8, Sp. 2344–2345; hier Sp. 2344; m.H.). Der Physiker Tetens, so läßt sich vor diesem Hintergrund der Titel seines Hauptwerkes lesen, ›versucht‹ auf philosophische Weise die Natur des Menschen und insbesondere seiner Seele, damit sie dessen Wesen mitteile. Tetens'

Ein weiteres mögliches Interesse betrifft das Verhältnis der mathematischen zu den metaphysischen Wissenschaften. Gravesande nimmt in seiner »Einleitung in die Philosophie«[137] eine Bestimmung der Metaphysik als »Wirklichkeitswissenschaft« vor, die im Vergleich zur Mathematik einen abgestuften, relativen Evidenzbegriff aufweist. Moses Mendelssohn hat in seinen *Gedanken von der Wahrscheinlichkeit* (1756) auf Gravesandes *Einleitung* Bezug genommen.[138]

Feder –

Von 1769 bis 1776 – also bis zu seinem Wechsel nach Kiel – widmet sich Tetens in seinen Logik- und Metaphysik-Vorlesungen der frisch aus dem Druck gekommenen *Logik und Metaphysik* von Johann Georg Heinrich Feder (1740–1821). Die beiden Denker verbindet eine wechselseitige Rezeption und Beeinflussung: Während zunächst Tetens das Federsche Lehrbuch zu seinen Vorlesungen nutzt und daraus, wie gezeigt werden soll, weitreichende Impulse erhält, verweist Feder in späteren Auflagen eben desselben Lehrbuchs auf

Doppelprofession entspricht der Wolffschen Parallelisierung von experimenteller Physik und experimentell-empirischer Psychologie (s. oben Seite xxxii ff.; vgl. ferner die Hervorhebung des Experiments in Sommer: *Grundzüge*, 262

[137] Ab 1755 liegt die *Introductio* in dt. Übersetzung vor (Willem Jacob 's Gravesande: *Einleitung in die Weltweisheit, worinn die Grundlehre sammt der Vernunftlehre vorgetragen wird: Aus der zweyten Leydenschen Ausgabe getreulich übersetzt*, Halle 1755), ob Tetens diese rezipierte, ist nicht bekannt.

[138] Vgl. Wolfgang Vogt: »Einleitung«, in: *Moses Mendelssohn. Metaphysische Schriften*, Hamburg 2008, ix–lix, xv–xviii.

Tetens[139] und übernimmt wohl auch dessen Begriff der »Gewahrnehmung«.[140]

Feder zeichnet sich einerseits durch den »Verzicht auf eine Festlegung im Sinne eindeutiger Schulzusammenhänge, Systeme oder Methoden« aus,[141] distanzierte sich in einer für das Göttinger Umfeld günstigen Weise von der Wolffschen Philosophie[142] und nutzte andererseits bereits vor der Abfassung seiner erfolgreichen Göttinger Schriften die »empirische Basis« britischer Einflüsse.[143] Bereits in seinem frühen *Grundriß* öffnet er die Architektonik der Metaphysik, indem er die Logik psychologisch wendet[144] und die Untersuchung der Wirkungen der Denkkraft wie der Fähigkeiten der Seele in sie einbezog: Die Logik sei »der bequemste Ort«, um das Empfindungsvermögen, den

139 Vgl. Johann Georg Heinrich Feder: *Logik und Metaphysik*, 5. Aufl., Wien 1783, § 8, 31: »Eine überaus genaue Analyse der mancherley Stücke unsers Erkenntnißvermögens findet sich in des Herrn Prof. Tetens philosoph. Versuchen«.

140 Wunderlich: *Kant und die Bewußtseinstheorien des 18. Jahrhunderts*, 92, Anm. 358.

141 Ders.: »Empirismus und Materialismus an der Göttinger Georgia Augusta – Radikalaufklärung im Hörsaal?«, in: *Aufklärung* 24 (2012), 65–90, hier 70.

142 Vgl. ebd., 83.

143 Reinhard Brandt: »Feder und Kant«, in: *Kant-Studien* 80.3 (1989), 249–265, hier 252.

144 Gegen ebd., 252 f. ist zu betonen, daß Feder in der Ausgestaltung des Lehrbuchs eben nicht »bloß die auch in den Disziplinen des Lehrstuhls ausgedrückte Addition der beiden Hauptgebiete der theoretischen Philosophie« umsetzt, sondern signifikante systematische Verschiebungen vornimmt. Auch Tonelli verkennt die Bedeutung der Architektonik von Feders *Grundriß* und *Logik und Metaphysik*: Er nennt nur die Disziplinennamen und läßt die inhaltliche Ausführung unberücksichtigt. Allein die Anordnung der *Institutiones logicae et metaphysicae* von 1777 – die hier nicht interessieren, da sie Tetens nicht mehr erkennbar rezipierte – betrachtet Tonelli als »a slightly more original classification« (Tonelli: »The problem of classification«, 274).

äußeren und inneren Sinn, das Selbstgefühl und die Einbildungskraft zu behandeln.[145]

Im Vorbericht seiner *Logik und Metaphysik* differenziert Feder zunächst – ähnlich Wolff in Hinsicht auf die Logik, aber weitergehend als dieser – zwischen der philosophischen *Lehr*art und dem rein systematischen Aufbau der Philosophie: Wenn man die gesamte Philosophie ohne systematische Rücksichten *lehren* wolle, »so wäre vielleicht keine Ordnung zuträglicher, als wenn man, unter Anleitung der Erfahrung, von den Betrachtungen über die menschliche Seele, ihre verschiedene Modificationen und Fähigkeiten anfienge [...]«.[146] Dieser gewissermaßen idealtypisch didaktisierenden Anordnung trägt Feder im tatsächlich durchgeführten Aufbau des Werkes Rechnung, indem er »die Logik mit empirischer Psychologie anfange, und überhaupt viel von letzterer in die Logik bringe«[147]. Feder nimmt in seinem Lehrbuch deutliche Veränderungen an der Architektonik der Metaphysik vor:

A. Logik.

I. *Von dem Erkenntniß-Vermögen und den dahin gehörigen Verrichtungen der Seele* (Seelenlehre überhaupt, Erkenntnisvermögen, Wirkungen des Verstandes [Ideen, Ursprung und Assoziation, Sprache, Urteile und Sätze, Syllogistik]).

II. *Theoretischer Unterricht von Wahrheit und Irrthum* (Wahrheit überhaupt, Quellen der Wahrheit, Zuverlässigkeit der Erkenntnis, Quellen der Irrtümer).

III. *Praktischer Unterricht von Erforschung der Wahrheit und Vermeidung des Irrthums bey den mancherley Arten unserer Erkenntniß* (Regeln zur Erforschung der Wahrheit, rechter Gebrauch der sinnlichen Erkenntnis,

145 Johann Georg Heinrich Feder: *Grundriß der Philosophischen Wissenschaften nebst der nöthigen Geschichte zum Gebrauch seiner Zuhörer*, Coburg 1767, 52 f.

146 Ders.: *Logik und Metaphysik*, Göttingen 1769, § 3.

147 Ebd., § 3 (Anm.)

Regeln für die Meditation, Lektüre, Unterredung und Lehrart).

B. Metaphysik oder Grundwissenschaft.

I. *Ontologie oder Von den Begriffen und Grundsätzen, die auf alle Dinge insgemein angewandt werden* (allgemeiner Begriff von einem Dinge; Begriffe und Grundsätze, die sich auf eine Verbindung der Dinge beziehen [Kausalität, Zeit und Raum, Identität]).

II. *Von den allgemeinsten Gattungen der Dinge* (Monadologie [Lehre von den einfachen Dingen], Metaphysische Körperlehre, Pneumatologie [Geisterlehre], vollkommenste Substanz und endliche Substanzen).

III. *Kosmologie.*

C. Natürliche Theologie.

Er beläßt es nicht bei einer bloßen Modifikation der Logik, sondern *amalgamiert* sie mit der Psychologie.[148] So beginnt er (in meiner Paraphrase) mit einer *(Psycho-)Logica generalis* (A.I),[149] an deren Ende er als Bindeglied eine rudimentäre Sprachphilosophie einfügt, um daraufhin die Logik im engeren Sinn zu behandeln (also eine *Logica specialis*:

[148] Thierry Arnaud: »Où commence la ›Métaphysique allemande‹ de Christian Wolff?«, in: Oliver-Pierre Rudolph/Jean-François Goubet (Hrsg.): *Die Psychologie Christian Wolffs*, Tübingen 2004, 61–73, hier 65, zeigt, daß in Wolffs *Psychologia empirica* ein umgekehrtes Einfließen von »nombreux paragraphes consacrés à la logique« festzustellen ist.

[149] Der Tendenz nach ist Feders Psychologisierung der Logik verwandt mit der traditionsreichen, aber besonders seit Wolff an Bedeutung gewinnenden »logica naturalis«. Von Wolffs Logica strahlt die Denkfigur der Opposition natürlichen vs. künstlichen Philosophierens sowohl auf die metaphysica und aesthetica naturalis bei Baumgarten aus, als sie auch letztlich mit der Common-sense-Philosophie gemeinsame Wurzeln teilt (vgl. das instruktive Kapitel bei Claus Langbehn: *Vom Selbstbewußtsein zum Selbstverständnis: Kant und die Philosophie der Wahrnehmung*, Paderborn 2012, 194–209). – Feder setzt seiner architektonischen Argumentation in der *Logik und Metaphysik* einen unexplizierten Begriff natürlicher Logik zugrunde und teilt dabei die zeitgenössisch weit verbreitete Diktion des »gemeinen Menschenverstandes«.

Urteile und Schlüsse, Syllogistik). Den Abschluß bildet eine »praktische Logik« in Form einer zunächst theoretischen, dann angewandten Wahrheits- und Irrtumslehre.

Die buchstäbliche Metaphysik hebt dann mit der Ontologie an, Feder unterscheidet hier zwischen allgemeinen und relationalen »Begriffen und Grundsätzen« eines Dinges. Statt jedoch auf diese *metaphysica generalis* die spezielle Metaphysik in der üblichen, beispielsweise Wolffschen Unterteilung folgen zu lassen, behält er die ontologische Perspektive bei und stellt im darauffolgenden Teil eine »angewandte Ontologie« vor. In ihr handelt Feder von den Gegenständen der *metaphysica specialis* nach bereichsontologischer Gruppierung. Am Ende der Federschen Metaphysik steht die Kosmologie; die Natürliche Theologie ist ein separater, neben die Logik und Metaphysik gestellter Teil.

Seine *Untersuchungen über den menschlichen Willen* von 1779 bezeichnet Feder als eine bisher kaum als Entwurf behandelte »Specialpsychologie«.[150] Der Grund liege in der noch nicht lang zurückliegenden Vernachlässigung der gesamten Psychologie:

> »Kein Wunder; da es noch nicht lange ist, daß man die Psychologie überhaupt für einen besondern Hauptheil der Philosophie ansieht, nicht mehr für ein Vierthel eines nicht sehr hochgeachteten Theiles der Philosophie, der Metaphysik.«[151]

Daß sie dieses, ein echter Hauptteil der Philosophie, im letzten Drittel des 18. Jahrhunderts geworden ist, daran hatte Feder mit seiner populären *Logik und Metaphysik* keinen geringen Anteil: Seine Architektonik der theoreti-

[150] Johann Georg Heinrich Feder: *Untersuchungen über den menschlichen Willen, dessen Naturtriebe, Veränderlichkeit, Verhältniß zur Tugend und Glückseligkeit und die Grundregeln, die menschlichen Gemüther zu erkennen u. zu regieren*, Göttingen 1779, Bd. 2, 1782, vi.

[151] Ebd., vgl. Sommer: *Grundzüge*, hier 313–320.

schen Philosophie gliedert sich letztlich in Psycho-Logik – Metaphysik (Ontologie und Kosmologie) – Theologie.

4. Das systematische Programm der Druckschriften

Die Generation derjenigen Philosophen, die ab der Mitte des 18. Jahrhunderts in die intellektuelle Öffentlichkeit treten, eint, so die These Manfred Kühns, eine »cognitive crisis«.[152] Diese Krise der Orientierung ist philosophisch wesentlich eine Legitimationskrise der sogenannten Leibniz-Wolffschen Schulphilosophie und insofern nicht erst 1775 eine »crise de la métaphysique«[153]. Tetens und Kant treffen sich in dem anti-skeptischen und ambitionierten Vorhaben einer Neubegründung der Metaphysik: Kant stellt die Frage nach »Möglichkeit oder Unmöglichkeit einer Metaphysik überhaupt«[154] und entwickelt daraus die transzendentale Perspektive der kritischen Philosophie und den Entwurf einer Metaphysik, »die als Wissenschaft wird auftreten können«[155]. Tetens projektiert – ausgehend von einer dezidierten Metaphysikkritik – bereits in den *Gedancken über einige Ursachen, warum in der Metaphysik nur wenige ausgemachte Wahrheiten sind* von 1760 ein Programm zur Renovierung der philosophischen Hauptwissenschaft, dem er bis zum Ende seiner akademischen Tätigkeit verbunden bleiben wird.

Gedancken über einige Ursachen (1760) –

An den Beginn dieser »Einladungs-Schrift zu seinen [. . .] auf der neuen Bützowschen Academie anzufangenden Vor-

[152] Vgl. Kühn: *Scottish Common Sense*, 36.
[153] Vgl. Michel Puech: »Tetens et la crise de la métaphysique allemande en 1775 (Über die allgemeine speculativische Philosophie)«, in: *Revue philosophique de la France et de l'Étranger* 182.1 (1992), 3–29.
[154] *KrV* A xii.
[155] In den *Prolegomena*.

lesungen«[156] setzt Tetens die Feststellung, daß die Metaphysik »zu der Volkommenheit noch nicht gebracht ist, welche sie ihrem Zwecke gemäß besizzen muß«[157], und definiert:

> »Sie ist eine Wissenschaft, welche nebst einer algemeinen Theorie von allen möglichen und wirklichen Dingen, die algemeinen und nothwendigen Eigenschaften der Welt, die Lehre von der Seele und von GOtt, in sich begreifet, oder mit andern Worten, *welche uns die algemeinen Grundsäze der menschlichen Erkenntniß, und die übrigen theoretischen Wahrheiten der Vernunft lehret, die zu unsrer Glückseligkeit nothwendig sind.* (12/§ 1)

Tetens verweist darauf, daß für Gewißheit und Deutlichkeit der Erkenntnis die einzelnen Teile aufeinander angewiesen sind und besonders die Ontologie vorauszusetzen ist. Von dieser Einrichtung der Metaphysik nach Wolff sehe er »keinen hinreichenden Grund [...] abzugehen, die Experimental-Seelenlehre von ihr [scil. der Metaphysik; MS] zu trennen« (13/§ 1). Tetens befürwortet damit eine integrale Behandlung der hergebrachten Metaphysik, gegen die auch die neuesten physiologisch-anthropologischen Bestrebungen in der Psychologie wie diejenigen des ›philo-

[156] Davide Poggi: »Introduction: Tetens' ›Gedancken‹«, in: Seung-Kee Lee u. a. (Hrsg.): *Philosophical academic programs of the German enlightenment. A literary genre recontextualized* (= FMU; 4), Stuttgart-Bad Cannstatt 2012, 127–135 stellt die *Gedancken* in den Zusammenhang der Debatte um die mathematische Methode in der Metaphysik und verweist auf die ein Jahr später gestellte Akademie-Frage (127, 131). Vgl. auch unten die parallele Verortung von *ASP* in Anmerkung 190 auf Seite lxv.

[157] Johann Nicolaus Tetens: »Gedancken über einige Ursachen, warum in der Metaphysik nur wenige ausgemachte Wahrheiten sind, als eine Einladungs-Schrift zu seinen den 13ten October auf der neuen Bützowschen Academie anzufangenden Vorlesungen«, in: Jürgen Engfer (Hrsg.): *Die philosophischen Werke*, Bd. III, Hildesheim [u.a.] 2005, 9–76, 11, § 1; im folgenden Beleg als »Seite/§« in Klammern.

sophischen Arztes‹ Johann Gottlob Krüger (1715–59)[158], dessen Begriff Tetens hier verwendet,[159] keine stichhaltigen Argumente an die Hand gäben.

Doch die für die »Einsicht in den Zusammenhang der Dinge« (12/§ 1) erforderliche Vollständigkeit sei in der Metaphysik bisher nicht erkennbar, insbesondere die Ontologie enthalte nur »wenige fruchtbare Lehrsäze, die zugleich ausgemachte Wahrheiten sind« (14/§ 2). »Ausgemachte« sind für Tetens »gewisse[ ] und zugleich von allen angenommene[ ] Wahrheiten« (15/§ 2), deren Mangel bewiesen bereits die Streitigkeiten um den Satz des zureichenden Grundes. Anders als in Mathematik und Naturlehre werde in der Metaphysik »wohl das Gebiet der Hypothesen und Phantasien, nicht aber der evidenten Wahrheiten vergrössert« (17/§ 3). In Anbetracht der Ursachen für diesen Unterschied setzt Tetens die Wissenschaftsbereiche ins Verhältnis:

> »Es ist die Ontologie, wie die theoretische Mathematik, eine Wissenschaft, in welcher aus wilkürlich bestimten Begriffen die Eigenschaften der Dinge hergeleitet werden. [...] Die übrigen Theile der Metaphysik, die Cosmologie, die Seelenlehre, die natürliche Gottesegelahrtheit, müssen durch die

[158] Zu Krügers »physiologischer Pathologie der Einbildungskraft« vgl. Gabriele Dürbeck: *Einbildungskraft und Aufklärung*, Tübingen 1998, 123–128; ausführlicher Nowitzki: *Der wohltemperierte Mensch. Aufklärungsanthropologien im Widerstreit*, 33–86; speziell aus der Perspektive des Experiments Nicolas Pethes: *Zöglinge der Natur*, Göttingen 2007, 141–155; außerdem Wolfram Mauser: »Johann Gottlob Krüger. Der Weltweise als Arzt? Zur Anthropologie der Frühaufklärung in Deutschland«, in: Carsten Zelle (Hrsg.): *Vernünftige Ärzte*, Tübingen 2001, 48–67 und Carsten Zelle: »Experimentalseelenlehre und Erfahrungsseelenkunde. Zur Unterscheidung von Erfahrung, Beobachtung und Experiment bei Johann Gottlob Krüger und Karl Philipp Moritz«, in: ders. (Hrsg.): *›Vernünftige Ärzte‹. Hallesche Psychomediziner und die Anfänge der Anthropologie in der deutschsprachigen Aufklärung*, Tübingen 2001, 173–185.

[159] Vgl. Johann Gottlob Krüger: *Versuch einer Experimental-Seelenlehre*, Halle 1756.

Verbindung der ontologischen Wahrheiten mit Erfahrungssäzen erbauet werden, wie die angewandte Mathematik und Naturlehre durch die Verbindung der theoretischen Mathematik mit Versuchen; warum kommen wir denn in jener seltener zur Gewisheit als in diesen?« (18–19/§ 4)

Drei mögliche Ursachen für das Zurückbleiben der Metaphysik identifiziert Tetens: (1) die Vorurteile der Philosophen, (2) die Beschaffenheit metaphysischer Wahrheiten und (3) die Art zu philosophieren, also die Methode der Metaphysik (19/§ 5). Methodische Defizite seien die Hauptursache, »obgleich nach Wolfens Zeiten alle Beweise in die Form der mathematischen Demonstrationen sind eingekleidet worden« (ebd.), gerade aus der Ontologie, die den metaphysischen Grund zu legen habe, rührten daher die größten Versäumnisse (20/§ 5).

Die weitere Untersuchung beginnt Tetens mit einer Kritik an dem »verworrene[n] und dunkle[n] in den Begriffen, aus welchen die Säze bestehen, und welches in die Beweise derselben einen Einfluß hat« (21/§ 6); der Mangel an Deutlichkeit ziehe notwendig Streitigkeiten nach sich, »die größtentheils Logomachien werden« (26/§ 7). Anders als in der Mathematik fehlen der Metaphysik die Zeichen, die es erlauben, auch allgemeine Begriffe »der Einbildung als gegenwärtig vorzustellen« (29/§ 8), mithin, die Deutlichkeit des Denkens durch die Zuhilfenahme von Sinnen und Einbildungskraft zu erreichen. Dabei ist der Analyse eine natürliche Grenze gesetzt: Zwar richtet sich die Deutlichkeit der Erkenntnis »immer nach der Deutlichkeit der Begriffe« (32/§ 11), doch ist unsere Erkenntnis »von den wircklichen Dingen, deren Begriffe uns die Erfahrung lehren muß, nur eines gewissen Grades der Deutlichkeit fähig« (ebd.). Die Streitigkeiten über die Begriffe der Kausalität, des Raumes und der Zeit seien durch den Rückgang auf die mit der Idee verbundenen Empfindungen zu entscheiden (35/§ 14).

Zur Verbesserung der Metaphysik sei es nötig, »daß ein und derselbe Begrif beständig mit eben demselben Worte beleget würde« (41/§ 17). Doch zeigt Tetens zugleich, daß die Forderung nach Befolgung des allgemeinen Redegebrauchs nicht zielführend ist. Denn welcher sollte Referenz sein, der der Alltagssprache? Sie benutzt oftmals irreführende Wendungen wie »die Sonne geht auf« etc. (43/§ 18). Der Redegebrauch der Philosophen? Nicht besser, wie Tetens anhand der Dispute um die Vorstellungskraft der Leibnizschen Monade aufzeigt; denn die Philosophen bedienen sich vielfach bildlicher Redeweisen:

> »Es waren die Benennungen, vis repraesentativa, speculum mundi, microcosmus, Geburthen des Witzes, wohin in der Analysis *das Küssen der Linien, und in der Psychologie das Beschwängern des Gegenwärtigen von dem Vergangenen, woraus das Künftige gebohren wird*, auch gehören.« (50/§ 20)

Die Beendigung aller Logomachien erwartet Tetens am ehesten von einer allgemeinen, auf der Grundlage von einfachen Zeichen operierenden Sprache ähnlich der Leibnizschen Characteristica universalis (50–52/§ 21). Sollte diese bisher nicht zustande gebrachte Sprache wirklich auf zu große Schwierigkeiten stoßen (52–54/§ 22), »so liesse sich doch vielleicht eine philosophische Sprache verfertigen, welche in der Metaphysik, besonders in der Ontologie, brauchbar wäre« (54/§ 23). Erneut – wie schon hinsichtlich der ersten ontologischen Ideen in § 13 – bezieht sich Tetens auf Johann Heinrich Tönnies (1725–1784), der bis 1769 in Kiel lehrte, und in seinen Schriften einen eigenständigen Ansatz zu einer *ars characteristica* und Universalgrammatik vorlegte:[160] Tönnies habe »in seiner dritten *disput. de organica generali* von einer solchen philosophischen Sprache die Elemente geben wollen. [...] Es entstehen auf die Art

160 »Tönnies, Johann Heinrich«, in: Herbert E. Brekle (Hrsg.): *Bio-bibliographisches Handbuch zur Sprachwissenschaft des 18. Jahrhunderts*, Bd. 8, Tübingen 2005, 226–228

die ersten Zeichen, oder Buchstaben dieser Sprache, etliche dreißig, mit welchen der Herr Professor alle ontologischen Begriffe ausdrücken will« (54–55/§ 23).[161] Die Aussicht, »wenigstens in der Ontologie seine Begriffe so genau ausdrücken [zu können], daß alle einfache Ideen in denselben zugleich erkennet würden« (55/§ 23), reizt Tetens sichtlich – bei aller Skepsis gegenüber der Durchführbarkeit des Vorhabens.

Doch auch ungeachtet der fehlenden Universalsprache seien Evidenz und Fortschritt in der Metaphysik möglich. Bisher werde allerdings »die Möglichkeit einer Sache a priori [...] nicht gehörig [ge]führet« (59/§ 29). Die bloße »*undeterminirte* oder *negative* Möglichkeit« (62/§ 31) beinhalte lediglich Widerspruchslosigkeit des (unvollständig) Gedachten, erfordert werde jedoch die *vollkommene* Deutlichkeit des Begriffs und der Einbezug *aller* Bestimmungen des Dings (59/§ 29): »Es ist gar unmöglich, daß wir die Möglichkeit solcher Dinge, von denen wir nur einen symbolischen, aber keinen anschauenden Begrif haben, aus ihnen selbst, oder a priori sollen einsehen können« (64/§ 32).

Um diesen Zustand zu bessern, gelte es, der Newtonschen Naturlehre zu folgen: Wie die theoretische Mathematik in der Anwendung auf Erfahrungen die ausgemachten Wahrheiten der Mechanik, Optik und Astronomie ermögliche (67/§ 33), so bedarf es auch in der Metaphysik einer breiteren empirischen Basis, um die ›theoretische‹ Ontologie fruchtbar in die ›angewandte‹ Ontologie als Kosmologie, Psychologie und Theologie zu überführen: »Wir haben [scil. in der Metaphysik; MS] noch nicht Erfahrungen genug; zuweilen begeht man gar Erschleichungsfehler« (68/§ 34). Als Beispiel für die in der Philosophie gängige Mißachtung des

[161] Zu Tönnies vgl. ferner den Eintrag in Heiner F. Klemme/Manfred Kuehn: *The Dictionary of Eighteenth-Century German Philosophers*, London u.a. 2010, Bd. 3, 1191–1192, der sich allerdings v.a. mit Tönnies' theologischen Ausarbeitungen befaßt; die von Tetens rezipierte Disputation scheint nicht greifbar.

Erfahrungswissens führt Tetens die empirische Psychologie an:

> »Die Philosophen sezen gemeiniglich [die Veränderungen im Körper] aus den Augen, und überlassen sie den Physiologen, da doch ohnstreitig ist, daß so lange wir nicht nach dem Beyspiel des Hrn. Prof. Krügers[162] auf die Beschaffenheit des Körpers zugleich mit Acht geben, wir in der Erfahrungs-Seelenlehre niemals hinter die geheimen Wirkungen der Seele kommen werden« (69/§ 35).

Das starke Interesse an der psychologisch-erkenntnistheoretischen Grundlegung der Metaphysik wird schließlich der rote Faden in Tetens' Philosophie.

Ueber den Ursprung der Sprachen und der Schrift (1772) – Tetens antwortet mit dieser anonym veröffentlichen Schrift auf die bekanntlich von Herder gewonnene Preisaufgabe der Königlich Preußischen Akademie der Wissenschaften zu Berlin für das Jahr 1771: ob der Mensch, seinen Naturanlagen überlassen, die Sprache hat erfinden können?[163] Vermutlich erhielt er das Accessit, ohne schließlich die Beantwortung einzureichen.[164]

Hatte Herder auch literarisch brilliert, so stammt von Tetens »die philosophisch überzeugendere Abhandlung«, die ihre »Überzeugungskraft [...] aus einer gegenüber Herder strenger durchgeführten prinzipientheoretischen Be-

[162] Gemeint ist erneut Johann Gottlob Krüger (1715–1759), der Verfasser vom *Versuch einer Experimental-Seelenlehre*. Vgl. oben Anmerkung 158 auf Seite li.

[163] Vgl. die vollständige französische Fragestellung in Adolf von Harnack: *Geschichte der Königlich Preussischen Akademie der Wissenschaften*, Berlin 1900, 307, Nr. 175.

[164] Vgl. Jutta Heinz: »Etymologie als Voraussetzung einer ›vernünftigen Metaphysik‹. Tetens' Frühschriften zur Etymologie«, in: Gideon Stiening/Udo Thiel (Hrsg.): *Johann Nikolaus Tetens (1736–1807). Philosophie in der Tradition des europäischen Empirismus*, Berlin 2014, 365–377.

gründung der Sprachtheorie« bezieht.[165] Im Zentrum seiner systematischen Herleitung der Sprache aus dem Erkenntnisvermögen steht die produktive Einbildungskraft; ihre selbsttätige Vermittlung zwischen Sinnlichkeit und Verstand, zwischen Bildern und Begriffen ermöglicht Tetens die Formulierung der Gleichursprünglichkeit von Vernunft, Sprache und Schrift.[166]

Die Selbsttätigkeit der produktiven Einbildungskraft weist über den sprachphilosophischen Anlaß auf die zentrale anthropologische These der *Philosophischen Versuche* voraus, schließlich bestimmt Tetens dort die Selbsttätigkeit als die »Grundkraft der menschlichen Seele« und den »Charakter der Menschheit«, also als das Proprium des Menschen.[167] Daneben beruht mit der zentralen Rolle der Einbildungskraft bereits die Sprachphilosophie wesentlich auf der Analyse des menschlichen Erkenntnisvermögens, also auf psychologischen Grundlagen, wie Tetens auch in seinem Hauptwerk die empirische Psychologie zum Ausgangspunkt seiner Untersuchung macht.[168]

Dabei ist die Verklammerung von Erkenntnispsychologie und Sprachphilosophie über seinen Zeichenbegriff vermittelt, für den Tetens terminologisch klar ersichtlich auf Feders *Logik und Metaphysik* zurückgreift.[169] Die »möglichen Anfänge einer menschlichen Sprache«, so der Titel des fünften Abschnittes (*Ursprung*, 27) erkennt Tetens in Tönen, hörbaren Zeichen; ähnlich wie Herder das Hören als den »mittleren Sinn« bevorzugt und das Beispiel des

[165] Westerkamp: »Anfang«, 8.

[166] Vgl. für eine sprachphilosophische Interpretation ebd., v.a. 8–12.

[167] S. insbes. den 11. Versuch (*Versuche* I, 730–766; v.a. 758–761).

[168] So hinsichtl. der Bedeutung der Psychologie für Tetens' Sprachphilosophie bereits Erich Heintel, »Einleitung: Tetens als Sprachphilosoph«, in: Tetens: *Sprachphilosophische Versuche*, vii–xlvi.

[169] Vgl. oben, Seite xliv ff.

blökenden Schafes wählt.[170] Doch ist für Tetens nicht das Akustische der exklusive Weg einer solchen Vermittlung zwischen Empfindung und Sprache, vielmehr ist die Funktion als Zeichen entscheidend: Nicht Töne, sondern »äußere sinnliche Zeichen [überhaupt waren] unentbehrlich« (*Ursprung*, 33), auch körperliche Veränderungen, Gestik und Mimik können Empfindungen bezeichnen.

Der Übergang von den Empfindungen zu den Vorstellungen, das unterscheidende Wahrnehmen geht mit einer vorsprachlichen, vor-vernünftigen Zeichenproduktion einher und parallel:

> »Die Vorstellung eines Berges, eines Hauses, eines Baumes, usw. kommt öfters wieder. Die ähnlicheren Züge in diesen einzelnen Bildern, fallen in der Vorstellungskraft aufeinander; und drucken sich also lebhafter ab, und tiefer hinein. Die Verschiedenheiten hingegen legen sich neben- und zwischeneinander, laufen durcheinander, und verwirren und verdunkeln sich, wie die Farbenstrahlen in dem weißen Licht. So entsteht ein *allgemeines Bild* [...]« (*Ursprung*, 34).

Tetens variiert die Metapher des Eindrucks,[171] um zu einem Modell zeichenhafter Abstraktion zu gelangen, das nicht erst auf dem Niveau der Vernunft situiert ist bzw. von ihr her auf die Empfindungen zurückgreift, sondern lückenlos auf dem Fundament sinnlicher Empfindungsvorstellungen[172] aufbaut. Den Vorgang, der ein solches allgemeines Bild produziert, nennt Tetens »*sinnliche Abstraktion*«: diese ist »bloß [also: ausschließlich; MS] eine Wirkung der Einbildungskraft und des Witzes« (*Ursprung*, 34).

170 Vgl. Johann Gottfried Herder: *Abhandlung ueber den Ursprung der Sprache*, Berlin 1772, »Ha! du bist das Blöckende!«, 55; Gehör als mittlerer Sinn, 99 f.

171 Vgl. Thomas Bedorf: »Spur«, in: Ralf Konersmann (Hrsg.): *Wörterbuch der philosophischen Metaphern*, Darmstadt 2007, 401–420, hier v.a. 404–405.

172 Für Tetens' differenzierte Vorstellungstheorie vgl. in diesem Kapitel den Abschnitt über die *Philosophischen Versuche*.

Tetens übernimmt den Terminus der sinnlichen Abstraktion von J.G.H. Feder, mit dessen *Logik und Metaphysik* er sich ja in seinen Metaphysik-Vorlesungen zwischen 1769 und 1776 zumindest der Struktur und Anordnung nach eine Psychologie als propädeutische Grundwissenschaft erarbeitet hatte.[173] Feder stellt die Einbildungskraft als die zentrale Fähigkeit des unteren Erkenntnisvermögens dar: Der Name »Vernunftähnliche Fähigkeit (Analogon rationis)« (2.A., § 15, 138) beziehe sich besonders auf »solche Denkarten, solche Folgen und Verbindungen der Vorstellungen« (ebd.), die Wirkungen der Einbildungskraft seien; außerdem finde sich im »Herumschweifen der Einbildungskraft« eine »Art von Nachdenken und Ueberlegung (Analogon reflexionis)[174]« (ebd.).

Feder setzt darüber hinaus zwischen die reproduktive Einbildungskraft und das Dichtungsvermögen ein »sinnliches Absonderungsvermögen« als *dasjenige* Vermögen der Einbildungskraft, »weniger denn in der vorhergehenden Empfindung einer Sache lag, sich vorzustellen, aber doch nur unter einem Bilde«[175]:

> »Sie [scil. die Einbildungskraft; MS] kann alsdenn das sinnliche Absonderungsvermögen genennet werden. [...] Kraft dieses sinnlichen Absonderungsvermögens sammlet sich die Seele allgemeine sinnliche Begriffe, oder Bilder, in welchen das, was einer Gattung oder Art gemeinschaftlich zukömmt, hauptsächlich aufbehalten wird, und dem Geiste vorzüglich klar obschwebet.« (§ 11, 130–131)

[173] Vgl. oben xliv ff.

[174] Mangels weiterer Belege halte ich diese Wendung für eine Wortschöpfung Feders. Mir scheint, daß die so vorgenommene Differenzierung zum Analogon rationis den Fokus von den Seelenvermögen und ihren Produkten hin zu den *Tätigkeiten* verschiebt und damit der Tetensschen Bestimmung der Selbsttätigkeit als Grundkraft der menschlichen Seele vorarbeitet.

[175] Feder: *Logik und Metaphysik*, § 11, 36.

Die so gewonnenen »sinnlichen Abstracta« scheidet Feder kategorisch von »intellectualen Abstracta, [den] allgemeinen Begriffe[n], die in Worten liegen«, gleichen erstere doch »indem es Bilder sind, immer mehr einem Individuo, als dem andern«. Trotz dieser nach Vernunftmaßstäben unvollständigen Abstraktionsleistung ist diese Wirkung der Einbildungskraft von großem Nutzen: »Vermöge dieser allgemeinen Bilder, oder wenn dieser Ausdruck zu hart seyn sollte, vermöge dieser bildlichen Grundbegriffe bemerken wir schon bey der gemeinen und sinnlichen Erkenntniß die Arten und Gattungen«; in diesen Allgemeinbildern »[obschwebet] dem Geiste vorzüglich klar«[176] das ihnen gemeinsam Zukommende. In seiner Formulierung läßt Feder anklingen, daß ihm die quer zur gängigen Dichotomie von abstrakt und individuell stehende Vermeidung einer nominalistischen wie realistischen Perspektive bewußt gewesen ist.[177]

Die verborgene Quelle zu Feders »abstrahierender Einbildungskraft« dürfte in den Cartesischen *Regulae* liegen. Mit dieser unabgeschlossenen und erst posthum 1701 veröffentlichten Erstlingsschrift wird Descartes, wie Ernst Cassirer dargelegt hat, »[z]um Begründer der neueren Philosophie«, da er im »Gedanken der Methode [...] eine neue

176 Alle zitierten Passagen ebd.

177 Bevor Kant später den Kern des Universalienproblems durch die Unterscheidung von Anschauung, empirischen und reinen Begriffen zu klären beabsichtigt (vgl. *KrV* B 377), deutet sich bei Feder und Tetens mit dem Konzept »sinnlicher Abstrakta« eine ähnliche, darauf vorausweisende erkenntnistheoretische Position an, die beabsichtigt, die Frage nach der Apriorität entweder des Individuellen oder des Allgemeinen zu suspendieren, indem die Abstraktion zumindest teilweise in den Bereich der Sinnlichkeit vorgezogen wird und damit eine erkenntnisermöglichende Bedeutung erhält. Dieser Ansatz ließe sich meines Erachtens als ein realistischer Nominalismus apostrophieren.

Aufgabe erfaßt«[178], die neue Aufgabe nämlich, »[die Idee der] Notwendigkeit nicht nur innerlich zu erfahren, sondern auch zu begreifen, woher sie stammt.«[179]

Entsprechend sind die zuverlässige, evidente wissenschaftliche Erkenntnis und die Einheit der Wissenschaft das Ziel der *Regulae*. Zuverlässige Wege zu Wahrheit und Wissenschaft sind allein, so Descartes weiter in der dritten Regel, Intuition und Deduktion. Nach der Grundlegung und Erläuterung des notwendig methodischen Vorgehens in den Regeln vier bis sieben wendet er sich dem wesentlichen Spezifikum der menschlichen Erkenntnis zu: ihrer Begrenztheit. Werden die vorausliegenden Regeln penibel beherrscht und führt dennoch keine Anstrengung weiter, so mangelt es nicht an Erkenntniskraft, sondern »die Natur der Schwierigkeit selbst [...] oder die Lage des Menschen« verhindern die Lösung der Schwierigkeit und das Auffinden des erstrebten Wissens (R VIII, 2). Der menschliche Geist ist endlich, doch können die Bedingungen seiner Endlichkeit nicht bloß hindern, sondern auch fördern, indem sie die Erkenntnisgegenstände dem menschlichen Verstand gemäß machen.

Descartes verwendet für die Erkenntniskraft insgesamt den Begriff des »Ingenium«,[180] das er als eine Tätigkeit begreift, bei der ›unterhalb‹ des Verstehens die Einbildungskraft stets beteiligt ist.[181] Für das Zustandekommen,

[178] Ernst Cassirer: *Das Erkenntnisproblem in der Philosophie und Wissenschaft der neueren Zeit*, hrsg. v. Birgit Recki (= ECW; Bd. 2–5), Hamburg 1999, Bd. 1, 366.

[179] Ebd., 367.

[180] Vgl. *HWPh* 4, <Ingenium>, 360–363.

[181] Claus-Artur Scheier: »Die Zeit der Spontaneität. Zu Kants Lehre von der transzendentalen Funktion der Einbildungskraft. Mit einer Fußnote zu Descartes' Regeln der Methode«, in: Ernesto Garzón Valdés/Ruth Zimmerling (Hrsg.): *Facetten der Wahrheit*, Freiburg 1995, 423–455 interpretiert den »Schematismus des reinen Verstandes [als den] *tranzendentale[n] Ort der cartesischen Regeln der Methode*« (453) und im Umkehrschluß Descartes' Bestimmung

die Ermöglichung deutlicher Intuition im Verstand ist das Wirken der Einbildungskraft dergestalt entscheidend, daß sie je nach Gegenstand bzw. Erkenntnisziel entweder abstrahierend oder detaillierend wirkt.[182] Insbesondere die inhaltlich reduzierende Funktion der Einbildungskraft ist für das Zum-Schluß-Kommen des Verstandes von Bedeutung:

> »Um dagegen aus mehrerem zusammengenommen eines zu deduzieren, was oft nötig ist, muß alles das aus den Ideen der Dinge beseitigt werden, was keine gegenwärtige Aufmerksamkeit erfordert, damit das Übrige leichter im Gedächtnis behalten werden kann. Demgemäß sind also dann nicht die Sachverhalte selbst den äußeren Sinnen vorzulegen, sondern vielmehr *gewisse abkürzende Zeichen* an ihrer Stelle, die je kürzer um so bequemer sein werden, wenn sie nur ausreichen, ein Versagen des Gedächtnisses zu verhindern.« (R XII, 11; m.H.)

Es ist also die zeichenmachende Phantasie mit ihren symbolischen Abkürzungen, die es – wie die sechzehnte Regel ausführt – erlaubt, mehrere Propositionen »in einer zusammenhängenden und nirgends unterbrochenen« (R II, Scholion), »blitzschnellen Bewegung des Denkens [zu] durchlaufen und intuitiv soviel wie möglich auf einmal erfassen [zu] können« (R XVI, 1). Die Einbildungskraft arbeitet auf diese Weise dem Denken vor, indem sie das Problem von seinem Gegenstand löst (R XIII) und »ganz durch nackte Figuren« (R XIV, Scholion), durch »in der Phantasie gemalte Bilder« (R XIV, 5) darstellt. Somit ist von einer

der Einbildungskraft als »die erste *methodische Erscheinung* dessen, was erst mit dem Kantischen Gedanken [...] für sich wird als die reine Spontaneität« (455).

182 Es ließe sich einwenden, daß in beiden Formulierungen nicht die Einbildungskraft handelndes Subjekt des Satzes ist. M.E. trifft ein solcher Einwand nicht, da ja *stets* das Ingenium einheitliche handelnde Kraft ist (und die Einbildungskraft beteiligt ist bzw. vom Ingenium umgriffen wird).

bestimmten Stufe der Komplexität an »nichts mehr ohne die Hilfe der Einbildungskraft durch[zu]führen«;[183] daß unser Verstand trotz seiner Endlichkeit zum Schluß kommt, also sich ein Urteil über die Dinge bilden kann, ist Descartes zufolge wesentlich der Einbildungskraft zu verdanken. Sie besitzt eine produktive Freiheit zur Reduktion von Komplexität, die das »übergroße« Objekt der Erkenntnis überhaupt erst handhabbar, also erkennbar macht.[184]

In der direkt auf Descartes folgenden Philosophie fällt die Einbildungskraft hinter ihre zentrale Rolle in den *Regulae* zurück, die der Erkenntnis zuarbeitende *Reduktion* der sinnlichen Merkmalsfülle scheint nicht rezipiert worden zu sein. Für eine längere Zeit werden Vorstellungstheorien bestimmend, in denen es der Einbildungskraft allein zukommt, einerseits komplexe Vorstellungen in ihre Teile

[183] R XIV, 9: nihil sine imaginationis auxilio. – In den Worten von Josef Simon: Die Einbildungskraft ist als zeichenmachende Phantasie »unerläßlich, wenn es darum geht, dem Ingenium so vorzuarbeiten, daß es, als ›Intuition‹, mühelos notwendige Verbindungen einsehen kann. In dieser Beziehung kann von einer bestimmten Stufe der Komplexität an nichts mehr ohne Hilfe der Einbildungskraft vollzogen werden.« (Josef Simon: *Wahrheit als Freiheit. Zur Entwicklung der Wahrheitsfrage in der neueren Philosophie*, Berlin 1978, 130.)

[184] Vgl. a. Josef Simon: »Freiheit und Erkenntnis«, in: ders. (Hrsg.): *Freiheit*, Freiburg i.Br. 1977, 11–35, hier 15–21 – Hans-Jürgen Engfer: *Empirismus versus Rationalismus? Kritik eines philosophiegeschichtlichen Schemas*, Paderborn 1996, 63–68 hat aufgezeigt, daß bei einer sorgfältiger Interpretation der *Regulae* der übliche Schluß von der Bevorzugung der Mathematik als Vorbild der Wissenschaften auf einen vermeintlichen Rationalismus Descartes' »gänzlich unhaltbar« ist (67): Denn Descartes bezieht die Ideen der Geometrie ursächlich auf das bildhafte, körperbasierte Wirken der Einbildungskraft, mithin auf unmittelbar sinnliche Erfahrung. Auch Cassirer: *Erkenntnisproblem*, Bd.1, 382 hebt hinsichtlich der Cartesischen Einbildungskraft in den *Regulae* hervor, daß sie als dem Körper verbundenes Vermögen die Vorstellungen in der Form »räumliche[r] Symbole und ›Abkürzungen‹ von ihnen, die aber ihren gesamten Gehalt in sich konzentrieren«, der Betrachtung vorzulegen in der Lage ist.

zu zergliedern und andererseits aus einzelnen Vorstellungen andere oder neue zusammengesetzte Vorstellungen zu synthetisieren.[185] Demgegenüber wird die Abstraktion üblicherweise als ein bloßes Absehen von Details durch die Ausrichtung der Aufmerksamkeit betrachtet: die Allgemeinbegriffe entstehen auf dieselbe Weise durch ein Vergleichen des Verstandes[186] wie die gedächtnisbasierte Einsicht, daß man ein Allgemein-Ähnliches bereits gesehen hat.

Tetens dürfte *der Begriff* sinnlicher Abstraktion auch von Charles Bonnet (1720–1793) bekannt gewesen sein, mit dessen Schriften er sich spätestens für die Sprachursprungsschrift beschäftigt:[187] Bonnet behandelt in seinem *Essai analytique* von 1760 (dt. von C. G. Schütz 1770/1) im Rahmen einer allgemeinen Vorstellungstheorie die »idées sensibles«, deren Einteilung in einfache und konkrete sowie die »abstractions sensibles«.[188] Doch Bonnet behandelt das Zustandekommen solcher sinnlichen Abstraktionen, deren Produkte sinnliche Ideen bleiben, noch vor der Imagination, auch er faßt sie als ein Produkt der Aufmerksamkeit:

185 Neben der grundlegenden Bedeutung der Rezeption Lockescher und Humescher Philosophie wirkte dahingehend der lange unterschätzte, von Manfred Kühn (*Scottish Common Sense*) beschriebene Einfluß der schottischen »Assoziationspsychologen« und Common-sense-Philosophen Reid, Oswald und Beattie. Vgl. a. *Eisler*, <Assoziation>, 94–101; außerdem *HWPh* 7, <Psychologie>, 1603. Der dort erhobene Einwand, Hartleys intensiv rezipierte Assoziationspsychologie stelle insofern »keine durchgreifende Alternative zur Vermögens-P.[sychologie] dar, als die ›Vergesellschaftung der Ideen‹ [nach Wolff ...] als Gesetz der ›Einbildungskraft‹ konzipiert wird«, trifft zwar einerseits zu, läßt andererseits jedoch die weitreichenden Folgen der Beschränkung der Wirkungen der Einbildungskraft auf (bloße) Assoziation für die gesamte Metaphysik außer acht.

186 So bspw. Wolff, *DM*, § 286.

187 Vgl. einen entsprechenden Hinweis in *Ursprung*, 52.

188 Charles Bonnet: *Essai analytique sur les facultés de l'âme*, Kopenhagen 1760, Kapitel IV, §§ 193–216, 144–157.

»[Die Seele kann] die concrete Idee zergliedern (decomposer), sie kann so zu sagen das von dem Objecte abscheiden (séparer), was in der Natur nicht davon getrennt ist. Diese Wirkung, welche man die Abstraction (Abstraction) nennt, ist eine *Handlung der Aufmerksamkeit* (Attention) [...]. In allen diesen Fällen, ist die abstracte Idee nichts anders als eine sinnliche Idee, welche durch die Aufmerksamkeit von dem Ganzen, davon sie ein Theil war, getrennet worden. Ich kann alle Abstractionen dieser Art sinnliche Abstractionen nennen.«[189]

Den Unterschied der Ansätze Bonnets und Feders vor Augen, so ist anzunehmen, entscheidet sich Tetens zugunsten der zentralen Rolle der Einbildungskraft und übernimmt Feders von der Aufmerksamkeit unabhängigen Begriff sinnlicher Abstraktion ab 1772 in seine Vorstellungstheorie.

Tetens' Analyse des Sprachursprungs fußt erkenntnistheoretisch auf derselben Einsicht wie seine Metaphysikkritik in den *Gedancken*, beide Male geht er von einem Mangel in der Herleitung der Begriffe aus. So heißt es 1760:

»Eine Ursache, warum in der Metaphysik so wenige ausgemachte Wahrheiten sind, ist das verworrene und dunkle in den Begriffen, aus welchen die Säze bestehen, und welches in die Beweise derselben einen Einfluß hat. In der Ontologie hat dieses besonders statt« (*Gedancken*, § 6, 13).

In seiner Bützower Programmschrift empfiehlt Tetens den Rückgang auf die Erfahrung; insbesondere hebt er die Erfahrungsseelenlehre hervor, um mittels deutlicher einfacher Ideen zu einer Einigkeit und Gewißheit in den Begriffen zu gelangen. Die Ursprungsschrift setzt erneut an diesem Punkt an: Daß die Fragen nach dem Sprachursprung bisher unausgesetzt auf große Schwierigkeiten gestoßen seien, liege

[189] Charles Bonnet: *Herrn Karl Bonnets [...] Analytischer Versuch über die Seelenkräfte. Aus dem Französischen übersetzt und mit einigen Zusätzen vermehrt von M. Christian Gottfried Schütz*, Bremen 1770, Bd. 1, § 209, 153–154 (m.H.)

vor allem an der Herleitung der Allgemeinbegriffe. Denn man habe stets übersehen, daß – und hier ergreift er Feders Lehrstück – der »logischen Abstraction des Verstandes [die sinnliche Abstraction] vorher[gehet]«, und diese sei »eine Wirkung der Einbildungskraft und des Witzes« (*Ursprung*, 34–35). »Die Abstraktion des Verstandes setzt [...] voraus, daß die einzelnen wirklichen Dinge schon mit völliger Klarheit voneinander unterschieden werden« (*Ursprung*, 35) – und dies leiste eben die Einbildungskraft mit ihrer sinnlichen Abstraktion.

Ueber die allgemeine speculativische Philosophie (1775) –

In Tetens' anonym veröffentlichter Schrift nimmt der Gang der gesamten Argumentation zentrale Aspekte früherer Schriften wieder auf, erweckt aber zugleich den Eindruck, auf die Akademie-Preisaufgabe für das Jahr 1763 zu reagieren: »Sind die metaphysischen Wissenschaften derselben Evidenz fähig wie die mathematischen?«, lautete die zwei Jahre zuvor gestellte Frage.[190] Anders als Kants *Untersuchung über die Deutlichkeit der Grundsätze der natürlichen Theologie und der Moral* und Mendelssohns *Abhandlung über die Evidenz in Metaphysischen Wissenschaften* bezieht sich Tetens jedoch nicht, wie in der Akademiefrage gefordert, auf Theologie und Moral, sondern behandelt

[190] Vgl. für einen kurzen Abriß Adolf von Harnack: *Geschichte der Königlich Preussischen Akademie der Wissenschaften*, Berlin 1900, Bd. 1, 410–411, für den vollständigen französischen Ausschreibungstext die Übersicht in ebd., Bd. 2, 306–307. Auch Alexei N. Krouglov: »Der Begriff ›transzendental‹ bei J. N. Tetens«, in: *Aufklärung* 17 (2005), 35–75, hier 42 sieht in *ASP* eine »verspätete Antwort« auf diese Preisfrage. – Vgl. oben Anmerkung 156 auf Seite l: Die Verortung sowohl der *Gedancken* als auch von *ASP* (also zweier programmatischer Schriften mit immerhin 15 Jahren Abstand) im Kontext der Frage nach der Evidenz metaphysischer Wissenschaften belegt damit wohl vor allem, wie tiefgreifend die Philosophie des 18. Jahrhunderts von dieser Problemstellung geprägt ist.

die Problemstellung grundsätzlicher. In der »Vorerinnerung« legt er dar, daß dies in Hinblick auf sein Hauptwerk geschieht:

> »Anfangs war dieser Versuch bestimmt, der erste in einer Sammlung von mehrern zu seyn, die zu der beobachtenden Philosophie gehören, und sich mit einigen der erheblichsten Grundzüge der Menschennatur, mit dem Princip des Empfindens und des Denkens, mit der Selbstthätigkeit und Freyheit, mit der Seelennatur der Menschen und ihrer Perfectibilitaet und Entwickelung, beschäftigen. Als die Betrachtung einer Seite des Verstandes, konnte der vorliegende Aufsatz unter jenen einen Platz haben und auf einige von ihnen aufmerksam machen. Aber nachher rieth seine innere Beziehung auf den grössern Theil desselben, ihn abzusondern und voranzuschicken« (*ASP*, 4).

Die *Philosophischen Versuche über die menschliche Natur und ihre Entwickelung*, auf die hier zweifellos angespielt wird, zählen für Tetens selbst also zur »beobachtenden Philosophie«. Die *Allgemeine speculativische Philosophie* teilt mit den *Versuchen* zwar »die Betrachtung einer Seite des Verstandes«, doch legt der separierte Aufsatz nicht nur »aus der *Natur* der menschlichen Kenntnisse, die Veranlassung zu der allgemeinen speculativischen Philosophie« vor, sondern klärt auch ihre »Beziehung auf die beobachtende Philosophie« überhaupt (*ASP*, 3; m.H.). Tetens stellt demnach die speculativische der beobachtenden Philosophie gegenüber. Eine solche Untersuchung komme beim derzeitigen Gang der Philosophie »nicht zur ungelegnen Zeit« (*ASP*, 3); doch werden diejenigen, »welche ausser der *Brittischen beobachtenden* und der *Französischen raisonnirenden* Philosophie, auch noch den *geometrischen Genius der Leibnitz-Wolfischen* kennen« (*ASP*, 3–4), kaum Neues entdecken. Die Tetenssche speculativische Philosophie greift also die empirische, rationale und geometrische Methode auf, ohne mit einer von ihnen identisch zu sein.[191]

Tetens zielt auf die »*transcendente[n] Begriffe*, oder eigentlich sogenannte[n] *Notionen*« (51). Der erste Analyseschritt müsse deshalb »die Absonderung des Immateriellen und des Materiellen von dem ihnen gemeinschaftlichen Transcendenten« sein (ebd., Hervorh. getilgt). Darin sieht er sich in Übereinstimmung mit dem Vorhaben Kants in dessen Dissertation von 1770, in *De mundi sensibilis.*[192] Wiederholt verleiht Tetens seiner Hochschätzung sowohl für Locke als auch Leibniz und Wolff Ausdruck, jeder habe seine Verdienste: Die analytische Methode Lockes enthalte »ein vortrefliches Muster, die nämliche Methode bey der Erkenntniß unsrer Seele und ihren Wirkungen zu gebrauchen«, sei jedoch mangelhaft in theoretischer Hinsicht, da »fast allein [...] eine Erfahrungs-Physic über den Men-

[191] Lewis White Beck: »From Leibniz to Kant«, in: Robert C. Solomon/Kathleen M. Higgins (Hrsg.): *The age of German idealism* (= Routledge history of philosophy; 6), London 1993, 5–39, hier 25 liest *ASP* als gleichbedeutend mit der »Kantian question: Is metaphysics possible?« und zitiert: »Ist schon die Zeit der Systeme da? Kann man etwas mehr seyn als ein *beobachtender philosophischer Raisonneur*?« (*ASP*, 85). – Becks Kontextualisierung legt m.E. eine Mißinterpretation nahe: Bei ihm erweckt Tetens' Formulierung den Eindruck, er verneine die Möglichkeit einer wissenschaftlichen Metaphysik, dabei formuliert er doch vielmehr polemisch-rhetorisch. Denn daß der »Genius der Mode [...] übertreibet« und derzeit »den seichten aber witzigen Raisonnements günstiger ist« (ebd.), läßt ihn ja nur umso dezidierter schlußfolgern, es bedürfe einer neuen Verbindung empirisch-beobachtenden und raisonnierenden Denkens, die bereits in das ontologische Fundament der Metaphysik eingelassen werden müsse.

[192] *ASP*, 52: »[...] so kömmt mir dieses am Ende als die nämliche Forderung vor, die ich hier thue [...]. Wenigstens wird seine [i.e. Kants] Absicht durch dasselbige Mittel erreicht.« Vgl. auch Alexei N. Krouglov: »Tetens und die Deduktion der Kategorien bei Kant«, in: *Kant-Studien* 104.4 (2013), 466–489, hier 468, der diese Parallele zieht und darauf hinweist, daß für Tetens, Lambert und Feder »transcendent« die Übertragung von »trancendental« ins Deutsche darstellt.

schen« (89). Wolff dagegen rage hervor in der Orientierung an den mathematischen Wissenschaften, habe der »deutsche[n] neuere[n] Philosophie [...] ihren Schwung« (89) wie auch ihren Mangel an Beobachtung verliehen. Leibniz habe »weit tiefer, schärfer und richtiger die Natur des menschlichen Verstandes [...] eingesehen, als der mit mehr Geflissenheit beobachtende Lock«, allerdings bloß als genialische Ausnahmegestalt; »ein schwächeres Auge und eine stumpfere Ueberlegungskraft« (91) hätten ihm oft nicht folgen, Leibniz selbst wiederum mehr »wahre und reelle Begriffe bilden, als ihre Realität beweisen« (92) können.

Systematisch argumentiert Tetens' Untersuchung auf drei Ebenen, die wechselseitig aufeinander aufbauen: Methodologisch tariert er das Verhältnis von erfahrungsbasiertem und reflexionsgeneriertem Wissen neu aus, in architektonischer Hinsicht behandelt er die Anordnung der Teile der Philosophie und vergleicht sie mit derjenigen der mathematisch-physikalischen Wissenschaften. Schließlich – und die beiden ersten Ebenen umgreifend – ist er erkenntnistheoretisch bestrebt, mit einer psycho-genetischen Herleitung der Entstehung von Allgemeinbegriffen den Ursprung menschlicher Erkenntnisse wie deren Stellung im Prozeß der Wissenschaft zu fundieren.

Der *point de départ* von 1775 ist die Fortsetzung der metaphysikkritischen *Gedancken* von 1760: Hinderungsgründe einer »evidenten Metaphysik« sind die »Vorurtheile einer unrichtigen Instruction, die Leidenschaften des Herzens, der Mangel an bestimmten Zeichen, Fehler in der wissenschaftlichen Baukunst« (78). Ausgehend von Wolffs Definition der dreifachen menschlichen Erkenntnis[193] – der historischen, philosophischen und mathematischen – nähert sich Tetens den Erfordernissen metaphysischer Evidenz, um sich sowohl von dem (zu verbessernden) »gemeinen Menschenverstand« abzugrenzen wie auch von der (hin-

[193] Vgl. Wolff: *Discursus praeliminaris*, Kapitel 1, 2–32; §§ 1–28.

sichtlich ihrer Evidenz zu erreichenden) Naturlehre und Mathematik.[194] Eine evidente Metaphysik wäre zugleich »reelle speculativische Philosophie« (25) wie »eine Art physischer Metaphysic« (21).

Während Wolff die Erkenntnisarten vom Ergebnis her einteilt, denkt Tetens das Wissen vom Erwerb her: Die »Metaphysik des gemeinen Menschenverstandes«[195] nutzt zum einen aus Erfahrung und Beobachtung die jedem Menschen zugängliche historische Kenntnis, zum anderen tritt bereits hier mit dem »Raisonnement«, mit den unmittelbaren Schlußfolgerungen aus der Erfahrung, ein mittlerer Grad[196] der Erkenntniserweiterung und -verfeinerung hinzu. So stehen dem gemeinen Verstand »Begriffe und Grundsätze des Verstandes« bereits zur Verfügung, ohne daß die »vorhergegangene allgemeine Speculationes«, also die Reflexionen mittels allgemeiner Begriffe auf der dritten Stufe dazu notwendig wären. Dies hätten »Reid, Home, Beattie, Oswall [sic], und auch verschiedene deutsche Philosophen [...] durch ihre Raisonnements und durch ihre dargelegte Proben ausser Zweifel gesetzet« (14). Erfahrung und Raisonnement genügen dort für die Einsicht in die Natur der Dinge, »wo die Gegenstände vor unsre Sinnen liegen« (18). Für viele Vernunftkenntnisse genüge es zur Gewißheit, daß das »Gefühl des Wahren [...] der Führer« sei (15).[197] Beitrag der Vernunft sei allein – da unser ge-

[194] Dieser obere Grenzbegriff ist bei Tetens dynamisch; Geometrie, Mathematik und Physik erfüllen dieselbe Vorbildfunktion.

[195] *ASP*, 12. Vgl. a. Kant, *KrV* B 21: »[...] Metaphysik ist, wenn gleich nicht als Wissenschaft, doch als Naturanlage (metaphysica naturalis) wirklich.« Vgl. außerdem *Prolegomena*, §§ 57, 60.

[196] Wolff faßt ein solches Mittleres zwischen historischer und philosophischer Erkenntnis als Wissen aus Experimenten; vgl. *Discursus praeliminaris*, § 107.

[197] Tetens behandelt das Gefühl des Wahren ausführlich in *Versuche* I, 2. Versuch, v.a. 185–205. Michael Hißmann verwendet den Begriff im Zusammenhang der Lehre vom inneren Sinn; vgl. [Michael Hißmann]: *Psychologische Versuche ein Beytrag zur esoterischen*

samtes Wissen von den Objekten der wirklichen Welt aus der Erfahrung stammt (5) und wir auf sie stets nur als Vorstellungen Bezug nehmen können –, eine Art relationaler Plausibilitätskontrolle: Auch hinsichtlich der Frage, »[o]b unsre Vorstellungen wahre und reelle Vorstellungen sind« (6), sei »[a]lles, was die Reflexion dabey thun kann, [...] daß sie Vorstellungen mit Vorstellungen vergleichet, und Ideen, die sie auf der einen Art von den Gegenständen empfängt, mit Ideen, die auf einer andern Art und auf einem andern Wege ihr zukommen«. Das Ergebnis ist eine »mehrere oder mindere Harmonie der Ideen unter sich und mit andern Theilen ihres Gedankenumfanges« (7).

Die »speculativische Philosophie« ist eine Metaphysik (23), die methodisch eine verbesserte Common-sense- oder Popularphilosophie sein sollte – für Tetens sind diese gleichbedeutend –, »[...] eine *entwickelte*, das ist, eine in Ordnung und Zusammenhang gebrachte, eine genau bestimmte, von allen falschen Nebenideen gereinigte, verlängerte, erhöhete und mehr bevestigte Vernunfterkenntniß« (17). Die ausgearbeitete »allgemeine Grundwissenschaft«, also Ontologie oder »allgemeine transcendente Philosophie« (23), ist der Metaphysik »so unentbehrlich, als Keplern und Newton die Geometrie und Arithmetic waren« (18). Sie wird umso notwendiger, je weniger sinnlich »empfind-

Logik, Frankfurt 1777, Dritter Versuch, 90–174; hier v.a. 105–133. Die *Psychologischen Versuche* sind mit anderen Texten Hißmanns jüngst neu ediert worden: Gideon Stiening/Udo Roth (Hrsg.): *Michael Hißmann. Ausgewählte Schriften*, Berlin 2013. Vgl. a. Johann Christian Lossius: *Physische Ursachen des Wahren*, Gotha 1775, 62–63, 140–144, 157 und einführend *HWPh* 12, <Wahrheitsgefühl>, 179–182. Dirk Westerkamp nimmt den Begriff des »Wahrheitsgefühls« bei Tetens' Nachfolger in Kiel, bei K. L. Reinhold wieder auf, um ihn in einen dezidiert wahrheitstheoretischen Kontext zu stellen; vgl. Dirk Westerkamp: »Bewährte Überzeugungen. Aufgaben einer sprachpragmatischen Alethiologie«, in: *Sachen und Sätze. Untersuchungen zur symbolischen Reflexion der Sprache*, Hamburg 2014, 271–320.

bar« die Gegenstände der jeweiligen Disziplin sind (18). In der Architektonik der Metaphysik bestimmt Tetens die Ontologie als

> »der gemeinschaftliche Stamm zu den zweyen großen Aesten der theoretischen Philosophie, davon die Philosophie über die Seelen und Geister und über Gott, einen ausmachet, dessen Gegenstände die unkörperlichen und immateriellen Wesen sind, und den ich deswegen Philosophie vom Unkörperlichen oder Intellectual-Philosophie, nennen mögte. Diesem stehet der zweyte Zweig, der mit körperlichen Dingen und ihren Beschaffenheiten zu thun hat, – Physic und Mathematic größtenteils – gegen über. In Hinsicht der Form ist kein Unterschied zwischen der Intellectual-Philosophie und zwischen der Philosophie des Körperlichen. Beyde beruhen auf Erfahrungen und werden philosophische Wissenschaften durch die Verbindung der allgemeinen Theorie mit den Erfahrungen. Mit der Theologie der Vernunft hat es die nämliche Beschaffenheit« (23–24).

Formal ist also das Verhältnis der Körper-Philosophie zur Ontologie dasselbe wie dasjenige der Intellectual-Philosophie; für beide bedeutet erst die Anwendung der ontologischen Grundsätze auf ihre empirischen Inhalte den Übergang in eine *philosophische* Wissenschaft. Daß trotz dieser Äqui-Relation die Ontologie eben mit den Disziplinen der Intellectual-Philosophie[198] »einen Codex unter der Benennung von Metaphysic zu machen pfleget« (25), erklärt Tetens mit der größeren Abhängigkeit der Psychologie und Theologie von den »ontologischen Raisonnements«: sie werden dort mehr gebraucht als in Physik und Mathematik. Somit ergibt sich die folgende systematische Anordnung:

Theoretische Philosophie
A. Metaphysik
    I. Ontologie (allgemeine speculativische/transcendente Philosophie, Grundwissenschaft)

[198] Krouglov: »Der Begriff ›transzendental‹ bei J. N. Tetens«, 64 hält den Begriff für von Lamberts »Intellectualwelt« hergenommen.

II. Intellectual-Philosophie (Phil. vom Unkörperlichen)
1) Philosophie über die Seelen und Geister
2) Philosophie über Gott

B. [–]
I. [»Realphilosophie«][199] (Phil. des Körperlichen)
1) Physic
2) Mathematic

Den aufsteigenden Dreischritt Beobachtung – Raisonnement – Speculation ergänzt Tetens um den Begriff der »Realisierung«, mit dem er eine Gewißheit suchende Rückführung von Vernunfterkenntnissen auf ihr Erfahrungsfundament bezeichnet. Realisierte oder reelle Kenntnisse sind damit das Pendant bzw. die Voraussetzung der »ausgemachten Wahrheiten« in den *Gedancken* von 1760. Eine »reelle speculativische Philosophie« (25) erfordert von der Ontologie ebensoviel Gewißheit wie die angewandte von der theoretischen Mathematik (25). Die »Realität der allgemeinen Grundbegriffe und Grundsätze« (27), ihre Objektivität und Entsprechung mit »Sachen ausser dem Verstande« (27) ist derzeit nicht gegeben; Tetens kontrastiert die »Selbsterdichtungen« (33) und die nutzlosen »Systemenmachereyen« (34) der gegenwärtigen Metaphysik mit der Evidenz in der Geometrie. Auch terminologisch folgerichtig ist für Tetens der einzuschlagende Weg die »Realisierung« (35) der ontologischen Begriffe und Sätze: Sie besteht bei den »ersten Grund-Gemeinsätzen« (35) als den Urteilen der »reine[n] Arten zu denken« (43) in der Überprüfung dessen, was für notwendige Urteile des menschlichen Verstandes gehalten wird, mittels Vergleich (38–39) und Kontextualisierung in Hinsicht auf eine »Harmonie der Wahrheiten« (41). Die »zwote[] Classe« bilden abgeleitete Grundsätze, die neben den ersten Prinzipien von Gemeinbegriffen abhängig sind (44), bei ihnen sind »psychologische Untersuchungen« notwendig (45).

[199] Meine Analogiebildung zu Tetens' »Intellectualphilosophie«.

Letztere Grundsätze überwiegen in der Ontologie, dehalb ist ihre Realisierung von größter Bedeutung: Da

> »[a]lle allgemeine Begriffe [...] ihren Ursprung aus den Empfindungen [haben, ... muß man] jene also auf diese wieder zurück führen, das ist, die Empfindungen aufsuchen, woraus die Denkkraft sie gezogen hat« (48).

Tetens zielt mit diesem der Tendenz nach experimentellen Verfahren nicht allein auf die genannten Empfindungen selbst, vielmehr ist neben der »Materie der Begriffe« wesentlicher die »*Bearbeitungsart* des Verstandes« (49; m.H.) zu untersuchen. Hume, »der [...] scharfsinnige Britte« (49) sei beim ersten Schritt, dem Empfindungsmaterial, stehengeblieben. Damit habe er die Auflösung des Problems, warum einige Begriffe »leere Bilder« (50) sind, versäumt: Da *alle* Begriffe auf die Empfindungen bezogen sind, in ihnen ihren »Grundstof« haben, ist vor allem ihre Verarbeitung durch die Denkkraft in den Blick zu nehmen.

Für diese Untersuchung differenziert Tetens zunächst die verschiedenen Begriffsarten: Während die transcendenten Begriffe oder Notionen bloß dasjenige darstellen, »was [in den intellectuellen und körperlichen Dingen] Gemeinschaftliches ist« (51), so beruhen die Gemeinbegriffe auf Ideen von Gegenständen, die entweder reine Empfindungsideen (62) oder – je nach Beitrag der Vorstellungskraft resp. des Reflexionsvermögens – Erdichtungsvorstellungen bzw. Reflexionsideen sind (65).

Um daraufhin die Zuverlässigkeit menschlicher Kenntnisse im Grundsätzlichen zu problematisieren, wendet sich Tetens gegen die Auffassung, alle Gemeinbegriffe seien ohne Ausnahme auf Abstraktionen zurückzuführen. Ohne daß Tetens dies explizierte, wird deutlich, wie die Schwierigkeit zu erkennen, welche Begriffe verlässlich sind, vor allem in der Selbsttätigkeit des menschlichen Verstandes liegt sowie in den undurchsichtigen Arten und Anteilen der Hinzufügungen – den Begriffen ist es nicht unmittelbar anzusehen, ob sie auf Erdichtungs- oder Reflexionsvorstellungen fußen und wie weitgehend Phantasie oder Vernunft an der Produktion beteiligt waren.

Tetens sieht sich bei dem Verständnis transcendenter Begriffe in Übereinstimmung mit Kant und dessen »Unterscheidung der reinen Verstandesbegriffe von den Begriffen der sinnlichen Erkenntniß« (52).[200] Auch hinsichtlich des als Beispiel angeführten Raumbegriffes bezieht er sich affirmativ auf Kant: Der »tiefsinnige Philosoph, der den Verstand so scharf beobachtet« halte den Raum für eine »anschauliche Idee [...], von der Art, wie die Vorstellungskraft der Sinne die Empfindungen [...] *nach gewissen Gesetzen coordiniret*, die ihr natürlich nothwendig sind« (55, Anm.).[201]

Doch während Kant in der Dissertation von 1770 den Begriff des Raumes als reine Anschauung und »Grundform aller äußeren Empfindung« faßt[202] und zugleich hervorhebt, dieser werde *»nicht von äußeren Empfindungen abgezogen«*[203], weist Tetens die Abstraktion für die Herkunft des Raumbegriffs nicht gänzlich zurück, sondern vollzieht in Fortsetzung seiner früheren Schriften wiederum die Versinnlichung der Abstraktion, begründet ihre vor-reflexive Begriffsbildung. Unmittelbar bevor er die Naturnotwendigkeit der Denkgesetze bei Kants Raumbegriff hervorhebt, nimmt Tetens skrupulöse Differenzierungen vor:

> »Was den Begrif des Raums betrift, so haben wir ihn freylich nicht durch die *Abstraction* von den äussern Empfindungen,

[200] Tetens bezieht sich wohl auf Kants Unterscheidung in *De mundi sensibilis*, § 6: »Deswegen ist es ratsamer, die Verstandesbegriffe *reine Vorstellungen*, diejenigen Begriffe aber, die nur empirisch gegeben werden, *abstrakte* zu nennen.«

[201] Vgl. Ebd., § 15, C: »*Der Begriff des Raumes ist demnach eine reine Anschauung*«.

[202] Ebd..

[203] Ebd., § 15, A. Vgl. *KrV*, A 23/B 38: »Der Raum ist kein empirischer Begriff, der von äußeren Erfahrungen abgezogen worden.«

> in so ferne diese einzelne Veränderungen und Eindrücke sind, die von äussern Gegenständen herrühren; aber haben wir ihn nicht *aus den Actus des Empfindens mehrerer Dinge neben einander*, und besonders aus den Actus des Fühlens und Sehens? Der Begrif von einem Raum überhaupt ist ein *allgemeiner* Begrif aus einzelen Gesichts- und Gefühls-Handlungen durch die Abstraction und Dichtung gebildet« (54, Anm.).

Beide, Kant wie Tetens, reflektieren also im Zusammenhang ihrer Überlegungen zum Raum auf den Vorgang der Abstraktion. Während Kant die tätige Funktion der reinen Verstandesbegriffe von den empirisch gegebenen Vorstellungen scheidet, indem er erstere abstrahierend und letztere abstrakt genannt wissen will,[204] so scheint Tetens einen ähnlichen Gedanken zu einem jedoch anderen Ende zu verfolgen: Nicht *von* den Empfindungen wird abstrahiert, sondern die Vielzahl von Empfindungen in ihrem Zusammenhang abstrahiert mit Hilfe des Vorstellungsvermögens gewissermaßen selbst. Bereits in der Sprachursprungsschrift hatte Tetens beschrieben, wie die Einbildungskraft aus wiederkehrenden Eigenschaften von Vorstellungen sinnliche Abstrakta produziert.[205] In *ASP* lassen die Ausführungen zum Raum die Wiederaufnahme lediglich erahnen – die räumliche Organisationsform der Empfindungsvorstellungen wäre das Gemeinsame, das Wiederkehrende, das bereits vor-reflexiv von der Dichtkraft in das Abstraktum »Raum« gefaßt wird.

Alle Begriffe haben ihren Ursprung in den Empfindungen,[206] deshalb besitzen die Abstraktionen aus reinen

[204] Ebd., § 6.
[205] Vgl. in diesem Kapitel oben, im Abschnitt zu *Ursprung*, lvii ff.
[206] Von diesem Lockeschen »Nihil est in intellectu ...« nehmen auch jüngst Stephen Laurence/Eric Margolis: »Abstraction and the Origin of General Ideas«, in: *Philosophers' Imprint*, <www.philosophers- imprint.org/012019/> 12.19 (2012), 1–22 ihren Ausgang, um mittels eines »neo-Quinean framework« zu

Empfindungsideen die größte Evidenz und Zuverlässigkeit, die höchste »Realität«:

> »Einige der allgemeinen Begriffe sind *abgezogene* oder *abstrahirte*. Sie sind aus einer wahrgenommenen Aehnlichkeit andrer mehr bestimmten Ideen entstanden. Die ersten von ihnen, die wir erlangen, werden aus den Ideen *einzeler* Dinge genommen, und sind im Anfange nichts, als die in den ähnlichen *einzelen* Vorstellungen mehrmalen wiederkommende ähnliche Züge, die sich ihres häufigen Vorkommens wegen tiefer und lebhafter in der Phantasie auszeichnen. Bis so weit sind sie *sinnliche Abstracta, allgemeine Bilder*« (66).

Dieses Bemerken, Hervorheben des Allgemeinen bereits in der Sinnlichkeit, schon vor dem Zugriff der Vernunft ist lediglich eine Seite der situativ angepaßten Verarbeitung von Abstrakta im menschlichen Verstand überhaupt:

> »Jeder Gemeinbegrif, den wir in uns haben, wird von der Phantasie individualisirt, so oft wir uns bemühen, ihn zum Anschaun in uns gegenwärtig zu erhalten. Die Phantasie mahlt das allgemeine, als die hervorstechenden Züge, auf die wir aufmerksam sind, zu einem vollen Bilde aus, dessen Gränzen schwanken, und jeden Augenblick sich abändern. Diese Bilder kann man als die individuellen Ideen ansehen, wozu der Gemeinbegrif das Abstractum ist. [...] Der Kopf des Erfinders individualisiret seine Gemeinbegriffe, die er vorher zusammen gesetzt hatte [...]« (68–69)

Mit anderen Worten: Das menschliche Erkenntnisvermögen, genauer die Einbildungskraft richtet sich die Wahrnehmungsinhalte nach den jeweiligen Umständen zu. Bedarf es einer Vorstellung des Allgemeinen, so kommt die Phantasie mit einer bildlichen Ausgestaltung zu Hilfe, im Konkret-Sinnlichen dagegen schafft die Einbildungskraft durch sinnliche Abstraktion die Vorausbedingung für Erkennen und Bezeichnung überhaupt. Doch im Interesse der

einem derart ausgwogenen Sowohl-als-auch zu gelangen, daß sie in der Tradion des Tetensschen Vermittlungsdenkens stehen könnten.

Wahrheit mahnt auch Tetens zur Vorsicht. Wie Descartes die Einbildungskraft zwar für unverzichtbar hält und dennoch vor dem »trügerischen Urteil der verkehrt verbindenden Einbildungskraft«[207] warnt, birgt für Tetens die Vermischung »mit Zusätzen der bildenden Phantasie« (66) die Gefahr des Irrtums, seien sie auch unter der Leitung des Reflexionsvermögens hinzugefügt. Um »die allgemeine Philosophie zu perficiren« (72) ist Tetens demnach der Rückgang zur vorbewußt wirkenden sinnlichen Abstraktion der Einbildungskraft der Schlüssel:[208]

> »Die transcendente Philosophie, oder die Grundwissenschaft, muß zuvörderst als ein Theil der beobachtenden Philosophie von dem menschlichen Verstande und seinen Denkarten, seinen Begriffen und deren Entstehungsarten, behandelt werden, ehe sie zu einer allgemeinen Vernunftwissenschaft von den Gegenständen ausser dem Verstande gemacht werden kann« (72).

Tetens annonciert damit zweierlei: vordergründig eine Empirisierung der Ontologie,[209] in letzter Konsequenz aber vielmehr ihre Psychologisierung. Hatte er mit Feders *Logik und Metaphysik* die Einziehung der Psychologie in die Logik

[207] René Descartes: *Regulae ad directionem ingenii*, hrsg. v. Heinrich Springmeyer u. a., Hamburg 1973, R III, 17: male componentis imaginationis judicium fallax.

[208] Tetens' produktive Neubewertung der Einbildungskraft auf der Grundlage der sinnlichen Abstrakta kann als Bedingung der Einheit menschlicher Erfahrung aufgefaßt werden, die in die Nähe der Kantischen Synthesis-Leistung der Einbildungskraft rückt: »Sinnlichkeit gibt uns Formen (der Anschauung), der Verstand aber Regeln« (*KrV* A 126). Dementsprechend ist es natürlich einer polemischen Zuspitzung der eigenen Leistung geschuldet, wenn Kant – die elaborierte Tetenssche Einbildungskraft-Theorie unterschlagend – stichelt: »Daß die Einbildungskraft ein notwendiges Ingrediens der Wahrnehmung selbst sei, daran hat wohl noch kein Psychologe gedacht« (*KrV* A 120, Anm.).

[209] Vgl. Rudolph: »Wolffs Ontologie«, der aufzeigt, daß Wolff der Ontologie zumindest einen »lebensweltlichen Bezug« verleihen wollte, indem er seinen Ableitungen Beispiele folgen läßt.

rezipiert, mit der dieser eine propädeutische Grundlegung und Befestigung der Metaphysik beabsichtigte, so führt ihn seine eigene Analyse im Ausgang von der Neubestimmung der Begriffsbildung mit Hilfe der sinnlichen Abstraktion durch die Einbildungskraft statt zur Federschen Psycho-Logik hin zu einer erfahrungsbasierten Psych-Ontologie.

Philosophische Versuche über die menschliche Natur und ihre Entwickelung (1777) –

Zwei Jahre zuvor hatte Tetens die *Versuche* als Schrift zur »beobachtenden Philosophie« angekündigt.[210] Deutlicher noch als in jenem Hinweis wird nun in der Vorrede, daß das Werk ganz dem Titel gemäß eine anthropologische Untersuchung darstellt, denn Tetens beabsichtigt die Behandlung der »wesentlichsten Punkte in unserer [scil. der menschlichen; MS] Natur« ([iii]). Die *Versuche* sind also tatsächlich eine beobachtende, eine empirisch verfahrende Anthropologie.

Tetens nimmt in der umfassenden methodologischen Verortung feine Differenzierungen vor: Die befolgte Methode »ist die *beobachtende*, die *Lock* bey dem Verstande« (iv) befolgt hat. Indem er festhält, diese Methode stimme überein mit derjenigen »unsere[r] Psychologen in der Erfahrungs-Seelenlehre«, distanziert er sich einerseits subtil von dieser Gruppe und ihrem Gegenstand und markiert, daß er die *Versuche* zumindest nicht zur Gänze in empirischer Psychologie aufgehen sieht. Andererseits bleibt zwar die Voraussetzung unexpliziert, daß seine Anthropologie wesentlich auf den Gegenständen der Psychologie aufbaut bzw. ihre Inhalte inkorporiert;[211] zugleich hält Tetens je-

[210] Vgl. oben lxvi.
[211] Sturm: *Kant und die Wissenschaften vom Menschen* stellt der Kantischen Anthropologie-Konzeption einerseits die empirische Psychologie, andererseits die »›physiologische‹ oder ›medizinische Anthropologie‹« gegenüber (55). An den durch Sturm damit

doch für die Psychologie wie gleichfalls affirmativ für seine eigene Untersuchung fest, daß mit »den Erkenntnißfähigkeiten der Anfang gemacht« ist, da dort der »Eingang zu dem Innern der Seele am offensten gefunden« wird (xxxi). Da er selbst tatsächlich die *Versuche* genetisch mit der Behandlung des Gefühls beginnt (vgl. unten, ??) und die systematische Ableitung der Seelenvermögen in seinem Hauptwerk überhaupt breiten Raum einnimmt, wird deutlich, daß Tetens zum einen seine Untersuchung »über die menschliche Natur« auf ein erkenntnistheoretisches Fundament stellt, zum anderen bereits die Empfindungen gleichrangig zum Erkenntnisvermögen des Menschen zählt.

Mit dem bloßen Hinweis auf Beobachtung und Erfahrung läßt es Tetens nicht bewenden; die »wesentlichsten Verrichtungen bey der psychologischen Analysis der Seele, die auf Erfahrungen beruhet« (iv) werden von ihm prägnant auseinandergelegt und in eine experimentelle Methode

verbundenen Differenzen – Introspektion und Konzentration auf das Mentale vs. Ablehnung der Introspektion und Erklärung psychophysischer Zusammenhänge – ist zwar einerseits systematisch nichts auszusetzen, andererseits mutet die so scheinbar eindeutige, hergestellte begriffliche Lagerbildung künstlich an: Konzediert doch auch Sturm, daß der Sache nach »auch Schriften unter diese Konzeption gezählt werden [können], die sich vom Titel her als Psychologien ausweisen oder die sich terminologisch nicht festlegen« (69). Wenn dann die als Gemeinsamkeit dieser Position angeführte Untersuchung psychophysischer Zusammenhänge einhergehen kann mit der Ablehnung, »sich auf die Materialität der Seele verpflichtet zu haben« (Descartes, 74), bzw. mit der Bekräftigung, der Mensch sei ein »›vermischtes Wesen‹« aus zwei Substanzen (Bonnet, ebd.), so bleibt neben der Allgemeinheit der Untersuchung auch körperlicher Phänomene nur der *methodologische* Materialismus des »offenkundige[n]« Zusammenhangs von Körper und Seele (75). Und diesen hebt Tetens in den *Philosophischen Versuchen* oft genug hervor, weshalb die von ihm erklärte Irrelevanz der Frage nach der Materialität seelischer Vorgänge m.E. nur weiterhin bestärkt, daß er den vermeintlich ›anthropologischeren‹ Anthropologen Sturms in der Erforschung des »ganzen Menschen« in nichts nachsteht.

überführt: Die im »Selbstgefühl« erkannten »Modifikationen der Seele« seien unverändert zu nehmen und wiederholt »mit Abänderung der Umstände« zu beobachten, um daraufhin mittels Vergleich und Analyse weitere Schlüsse daraus ziehen zu können (iv). Das einzige Mittel gegen die Schwierigkeiten empirischer Verfahren – insbesondere die im inneren Sinn liegenden »Quellen zu Blendwerken« – seien experimentelle Anordnungen, also die »Wiederholung derselben Beobachtung, sowohl unter gleichen, als unter verschiedenen Umständen« (xvii).

Vor allem die Operation der Verallgemeinerung ist es, durch die aus der Erfahrung weitere Schlüsse gezogen werden, mit ihr steht und fällt die »Stärke der Methode« (xix). »Völlige Gewißheit« kann ein sorgfältiger Vergleich von Beschaffenheiten, Ursachen und Wirkungen erzielen, jedoch die »Uebertragung nach der Analogie [ist] nur wahrscheinlich« (xx). Damit wendet sich Tetens zugleich skeptisch gegen die Bonnetsche Forderung einer auf Untersuchungen von Analogien beruhenden »logischen Vermuthungskunst« (xxii) – für sie brauchte es zuerst »eine allgemeine Philosophie, über die Beziehungen aller Arten von Beschaffenheiten in den Dingen auf einander« (xxiii). Tetens setzt erneut die Untersuchungen der Ontologie an die erste Stelle seiner theoretischen Überlegungen, wiederum verbunden mit einem Hinweis auf die Angewiesenheit solcher Analysen auf ein Erfahrungsfundament: Um die »Gründe der Analogie«, also das ontologisch vorzubereitende Projekt einer logischen Vermutungskunst, »mit einiger Vollständigkeit zu übersehen, dient die Spekulation des Metaphysikers als das Eine Auge, und die Beobachtung der Natur als das zweyte; wenn gleich dieß letztere das fertigste ist, womit man am öftersten allein siehet« (xxiv).

In aller Deutlichkeit grenzt sich Tetens von der sogenannten analytischen oder anthropologischen Methode der neueren Psychologie ab (iv). Diese »*mechanischen* Psychologen« (v) und ihr tendenzieller Materialismus ergingen sich aufgrund der weitestgehend unbekannten »Physik des Gehirns« in bloßen Mutmaßungen (vi), Tetens demonstriert dies am virulenten Diskurs über »materielle Ideen«:[212] Es sei geradezu ein alter Hut, daß Seelenveränderungen eine körperliche Komponente insbesondere im Gehirn haben und außerdem solche Veränderungen wahrscheinlich auch physiologische Spuren hinterlassen; wollte man das eine oder das andere »materielle Ideen« nennen, so sei kaum etwas dagegen einzuwenden.[213] Doch ist es für Tetens ein unzulässiger Schluß anzunehmen, »daß diese Gehirnsbeschaffenheiten das ausmachen, was wir die *Vorstellungen* nennen« (vii). Anhand der seit Newton umstrittenen Hypothesen über die Beschaffenheit des Nerveninnern – nach Art des Aethers, flüssig, klebrig, elastisch – und die Art der

[212] Ralf Liedtke: »›Materielle Ideen‹. Modelle kognitiver Modellbildung im ausgehenden 18. Jahrhundert«, in: *Lichtenberg-Jahrbuch* 2007, 118–127 gibt eine lesenswerte Darstellung von der Beschäftigung Kants mit Soemmerings Seelenorgan-Schrift. Zu widersprechen ist ihm aber hinsichtlich seiner einleitenden Feststellung, die »materielle[n] Ideen« seien »eine Erfindung Kants« (118). Der deutsche Terminus findet sich mindestens seit 1750, vgl. Johann August Unzer: *Philosophische Betrachtung des menschlichen Körpers überhaupt*, Halle 1750, »Vierter Theil, Von der thierischen Natur des menschlichen Körpers«, insbes. 175–183, §§ 166–172. Wolff behandelt in der *Deutschen Metaphysik* die körperliche Komponente der Einbildungskraft (§§ 812–814) und verwendet in den *Anmerkungen* dafür die lateinische Entsprechung »idea materialis« (Wolff-GW I/3, § 301).

[213] Gleichfalls im Jahr 1777 äußert sich Michael Hißmann geradezu symmetrisch entgegengesetzt: Dem Gehirn müsse »die Kraft zu denken zugeschrieben werden [...]. Man kan Demohngeachtet den Ausdruck, *Seele*, und *Seelenkräfte* immer beybehalten, wenn man unter den leztern nichst als Anspannungen der Gehirnorganen, der intellektuellen Fibern versteht, deren verschiedne Modifikationen und Dispositionen verschiedne Begriffe und Ideen sind« (*Psychologische Versuche*, 251). – Tetens akzeptiert das Vokabular des Materialismus, wenn damit nur keine zu weitgehenden Annahmen verknüpft sind, Hißmann toleriert die traditionelle Begrifflichkeit der metaphysischen Psychologie, wenn sie nur materialistisch genug aufgefaßt wird.

Reizleitung in ihnen – oszillierende, vibrierende, schwingende Bewegung – erteilt er den materialistischen Mutmaßungen in der derzeitigen »dicke[n] Finsterniß« (xiii) eine deutliche Absage:

> »Unsere Einsicht von der Beschaffenheit dieses Mechanismus ist durch die neuern Auflösungen um nichts verbessert, und noch weniger gewinnt sie dadurch, daß man die Ausdrücke ändert, und Fibernschwingungen nennet, was man sonsten Vorstellungen oder Ideen genennet hat.« (xiii)

Kann auch die physiologische Betrachtung der Psychologie Anlaß zu erweiterter Einsicht geben (xiv), so sind ihre Aussagen doch bisher bloße Hypothesen – Tetens nennt sie deshalb auch »metaphysische Analysen« (xiii), denen die »psychologische Auflösung« einerseits unbedingt vorhergehen wie auch andererseits die »Richtigkeit ihrer Sätze« sich stets durch die »Beobachtungskenntnisse« prüfen lassen muß (xiv).[214]

Ziel und Argumentation der Versuche – Kant beschließt die Reihe seiner Hauptschriften mit der *Anthropologie in pragmatischer Hinsicht* und ergänzt die ursprünglichen zentralen Fragen der Philosophie – was kann ich wissen, was soll ich tun, was darf ich hoffen?[215] – um eine vierte: »Was ist der Mensch?«[216] Damit kommt nach beinahe 25jähriger Vorarbeit in seinen Vorlesungen sachlich die Behandlung eines integralen Gegenstandes zu ihrem Abschluß: »Im Grunde könnte man aber alles dieses [scil. Metaphysik, Moral und Religion; MS] zur Anthropologie rechnen, weil sich die drei ersten Fragen auf die letzte beziehen.«[217]

[214] Vgl. die »kriteriologische Funktion« der empirischen für die rationale Psychologie, auf die Barth: »Wolffs ›Psychologia empirica‹«, 184 hinsichtlich der Wolffschen Metaphysik hinweist.
[215] Vgl. *KrV* B 832.
[216] *Logik*, *AA* 9, 25.
[217] Ebd.

Für Thomas Sturm ist es ausgemacht, daß Kant auf seine *Anthropologie* von 1798 hin »ein eigenständiges Konzept der empirischen Erforschung menschlichen Denkens, Fühlens, Begehrens und Handelns entwickelt«.[218]

Die Anthropologie hatte sich seit dem 16. Jahrhundert als philosophische Disziplin einer genuin menschlichen Psychologie entwickelt und blieb vielfach mit den verschiedenen Ausprägungen der Psychologie verwoben. Die terminologische Unabgegrenztheit beider Disziplinen im 18. Jahrhundert – »[w]as ein Autor als ›Psychologie‹ bezeichnet, kann nämlich ein anderer ›Anthropologie‹ nennen, und ein dritter mag hier überhaupt keinen Unterschied sehen«[219] – legt in der jüngeren Forschungsliteratur, die sich diesem Themenfeld der Aufklärung verstärkt zuwendet,[220] das Ausweichen auf die potentiell beide umgreifende Bezeichnung »Wissenschaft vom Menschen« nahe.

Dabei spiegelt die im Fluß befindliche Nomenklatur eine in der Sache liegende wechselseitige Verwiesenheit: In der Behandlung menschlicher Psychologie wird spätestens mit dem *commercium mentis et corporis* die Körper-Physik und damit summarisch der »ganze Mensch«[221] erreicht, die Anthropologie hat als Proprium des Menschen zunächst seine Seelennatur in den Blick zu nehmen. So beginnt Kant seine *Anthropologie* im ersten Teil, der »anthropologischen

[218] Sturm: *Kant und die Wissenschaften vom Menschen*, 9.

[219] Ebd., 37.

[220] Neben Sturms herausragender Studie vgl. bspw. Carsten Zelle (Hrsg.): *»Vernünftige Ärzte«: Hallesche Psychomediziner und die Anfänge der Anthropologie in der deutschsprachigen Frühaufklärung*, Tübingen 2001; Nowitzki: *Der wohltemperierte Mensch. Aufklärungsanthropologien im Widerstreit*; *Die Wissenschaft vom Menschen in Göttingen um 1800*, Göttingen 2008; Annette Meyer: *Von der Wahrheit zur Wahrscheinlichkeit. Die Wissenschaft vom Menschen in der schottischen und deutschen Aufklärung*, Tübingen 2008.

[221] Hans-Jürgen Schings (Hrsg.): *Der ganze Mensch: Anthropologie und Literatur im 18. Jahrhundert*, Stuttgart u.a. 1994

Didaktik«, mit einer auf die Sinnlichkeit fokussierten Erkenntnislehre, behandelt daraufhin das Gefühl von Lust und Unlust sowie das Begehrungsvermögen. Ob nun Tetens' *Versuche* für die Anordnung bei Kant Pate gestanden haben, wie Irrlitz andeutet,[222] darf wohl als weniger wahrscheinlich gelten denn ein gemeinsames Verständnis beider hinsichtlich einer sachlich motivierten Systematik, ein zeittypischer Grundkonsens über das Wesen der Anthropologie und ihre Darstellung.

Während Kant seine *Anthropologie* im zweiten Buch auf den Charakter der Person und des Geschlechts hinauslaufen läßt, nuanciert Tetens anders, er verbindet: Grundkraft der menschlichen Seele, Charakter der Menschheit, Perfektibilität[223] und ergänzt diese um den ihm eigentümlichen Entwicklungsgedanken, für dessen ausführliche Untersuchung er noch heute als eine der Gründungsfiguren der Lifespan- und Entwicklungspsychologie Beachtung findet.[224] Daß diese Teile nicht unverbunden nebeneinander stehen, verdankt sich der homogenen Herleitung des gesamten Erkenntnisprozesses und seiner minutiösen Auffächerung.

Die Anthropologie der *Philosophischen Versuche* profitiert darüber hinaus von ihrer tiefgründenden Verankerung in der Psychologie der Zeit, die in vielerlei Hinsicht mit Fragen von Einheit und Differenz, von quantitativen und qualitativen Unterschieden befaßt ist: was unterscheidet den Menschen vom Tier, das Empfinden vom Denken, den Körper von der Seele? Tetens knüpft schon in der Vorrede explizit an Leibniz und ein Denken der Einheit an,[225]

[222] Gerd Irrlitz: *Kant-Handbuch*, Stuttgart u.a. 2002, 446: »Die Gliederung der Kantschen *Anthropologie* stimmt ganz auffallend mit dem Gerüst der umfangreichen psychologischen und philosophischen Anthropologie von Tetens überein.«

[223] Bd. 1: 11. Versuch; Bd. 2: 14. Versuch.

[224] Vgl. Lindenberger/Baltes: »Die Entwicklungspsychologie der Lebensspanne (Lifespan-Psychologie)«.

[225] Vgl. *Versuche* I, xxiv: »Je mehr man die Wirkungen der Natur studiert, je mehr nähert man sich der großen *leibnitzischen* Idee,

er plädiert für eine größere Plausibilität des quantitativen Denkens in »Stufenunterschieden« insbesondere in der Psychologie (xxvi).

Tetens' Erkenntnispsychologie ist überhaupt stark vom Leibnizschen Denken beeinflußt, transformiert es jedoch zugunsten eigenständiger Lösungen der sich ihm stellenden Problemfassung. Tetens unterteilt die Grundvermögen der Seele auf der ersten Ebene in Gefühl, Verstand und Willen. Das Gefühl bestimmt er als das »Vermögen, sich modificiren zu lassen«, als »Empfänglichkeit, Receptivität oder Modificabilität« und die Fähigkeit, diese Modifikationen zu fühlen (620); der Verstand als »Aktivität« der Seele umfaßt ihre tätigen inneren Hervorbringungen, das Vorstellen und das Denken (621); der Wille ist »actio transiens«, die »Thätigkeitskraft [in einer engen Bedeutung]« (625). Zu dem menschlichen Erkenntnisvermögen rechnet Tetens dann »das Gefühl, die vorstellende Kraft, und die Denkkraft« (590):

I. Erkenntnisvermögen
  (1) Gefühl
    – Empfänglichkeit/Receptivität/Modificabilität
  (2) Verstand
    – innere Hervorbringungen, actio immanens
      * Vorstellungskraft
      * Denkkraft
II. Wille
  (1) Tätigkeitskraft i. e. S., actio transiens

Zwischen Gefühl und Empfindung nimmt Tetens eine Differenzierung vor: »*Fühlen* gehet mehr auf den Aktus des Empfindens, als auf den Gegenstand desselben« (167), ist das bloße Stattfinden der Modifikation, des Ein-

die Mannigfaltigkeit in den Dingen bestehe am Ende nur in einem *Mehr* und *Weniger* in den Größen der Grundkräfte [...].«

drucks, während das »*Empfinden* [...] auf einen Gegenstand hin[zeiget]« (168), auf das Objekt des sinnlichen Eindrucks verweist.[226] Von der Empfindung unterscheidet Tetens weiterhin das »Empfindniß« oder die Rührung. Die Empfindung ist gleichgültig, Empfindnisse sind affizierend, angenehm oder unangenehm, gefallend oder mißfallend (167).

Anders als Leibniz sieht er nicht in jedem Seeleninhalt bereits eine Vorstellung; die Empfindungen werden zu solchen erst durch die Wirksamkeit des ersten Zweigs des Vorstellungsvermögens, den er die »Fassungskraft« oder das »Perceptionsvermögen« (auch facultas percipiendi; 24, 26, 105) nennt. Die Perzeption richtet sich allerdings nicht unmittelbar auf die Gefühle oder Empfindungen der gegenwärtigen Objekte, sondern ist mit den sogenannten »Nachempfindungen« befaßt: Mit ihnen bezeichnet Tetens das »Fortdauern des sinnlichen Eindrucks«, das er in experimentellen Messungen, vermutlich unter Zuhilfenahme einer Tertienuhr[227] »außer Zweifel« gesetzt hat (32 f.).

[226] Etwas mißlich ist die doppelte Verwendung des Terminus »Gefühl« einmal allgemein als Grundvermögen neben dem Verstand und dem Willen, einmal spezieller als auf das Modifiziert-Werden hinzeigende Seelenveränderung. Tetens legt die Doppelung offen und begründet sie mit der Benennung nach dem »vornehmsten Theil« des Vermögens (169).

[227] Auch Terzienuhr, mißt Bruchteile von Sekunden (zunächst Sechzigstel, ab der Düsseldorfer Tertienuhr von Pfaffius in den ersten Jahren des 19. Jahrhunderts dann Hundertstel) und ist eine wohl von Hyugenschen Anregungen ausgehende Entwicklung des 18. Jahrhunderts. Zuerst durch Johann Tobias Mayer: *Gründlicher und ausführlicher Unterricht zur praktischen Geometrie: ... mit 7 Kupfertafeln*, 1777, 148 in der zeitgenössischen Literatur belegt, kann die Erfindung dem Göttinger Universitätsmechanicus und Lichtenberg-Assistenten Johann Andreas Klindworth (1742–1813) zugeschrieben werden. Laut Johann Samuel Traugott Gehler: *Physikalisches Wörterbuch*, de, Bd. VIII, 1836, 391 maßen Kaestner und Mayer 1778 in der Göttinger Sternwarte mit einer solchen Uhr die »Fortpflanzung [des Schalls] durch Luft«. – Eine konkrete Zuschreibung solcher

Gegenstand seiner Messungen, deren Resultate sich im Zehntel-Sekunden-Bereich befinden, war auch das klassische Beispiel aus Newtons *Optik*, die kreisförmig bewegte Kohle.[228] In der Aufrechterhaltung der Modifikation auch bei unterbrochener Einwirkung des Objektes zeigt sich bereits »Selbstthätigkeit in der Receptivität der Seele« (162). Perzipiert sind diese Modifikationen der Seele Empfindungsvorstellungen, der »Grundstoff« aller übrigen Vorstellungen (104 f.).

Den zweiten Zweig des Vorstellungsvermögens, die reproduktive Einbildungskraft, bezeichnet Tetens auch als Wiedervorstellungskraft (24), wiedervorstellende Phantasie (140), auch schlicht als Einbildungskraft oder Phantasie. In Abwesenheit des Objekts reproduziert sie Empfindungsvorstellungen als »Wiedervorstellungen« zum Zwecke der bewußten Wahrnehmung (105), also der Apperzeption. Die Stärke der reproduzierten Vorstellungen ist abhängig von ihrer Detailliertheit (81); eine völlige Reproduktion findet allerdings beinahe niemals statt, da ihre Vollständigkeit einer neuen gegenwärtigen Empfindung gleichkäme (86 f.). Da »jede Einbildung mit Tendenzen verbunden ist, den vormaligen Zustand, sogar in dem äußerlichen Sinngliede wieder zu erwecken, der bey der Empfindung vorhanden war« (80), besitzen reproduzierte Vorstellungen eine Zeichenfunktion, sie weisen auf die verursachenden Objekte hin (81).

In der Lehre von der Ideen-Assoziation, die durch die Werke Lockes, Humes, auch – in tendenziell materialisti-

Messungen an Tetens von randständiger Seite findet sich unter http://www.sgipt.org/wisms/geswis/psychol/tetenso.htm [10. Januar 2014].

[228] Vgl. Isaac Newton: *Opticks. Or, a treatise of the reflections, refractions, inflections and colours of light*, The third edition, corrected., London 1721, 123: »If a burning Coal be nimbly moved round in a Circle [...], the whole Circkle will appear like Fire«; *Versuche* I, 32.

scher Wirkung – durch die Schriften Hartleys, Reids und Bonnets eine breite Wirkung auf die deutsche Philosophie des 18. Jahrhunderts ausübte,[229] nimmt Tetens eine bedeutende Einschränkung vor: Die Regel der Ideen-Assoziation gilt nur für die reproduktive Einbildungskraft, »enthält [nicht] das Gesetz der *bildenden Dichtkraft*« (110). Diese Begrenzung auf »die Ordnung, wie Ideen auf einander folgen, wenn die Phantasie *allein* wirket« (110) ist als (ästhetische) ›Marginalisierung‹ bezeichnet worden,[230] doch motiviert sich Tetens' Einhegung der Assoziation systematisch von seinem starken Begriff der produktiven Einbildungskraft her.

Dieser dritte Zweig der Vorstellungskraft wird von Tetens als Dichtungsvermögen (107), bildende (110) oder schaffende Dichtkraft (113) sowie selbsttätige Phantasie (140) bezeichnet. Daß es Tetens darum zu tun ist, durch eine präzisierende Eingrenzung den Produktionsbegriff letztlich zu schärfen und zu stärken, wird in seiner Darstellung des üblichen Verständnisses der produktiven Einbildungskraft deutlich: Erschöpfte sich ihre Tätigkeit in einfacher Rekombination des Vorstellungsmaterials, also im Zerteilen und Neuzusammensetzen, das bisherige Theorien der Ideen-Assoziation üblicherweise der produktiven Einbildungskraft zuschrieben, so wäre »auch das Dichten nichts anderes als ein bloßes Stellversetzen der Phantasmen« (116). Tetens zielt auf eine weitergehende, erkenntnistheoretisch wirksamere Produktivität der Einbildungskraft, auf die

229 So breit, das Michael Hißmann bereits 1776 in seiner *Geschichte der Lehre von der Association der Ideen, nebst einem Anhang vom Unterschied unter associirten und zusammengesezten Begriffen und den Ideenreyhen* mit der Historisierung der Ideen-Assoziation beginnen konnte.

230 Eckhard Lobsien: *Kunst der Assoziation: Phänomenologie eines ästhetischen Grundbegriffs vor und nach der Romantik*, München 1999, 71–77. Deshalb ›ästhetisch‹, da Lobsien sein heterogenes Textkorpus konsequent auf »Beiträge zur Ästhetik« untersucht (Vorbemerkung, 11).

Schaffung genuin neuer Vorstellungen, die für unser Bewußtsein einfach, also wie un-zusammengesetzt sind.

Tetens illustriert den Unterschied seiner von bisherigen Auffassungen an einem geradezu klassischen Beispiel:

> »Die Flügel des Pegasus mögen in dem Kopf des ersten Dichters, der dieß Bild hervorbrachte, ein reines Phantasma gewesen seyn; und die Vorstellung von dem Pferde gleichfalls. Aber da ist eine Stelle in dem Bilde an den Schultern des Pferdes, etwas dunkler, als die übrigen, wo die Flügel an dem Körper angesetzet sind; da fließen die Bilder von des Pferdes Schultern und von den Wurzeln der Flügel in einander; da ist also ein selbstgemachter Schein, der sich verlieret, wenn man das Bild vom Pferde und das Bild von den Flügeln deutlich von einander wieder abtrennet. Verbindet man blos diese beyden Bilder, so hat man die Flügel dicht an den Schultern des Pferdes angesetzet; aber dann erscheinen sie nicht so, wie vorher in der verwirrten Fiktion, nicht so, als wenn sie daran gewachsen sind; es ist kein in eins fortgehendes Ganze mehr da, wie es in der lebhaften Dichtung war, wo die beyder Bilder an ihren Gränzen mit einander vermischt und gleichsam in einander hineingesetzet waren, wovon ihre Vereinigung zu Einem Ganzen, und die Einheit in der Fiktion abhieng, Ist hier also nicht mehr als ein Aneinanderlegen zweyer Einbildungen?« (118)

Das Ergebnis, den neuen einfachen Schein, bezieht Tetens wiederum auf die Erkenntnisse der Optik: »Sieben Reihen von den prismatischen Farben neben einander gelegt, machen noch keinen weißen Strich, der doch aus der Vermischung von ihnen entspringet.« (117) Er sieht sich bestätigt, die produktive Einbildungskraft vermag – zumindest für unser Bewußtsein – vorher nicht erfahrene Vorstellungen von der Homogenität des weißen Lichts zu erzeugen, auch wenn seine experimententellen Selbstversuche mit der lambertschen Farbenpyramide nur von bedingtem Erfolg gekrönt waren. Er schlußfolgert: »Es scheinet also doch nur ein schwaches Nachmachen zu seyn, was die Dichtkraft in ihrer Gewalt hat.« (124)

Tatsächlich legt Tetens die wesentliche Bedeutung der produktiven Einbildungskraft nicht in ihre willentliche, sondern in die vorbewußte Tätigkeit: »Unter den Wirkungen [...] der Dichtkraft [...] finden wir keine, die in unserm Verstande von größern und wichtigern Folgen sind, als die sogenannten *sinnlichen Abstrakta* oder *allgemeinen sinnlichen Vorstellungen.*« (128 f.) Wie zuvor[231] faßt er deren Entstehung in einem ersten Schritt als das Zusammenfallen des Ähnlichen in Empfindungsvorstellungen, geht allerdings hier klärend auf die Implikationen ein und erläutert diese anhand eines Beispiels.

In der Empfindung eines Baumes und der daraus entstehenden, also ›gefaßten‹, perzipierten Empfindungsvorstellung sind viele Teile enthalten – Zweige, Äste, Blätter –, diese sind grundsätzlich unterscheidbar. Darüber hinaus enthält aber auch jede dieser einzelnen Empfindungsvorstellungen eine »*intensive* Mannigfaltigkeit« (129), etwa die Bewegung, Form und Farbe eines Blattes. Hier bietet sich Tetens der exemplarische Aufzeig sinnlicher Abstraktion, werden doch diese Auszeichnungen als einzelne Züge des Blattes »kennbar« (130). Daß diese Züge trotz der Individualität ihres jeweiligen Auftretens dem Ähnlichen zugeordnet werden können – daß wir das Grün der Blätter als grün erkennen –, besagt für Tetens, daß bereits in der ursprünglichen Empfindung die Vorstellung des Allgemeinen enthalten gewesen sein muß: als sinnliches Abstraktum. Diese »*allgemeinen Bilder [sind] ursprünglich wahre Geschöpfe der Dichtkraft*« (132).

Tetens setzt also eine bildliche Begriffsbildung durch die produktive Einbildungskraft in den Bereich der Sinnlichkeit und macht sie einerseits zu einem allgemein grundlegenden Prinzip des Vorstellungsvermögens überhaupt,[232]

[231] Vgl. oben lvii ff. und lxxiii ff.

[232] *Versuche* I, 132: »Man hat es erkannt, daß es sich mit den allgemeinen *geometrischen* Vorstellungen also verhalte. In der That

andererseits legt er die Grundlage der bewußten, der Verstandesabstraktion eben in den Bereich des Vorbewußten. Die Bildung allgemeiner Abstrakta – wie Tetens hier die nicht-sinnlichen Allgemeinbegriffe nennt –, ja jegliches Unterscheiden überhaupt setzt voraus, daß »eine Vereinigung ähnlicher Vorstellungen vorhergegangen ist« (131). Sinnliche Abstrakta wirken zeichenhaft, weil sie eben – wie für Descartes die geometrischen Scheine – gerade als unvollständige Reproduktion produktiv werden; darin sind sie den Wörtern nicht nur verwandt, sondern gar überlegen (134). Denn sie halten die bloß begrifflich nicht vollständig faßbare Verbindung zwischen Allgemeinem und Empfindung (also eine »verwirrte Idee«) in der Schwebe zwischen Abstraktion und Anschaulichkeit und damit »gegenwärtig« (135).

Das Vorstellungsvermögen als die Scharnierstelle zwischen der Sinnlichkeit und der Vernunft, gewissermaßen das Zentrum des Verstandes, stellt sich im Überblick bei Tetens wie folgt dar:

aber haben alle übrige dieselbige Beschaffenheit an sich.« Meines Erachtens spielt Tetens hinsichtlich der geometrischen Vorstellungen auf Descartes' *Regulae* an; vgl. oben lix. Träfe dies zu, wäre es ein Hinweis darauf, daß er nicht nur Feders Darlegung der sinnlichen Abstraktion, sondern auch deren Vorlage kannte.

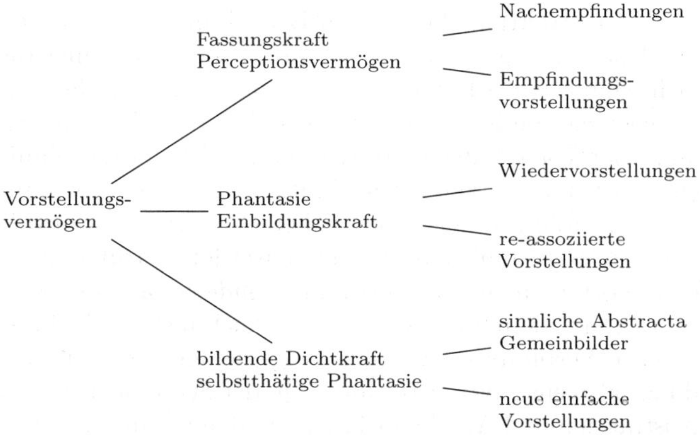

Tetens betont ausdrücklich, daß formal noch nicht das Niveau von Bewußtsein und Unterscheiden erreicht ist, nicht im engen Sinne von Ideen die Rede sein kann. Doch sind zugleich insbesondere die Produktionen der selbsttätigen Phantasie von folgenreicher Bedeutung, wirken sie schließlich trotz ihrer Gemachtheit nicht als Fiktion (was sie eigentlich sind), sondern wie »natürliche Zeichen der Objekte und ihrer Beschaffenheiten« (139). Tetens' Zeichenbegriff modifiziert letztlich unter der Hand die von Leibniz übernommene Zeichenhaftigkeit menschlicher Vorstellungen: Die Hervorbringungen der produktiven Einbildungskraft sind zeichentheoretisch betrachtet Zwitterwesen, sie sind von der spontan wirkenden Dichtkraft in freier Tätigkeit gemacht und zugleich – insbesondere in der vorbewußten Art der sinnlichen Abstrakta – dem intentionalen Zugriff entzogen; sie sind also willkürliche Zeichen, die (wie) natürliche Zeichen sind.[233]

[233] Vgl. Dirk Westerkamp: »Zeichen der Phantasie: Mendelssohns Sprachphilosophie der Aufklärung«, in: *Text + Kritik (Sonderband Moses Mendelssohn)* 5 (2011), 99–122, hier v. a. 100–105, der Mendelssohns Rezeption der Leibnizischen *cognitio symbolica*

Tetens faßt zusammen: »Die Dichtkraft kann keine Elemente, keinen Grundstoff erschaffen, aus Nichts nichts machen, und ist in so weit keine Schöpferkraft. Sie kann nur trennen, auflösen, verbinden, vermischen, aber dadurch eben kann sie neue Bilder hervorbringen, die in Rücksicht auf unser Unterscheidungsvermögen einfache Vorstellungen sind« (139). Im sechsten Versuch über den »Unterschied der sinnlichen Kenntniße und der vernünftigen« macht Tetens weiteren, systematisch tiefgreifenderen Gebrauch vom Theorem der »sinnlichen Abstrakta«, er bereitet mit ihrer Hilfe seine im siebten Versuch ausgeführte These von der »subjectivischen Nothwendigkeit« vor: »Es giebt allgemeine Erfahrungssätze [...]. Solche Sätze sind allgemeine Abstrakta von allen in den Empfindungen wahrgenommenen Verbindungen der Ideen« (464). Gleich darauf, in der für seine Denk- und Schreibart so typischen unmittelbaren Behandlung möglicher Einwände, löst Tetens diese Begriffe aus ihrer vermeintlichen Abhängigkeit von den Empfindungen. »Es ist nur Eine Klasse von Gemeinbegriffen, die man für Abstrakta von Empfindungen ansehen kann. Der größte Theil derselben ist nur dem Stoff nach, aus den Empfindungen, sonsten aber ein Werk der selbstbildenden Dichtkraft« (468).

Als Produkte der grundlegendsten Funktion der Einbildungskraft stellt Tetens folgerichtig die »sinnlichen Abstracta oder Gemeinbilder« in seiner Metaphysik-Vorlesung von 1789 gleich an den Beginn der Psychologia empirica. Sie erhalten unmittelbar »Worte als Zeichen«, um »leichter wieder gegenwärtig« gemachen werden zu können.[234] Die Produktivität des menschlichen Verstandes, so können wir

nachzeichnet. – Die Funktion der Verringerung von Komplexität bzw. Mannigfaltigkeit, die bei Tetens in Anknüpfung an Descartes und Feder in den sinnlichen Abstrakta als Erkenntnisbedingung wirkt, zeigt sich bei Mendelssohn mit den »*Collectivwörtern*« (104) erst auf der Ebene der willkürlichen, sprachlichen Zeichen.

[234] Vgl. u., 10, *Metaphysik*, § 6.

nun ergänzen, setzt mit den sinnlichen Abstrakta bereits vor dem Tätigwerden von Perzeption und Apperzeption als erkenntnisermöglichende Funktion ein.

Mit dieser tiefen, seines Erachtens nicht-reduktionistischen Theorie der Einbildungskraft erreicht Tetens bereits im ersten Kapitel die Grundlegung der gesamten *Philosophischen Versuche*. Beinahe entsteht der Eindruck, als fügten die weiteren zehn Versuche der erkenntnispsychologischen Systematik nichts Wesentliches hinzu, sondern dienten allein der Explikation und Erörterung metaphysischer Streitfragen (Kausalität, Realität der Außenwelt etc.) und stellten als solche *Anwendungsfälle* der vorgelegten Erkenntnispsychologie dar. Insbesondere zeigt der weitere Verlauf der *Versuche*, daß alle Aktus der Denkkraft bis hin zu den »höheren Kenntnissen der raisonnirenden Vernunft« bereits *in nuce* in den Verrichtungen des Gefühls und der Vorstellungskraft vorliegen. Zwar sind die Empfindungen nur der »Stoff aller Gedanken« und ihre »Form [...] ist ein Werk der denkenden Kraft« (336), die auf das Relative, also die Beziehungen geht, überhaupt Verhältnisideen hervorbringt (346). Doch ist zuvor bereits ein »*Gefühl der Verhältnisse und Beziehungen*« (593) vorhanden und der erste Teil des Denkakts eine Wirkung der Vorstellungskraft, der zweite, das Gewahrnehmen, eigentlich eine Äußerung des Gefühls: »Selbstthätig Vorstellungen bearbeiten, und thätig mit dem Gefühl auf diese bearbeiteten Vorstellungen zurückwirken, das ist und heißt *Denken*« (606).

Doch beruht jene ambivalente werkstrategische Anmutung nicht etwa auf Defiziten der Tetensschen Argumentation, sondern liegt vielmehr stringent in ihrem Ziel begründet: Die im Titel adressierte menschliche Natur faßt Tetens mit dem Begriff der Perfektibilität, und diese leitet er wiederum von einer höher entwickelten (und steigerbaren) »*innern Modifikabilität* und [inneren] *Selbstthätigkeit*« der menschlichen Seele (752) her. In diesem Prinzip liegt letztlich deren Grundkraft, haben wir auch keine buchstäbliche Idee »von den ersten ursprünglichen Wirkungen ihrer *Natur*kraft« (737; m.H.). Vor diesem Hintergrund argumentiert Tetens zugunsten einer vorgängigen Einartigkeit, Homogenität aller seelischen Tätigkeits- und Ausdrucksformen, die von den ersten Eindrücken bis hin zu den abstrakten Begriffen der ontologischen Grundprinzipien ein Kontinuum bilden: Jeder Wahrnehmungsinhalt reizt dasselbe Erkenntnisvermögen, nur je nach Stärke, Mannigfaltigkeit und Klarheit eben entweder das Gefühl, die Vorstellung oder das Denken.[235] Jedes Objekt der Seele fungiert dabei zeichenhaft: Von der Art und den Beziehungen der Vorstellungen in uns schließen wir auf den Status und das Verhältnis der Objekte in der Welt außer uns.[236]

Tetens' *Philosophische Versuche* stellen damit eine singuläre Vermittlungsleistung dar: Eine Anthropologie, die einerseits empirisch verfährt, ihr wahres Fundament in der auf sorgfältiger Beobachtung beruhenden Analyse der menschlichen Seele aufsucht und damit auf die Herausforderungen der Zeit reagiert, andererscits aber weder ihre Herkunft aus der Philosophie Leibniz' und Wolffs verleugnet, noch die systematisch-metaphysische Argumentation verweigert.[237] Überhaupt ist Tetens' Erkenntnispsycholo-

[235] Vgl. *Versuche* I, 703–729.

[236] Vgl. die Ausführungen über die »Nothwendigkeit der allgemeinen Vernunftwahrheiten« im siebten Versuch, insbesondere die Projektion der (inneren) subjektivischen Notwendigkeit auf die objektivische Notwendigkeit der Außenwelt; 470–569, hier bspw. 531 u.ö. Bemerkenswert ist in diesem Zusammenhang Tetens' Bemerkung, die Begriffe vom Subjekt, den Beschaffenheiten, dem Ich, einem Ding etc. müßten – wie die sinnlichen Abstrakta – *vor* einem Urteil über die objektivische äußere Existenz der Dinge vorhanden sein (388).

[237] Vgl. Claus-Artur Scheier: »Das anthropologische Prinzip. Zum geschichtlichen Ort von Mendelssohns Metaphysik«, in: *Text + Kritik (Sonderband Moses Mendelssohn)* 5 (2011), 126–139, der – ausgehend von Hegels Diktum, es habe »nichts bedurft [...] als [von der Wolffschen Metaphysik die] steife Form abzuschütteln«, um die »spätere *Popularphilosophie*« zu erhalten – das gleichfalls

gie stark vom leibnizischen Denken beeinflußt: Einerseits gewinnt Tetens aus der *Monadologie* den Gedanken von der stets aus innerem Prinzip *tätigen* Seele,[238] zugleich findet sich dort wie im Vorwort der *Nouveaux Essais* das Grundprinzip der »lex continuitatis« – die Natur macht keine Spünge/natura non facit saltus[239] –, das Tetens in den Beginn seiner Analyse der menschlichen Seele einschreibt. Seine minutiöse Untersuchung der Vermögen und Tätigkeiten der menschlichen Seele ist darauf angelegt, die Lücken, also ihre Sprünge, *saltus*, der bisherigen Ansätze zu schließen. Statt Rezeptivität und Spontaneität konventionell und dichotomisch gegenüberzustellen sowie die simple Zuordnung von passiver Empfindung und aktiver Vernunft vorzunehmen, optiert er für ein beinahe ausschließlich gemischtes Auftreten. Bereits in den ersten Modifikationen des Sinnesapparates und den darauf erfolgenden Reaktionen liegen die ersten spontanen Tätigkeiten des Erkenntnisapparates, fängt also letztlich das Denken im weiteren Sinne an. Und bis zu dessen ›höchsten‹ Inhalten bleibt die Empfindung beteiligt, kann sie eine Stellvertretung der Vernunft ausüben oder mit ihr zugleich Stellung beziehen, beispielsweise im »Gefühl des Wahren«[240]. Für Tetens ist die Zuschreibung einer allgemeinen Charakterisierung wie

von Hegel auf Mendelssohns *Morgenstunden* gemünzte Vorurteil aufspießt, dieser habe die Metaphysik »auf ihr Dünnstes reduziert« (zitiert nach ebd., 127 f.). Scheier zeigt auf, und dies zeigt sich in ähnlicher Weise bei Tetens, daß Mendelssohns anthropologisch fundierter »*Menschen*verstand als die *verständige Empfindung*« (130) es ihm anders als Kant ermöglicht, »Humes frontalen Angriff auf das Kausalitätsprinzip [...] sozusagen ab[zu]federn« (132).

[238] Vgl. Gottfried Wilhelm Leibniz: »Monadologie«, in: Hans Heinz Holz (Hrsg.): *Philosophische Schriften*, Bd. 1, Frankfurt/M. 2000, 438–483, 443, § 11.

[239] Vgl. ebd., § 13 sowie ders.: *Neue Abhandlungen über den menschlichen Verstand*, hrsg. v. Hans Heinz Holz, Bd. 3.1, Frankfurt/M. 2000, xxix.

[240] Vgl. *Versuche* I, 185–191, 202–205.

passiv/aktiv, rezeptiv/spontan, sinnlich/vernünftig, fühlend oder denkend also nie eine Frage des Entweder-Oder, sondern stets eine des Mischungsverhältnisses.

5. Die Metaphysik-Vorlesung von 1789

Während Kant seinen Metaphysik-Vorlesungen stets die verdienten Kompendien seiner Vorgänger zugrunde legte,[241] hat Tetens dieses Verfahren bald abgelegt und auch in den Ankündigungen erkennen lassen, daß er nach eigenen Aufzeichnungen zu lesen beabsichtigte.[242] Möglicherweise hat es ihm nicht genügt, wie Kant die architektonischen Spielräume beispielsweise von Baumgartens *Metaphysica* zu nutzen, um die gewünschte Form zu erhalten und überhaupt den Text der Vorlage zum bloßen Anlaß eigener Darstellungen zu nehmen.[243] Andererseits hat Tetens, ebensowenig wie Kant die *Kritik der reinen Vernunft*, auch nicht die *Philosophischen Versuche* zum unmittelbaren Gegenstand seiner Lehre gemacht. Vielmehr zeigt das vorliegende Manuskript eine deutliche Prägung durch die schulphilosophische Tradition der Metaphysik Wolffs und

[241] Werner Stark: »Die Formen von Kants akademischer Lehre«, in: *Deutsche Zeitschrift für Philosophie* 40.5 (1992), 543–563, 549; auch gegen die alte, von Emil Arnoldt stammende These gerichtet, Kant habe die kritische Philosophie nie gelehrt: Kant las – auf ministeriellen Erlaß, »gedruckte Handbücher zugrunde« zu legen (548) – 40 Jahre »die *eigene* Philosophie nach *fremden* Kompendien«.

[242] Vgl. oben, xxx.

[243] Kant, »Nachricht von der Einrichtung seiner Vorlesungen in dem Winterhalbenjahre von 1765–1766, *AA* 2, 308. Hier berichtet Kant noch, »nach einer kleinen Einleitung von der empirischen Psychologie an[zufangen], welche eigentlich die metaphysische Erfahrungswissenschaft vom Menschen ist« (309). Er wählt also einerseits in dem vorkritischen Kolleg eine Anordnung, die der vorliegenden Tetensschen *Metaphysik* entspricht, weist andererseits expliziter als dieser auf die anthropologische Dimension hin, die für Tetens lediglich den Hintergrund seiner Anordnung bildet (vgl. das Vorbild Eschenbachs, oben xli) ohne expliziert zu werden.

Baumgartens. Die Vorlesung ist keine Umformung seines Hauptwerks, sondern ein genuiner Kurs der Metaphysik. Da ein umfassender Vergleich dieses Kollegs mit den Handbüchern der Zeit hier nicht geleistet werden kann, sollen im Folgenden zum einen die architektonischen Überlegungen aus Abschnitt 3 wieder aufgenommen werden, zum anderen Hinweise auf Eigenheiten der Metaphysik Tetens' gegeben werden, die zu seinem im vorigen Kapitel beschriebenen »Systemprogramm« in Beziehung stehen.

Tetens beginnt die Metaphysik-Vorlesung im Vorbericht mit einer Aufzählung der *üblicherweise enthaltenen* Teile und gibt alternierende Bezeichnungen an; wörtlich heißt es dort: »unter dem Namen Metaphysik begreift man gewöhnlich folgende phylosophische Wissenschaften« (§ 1): die Wissenschaft von der Seele, also Psychologie oder Pneumatik; die Wissenschaft von der Welt im Allgemeinen oder allgemeine Kosmologie; die Wissenschaft von Gott oder Theologie der Vernunft sowie die Wissenschaft von einem Dinge überhaupt, Grundwissenschaft, Ontologie oder allgemeine Philosophie, die Tetens dann auch als »Metaphysik im engeren Sinne« bezeichnet.

In der den Paragraphen beschließenden Anmerkung liefert Tetens dann eine Definition des Gegenstandes nach: Metaphysik ist »die Vernunftwissenschaft von immateriellen und transcendentalen[244] Gegenständen (von den nicht

[244] Bereits in *ASP* nennt Tetens die Ontologie auch »allgemeine transcendente Philosophie« (23), behandelt mit den »transcendenten Begriffen« dasjenige, was den intellektuellen und körperlichen Gegenständen gemeinsam zukommt (51). Daß er 1775 ausschließlich »transcendent« verwendet, dürfte seiner Lambert-Rezeption geschuldet sein (81–84; vgl. Krouglov: »Der Begriff ›transzendental‹ bei J. N. Tetens«, 46–47). Nachdem der Begriff in den *Versuchen* nicht ein einziges Mal fällt, verwendet Tetens 1778 noch »transcendent« und schreibt das für ihn äquivalente »transcendental« den Scholastikern zu (Ueber die Realität I, 177). In der *Metaphysik* ist dies die einzige Verwendung von »transcendental«, möglicherweise steht die prominente Nennung im ersten Paragra-

sinnlichen und übersinnlichen Gegenständen). Sie macht den größten Teil der Intellektualphilosophie aus« (§ 1, Anm.).[245] – Tetens nimmt hier mit dem Terminus »Intellektualphilosophie« einen zentralen Begriff seiner Schrift von 1775 wieder auf, wo es heißt:

> »Sie [sc. die Ontologie, als ›eigne Wissenschaft für sich‹; MS] ist der gemeinschaftliche Stamm zu den zweyen großen Aesten der theoretischen Philosophie, davon die Philosophie über die Seelen und Geister und über Gott, einen ausmachet, dessen Gegenstände die unkörperlichen und immateriellen Wesen sind, und den ich deswegen Philosophie vom Unkörperlichen, oder Intellectual-Philosophie, nennen mögte. Diesem stehet der zweyte Zweig [...] – Physic und Mathematic größtentheils – gegen über«.[246]

Daß die Ontologie mit der Intellektualphilosophie einen »Codex unter der Benennung von Metaphysic«[247] bildet, liegt daran, daß »die Lehrsätze aus der Psychologie [...] weniger von den Beobachtungen, und mehr von den allgemeinen ontologischen Raisonnements, abhängen. Hier wird also die Grundwissenschaft mehr gebraucht als in der Physic und Mathematic«.[248]

In den §§ 2 und 3 des Vorberichts bestimmt Tetens dann in Hinsicht auf die Architektonik der Metaphysik: Sie

phen des Vorberichts unter dem Eindruck der Popularisierung des Begriffs durch die Verbreitung der Kantischen Philosophie; im Übrigen nutzt Tetens wieder das ihm vertrautere »transcendent« in vor-kritischer Bedeutung.

[245] Vorbericht, § 1 – Daß zwischen Metaphysik und Intellektualphilosophie das Verhältnis einer Hyponymie bestehen sollte, erscheint deutlich weniger plausibel als das in den Druckschriften beschriebene umgekehrte Verhältnis. Neben dem fehlenden Grund für eine solche Neuordnung in der Vorlesung müßte auch ungeklärt bleiben, was denn (neben der Metaphysik) den anderen Teil der Intellektualphilosophie bilden könnte. Es ist also wohl von einem Verständnisfehler des Skribenten auszugehen.

[246] *ASP*, 23.

[247] Ebd., 25 .

[248] Ebd.

zerfalle »natürlich«, also den Gegenständen gemäß, in die genannten Teile, welche allerdings verschieden angeordnet werden könnten. Stünde in einem »völlig *synthetischen* Vortrage« die Grundwissenschaft (Ontologie) an erster Stelle, hält Tetens die empirische Psychologie andererseits für geeignet, »den Verstand zur Bearbeitung der Gemeinbegriffe in der Ontologie vorzubereiten.«[249] – Bereits in der systematisch-architektonischen Grundlegung der Metaphysik-Vorlesung findet sich also an prominenter Stelle die empirische Psychologie, an deren Methode Tetens sich ja auch in der Vorrede der *Philosophischen Versuche* angeschlossen hatte: »Was die Methode betrifft, [...] [s]ie ist die beobachtende, die Lock bey dem Verstande, und unsere Psychologen in der Erfahrungs-Seelenlehre befolgt haben.«[250] Beide Male verwendet er einen Begriff für die *psychologia empirica*, der sich schon in den *Gedancken* von 1760 findet,[251] jedoch zumindest im exakten Wortlaut vor 1789 kaum gebräuchlich ist: Johann Gottlob Krüger, auf den Tetens sich in den *Gedancken* affirmativ bezieht,[252] veröffentlicht 1756 den *Versuch einer Experimental-Seelenlehre*, Karl Philipp Moritz verwendet statt Experimental-Erfahrungsseelen*kunde.*[253] Erst 1789 hebt Mauchart den von Tetens präferierten Begriff in den (Unter-) Titel einer Monographie.[254]

Weiter führt Tetens aus, daß Psychologie und Theologie den Zweck der übrigen Teile der Metaphysik darstellen, die allgemeine Kosmologie dabei Teile enthält, die von

[249] *Metaphysik*, Vorbericht, § 2.

[250] *Versuche* I, Vorrede, iii–iv.

[251] Vgl. v.a. den § 35 der *Gedancken*, 69 f.

[252] Tetens verwendet einmal Krügers Begriff; vgl. *Gedancken*, 13.

[253] Bekanntlich auf Ratschlag von Moses Mendelssohn, vgl. Karl Philipp Moritz: »Vorschlag zu einem Magazin für Erfahrungs-Seelenkunde«, in: *Deutsches Museum*, Bd. 1, 1782, 485–503, hier 503.

[254] Immanuel David Mauchart: *Phänomene der menschlichen Seele: eine Materialiensammlung zur künftigen Aufklärung in der Erfahrungs-Seelenlehre*, Stuttgart 1789.

der Theologie unzertrennlich sind, die Ontologie auf der anderen Seite unentbehrlich für die Theologie wie auch zum Teil für die Psychologie ist.[255]

Auch für Tetens ist damit die Erkenntnis Gottes das Ziel der Metaphysik. Doch bemerkenswerterweise stellt er ihr die Psychologie zur Seite; auf der Folie der *Philosophischen Versuche* zeigt sich darin sein Verständnis der Psychologie als »Wissenschaft vom Menschen«, die im Zentrum seines Interesses steht. Zugleich übernimmt er bei aller Lakonie die Argumentation Christian Wolffs hinsichtlich einer Anordnung der Teile nach Begründungs- und Voraussetzungsverhältnissen.[256] Beides zusammengenommen ergibt eine neue Vermittlung im Streit um die Architektonik der Metaphysik: Eine finalisierende Schlußstellung der Psychologie wird einerseits verhindert von der grundlegenden, beinahe propädeutischen Funktion der Erfahrungsseelenlehre für die gesamte Metaphysik, insbesondere aber zur Vorbereitung der Allgemeinbegriffe der Ontologie; andererseits läßt die Engführung von Kosmologie und Theologie es nicht zu, daß der verbleibende rationale Teil der Psychologie zwischen sie tritt. Damit ergibt sich der folgende Aufbau der Metaphysik-Vorlesung:

I. Vorbericht
II. Psychologia empirica
III. Die allgemeine Philosophie
IV. Grundsätze der raisonnirenden Psychologie
V. Cosmologie
VI. Theologie der Vernunft

Bemerkenswert ist an dieser Architektonik die Voranstellung der empirischen Psychologie und die Benennung des zweiten psychologischen Teils: sie verweist auf sein zentrales methodologisches Programm. Denn als Gegenbegriff zur empirischen spricht Tetens von der »raisonnirenden«

[255] *Metaphysik*, Vorbericht, § 3.
[256] Disc. prael. § 87, 96.

Psychologie: Die Wissenschaft von der Seele »wird in die betrachtende (psychologia empyrica) und in die raisonnirende (rationalis) abgeteilt«.[257] Man könnte geneigt sein, dies simpel als Übertragung von »rationalis« in das Deutsche zu übergehen, und die Parallelführung der Begriffe in der Eingangsbestimmung der Erfahrungsseelenlehre legt das zunächst ja auch nahe. Doch hätte Tetens dann den Begriff »rationale Psychologie« verwenden können, wie auch Kant in der *Kritik der reinen Vernunft.*[258] Mit »raisonnirend«, nach dem Zedlerschen Wörterbuch »ein gar gewöhnliches Wort, so man im gemeinen Leben brauchet, wenn man von einer Sache ein Urtheil fället«,[259] knüpft Tetens demgegenüber an den programmatischen »allerersten« der *Philosophischen Versuche*[260] an.

Den dort beabsichtigten Entwurf einer »allgemeinen speculativischen Philosophie« setzt Tetens bereits in der »Vorerinnerung« in Bezug zur philosophischen Trias der Zeit; dem »Brittischen beobachtenden [, dem] Französischen raisonnirenden [und dem] geometrischen Genius der Leibnitz-Wolfischen« Philosophie.[261] Reids, Homes, Beatties und Oswalds empirische Philosophie des gemeinen Menschenverstandes sei verdienstvoll: »Es gibt eine Menge theoretischer Vernunfterkenntniße [...], die von allen Systemen der Metaphysic unabhängig« sind, die »ohne vorhergegangene allgemeine Speculationes über Substanz, Raum und Zeit, u.d.g.«[262] auskommen. Das »Gefühl des Wahren [...] sey der Führer« zur Gewißheit bei einer solchen Kombination aus Beobachtung und schlußfolgerndem Denken, das noch diesseits der »Speculation«, also

[257] Ebd., Erfahrungsseelenlehre, § 1.

[258] Vgl. die Transzendentale Dialektik: Von den Paralogismen der Vernunft, *KrV* A 343, 347 u.ö.

[259] *Zedler* 30, [Art.] *Raisoniren*, Sp. 710.

[260] Siehe oben lxvi; vgl. Uebele: *Gesamtentwicklung*, 16.

[261] *ASP*, 1 f.

[262] Ebd., 13–14.

der rationalen Methode operiere. Solche »philosophische[n] Raisonnements, die die wahre populaire Philosophie ausmachen«[263], sind »Metaphysic des gemeinen Menschenverstandes«[264]. Die britische Philosophie habe sich lediglich »durch den Mißbrauch der Speculation in dem Scepticismus verleiten«[265] lassen. Um sich nun dem Fernziel einer »physischen Metaphysic«[266] anzunähern, bedarf es einer »reelle[n] speculativische[n] Philosophie«, einer Metaphysik, die die gesamte »Intellektual- Philosophie«, insbesondere aber die Ontologie mit dem Erfahrungsfundament der empirischen Wissenschaften versieht:[267] »Die transcendente Philosophie [...] muß zuvörderst als ein Theil der beobachtenden Philosophie von dem menschlichen Verstande und seinen Denkarten, seinen Begriffen und deren Entstehungsarten, behandelt werden«[268]. Hier tritt gleichfalls die für Tetens vorrangige Bedeutung der Erfahrungsseelenlehre zutage.

Tetens beabsichtigt also eine neu austarierende Vermittlung zwischen empirischem und rationalem Zugriff, mit Robert Sommer können wir von einem »rationellen Empirismus« sprechen.[269] Die Markierung dieser neuen Synthese empirischer, sensualistischer und rational-schulphilosophischer Methodik ist die Absicht, die hinter seinen Termini »raisonniren, raisonnirend« steht. Das Vorlesungsmanuskript kann belegen, in welchem Umfang Tetens ent-

[263] Ebd., 15.
[264] Ebd., 12 (Überschrift).
[265] Ebd., 16
[266] Ebd., 21.
[267] Vgl. ebd., 24 f.
[268] Ebd., 72.
[269] Vgl. Sommer: *Grundzüge*, 280 f. und Engfer: »Einleitung«, xvi–xxi. – Allerdings ist gegen Engfer, xvi, zu betonen, daß Tetens sich zumindest in den *Philosophischen Versuchen* von der analytischen Methode distanziert und, wie Stiening: »Grade der Gewißheit«, 129 treffend formuliert, den darin enthaltenen Materialismus »schroff zurück[weist]«.

schlossen war, der gesamten Metaphysik eine Erfahrungsbasis einzuziehen: Alle Teile gliedern sich nicht nur durch Grund- und Lehrsätze, sondern auch durch so genannte und betitelte *Erfahrungs*sätze. Tetens löst damit eine Forderung vom Beginn seiner philosophischen Tätigkeit ein: Bereits in den *Gedancken* von 1760 hatte er die verworrenen und dunklen Begriffe besonders der Ontologie zu den maßgeblichen Hindernissen eines Fortschritts in der Metaphysik gezählt.[270] Abhilfe erwartet Tetens auch zu diesem Zeitpunkt schon von dem Erfahrungswissen und empfiehlt hinsichtlich einfacher Begriffe wie der Kausalität, des Raums und der Zeit, »daß man auf die Empfindungen zurück gehe, aus welchen der bestrittene Begrif entstanden ist, und genau beobachte, was man sich vorstellet, wenn man diese Idee in den Gegenständen gewahr wird.«[271] Ist ein Fortschritt der Metaphysik ohne erfahrungsbasierte Verbesserung der Ontologie geradezu unmöglich,[272] so fehlen doch gleichfalls der Psychologie, Kosmologie und Theologie Erfahrungen, resultieren aus diesem Mangel »zuweilen [...] gar Erschleichungsfehler«.[273]

Psychologia empirica –

In den *Philosophischen Versuchen* hatte Tetens die Grundkraft der Seele als Selbsttätigkeit bestimmt,[274] ihr Wesen wie das des Menschen liegt in der Aktivität. Darauf beruht auch die erste Unterteilung der Erfahrungsseelenlehre in einen ersten Abschnitt über »Äußerungen und Wirkungen« der Seele überhaupt sowie den zweiten Abschnitt über das Verhältnis der Seele zu Körper und Außenwelt, insofern dieses die Äußerungen und Wirkungen der Seele beeinflußt

[270] *Gedancken*, 13.
[271] Ebd., 27.
[272] Vgl. ebd., 58.
[273] Ebd., 60.
[274] *Versuche* I, 11. Versuch, v.a. 758–761.

(§ 2). Während der erste Abschnitt in drei Abteilungen die Erkenntniskraft, das Gefühl[275] und den Willen behandelt, thematisiert der zweite Abschnitt die Beziehungen der Seele mit Körper und Dingen nach den zwei möglichen Fällen der Einwirkung; (a) Modifikation der Seele durch den Körper, (b) Modifikation des Körpers durch die Seele.[276] Im selben Abschnitt wird die empirische Psychologie abgeschlossen mit den Themen Schlaf, Traum und Nachtwandeln sowie den Veränderungen der Seele nach »Stufen des Alters«, also der Entwicklungspsychologie.[277]

Durch die Betonung der Selbsttätigkeit der Seele verschiebt Tetens die Architektonik der empirischen Psychologie: Zwar entspricht seine Zweiteilung in »Seele für sich« und »Seele und Außenwelt« – Tetens fokussiert derart eng die Perspektive der Seele, daß er zu suggerieren scheint, auch der Körper gehöre für die Seele zur Außenwelt – grob derjenigen Wolffs in seiner *Psychologia empirica*[278], doch ist für Tetens das Handlungsvermögen, der Wille nur graduell aktivere Tätigkeit als die Wirkungen von Erkenntnisvermögen und Gefühl, so daß der Wille ebenso zum ersten Abschnitt gehört wie mit ihm die Frage der Freiheit (§§ 63–72). Zugleich kassiert Tetens die Differenzierung in »unteres« und »oberes Erkenntnisvermögen«,[279] wie er überhaupt nur nach den drei (Haupt-) Vermögen unter-

[275] In der Auflistung der Gliederung schreibt Tetens »Affectionen der Seele« (§ 3), in der Überschrift der Abteilung gibt er alternativ den Begriff »Empfindnisse« an (Ms., 17).

[276] Vgl. die Inhaltsangabe des II. Abschnittes auf Ms., 54.

[277] Vgl. oben, lxxxiv.

[278] Vgl. Christian Wolff: *Psychologia empirica* (= Wolff-Werke; II/5), Hildesheim 1968, Index capitum, 721: Pars I. De Anima in genere & Facultate cognoscendi in specie; Pars II. De Facultate appetendi in specie & Commercio inter Mentem & Corpus.

[279] Vgl. ebd.: Pars I. Sectio II. De Facultatis cognoscendi parte inferiori; Sectio III. De Facultatis cognoscendi parte superiori.

gliedert, statt wie Wolff die einzelnen Seelenvermögen je separat zu behandeln.[280]

Tetens' Behandlung der empirischen Psychologie kann als »problemorientiert« bezeichnet werden: Einerseits bezieht er die tradierte Gliederung des Stoffes in seinen Vortrag ein, andererseits erweitert er das terminologische Vokabular subtil. Dabei kann er auf die in den *Philosophischen Versuchen* geleistete skrupulöse Ableitung der Seelentätigkeiten bauen, die sich in feinsten begrifflichen Differenzierungen und Neuschöpfungen niedergeschlagen hatte.[281] Ganz in diesem Sinne beginnt Tetens auch die genetisch herleitende Erfahrungspsychologie in der *Metaphysik*, indem er die ersten Seeleninhalte allgemeinst-möglich als »Modificationen« faßt (§§ 4–8).

Doch schon die ersten basalen Tätigkeiten des menschlichen Geistes sind erkenntnistheoretisch bedeutsam: Jede der »zurückgerufenen« oder »reproducirten Modificationen« (§ 6) ist grundsätzlich ein Gegenstand der Erkenntnis mit Zeichencharakter, sie werden auf Sachen oder Objecten bezogen, die sie nicht selbst sind (§ 8). Unmittelbar mit den ersten Seelenveränderungen beginnt auch die »sinnliche Abstraktion«,[282] die entstehenden »Gemeinbilder« erhalten »Worte als Zeichen« (§ 6). Dabei zeigt Tetens einen – man könnte sagen, gemäßigten – epistemologischen Idealismus:

[280] Ebd., De sensu, De imaginatione etc.

[281] Dafür mag beispielhaft der Beginn des Zweiten Versuchs stehen (*Versuche*, 166–169), wo Tetens, den Sprachgebrauch einbeziehend, die Differenzierung von »Fühlen, Empfinden, Gefühl, Empfindung und Empfindniß« (Abschnittsüberschrift; *Versuche*, 166) vornimmt. Mißlich ist allenfalls, daß er, wie bereits die zeitgenösische Rezeption anmerkt, diese Differenzierungen dann nicht immer stringent durchgehalten hat bzw. seine Verwendung von dem allgemeinen Verständnis bspw. des Begriffs »Gefühl« überdeckt und durchkreuzt wird.

[282] Vgl. oben lvii, lxxiii.

> »Wir erkennen alles mittelst unserer *Vorstellungen*. [...] Eine Vorstellung von einer wirklichen Sache mit der Sache selbst vergleichen, heißt nichts anders als die Vorstellung vergleichen mit der Empfindung von der Sache, oder eigentlich mit der Empfindungsvorstellung von der Sache« (§ 14).

Von diesem Punkt aus entfaltet Tetens seine erfahrungsbasierte Vorstellungstheorie, deren zentrale Bedeutung er selbst prägnant formuliert: »Die Vorstellungen sind die subjectiven Sachen« (§ 14). Zu ergänzen ist aus seinen eigenen Ausführungen: Die subjektiven, in Vorstellungen vorliegenden Sachen sind die einzigen, die dem Menschen gegeben sind; jede Überprüfung, Plausibilisierung und jeder Versuch der Objektivierung bleibt im Erfahrungs- und Vorstellungsraum des Individuums. Wo dieser zur Intersubjektivität überschritten werden soll, gelangt das Streben nach Erkenntnis dann unweigerlich zur Sprache, zur philosophischen Arbeit am Begriff, wie Tetens sie mit kritischer Stoßrichtung in den *Gedancken* exponiert hatte.

Die allgemeine Philosophie –

Während die Inhalte der *Psychologia empirica* grundsätzlich Erfahrungen sind (und die erläuternden Bezeichnungen der Abschnitte, Abteilungen und Kapitel dies jeweils wieder betonen)[283], erfordert die Ontologie ein anderes Vorgehen. Sie handelt in Tetens' Worten von »allgemeinen (Grund-) Begriffen«, »Allgemeinbegriffen« und »Grundsätzen«, die nicht unmittelbar der Erfahrung zu entnehmen sind. In der Metaphysik-Vorlesung wird allerdings die Umsetzung des systematischen Programms sichtbar, wie Tetens

[283] Die wiederkehrende Wendung »Erfahrungen von ... « erinnert an Wolffs Titelgebung in seinen deutschen Schriften: »Vernünfftige Gedancken von ... «; diese Parallelität steht m.E. durchaus in Übereinstimmung mit der jeweiligen programmatisch-systematischen Ausrichtung.

sie in den *Gedancken* und *ASP* entworfen hatte:[284] die Verknüpfung der Ontologie mit empirischen Sätzen und die »Realisierung« der Allgemeinbegriffe.[285] Anders als in der empirischen Psychologie, die neben der Makro-Einteilung in Abschnitt, Abteilung und Kapitel bloß durch Paragraphen gegliedert wird, steht in der Ontologie jedem Paragraphen eine allgemeine Charakterisierung voran: Sie sind – oftmals nummerierte – »Erfahrungs-«, »Grund-«, »Lehr-« und »Zusätze«, dazu treten »Anmerkungen« und »Erklärungen«.

Die Ontologie nimmt mit ihren 314 Paragraphen auf 232 Seiten rund 58 % des Textkorpus ein; die Ausführlichkeit unterstreicht die Bedeutung, die Tetens ihr beimißt. Allein die empirische Psychologie, die ja laut dem Vorbericht auf die Ontologie vorbereitet,[286] kommt ihr an inhaltlicher Detailliertheit nahe. Demgegenüber erwecken die noch folgende »raisonnirende« Psychologie, die Kosmologie und Theologie den Eindruck einer Pflichtübung der Vollständigkeit halber. Die Schwerpunktsetzung entspricht also noch in der vorliegenden, auch pädagogischen Grund legenden *Metaphysik* dem programmatischen Entwurf in *Ueber die allgemeine speculativische Philosophie*, wo Tetens die Unverzichtbarkeit der Ontologie als »allgemeine Grundwissenschaft« für eine »bevestigte Vernunfterkenntniß« (*ASP*, 17) hervorhebt. In der Verbindung dieser »allgemeine[n] transcendente[n] Philosophie« (23) mit den Erfahrungssätzen will Tetens bereits im Vortrag der Ontologie die »Realisierung der Begriffe und Grundsätze« (35) leisten, also den Aufweis, daß diese nicht leer sind, sondern eine Entsprechung »außer dem Verstande« haben.

[284] Für eine erste Annäherung an das Programm der Tetensschen Ontologie vgl. Alexei N. Krouglov: »Die Ontologie von Tetens und seiner Zeit«, in: *Quaestio* 9 (2009), 269–283.

[285] Vgl. oben, lxxii

[286] Vgl. oben, c.

Die »allgemeine Philosophie« beginnt ohne weitere Erläuterung oder Situierung *in medias res*; ihre Interpretation im Zusammenhang der *Metaphysik*-Vorlesung ist deshalb ganz auf deren Vorbericht angewiesen: Die Ontologie ist »Wissenschaft von einem Dinge überhaupt« (§ 1), die in ihr behandelten allgemeinen Grundsätze des Verstandes gehören als »übersinnliche« Gegenstände »zu den allgemeinsten Objecten der sogenannten transcendentalen Erkenntnis« (ebd., Anm.). Zur »Verarbeitung der Gemeinbegriffe in der Ontologie« wird der Verstand durch die Erfahrungsseelenlehre vorbereitet (§ 2); in der Sammlung und wissenschaftlichen Verbindung der Allgemeinbegriffe und Grundsätze des menschlichen Verstandes wird sie »eine allgemeine *Analysis* des menschlichen Verstandes« (§ 3). Damit ist die Ontologie die Fortsetzung der Psychologie bezogen auf die Erkenntnis*prinzipien* und abstrakten Begriffe, mit denen diejenigen Eigenschaften des Seienden im allgemeinen gefaßt werden, die dem Intellektuellen und Körperlichen gemeinsam zukommen (vgl. *ASP*, 51).

Tetens betont, daß diese Erkenntnisgegenstände mitnichten bloß dem wissenschaftlichen Denken zugänglich sind, sondern »sich in jedem Menschenverstande [befinden] und [das ausmachen], was man den *gemeinen Verstand* (sensus communis) nennt« (§ 4). So entsteht das Bild einer »natürlichen Ontologie«, wie Wolff sie an den »scholastici« zumindest grundsätzlich lobt und zum Ausgangspunkt seiner ontologischen Erneuerung und Verwissenschaftlichung macht.[287] Tetens erkennt eine »natürliche Metaphysik« in der Anwendung des (ontologischen) Sensus communis auf die Erfahrungen von der Seele und den Dingen der Welt – Ontologie ist demnach die wissenschaftliche Analyse und

[287] Ludger Honnefelder: *Scientia transcendens. Die formale Bestimmung der Seiendheit und Realität in der Metaphysik des Mittelalters und der Neuzeit (Duns Scotus, Suárez, Wolff, Kant, Peirce)*, Hamburg 1990, 300.

Darstellung der Allgemeinbegriffe und Grundsätze des Verstandes, rationale Psychologie und Kosmologie sind die Verwissenschaftlichung ihrer Anwendung auf das Feld der Seele und der Welt (vgl. § 4).

Die Gliederung der Ontologie erfolgt auf oberster Ebene in zwei Abschnitte,[288] (1.) über die allgemeinen Begriffe, Beschaffenheiten und Beziehungen von möglichen und wirklichen Dingen und (2.) über die allgemeinsten Arten von Dingen oder Wesen. Der erste Abschnitt enthält drei Abteilungen, deren erste die einfachsten Grundbegriffe, die zweite zusammengesetzte und die dritte solche Allgemeinbegriffe behandelt, »die sich auf wirkliche Dinge beziehen«[289]. Tetens' Vortrag steht damit quer zu den Anordnungen bspw. Wolffs[290] und Baumgartens[291] und wählt stattdessen eine Gruppierung eigenen Zuschnitts,[292] die einerseits nach der Unterscheidung des Einfachen vom Zusammengesetzten (Abteilung 1 und 2), anderseits nach dem Grad des Wirklichkeitsbezugs (Abteilung 3) anzuordnen bestrebt ist. Möglicherweise ist dies als Steigerung zur

[288] Mit Ausnahme der Empirischen Psychologie und der Theologie sind den Teilen des Manuskriptes eigene Inhaltsverzeichnisse vorangestellt; insbesondere für die vielfache Untergliederung der Ontologie bietet sich die Konsultation an (s.u., 85).

[289] Ontologie, 3 (»Inhalt«).

[290] Vgl. Wolff, *Philosophia prima sive ontologia*, GW II/3, 697: Pars I. De Notione Entis in genere; Pars II. De speciebus entium.

[291] Vgl. Baumgarten, *Metaphysica*, 40–42: B) tractatio de praedicatis entium; a) internis; α) universalibus; β) disiunctivis; b) externis s.[ive] relativis.

[292] Vgl. a. die ansatzweise Inbezugsetzung Tetensscher transzendenter Begriffe der Druckschriften mit denen Feders, Lamberts, Kants bei Krouglov: »Tetens und die Deduktion der Kategorien bei Kant«, 472–475. – Daß Krouglov die Unabgeschlossenheit der Klassifikationen oder Listen von Begriffen bei Tetens als Indiz für dessen geringes Interesse an ihrer Vollständigkeit interpretiert (472), scheint bereits durch einen kurzen Blick auf Wolff fragwürdig: Des Desinteresses an Vollständigkeit gänzlich unverdächtig, nennt auch er Begriffe der Ontologie bloß beispielsweise (vgl. Wolff: *Discursus praeliminaris*, 82/83, § 73).

Durchführung seines in *ASP* entworfenen Programms der »Realisierung« der Allgemeinbegriffe zu verstehen.

Zu Beginn der Ontologie stellt Tetens im ersten Kapitel sechs Grundsätze vor, beginnend mit dem »Grundsatz vom Unvorstellbaren, [...] vom Widerspruch« (§ 1). Sie legt er als wahre, evidente Sätze vor, als »nothwendige Denkgesetze des Verstandes; Formen des Verstandes« (§ 7, 12). Insbesondere errichtet Tetens damit ein epistemologisches Fundament: Jedes Objekt außer der Vorstellung ist vollkommen bestimmt (Grundsatz der gänzlichen objektiven Bestimmtheit, § 4), unabhängig von den Vorstellungen (Grundsatz der Position, der Einerleiheit, § 5) und damit an sich gewiß und wahr (ebd.). In diesen Denkgesetzen sieht Tetens zugleich »materielle[ ] objective[ ] Sätze« (§ 7, 12) und »Sätze a priori« (ebd., 14). Er legt trotz seiner Einsicht in die bloß vorstellungsartig an uns herantretende Außenwelt – oder in Ergänzung dazu – gewissermaßen ein anti-skeptisches und anti-subjektivistisches ›Glaubensbekenntnis‹ ab, einen einleitenden Kanon metaphysischer Grundüberzeugungen. Tetens bekräftigt damit zugleich sein affirmatives Zutrauen in den gemeinen Menschenverstand, wie er es in *ASP* formuliert hat – eine »evidente Metaphysik« ist zumindest vorstellbar. Die Realisierung der ontologischen Begriffe, und das heißt hier auch: die Empirisierung der »allgemeinen transcendenten Philosophie«, ist gleichsam das Mittel, die Kenntnis und Verdeutlichung der Begriffe (wieder) mit der Evidenz, der Wahrscheinlichkeit und Gewißheit des gemeinen Menschenverstandes zu verbinden.

Grundsätze der raisonnierenden Psychologie –

Mit dem Zusatz »Grundsätze« weist der Titel dieses Teils bereits darauf hin, daß es sich nicht um eine vollständige Darstellung der Psychologie aus rationaler Perspektive handelt, wie Wolff sie beispielgebend in seinem lateinischen Werk vorgelegt hat: Dort schreitet die »vernünftige« Behandlung grundsätzlich dieselben Inhalte in gleicher Vollständigkeit und Ausführlichkeit ab, wie es zuvor oder parallel bereits die empirische Psychologie geleistet hat – nur eben jetzt aus der »Letztbegründungsperspektive«[293]. Wie der Sensus communis seine natürlichen ontologischen Allgemeinbegriffe in der Anwendung auf Erfahrungen von der Seele zur »*natürlichen* Metaphysik« weitet,[294] so erreicht das wissenschaftliche Denken die *wissenschaftliche* Metaphysik durch Anwendung des ontologischen Instrumentariums auf die Inhalte der Psychologie. Somit ist auch die »raisonnirende Psychologie« letztlich wie die Kosmologie »nichts anders als eine weiter fortgesetzte allgemeine Philosophie« (Cosmologie, § 1) bzw. Ontologie auf den Begriff von der Seele angewandt.

Gegenüber Wolffs bifokaler Behandlung der Psychologie wählt Tetens eine andere Strategie. Dem ausführlichen empirischen Teil zu Beginn der Metaphysik fügt er in der »raisonnirenden Psychologie« bloß die Erörterung derjenigen Gegenstände bei, die sich der menschlichen Erfahrung ihrem Kern nach vollständig entziehen:[295] Immaterialität der Seele und ihre Verbindung mit dem Körper, Zustand vor der Geburt und nach dem Tod sowie ein Anhang über die Tierseelen. Hinsichtlich der behandelten Themen folgt er damit der Baumgartenschen Lehrart der rationalen Psychologie, wie dieser sie in den §§ 740–799 der *Metaphysica* vorgelegt hat.

Die Vermutung, daß Tetens diesem Teil der *Metaphysik* – zumindest im Vergleich mit der empirischen Psychologie

[293] Barth: »Wolffs ›Psychologia empirica‹«, 183.
[294] Vgl. o., cix (m.H.).
[295] Was Tetens nicht davon abhält, diese Inhalte mit Erfahrungssätzen zumindest zu flankieren. Für die damit zusammenhängende These, Tetens beabsichtige mit der Bezeichnung »raisonnirend« eine zwischen empirischem und rationalem Vorgehen vermittelnde Wissenschaftsposition vgl. oben ciii.

und Ontologie – keine große Bedeutung beimißt, stützt auch die detailliertere Betrachtung der Vortragsart: Die Kapitel drei und vier über die »psychologischen Systeme« und den »Zustand der Seele vor der Geburt« ähneln mehr einem einführenden, äußerst knappen Referat grundlegender Begriffe und Positionen denn einer eigenen Stellungnahme oder auch nur Kommentierung. Hier nimmt die Vorlesung stark den Charakter einer Handreichung für das vertiefende Studium der Hörer an. Demgegenüber scheinen in den ersten beiden Kapiteln (zur Immaterialität bzw. zu dem Zusammenhang der Seele mit dem Körper) am deutlichsten die Interessensschwerpunkte der *Philosophischen Versuche* durch.

An deren programmatischen Entwurf in der Vorrede der *Versuche* knüoft er, wenn auch in starker Raffung, in diesen Passagen an:[296] Heißt es im Hauptwerk, es sei unzweifelhaft »ohne [Mitwirkung des Körpers, spezieller des Gehirns] weder Gefühl, noch irgend eine thätige Kraftäußerung in der Maße vorhanden [...], daß wir solche bey uns gewahrnehmen könnten« (*Versuche*, vi–vii), so bekräftigt die Vorlesung, »jedes Gefühl und jeder Gedanke« bestehe aus Modifikation der Seele und des Körpers, aus *idea intellectualis* und *idea materialis* zusammengenommen (Rais. Psychologie, § 6). Außer Frage steht demnach für Tetens, daß mit jeder »Seelenäußerung eine *harmonische* Körperveränderung verbunden« ist (§ 7, m.H.).

Die anschließende Diskussion der Frage nach dem »Sitz der Vorstellungen« – allein in der Seele, allein im Körper oder in beiden? (Kapitel 2) –, führt ihn im dritten Kapitel zur Erörterung der »physischen Ursache der Verbindung der Seele mit dem Körper«: Die so dargestellten »psycholo-

[296] Vgl. *Versuche* I, vi ff. Die Auseinandersetzung mit den physiologisch orientierten Ansätzen v.a. Hartleys und Bonnets ist letztlich Widerpart der erkenntnistheoretischen wie methodologischen Positionierung in der gesamten weiteren Vorrede.

gischen Systeme« wertet er zwar subtil, aber mit erkennbarer Präferenz. Daß Tetens kein System akzeptieren könnte, das »alle thätige Kraft und Selbstmacht in der Seele« (§ 14: Gelegenheitsursachen, Assistenz) aufhebt, ist nach dem zuvor Gesagten offenbar; die »bloße Harmonie« besitze »keine innere Wahrscheinlichkeit« (§ 13); das System der »ursachlichen Verknüpfung« (Influxus physicus) hingegen »lasse sich [zwar; MS] nicht vollkommen aus den Erfahrungen beweisen«, sei aber doch zumindest unwiderlegt, so daß doch ein »wahrscheinlich richtiges System [daraus] geschaffen« werden könne (§ 11). Diese »erste Hypothes« modifiziert er für ein »[Mittel] zwischen der völligen Causalität und der [bloßen; MS] Harmonie« dahingehend, daß jede »Modifikation der Seele [...] von ihrem [scil. der Seele] inneren Prinzip« abhängt (§ 12). Letztlich amalgamiert Tetens also Influxus- und die Theorie der Gelegenheitsursachen zu einer reformulierten, kausal wirkenden Harmonie, die primär vom Wesen der Seele selbst abhängt.

Cosmologie –

Tetens nennt sie im Untertitel auch »transcendente Wissenschaft von der Welt«; diese »metaphysische Cosmologie« unterscheide sich durch ihre Allgemeinheit von der »physischen« (§ 1). Damit zeigt sich eine grundlegende Übereinstimmung mit Wolffs Entwurf der »Cosmologia generalis« im *Discursus praeliminaris*: Als allgemeine oder transzendentale Kosmologie bezeichnet Wolff die Wissenschaft einer »*allgemeine[n] Betrachtung der Welt*« und Erklärung ihrer Gemeinsamkeiten mit allen anderen möglichen Welten.[297] Hinsichtlich der behandelten Themen arbeitet Tetens in weitreichender Parallelität zu Wolff einen stark kondensierten Kanon der zeitgenössischen Kosmologie ab, so folgen auf die »allgemeinen Begriffe von der Welt« (Kapitel 1) die

[297] Wolff: *Discursus praeliminaris*, 87, § 78.

»Verbindung der Theile« (Kapitel 2) und die »Zufälligkeit der Welt« (Kapitel 3), außerdem behandelt er Natur, Vollkommenheit und die beste Welt (Kapitel 5 und 6). Anders als Wolff nimmt Tetens die bereits in der Ontologie enthaltene »mathematische Unendlichkeit« in der Kosmologie wieder auf (Kapitel 4). Von Baumgarten, der die Kosmologie nach ihrem Begriff,[298] ihren Teilen[299] und ihrer Vollkommenheit[300] darstellt, kann er die gliedernde Perspektivierung auf den Begriff der »besten Welt«[301] und die Unterscheidung des Natürlichen vom Übernatürlichen[302] übernehmen.

Auffallend ist bereits im ersten Kapitel die Terminologie: Tetens formuliert den »Erfahrungssatz«, daß »[u]nsere Empfindungsideen von den wirklichen Dingen und ihren Beschaffenheiten« wie auch die daraus abstrahierten Allgemeinbegriffe »relative [...] verwirrte Begriffe [...], also nur Scheine« sind. Diese heißen »Phänomene«, und dergestalt sind für uns alle wirklichen Dinge. Sie sind allerdings deshalb nicht »bloße Scheine ohne Realität« (§ 9).[303] Zusammen mit der Unterscheidung von *mundus sensibilis* und *mundus intelligibilis* im selben Paragraphen scheint hier einer der raren direkten Hinweise auf eine Verarbeitung der Schriften Kants vorzuliegen.

Theologie der Vernunft –

Mit dem letzten Teil der *Metaphysik* erreicht die Verknappung der Darstellung ihren Höhepunkt: Auf nicht einmal siebzehn Seiten referiert Tetens in zwanzig Paragraphen

[298] Vgl. Baumgarten: *Metaphysica*, §§ 354–391.
[299] Vgl. ebd., §§ 392–435.
[300] Vgl. ebd., §§ 436–500.
[301] Vgl. ebd., §§ 436–465.
[302] Vgl. ebd., §§ 466–500.
[303] Vgl. *KrV* A 168/B 209: »Was nun in der empirischen Anschauung der Empfindung korrespondiert, ist Realität (realitas phaenomenon) [...].«

den »Begriff von Gott und dessen Daseyn« (Kapitel 1) und legt die »Entwicklung des Begriffs von der Gottheit; von den Eigenschaften Gottes« dar (Kapitel 2). Das dritte Kapitel über die »Beziehung der Gottheit auf die Welt; von den Werken Gottes«, das die vorangestellte Inhaltsübersicht ankündigt, entfällt gar völlig. Da die letzte eingebundene Seite zu einem Viertel leer geblieben ist, kann kaum von einem Textverlust ausgegangen werden; in den vorhandenen Teilen erfolgen Abschnittswechsel *innerhalb* einer Wissenschaft ohne Seitenumbruch, d.h. ein folgendes Kapitel wird auf derselben Seite begonnen, auf der das vorherige endet. Das unvermittelte Abbrechen dürfte also wohl dem Erreichen des Semesterendes geschuldet sein.

Den markanten Begriff einer »Theologie der Vernunft« verwendet Tetens bereits in *ASP*[304]. Krouglov hat darauf hingewiesen, daß Uebele diese Wendung so ungewöhnlich vorgekommen sein mußte, daß er sie in seiner Edition fälschlich durch »Theorie der Vernunft« ersetzt hat.[305] Auch habe Tetens' einmalige Vorlesung über die »Theologie der Vernunft« im Wintersemester 1786/87 eine immense Resonanz an Hörern gefunden.[306]

Im Vorbericht der *Metaphysik* setzt er die Theologie der Vernunft mit der »Wissenschaft von Gott« gleich,[307] wie er sie in der von Krouglov herangezogenen Ankündigung »durch die lateinische Wortverbindung ›theologia rationalis‹ zu erklären versucht« habe.[308] In *ASP* steht die Formulierung in engem Zusammenhang mit Tetens' Bestrebungen zur Erneuerung der Metaphysik durch eine neu grundgelegte Ontologie: Wie die auf Erfahrungskenntnissen und »realisierten Begriffen« fußende Ontologie die Metaphysik insgesamt evidenter sein läßt – eine vertiefte,

304 Vgl. Anm. 2 zum Vorbericht der *Metaphysik*.
305 Krouglov: »Die Theologie der Vernunft bei J.N. Tetens«, 113 f.
306 Vgl. ebd., 114–115.
307 *Metaphysik*, Vorbericht, § 1.
308 Ebd., 114 f.

wissenschaftlichere »Metaphysik des gemeinen Menschenverstandes«[309] –, so gibt es auch »eine *Theologie der Vernunft*, die von allen Systemen der Metaphysic unabhängig ist«[310], die also durch die Grundlage der projektierten »Allgemeinen speculativischen Philosophie« als Wissenschaft evidenter und gewisser durchzuführen ist.

6. Schluß

Die Legitimationskrise der Schulmetaphysik ab der Mitte des 18. Jahrhunderts beruht wesentlich auf dem neuen Rang der Psychologie, den ihr Wolff eingeräumt hatte: Als nun metaphysische Propädeutik und Grundlagenwissenschaft läßt sich die Seelenlehre kaum mehr widerspruchsfrei in die Architektonik der Metaphysik integrieren. An Dynamik gewinnt diese Problemlage dadurch, daß die Ästhetik dem unteren Erkenntnisvermögen neue Bedeutung als Aisthesiologie verleiht. Mit dieser »Schützenhilfe« läuft die Psychologie zum letzten Drittel des 18. Jahrhunderts hin mehr und mehr auf eine echte Anthropologie hinaus und zugleich der umfassenden Metaphysik als System den Rang ab. Die Pole möglicher Reaktionen aus dem Bewußtsein dieser Krise sind einerseits die skeptische Erledigung der Metaphysik und die Abwendung von im engeren Sinne systematischer Philosophie überhaupt wie andererseits die Bestrebungen zur Erneuerung der Metaphysik.[311]

309 *ASP*, 12.

310 *ASP*, 13 f.

311 Annette Meyer: *Von der Wahrheit zur Wahrscheinlichkeit. Die Wissenschaft vom Menschen in der schottischen und deutschen Aufklärung*, Tübingen 2008 beschreibt den intensiven Einfluß der schottischen »Science of Man« insbesondere auf die sog. deutsche Popularphilosophie, wie er sich bei Ernst Platner und Christoph Meiners als Transformation der Metaphysik in eine rein psychologisch-moralische »Wissenschaft vom Menschen« zeigt (257 f.). Meyer behandelt Tetens als »[e]inen ähnlichen Ansatz« verfolgend (258), hebt hervor, daß er als einer der wenigen zeitgenössischen

In dem anti-skeptischen und ambitionierten Vorsatz einer Neubegründung der Metaphysik treffen sich Johann Nicolaus Tetens und Immanuel Kant: Dieser entwirft aus der Frage, wie eine künftige Metaphysik möglich ist, »die als Wissenschaft wird auftreten können«[312], die transzendentale Perspektive der kritischen Philosophie, leiten aus den »Ursachen, warum in der Metaphysik nur wenige ausgemachte Wahrheiten sind«[313] ein Programm zur Renovierung der philosophischen Hauptwissenschaft her, dem er bis zum Ende seiner akademischen Tätigkeit verbunden bleiben wird.

Tetens attestiert der bisherigen Metaphysik 1760 einen Mangel an »ausgemachten Wahrheiten«, also an Lehrsätzen, die gewiß und zugleich von allen akzeptiert sind; dieser Befund trifft insbesondere und mit gravierenden Folgen die Gegenstände der Ontologie.[314] Bereits in seiner Bützower Antrittsrede übt Tetens eine vehemente Sprachkritik und fordert die Deutlichkeit ontologischer Begriffe und Sätze.[315] Abhilfe verspricht sich Tetens von der »Realität der allgemeinen Grundbegriffe und Grundsätze«, da viele von ihnen »für sich eine so hervorstechende und auffallende Evidenz besitzen, daß sie aufsuchen und hinsetzen, eben so viel ist, als ihre [...] Wahrheit zu beweisen«;[316] dies sind die »arithmetischen, [...] auch die geometrischen Begriffe, Postulate

Denker die englischen Schriften im Original lesen konnte und deshalb »zu einem der frühesten Rezipienten« (ebd.) der Humeschen Schriften gehörte. Gegen eine nivellierende Angleichung Tetens' an das von Meyer behandelte Projekt der psycholgisch fundierten »Wissenschaft vom Menschen« ist allerdings zu betonen, daß Tetens, wie oben dargestellt, die Metaphysik nicht aufgibt oder verstümmelt, sondern deutlich und in vollem Umfang transformiert.

[312] In den *Prolegomena*.

[313] In den *Gedancken*.

[314] Vgl. *Gedancken*, 14 f., 21.

[315] Vgl. ebd., 31–39.

[316] *ASP*, 27.

und Axiome«.[317] Die »Realisierung« der übrigen »Grund-Gemeinsätze«[318] erfolgt über einen, wie Tetens beschreibt, Lockeschen Rückgang auf die ersten Vorstellungsinhalte des menschlichen Verstandes. Daß die Ontologie zu diesem Zweck »ein Theil der beobachtenden Philosophie« werden kann und muß,[319] verdankt sich zunächst der Erfahrungsseelenlehre als metaphysische Grundwissenschaft, die die empirische Basis für die »Realisierung der Grundbegriffe« bereitzustellen vermag. Zugleich aber fügt Tetens mit der Funktion der »sinnlichen Abstracta« das entscheidende Bindeglied ein, um einerseits den »blinden Fleck« des Übergangs von individuellen Vorstellungen zu allgemeinen Begriffen zu vermeiden, andererseits durch das teils vorbewußte Wirken der Einbildungskraft zur Entstehung der allgemeinen Bilder den in den *Philosophischen Versuchen* entwickelten Begriff der »subjektivischen Notwendigkeit« grundzulegen.

Die in den *Philosophischen Versuchen* letztgültig dargelegte Tetenssche rational-empirische Erkenntnistheorie mit dem Ziel einer Verbesserung der Metaphysik erarbeitet sich Tetens seit der programmatischen Bützower Rede in dem Pensum der wechselnden Vorlagen zu seinen Metaphysik-Vorlesungen. Tetens nimmt die starken empirischen und psychologischen Strömungen der Zeit auf und vermag sie vor allem aus seiner minutiösen Aufstellung und im besten Wortsinne kleinschrittigen Analyse der Seelentätigkeiten heraus zu der avanciertesten Vorstellungstheorie der Aufklärungsphilosophie zusammenzufügen. Seine elaborierte Theorie der Einbildungskraft als maßgebliche Schnittstelle zwischen Gefühl und Verstand greift bis an die äußerste Grenze vorkritischer Möglichkeiten. Ebenso folgerichtig wie die anthropologische Durchformung der *Philosophischen*

[317] Ebd., 28–29
[318] Ebd., 35.
[319] Vgl. oben den Abschnitt zu *ASP*, insbes. Seite lxxvii.

Versuche ist dabei die Voranstellung der empirischen Psychologie im Metaphysik-Kolleg von 1789: Diesen Ansatz teilt noch Mitte der 1760er Jahre auch Kant, der zu dieser Zeit, wie Clemens Schwaiger festhält, aus Hochschätzung für Baumgarten »die empirische Psychologie als ›die metaphysische Erfahrungswissenschaft vom Menschen‹ ›durch eine kleine Biegung‹ [...] ganz an den Anfang des Metaphysikkollegs rückt.«[320]

In der die philosophische Tätigkeit Tetens' beschließenden MetaphysikVorlesung von 1789 ist all dies trotz des schulphilosophischen Korsetts deutlich erkennbar enthalten. Damit stellt sich die Frage nach dem Verhältnis zwischen philosophischer Forschung und Lehre: Gibt es für den Unterricht der Hörer in den Vorlesungen nicht nur einen Kanon klassischer oder maßgeblicher Denker, die für einen Gegenstand zu berücksichtigen und zu behandeln sind, sondern darüber hinaus auch eine autoritative Methode oder Lehrart? Bis zu welchem Grad wird bei einem jeweiligen Philosophen diese von eigenen Ansätzen durchdrungen, überformt oder transformiert? – Ab der Mitte des 18. Jahrhunderts setzen sich System und Lehrart Wolffs sukzessive gegen die Überreste des philosophischen Aristotelismus an den philosophischen Fakultäten durch.[321] Die Vorlesungspraxis scheint darauf reagiert zu haben, indem ein Vortrag nach wolffianischem Muster oder seinen Filiationen als dem Common sense genügend angenommen wurde.

Diese Üblichkeit, diese auf einen gemeinsamen Nenner gerichtete Beharrung ist einerseits seit je durch individuelle Ausgestaltung der lehrenden Persönlichkeit durchkreuzt

[320] Clemens Schwaiger: *Alexander Gottlieb Baumgarten – Ein intellektuelles Porträt. Studien zur Metaphysik und Ethik von Kants Leitautor* (= FMDA; II/24), Stuttgart-Bad Cannstatt 2011, 38.

[321] An dieser pauschalen Feststellung ändern einzelne, teils erbitterte Gegnerschaften (wie in Leipzig bei Crusius) ebensowenig wie die oben beschriebenen architektonischen Anstrengungen.

und somit zugleich Veränderungen unterworfen gewesen, andererseits reicht die Kontinuität zumindest insoweit auch über philosophische Einschnitte hinweg, als nicht nur Kant selbst jahrzehntelang Baumgartens *Metaphysica* zur Vorlage seiner Veranstaltungen nahm, sondern auch andere Professoren über die *epoché* von 1781 hinaus an den altgedienten Handbüchern festhielten. Anders die philosophischen Druckschriften: Als die intensivere Rezeption der *Kritik der reinen Vernunft* beginnt – in der »Aetas Kantiana«[322] –, treten diejenigen Lehr- und Handbücher, die mit systematischem Anspruch die *gesamte* Metaphysik behandeln, in den Hintergrund. Auch wenn meines Wissens statistische Erhebungen fehlen, wird die neu erscheinende Literatur spätestens ab den 1790er Jahren von der Auseinandersetzung mit der Philosophie Kants dominiert:[323] Systematische Werke, insbesondere solche der theoretischen Philosophie, signalisieren überwiegend diesen Bezug, indem sie »kritisch« sind, das »kantische System prüfen« oder zumindest kommentierend erläutern.[324]

[322] Die so betitelte von 1968 bis 1981 erschienene Reihe hatte sich die Aufgabe gestellt, das Corpus der Kant-freundlichen wie -kritischen Literatur der Zeit möglichst umfassend abzubilden. Die 375 Bände erlauben einen guten Einblick in das Ausmaß, mit dem Kants Kritik die Philosophie der Zeit bestimmt.

[323] Neben den Verbundkatalogen und Verzeichnissen wie dem VD18 bieten sich zu Stichproben-Zwecken die Digitalisierungsprojekte der jüngeren Vergangenheit an: archive.org, Google Books, Europeana.

[324] Dies zeigen etwa die folgenden Beispiele aus der Reihe »Aetas Kantiana«: Ludwig Heinrich von Jakob: *Grundriß der allgemeinen Logik und kritische Anfangsgründe zu einer allgemeinen Metaphysik*, Halle 1788; Adam Weishaupt: *Ueber die Gründe und Gewisheit der Menschlichen Erkenntniß: Zur Prüfung der Kantischen Critik der reinen Vernunft*, Nürnberg 1788; Heinrich Wilhelm von Gerstenberg: *Beiträge zur Erläuterung und Prüfung des Kantischen Sistems in sechs Abhandlungen*, hrsg. v. Franz Nicolaus Baur, Gotha 1794.

Auch die unterschwellige Auseinandersetzung über die Architektonik der Metaphysik kommt damit an ihr Ende. Das vorliegende Manuskript zeigt sich meines Erachtens als »reife« Form eines Beitrags zu dieser Debatte: Tetens behält die altgediente wolffisch-schulphilosophische Einkleidung bei, renoviert sie aber bis an die Grenzen ihrer Möglichkeiten – wie gezeigt mit der Voranstellung der empirischen Psychologie, Empirisierung aller Teile, Betonung der Ontologie, Verknappung des Übrigen etc. Als zur Vermittlung neigender und dennoch eigenständiger Denker verbindet er eine diskursive Darstellung verschiedener Positionen mit dem Einbezug der eigenen Perspektive.

Inhaltlich wird deutlich, daß der Streit um die systematische Anordnung der Metaphysik tatsächlich ein Ringen um die Rolle und den architektonischen Ort der Psychologie, insbesondere ihres empirischen Teils gewesen ist. Tetens löst dieses Problem in Übereinstimmung mit dem thematischen Zuschnitt der *Philosophischen Versuche*: Wie diese letztlich durch eine empirisch-genetisch verfahrende Psychologie, die derzeit genuine Wissenschaft vom Menschen ist, als Anthropologie begründet werden, so leistet die Psychologia empirica der *Metaphysik* dasselbe als epistemologische Grundlegung für die zentrale Ontologie.

Dabei nimmt Tetens Kant zur Kenntnis, nennt – neben den Schriften anderer Autoren – die *Kritik der reinen Vernunft* und die *Prolegomena* im Vorbericht als zu rezipierende Werke der jüngsten Metaphysik. Das eigentliche Curriculum des Kollegs bleibt dennoch nahezu verweisungsfrei, so daß es weiteren Detailstudien vorbehalten bleiben muß aufzuzeigen, ob Tetens in der Vorlesung auch inhaltlich auf den kritischen Kant *reagiert*, ob er eine wie auch immer geartete und wie auch immer umfangreiche Positionsveränderung gegenüber früheren Schriften vollzogen hat. Klar erkennbar ist jedenfalls die Stringenz seiner Arbeit an und mit den programmatischen Entwürfen seit den *Gedancken* von 1760.

EDITORISCHER VORBERICHT

1. Das Manuskript

Die hier vorliegende Edition der Vorlesung »Metaphysik bey dem H. Profeßor Tetens« – so das Titelblatt –, beruht auf einem in schwedischem Privatbesitz befindlichem Manuskript. Außer der Tatsache, daß es über ein norwegisches Antiquariat angeboten worden ist, läßt sich die Provenienz nicht genauer feststellen.

Es handelt sich um 397 Seiten – abschnittsweise fortlaufend paginiert –, die mittels Fadenheftung in echten Bünden vermutlich nachträglich, also nach dem Beschreiben mit zeittypischer Eisengallustinte, mit einem Ganzpapier-Einband (»Pappband«) versehen worden sind. Der Buchblock ist unbeschnitten, vor der Bindung ist lediglich der Kopf beschnitten worden. Zwei Doppelbögen verschiedener handgeschöpfter Büttenpapiere von zeitgenössisch üblicher, aber durchaus hoher Qualität (kein bzw. kaum Rost oder Tintenfraß) sind zu einer Lage im Octav-Format[1] verarbeitet worden. Die per Hand ausgeführte Beschriftung des Rückenschilds ist stark ausgeblichen, lautet aber wahrscheinlich: »Metaphysik Im / Winter halben Jahre / von 1788 – 89.«

Der Buchrücken weist einen deutlichen Lichtschaden auf, der von dort in die Deckel übergreift. Allgemeine Gebrauchsspuren wie die abgeschabten Kanten, gebrochenen Ecken sowie ein Riß im hinteren Deckel weisen auf eine Benutzung, wenn wohl auch keinen übermäßigen Gebrauch

[1] Ca. 16,7 x 21 cm, Deckel: 17 x 21,5 cm (Breite x Höhe). – Für die freundliche Inaugenscheinnahme des Manuskripts und wertvolle Hinweise danke ich Frau Klára Erdei, Frau Angela Karstensen und Frau Anja Steinhauer von der Universitätsbibliothek Kiel.

hin.[2] Das Titelblatt zeigt im oberen Drittel ein sogenanntes Pro-Patria- oder Hollandia-Wasserzeichen,[3] das auf dem Vorsatz bzw. Spiegel befindliche Gegenzeichen mit den Buchstaben »CB« unter einer Krone o.ä. konnte keiner Papiermühle zugeordnet werden.

Allem Anschein nach handelt es sich um ein vollständiges Kolleg, das von insgesamt drei verschiedenen, in seinem allergrößten Teil jedoch bloß von zwei Händen niedergeschrieben worden ist. Die Ausformuliertheit, die geringe Anzahl an Streichungen und Abkürzungen wie auch die hohe Gleichförmigkeit der Handschriften im Verlauf des Manuskripts sprechen meines Erachtens für eine *Rein-*, nicht eine Mitschrift. Das letztlich wertvolle Papier in Verbindung mit der ohne Namensnennung ausgestellten Rückenbeschriftung sowie der gegebenen Nutzung des Bandes lassen es sogar möglich erscheinen, daß Tetens ausgewählte Studenten ein Handexemplar nach seinem Diktat hat schreiben lassen.

Während in der ersten, feinen, aber gestochen scharfen Handschrift der Vorbericht und die empirische Psychologie bis einschließlich der Seite 67 (Ms.-Paginierung) niedergeschrieben sind, taucht die zweite, sehr ähnliche Schrift allein auf der folgenden Seite 68 auf. Nachdem die Seite 69

[2] Gegen eine allzu intensive Nutzung sprechen der gelinde Grad der Verschmutzung und die gering ausgeprägten Fettspuren durch Fingerabdrücke.

[3] Das allegorische Motiv zeigt innerhalb eines Pallisadenzauns eine als Pallas Athene oder auch »holländische Magd« gedeutete weibliche Figur mit einem Löwen, der das Schwert erhoben hat und in der zweiten Pranke die holländischen Provinzen symbolisierende Pfeile hält. Darüber die Schrift »Pro Patria«. Dieses »in Erinnerung an den Freiheitskampf der Niederländer gegen spanische Unterdrückung« entstandene »patriotische Wasserzeichen wurde von fast allen niederländischen Papiermühlen geführt. Seit Beginn des 18. Jahrhunderts hat es auch in anderen europäischen Ländern vielfach Nachahmung und weite Verbreitung gefunden.« (Wisso Weiß: *Historische Wasserzeichen*, München 1987, 74–75.)

wiederum von erster Hand stammt, beginnt auf Seite 70 die dritte Schrift, in der der gesamte Rest des Kollegs verfaßt ist. Die Kolumnentitel stammen sämtlich von der ersten Hand, sind also wohl nachträglich eingefügt. Der Text der dritten Hand ist an einem guten halben Dutzend Stellen von feiner Schrift nachträglich verbessert oder ergänzt.[4]

Obwohl das Manuskript undatiert ist, läßt es sich zeitlich genau einordnen: Der »Vorbericht« nennt unter den jüngsten zur Metaphysik gehörenden Schriften den *Versuch* von Heinrich Corrodi (1752–1798), der im Jahr 1788 erschienen ist. Da Tetens in Kiel stets im Winter über Metaphysik gelesen hat, und das letztmalig im Wintersemester 1788/89, so kommt allein diese Vorlesung in Frage. Der zum Zeitpunkt der Bindung hinzugefügte handschriftliche Titel auf dem Rückenschild (s.o.) stützt diese Datierung.

2. *Einordnung des Textstatus*

Mit großer Wahrscheinlichkeit handelt es sich bei dem überlieferten Text um eine Reinschrift, vermutlich nicht um eine jener professionell zu Verdienstzwecken überarbeiteten Mitschriften,[5] wie sie zu jener Zeit üblich waren.[6] Die Gründe für diese Annahme legt die folgende Charakterisierung des Manuskripts dar.

(a) Ist die größte Hoffnung des Philologen oftmals auf das Auffinden eines Autographen gerichtet, so ist doch das Vorliegen eines Tetensschen Entwurfs zu seinen »propria praecepta«, wie sie der *Index praelectionum* als Grundlage

[4] Es handelt sich um Ont. 15/16, 18, 43, 155, 178, 221, Rais. Psy. 18, Cosm. 25.

[5] Vgl. die Typologie bei Walter Jaeschke: »Gesprochenes und durch schriftliche Überlieferung gebrochenes Wort. Zur Methodik der Vorlesungsedition«, in: Siegfried Scheibe/Christel Laufer (Hrsg.): *Zu Werk und Text. Beiträge zur Textologie*, Berlin 1991, 157–168, 162f.

[6] Vgl. Janssen: »›Ueber Collegien und Colegienhefte‹. Anmerkungen zur Textsorte Vorlesungsmitschrift«, 58.

der Vorlesung ankündigt, wohl ausgeschlossen. Bereits das Vorhandensein von mehr als einer Handschrift spricht klar gegen die Urheberschaft Tetens' selbst – allenfalls möglich ist, daß er den Text als eine Art Handexemplar zur eigenen Verwendung diktiert hat.

(b) Die Vorlesungsverzeichnisse geben keinerlei Hinweis darauf, daß Tetens in seinen Metaphysik-Vorlesungen diktiert hätte.[7] Die Gestalt des Manuskripts läßt außerdem keinerlei Einschnitte nach Vorlesungsterminen erkennen; weder lassen Abschnittsgrenzen oder Seitenumbrüche Rückschlüsse auf einen solchen Rhythmus zu, noch sind dem Schriftbild sich regelmäßig wiederholende Ermüdungserscheinungen ablesbar, wie sie in der Regel dem Quantum einer Vorlesungsstunde auftreten würden.

(c) Zwar weist das Manuskript eine Vielzahl von Abbreviaturen sowohl durch Suspension als auch durch Kontraktion – »d.«, »dasjen.«, »dß«, »sdern« – auf, doch erlaubt es deren Aufwandersparnis vermutlich nicht, den gesprochenen Wortlaut einer Vorlesung zu erfassen. Stenographische Systeme wurden erst dreißig Jahre später ausgearbeitet.[8] Die Mitschrift einer normal gesprochenen, nicht-diktierten Vorlesung würde ein deutlich weniger akkurates Gesamtbild erzeugen, enthielte eine deutlich höhere Anzahl an Streichungen, Überschreibungen und sonstigen Korrekturen, als es bei dem vorliegenden Text der Fall ist. Auch die Benutzung einer sogenannten »Halbkurzschrift«, wie sie hier lediglich in Ansätzen verwendet wird, ließe im Ergebnis wohl einen weniger flüssigen Text entstehen.[9]

[7] Hölscher: »Urkundliche Geschichte«, 71 vermerkt zwar, Tetens habe mit seinem »Buch, 2 Bände Metaphysik, [...] seine Dictate veröffentlicht[ ]«, allerdings kann dies bei dem bekannten Charakter der *Philosophischen Versuche* nur als sehr indirektes Einfließen gemeint sein.

[8] Vgl. Janssen: »›Ueber Collegien und Colegienhefte‹. Anmerkungen zur Textsorte Vorlesungsmitschrift«, 55.

[9] Vgl. ebd., 59.

(d) Der überlieferte Text ist durchgängig von wohlformulierten Sätzen geprägt, die Konstruktionen sind nahezu ausschließlich grammatikalisch korrekt und vollständig. Das für unmittelbare Mitschriften typische Ausfallen weniger wichtiger Verben und die verkürzende Konzentration auf zentrale Substantive tritt praktisch nicht auf.

Zu den relativ häufigen Mängeln des Textes gehören falschen Ziffern in der Paragraphen-Zählung und ausfallende Ziffern in Rückverweisen auf frühere Paragraphen, außerdem finden sich einige Dittographien und Ergänzungen als Marginalie. Insgesamt lassen aber der hohe Grad der Ausformuliertheit, die geringe Anzahl an Streichungen und Abkürzungen wie auch das homogene Schriftbild kaum Zweifel an dem Vorliegen einer wie auch immer zustandegekommenen Reinschrift.

3. Zur Textgestaltung

Die vorliegende Edition räumt der ursprünglichen Gestalt des Textes Priorität ein. Dabei ist es die Überzeugung des Herausgebers, daß die sprachlichen und orthographischen Eigenheiten des 18. Jahrhunderts dem Lesefluß weniger abträglich sind als eine Fülle editorischer Zeichen. Grundsätzlich sind also keine Modernisierungen und Normalisierungen vorgenommen worden; insgesamt wird der Zeichen- und Lautstand gewahrt.

Der Lesbarkeit und Verständlichkeit des Textes sollen dennoch folgende stillschweigende Änderungen dienen: Zum einen sind offensichtliche Textfehler und Irrtümer korrigiert worden, das heißt (1) fehlende Punkte und Doppelpunkte bei eindeutig erkennbarem Satzende sind ergänzt; (2) Doppelungen, Sprünge u.ä. in Paragraphen-Zählung und Paginierung sind korrigiert, wo sinnvoll zugleich im Apparat notiert. Zum anderen sind (3) eindeutig identifizierbare Kurzschreibweisen und Abkürzungen aufgelöst (vgl. nächster Abschnitt); (4) Querverweise auf andere Paragraphen, sofern nicht in den Satz eingebunden (»nach § 71«, »folgt aus § 282«), in runde Klammern gesetzt; (5) Tremata, wie häufig über dem »y« gesetzt – »psÿchologisch«, »dabeÿ« –, nicht wiedergegeben; schließlich sind (6) die damals üblichen Punkte nach Ziffern, dem Paragraphen-Zeichen wie am Ende von Überschriften getilgt.

Alle sonstigen Änderungen wie Streichungen, Dittographien etc. werden im Apparat mitgeteilt, indem unter Verweis auf die Zeilennummer das Lemma am Fuß derselben Seite aufgerufen wird.

4. Konstitution des Textes

Kursivdruck im Haupttext	Unterstreichung im Manuskript; teilweise unterstrichene Wörter werden ohne Apparatnotiz als ganz unterstrichen betrachtet
hochgestellte Ziffern im Haupttext	Anmerkungen des Herausgebers
Serifenlose im Apparat	Herausgeberbemerkung
|	Seitenwechsel im Ms.
[ ]	Hinzufügung des Herausgebers. Ausnahme: »Klammer in der Klammer«

Kürzel und Abkürzungen werden nach folgenden Beispielen stillschweigend aufgelöst und vereinheitlicht:

d.	der, die, das, den *etc.*
dse	diese
dß	daß
dsto	desto
empfden	empfunden
f	ff (*bspw.* betrifft, Inbegriff *etc.*)
gl	gleich (*auch in* obgleich, wenngleich *etc.*)
gnug	genug
gz	ganz
iene	jene
ls	also
neml	nemlich
sd	sind
sdern	sondern
ud, ud.	und
v.	von

mit allen Flexionsendungen, bei Groß- und Kleinschreibung

5. Ankündigung der Vorlesung

INDEX PRAELECTIONUM

IN

ACADEMIA REGIA

CHRISTIANA ALBERTINA

INDE

A DIE XX OCTOBRIS A. MDCCLXXXVIII

USQUE

AD DIEM FESTUM PASCHATIS

A. MDCCLXXXIX

HABENDARUM

—

KILIAE HOLSATORUM

LITTERIS MICH. FRIDER. BARTSCHII ACAD. TYPOGR.

IO. NIC. TETENS, Phil. & Mathes. Pr. P. O. [...] *publice* [...] nec non Philosophiae theoretricae alteram partem, *Metaphysicam*, ad propria praecepta commentaturus. [...]

6. *Danksagung*

Die vorliegende Arbeit ist von der Philosophischen Fakultät der Christian-Albrechts-Universität zu Kiel als Dissertation angenommen worden, ihr wie dem Philosophischen Seminar mit allen Kolleginnen und Kollegen gilt mein Dank.

Ohne vielfältige Unterstützung wäre diese Arbeit nicht entstanden und nicht beendet worden: Nicht ohne die Bereitschaft des Eigentümers, das Manuskript der Forschung zur Verfügung zu stellen; nicht ohne die anfängliche Förderung durch die Deutsche Forschungsgemeinschaft und ihre großzügige Bewilligung eines Druckkostenzuschusses. Auch danke ich dem Felix Meiner Verlag Hamburg für die freundliche Annahme des Textes und die große Geduld während der Fertigstellung. Meinen Betreuern Ralf Konersmann und Dirk Westerkamp (beide Kiel) kommt die Bedeutung der *conditio sine qua non* zu, ihnen gebührt mein herzlicher Dank.

Neben meinen Freunden Christian Lütgens (Geesthacht) und Thorsten Ries (Gent) danke ich für ihre Unterstützung meiner Frau Katja, ihr widme ich dieses Buch.

LITERATURVERZEICHNIS

Aalderink, Mark J.H.: *Philosophy, Scientific Knowledge, and Concept Formation in Geulincx and Descartes*, [o.O.] 2009.

Abbt, Thomas: *Vom Verdienste* (= Vermischte Philosophische Schriften; 1), Berlin 1772.

– *Thomas Abbts [...] freundschaftliche Correspondenz*, Berlin 1782.

Abel, Jacob Friedrich: *Grundsätze der Metaphysik nebst einem Anhange über die Kritik der reinen Vernunft*, Stuttgart 1786.

– *Plan einer systematischen Metaphysik*, Stuttgart 1787.

Altmann, Alexander: *Moses Mendelssohns Frühschriften zur Metaphysik*, Tübingen 1969.

Andersen, Svend: *Ideal und Singularität. Über die Funktion des Gottesbegriffes in Kants theoretischer Philosophie* (= Kant-Studien. Ergänzungshefte; 116), Berlin 1983.

Arnaud, Thierry: »Où commence la ›Métaphysique allemande‹ de Christian Wolff?«, in: Oliver-Pierre Rudolph und Jean-François Goubet (Hrsg.): *Die Psychologie Christian Wolffs*, Tübingen 2004, 61–73.

Arndt, Hans Werner: »Rationalismus und Empirismus in der Erkenntnislehre Christian Wolffs«, in: Werner Schneiders (Hrsg.): *Christian Wolff 1679–1754. Interpretationen zu seiner Philosophie und deren Wirkung*, Hamburg 1983, 31–47.

Barnouw, Jeffery: »Psychologie empirique et épistémologie dans les ›Philosophische Versuche‹ de Tetens«, in: *Archives de Philosophie* 46 (1983), 271–290.

Barth, Roderich: »Von Wolffs ›Psychologia empirica‹ zu Herders ›Psychologie aus Bildwörtern‹. Beobachtungen zur Umformung des Seelenbegriffs in der Aufklärung«, in: Katja Crone, Robert Schnepf und Jürgen Stolzenberg (Hrsg.): *Über die Seele*, Frankfurt/M. 2010, 174–209.

Batteux, Charles: *Einleitung in die Schönen Wissenschaften. Nach dem Französischen des Herrn Batteux, mit Zusätzen vermehret von C. W. Ramler*, Leipzig 1756.

Baumgarten, Alexander Gottlieb: *Alexander Gottlieb Baumgartens, Professors der Philosophie, Metaphysik. Ins Deutsche übersetzt von G.F. Meier*, hrsg. v. Johann August Eberhard, Neue vermehrte Auflage., Halle 1783.

– *Ästhetik*, Hamburg 2007.

– *Metaphysica. Historisch-kritische Ausgabe*, hrsg. v. Günter Gawlick und Lothar Kreimendahl (= FMDA; I/2), Stuttgart-Bad Cannstatt 2011.

Beck, Lewis White: *Early German Philosophy*, Cambridge/Mass. 1969.

Beck, Lewis White: »From Leibniz to Kant«, in: Robert C. Solomon und Kathleen M. Higgins (Hrsg.): *The age of German idealism* (= Routledge history of philosophy; 6), London 1993, 5–39.

Bedorf, Thomas: »Spur«, in: Ralf Konersmann (Hrsg.): *Wörterbuch der philosophischen Metaphern*, Darmstadt 2007, 401–420.

Böhm, Mechthild: *Etymologie als Problem*, Würzburg 1976.

Böhringer, Hannes: »Bauen«, in: Ralf Konersmann (Hrsg.): *Wörterbuch der philosophischen Metaphern*, Darmstadt 2007, 34–46.

Bonnet, Charles: *Essai analytique sur les facultés de l'âme*, Kopenhagen 1760.

– *Considérations sur les corps organisés*, Amsterdam 1762.

– *Herrn Karl Bonnets [...] Analytischer Versuch über die Seelenkräfte. Aus dem Französischen übersetzt und mit einigen Zusätzen vermehrt von M. Christian Gottfried Schütz*, Bremen 1770.

Bonsiepen, Wolfgang: *Die Begründung einer Naturphilosophie bei Kant, Schelling, Fries und Hegel*, Frankfurt/M. 1997.

Brandt, Reinhard: »Feder und Kant«, in: *Kant-Studien* 80.3 (1989), 249–265.

– *Kritischer Kommentar zu Kants Anthropologie in pragmatischer Hinsicht*, Hamburg 1999.

»Tönnies, Johann Heinrich«, in: Herbert E. Brekle (Hrsg.): *Biobibliographisches Handbuch zur Sprachwissenschaft des 18. Jahrhunderts*, Bd. 8, Tübingen 2005, 226–228.

Buhle, Johann Gottlieb: *Geschichte der neuern Philosophie seit der Epoche der Wiederherstellung der Wissenschaften*, Bd. 6, Göttingen 1804.

Bünau, Heinrich von: *Betrachtungen über die Religion und ihren itzigen Verfall*, hrsg. v. Johann Friedrich Burscher, Leipzig 1769.

Campe, Joachim Heinrich: *Wörterbuch zur Erklärung und Verdeutschung der unserer Sprache aufgedrungenen fremden Ausdrücke*, Bd. II, Braunschweig 1801.

Caramuel Lobkowitz, Juan: *J. Caramuelis Theologia rationalis ...* Francofurti 1654.

Cassirer, Ernst: *Die Philosophie der Aufklärung*, Hamburg 1998.

– *Das Erkenntnisproblem in der Philosophie und Wissenschaft der neueren Zeit*, hrsg. v. Birgit Recki (= ECW; Bd. 2–5), Hamburg 1999.

Conversations-Lexicon oder enzyklopädisches Handwörterbuch für gebildete Stände, neue vollständigere Auflage, Bd. III, Altenburg 1816.

Corrodi, Heinrich: *Versuch über Gott, die Welt, und die menschliche Seele*, Berlin 1788.

Corvinus, Christian Johann Anton: *Institutiones Philosophiae Rationalis Methodo Scientifica Conscriptae*, Ienae 1747.

Crusius, Christian August: *Ausführliche Abhandlung von dem rechten Gebrauche und der Einschränckung des sogenannten Satzes vom zureichenden oder besser determinirenden Grunde*, übers. v. Christian Friedrich Krause, Leipzig 1744.

Descartes, René: *Regulae ad directionem ingenii*, hrsg. v. Heinrich Springmeyer, Lüder Gäbe und Hans Günter Zekl, Hamburg 1973.

Dessoir, Max: »Des Nic. Tetens Stellung in der Geschichte der Philosophie«, in: *Vierteljahrsschrift für wissenschaftliche Philosophie* 16 (1892), 355–368.

– *Geschichte der neueren deutschen Psychologie*, Berlin 1902.

Die Wissenschaft vom Menschen in Göttingen um 1800, Göttingen 2008.

Dürbeck, Gabriele: *Einbildungskraft und Aufklärung*, Tübingen 1998.

Eberhard, Johann August: *Allgemeine Theorie des Denkens und Empfindens*, Berlin 1786.

Eberstein, Wilhelm Ludwig Gottlob: *Versuch einer Geschichte der Fortschritte der Philosophie in Deutschland vom Ende des vorigen Jahrhunderts bis auf gegenwärtige Zeit*, Halle 1794.

Elenchus praelectionum …, quibus in Academia Fridericiana Buetzoviensi, … operam navabunt, Buetzovii 1760.

Engfer, Hans-Jürgen: *Empirismus versus Rationalismus? Kritik eines philosophiegeschichtlichen Schemas*, Paderborn 1996.

Engfer, Jürgen: »Einleitung«, in: ders. (Hrsg.): *Kleinere Schriften* (= Johann Nicolaus Tetens. Philosophische Schriften; III), Hildesheim 2005, 15–41.

Eschenbach, Johann Christian: *Logic oder Denkungswissenschaft*, Rostock 1756.

– *Sammlung der vornehmsten Schriftsteller die die Würklichkeit ihres eignen Körpers und der ganzen Körperwelt läugnen*, Rostock 1756.

– *Metaphisic oder Hauptwissenschaft*, Rostock 1757.

Euler, Werner: »Die Suche nach dem ›Seelenorgan‹«, in: *Kant-Studien* 93.4 (2002), 453–480.

– »Bewußtsein – Seele – Geist. Untersuchung zur Transformation des Cartesischen ›Cogito‹ in der Psychologie Christian Wolffs«, in: Oliver-Pierre Rudolph und Jean-François Goubet (Hrsg.): *Die Psychologie Christian Wolffs*, Tübingen 2004, 11–50.

Falkenberg, Paul: *Die Professoren der Universität Rostock von 1600 bis 1900* (= [Manuskript um 1900] = Catalogus Professorum Rostochiensium (CPR) [Online-Lexikon]), Rostock 2006.

Feder, Johann Georg Heinrich: *Grundriß der Philosophischen Wissenschaften nebst der nöthigen Geschichte zum Gebrauch seiner Zuhörer*, Coburg 1767.
– *Logik und Metaphysik*, Göttingen 1769.
– *Institutiones logicae et metaphysicae*, Göttingen 1777.
– *Untersuchungen über den menschlichen Willen, dessen Naturtriebe, Veränderlichkeit, Verhältniß zur Tugend und Glückseligkeit und die Grundregeln, die menschlichen Gemüther zu erkennen u. zu regieren*, Göttingen 1779.
– *Logik und Metaphysik*, 5. Aufl., Wien 1783.
Ferguson, Adam: *Adam Fergusons Grundsätze der Moralphilosophie*, übers. v. Christian Garve, Leipzig 1772.
Fervers, Karl: »Die Beziehungen zwischen Gefühl und Willen bei Tetens und Kant«, in: *Jahrbuch der Dissertationen der Philosophischen Fakultät der Rheinischen Friedrich-Wilhelms-Universität zu Bonn* 3 (1928), 76–85.
Flatt, Johann Friedrich: *Vermischte Versuche*, Leipzig 1783.
Fries, Jakob Friedrich: *System der Logik. Ein Handbuch für Lehrer und zum Selbstgebrauch*, Heidelberg 1811.
Frischeisen-Köhler, Max und Willy Moog: *Die Philosophie der Neuzeit bis zum Ende des 18. Jahrhunderts*, Bd. 3 (= Ueberweg: Grundriß der Geschichte der Philosophie), Berlin 1924.
Garve, Christian: *Eigene Betrachtungen über die allgemeinsten Grundsätze der Sittenlehre. Ein Anhang zu der Uebersicht der verschiednen Moralsysteme*, Breßlau 1798.
Gawlick, Günter und Lothar Kreimendahl: »Einleitung«, in: ders. (Hrsg.): *Christian Wolff: Discursus praeliminaris de philosophia in genere* (= FMDA; I/1), Stuttgart-Bad Cannstatt 1996, xvii–li.
– »Einleitung«, in: ders. (Hrsg.): *A.G. Baumgarten: Metaphysica. Historisch-kritische Ausgabe* (= FMDA; I/2), Stuttgart-Bad Cannstatt 2011, ix–lxxxvii.
Gehler, Johann Samuel Traugott: *Physikalisches Wörterbuch*, de, Bd. VIII, 1836.
Georges, Karl Ernst: *Ausführliches lateinisch-deutsches Handwörterbuch*, 2., erw. Ausg. (= Digitale Bibliothek; 69), Berlin 2004.
Gerstenberg, Heinrich Wilhelm von: *Beiträge zur Erläuterung und Prüfung des Kantischen Sistems in sechs Abhandlungen*, hrsg. v. Franz Nicolaus Baur, Gotha 1794.
Glaß, Salomon: *Philologia Sacra*, Jena 1623.
Gottsched, Johann Christoph: *Erste Gründe der gesamten Weltweisheit. Darinn alle Philosophischen Wissenschaften in ihrer natürlichen Verknüpfung abgehandelt werden. Zum Gebrauch Academischer Lectionen entworfen*, Leipzig 1733.
Goubet, Jean-François: »In welchem Sinne ist die Wolffsche Psychologie als Fundament zu verstehen? Zum vermeintlichen Zirkel

zwischen Psychologie und Logik«, in: Oliver-Pierre Rudolph und Jean-François Goubet (Hrsg.): *Die Psychologie Christian Wolffs*, Tübingen 2004, 51–60.

Goy, Ina: *Architektonik oder die Kunst der Systeme. Eine Untersuchung zur Systemphilosophie der ›Kritik der reinen Vernunft‹*, Paderborn 2007.

Gravesande, Willem Jacob 's: *Physices elementa mathematica, experimentis confirmata, sive introductio ad philosophiam Newtonianam*, Leiden 1720.

– *Introductio ad philosophiam, metaphysicam et logicam continens*, Leiden 1736.

– *Einleitung in die Weltweisheit, worinn die Grundlehre sammt der Vernunftlehre vorgetragen wird: Aus der zweyten Leydenschen Ausgabe getreulich übersetzt*, Halle 1755.

Grimm, Jacob und Wilhelm Grimm (Hrsg.): *Deutsches Wörterbuch*, Leipzig 1854.

Haller, Albert: *Anfangsgründe der Phisiologie des menschlichen Körpers*, übers. v. Johann Samuel Hallen, Bd. 2, Berlin 1761.

Haller, Albrecht: »Untersuchung von den empfindlichen (sensibiles) und reizbaren (irritabiles) Theilen des menschlichen Körpers«, in: *Der Königlich-Schwedischen Akademie der Wissenschaften neue Abhandlungen* 15.I-II (1753), 14–39, 96–127.

Hamann, Johann Georg: *Hamann's Schriften. Bd. VI*, hrsg. v. Friedrich Roth, Berlin, bey G. Reimer, 1824 1824.

Hammerstein, Notker: »Christian Wolff und die Universitäten: zur Wirkungsgeschichte des Wolffianismus im 18. Jahrhundert«, in: Werner Schneiders (Hrsg.): *Christian Wolff 1679–1754. Interpretationen zu seiner Philosophie und deren Wirkung* (= Studien zum achtzehnten Jahrhundert; 4), 1983, 266–277.

Harms, Friedrich: *Ueber die Psychologie von Johann Nicolas Tetens*, Berlin 1878.

Harnack, Adolf von: *Geschichte der Königlich Preussischen Akademie der Wissenschaften*, Berlin 1900.

Hauser, Christian: *Selbstbewusstsein und personale Identität: Positionen und Aporien ihrer vorkantischen Geschichte ; Locke, Leibniz, Hume und Tetens* (= FMDA; II/7), Stuttgart-Bad Cannstatt 1994.

Haym, Rudolf: *Herder nach seinem Leben und seinen Werken*, Berlin 1880.

Heidegger, Martin: *Einleitung in die Philosophie: Freiburger Vorlesung Wintersemester 1928/29* (= GA; II/27), Frankfurt/M. 1996.

Heimsoeth, Heinz: *Studien zur Philosophie Immanuel Kants. Metaphysische Ursprünge und ontologische Grundlagen* (= Kantstudien. Ergänzungshefte; 71), Köln 1956.

Heinz, Jutta: »Etymologie als Voraussetzung einer ›vernünftigen Metaphysik‹. Tetens' Frühschriften zur Etymologie«, in: Gideon Stiening und Udo Thiel (Hrsg.): *Johann Nikolaus Tetens (1736–1807). Philosophie in der Tradition des europäischen Empirismus*, Berlin 2014, 365–377.

Hennings, Justus Christian: *Geschichte von den Seelen der Menschen und Thiere*, Halle 1774.

– *Kritisch historisches Lehrbuch der theoretischen Philosophie*, Leipzig 1774.

– *Von den Ahndungen und Visionen*, Leipzig 1777.

Hentschel, Frank: *Sinnlichkeit und Vernunft in der mittelalterlichen Musiktheorie*, Stuttgart 2000.

Herder, Johann Gottfried: *Abhandlung ueber den Ursprung der Sprache*, Berlin 1772.

Heynatz, Johann Friedrich: *Versuch eines Deutschen Antibarbarus oder Verzeichniß solcher Wörter, deren man sich in der reinen deutschen Schreibart entweder überhaupt oder doch in gewissen Bedeutungen enthalten muß*, Berlin 1796.

Hinske, Norbert: »Wolffs Stellung in der deutschen Aufklärung«, in: Werner Schneiders (Hrsg.): *Christian Wolff 1679–1754. Interpretationen zu seiner Philosophie und deren Wirkung*, Hamburg 1983, 306–319.

Hintze, Otto: *Die Eiderstedter Ahnen und die Lehrer des Philosophen Johann Nicolaus Tetens*, [Garding] 1936.

Hißmann, Michael: *Geschichte der Lehre von der Association der Ideen, nebst einem Anhang vom Unterschied unter associirten und zusammengesezten Begriffen und den Ideenreyhen*, Göttingen 1776.

Hißmann], [Michael: *Psychologische Versuche ein Beytrag zur esoterischen Logik*, Frankfurt 1777.

Hißmann, Michael: *Anleitung zur Kenntniß der auserlesenen Litteratur in allen Theilen der Philosophie*, Göttingen 1778.

Hölscher, Uvo: »Urkundliche Geschichte der Friedrichs-Universität Bützow«, in: Verein für Mecklenburgische Geschichte und Altertumskunde e.V. (Hrsg.): *Mecklenburgische Jahrbücher* 50 (1885), 1–110.

Honnefelder, Ludger: *Scientia transcendens. Die formale Bestimmung der Seiendheit und Realität in der Metaphysik des Mittelalters und der Neuzeit (Duns Scotus, Suárez, Wolff, Kant, Peirce)*, Hamburg 1990.

Index praelectionum in Academia Regia Christiano-Albertina … habendarum, Kiliae Holsatorum.

Irrlitz, Gerd: *Kant-Handbuch*, Stuttgart u.a. 2002.

Ith, Johann: *Versuch einer Anthropologie oder Philosophie des Menschen nach seinen körperlichen Anlagen*, Bern 1794.

Jaeschke, Walter: »Gesprochenes und durch schriftliche Überlieferung gebrochenes Wort. Zur Methodik der Vorlesungsedition«, in: Siegfried Scheibe und Christel Laufer (Hrsg.): *Zu Werk und Text. Beiträge zur Textologie*, Berlin 1991, 157–168.

Jakob, Ludwig Heinrich von: *Prüfung der Mendelssohnschen Morgenstunden oder aller spekulativen Beweise für das Daseyn Gottes in Vorlesungen*, Leipzig 1786.

– *Grundriß der allgemeinen Logik und kritische Anfangsgründe zu einer allgemeinen Metaphysik*, Halle 1788.

Janssen, Matthias: »›Ueber Collegien und Colegienhefte‹. Anmerkungen zur Textsorte Vorlesungsmitschrift«, in: *Schrift – Text – Edition*, Tübingen 2003, 53–63.

Kahl-Furtmann, Gertrud: »Der Satz vom zureichenden Grunde. Von Leibniz bis Kant«, in: *Zeitschrift für philosophische Forschung* 30.1 (1976), 107–122.

Kant, Immanuel: *Untersuchung über die Deutlichkeit der Grundsätze der natürlichen Theologie und der Moral* (= AA 2, 273–301), Berlin 1764.

– *De mundi sensibilis atque intelligibilis forma et principiis* (= AA 2, 385–419), 1770.

– *Kritik der reinen Vernunft* (= AA 4, 1–252), Riga 1781.

– *Prolegomena zu einer jeden künftigen Metaphysik, die als Wissenschaft wird auftreten können* (= AA 4, 253–383), Riga 1783.

– *Immanuel Kants Vorlesungen über die philosophische Religionslehre*, hrsg. v. Karl Heinrich Ludwig Pölitz, Leipzig 1817.

– *Werke in sechs Bänden*, hrsg. v. Wilhelm Weischedel, Darmstadt 1998.

– *Vorkritische Schriften bis 1768*, hrsg. v. Wilhelm Weischedel, 6. Aufl., Bd. 1, Darmstadt 2005.

Kirchner, Friedrich: *Wörterbuch der philosophischen Grundbegriffe*, 2., Heidelberg 1890.

Klemme, Heiner F. und Manfred Kuehn: *The Dictionary of Eighteenth-Century German Philosophers*, London u.a. 2010.

Knutzen, Martin: *Philosophische Abhandlung von der immateriellen Natur der Seele: darinnen theils überhaupt erwiesen wird, daß die Materie nicht denken könne und daß die Seele uncörperlich sey, theils die vornehmsten Einwürffe der Materialisten deutlich beantwortet werden ; Aus dem Lateinischen übersetzt*, Königsberg 1744.

Kolbe, Franz: *Universa theologia speculativa*, Bd. I, Prag 1740.

Kondylis, Panajotis: *Die Aufklärung im Rahmen des neuzeitlichen Rationalismus*, Stuttgart 1981.

– *Die neuzeitliche Metaphysikkritik*, Stuttgart 1990.

Konersmann, Ralf: »Übersicht«, in: ders. (Hrsg.): *Wörterbuch der philosophischen Metaphern*, Darmstadt 2007, 485–498.

Krouglov, Alexei N.: »Der Begriff ›transzendental‹ bei J. N. Tetens«, in: *Aufklärung* 17 (2005), 35–75.

– »Die Ontologie von Tetens und seiner Zeit«, in: *Quaestio* 9 (2009), 269–283.

– »Die Theologie der Vernunft bei J.N. Tetens«, in: *Aufklärung* 21 (2009), 103–116.

– »Tetens und die Deduktion der Kategorien bei Kant«, in: *Kant--Studien* 104.4 (2013), 466–489.

Krug, Wilhelm Traugott: *System der theoretischen Philosophie*, Bd. II, Königsberg 1808.

– *Allgemeines Handwörterbuch der philosophischen Wissenschaften nebst ihrer Literatur und Geschichte*, Bd. II, Leipzig 1827.

Krüger, Johann Gottlob: *Versuch einer Experimental-Seelenlehre*, Halle 1756.

Kühn, Manfred: *Kant: eine Biographie*, hrsg. v. Martin Pfeiffer, München 2003.

– *Scottish Common Sense in Germany 1768–1800*, Kingston 2004.

Lambert, Johann Heinrich: *Neues Organon oder Gedanken über die Erforschung und Bezeichnung des Wahren und dessen Unterscheidung vom Irrthum und Schein*, Leipzig 1764.

Langbehn, Claus: *Vom Selbstbewußtsein zum Selbstverständnis: Kant und die Philosophie der Wahrnehmung*, Paderborn 2012.

Laurence, Stephen und Eric Margolis: »Abstraction and the Origin of General Ideas«, in: *Philosophers' Imprint*, <www.philosophers-imprint.org/012019/> 12.19 (2012), 1–22.

Lee, Seung- Kee, Riccardo Pozzo, Marco Sgarbi, Dagmar von Wille und Maria Cristina Dalfino (Hrsg.): *Philosophical academic programs of the German enlightenment. A literary genre recontextualized* (= FMU; 4), Stuttgart- Bad Cannstatt 2012.

»Psychologie«, in: Hartmut Lehmann und Horst Gundlach (Hrsg.) (= Geschichte des Pietismus; 4), Göttingen 2004, 309–331.

Leibniz, Gottfried Wilhelm: *Die Theodizee*, hrsg. v. Herbert Herring, Frankfurt/M. 1996.

– »Monadologie«, in: Hans Heinz Holz (Hrsg.): *Philosophische Schriften*, Bd. 1, Frankfurt/M. 2000, 438–483.

– *Neue Abhandlungen über den menschlichen Verstand*, hrsg. v. Hans Heinz Holz, Bd. 3.1, Frankfurt/M. 2000.

Liedtke, Ralf: »›Materielle Ideen‹. Modelle kognitiver Modellbildung im ausgehenden 18. Jahrhundert«, in: *Lichtenberg-Jahrbuch* 2007, 118–127.

Lindenberger, Ulman und Paul B. Baltes: »Die Entwicklungspsychologie der Lebensspanne (Lifespan-Psychologie)«, in: *Zeitschrift für Psychologie* 207.3/4 (1999), 299–323.

Lobsien, Eckhard: *Kunst der Assoziation: Phänomenologie eines ästhetischen Grundbegriffs vor und nach der Romantik*, München 1999.

Locke, John: *An Essay concerning humane understanding*, London 1690.

Lossius, Johann Christian: *Physische Ursachen des Wahren*, Gotha 1775.

– *Uebersicht der neuesten philosophischen Litteratur*, Bd. 3, Gera 1785.

– *Neues philosophisches allgemeines Real-Lexikon oder Wörterbuch der gesammten philosophischen Wissenschaften*, Erfurt 1803.

Lüthje, Hans: »Christian Wolffs Philosophiebegriff«, in: *Kant-Studien* 1925, 39–66.

Maier, Anneliese: *Zwei Untersuchungen zur nachscholastischen Philosophie: Die Mechanisierung des Weltbilds im 17. Jahrhundert. Kants Qualitätskategorien*, 2. Aufl., Rom 1968.

Mauchart, Immanuel David: *Phänomene der menschlichen Seele: eine Materialiensammlung zur künftigen Aufklärung in der Erfahrungs-Seelenlehre*, Stuttgart 1789.

Mauser, Wolfram: »Johann Gottlob Krüger. Der Weltweise als Arzt? Zur Anthropologie der Frühaufklärung in Deutschland«, in: Carsten Zelle (Hrsg.): *Vernünftige Ärzte*, Tübingen 2001, 48–67.

Mayer, Johann Tobias: *Gründlicher und ausführlicher Unterricht zur praktischen Geometrie: ... mit 7 Kupfertafeln*, 1777.

Meier, Georg Friedrich: *Beweiß: daß keine Materie dencken könne*, Halle 1742.

– *Versuch eines neuen Lehrgebäudes von den Seelen der Thiere*, Halle 1749.

– *Metaphysik*, Halle 1755.

Meiners, Christoph: »Psychologisches Fragment über die Verschiedenheiten des innern Bewußtseyns«, in: *Vermischte Philosophische Schriften*, Bd. 2, Leipzig 1776, 3–44.

Mellin, George Samuel Albert: *Encyclopaedisches Wörterbuch der kritischen Philosophie*, Bd. III, Jena 1800.

Mendelssohn, Moses: »Sieben und acht und dreyßigster Brief. Von des Herrn Prof. Eschenbachs Metaphysik«, in: *Briefe, die neueste Litteratur betreffend* 1 (1759), 271–285.

– *Abhandlung über die Evidenz in Metaphysischen Wissenschaften*, Berlin 1764.

– »Phädon oder über die Unsterblichkeit der Seele«, in: Alexander Altmann (Hrsg.): *Gesammelte Schriften (Jubiläumsausgabe)*, Bd. 3.1, Stuttgart-Bad Cannstatt 1972.

Mendelssohn, Moses: »Gedanken von der Wahrscheinlichkeit«, in: Wolfgang Vogt (Hrsg.): *Metaphysische Schriften*, Hamburg 2008, 3–21.

– »Morgenstunden oder Vorlesungen über das Dasein Gottes«, in: Wolfgang Vogt (Hrsg.): *Metaphysische Schriften*, Hamburg 2008, 91–269.

Meyer, Annette: *Von der Wahrheit zur Wahrscheinlichkeit. Die Wissenschaft vom Menschen in der schottischen und deutschen Aufklärung*, Tübingen 2008.

Mirbach, Dagmar: »Einführung zur fragmentarischen Ganzheit von Alexander Gottlieb Baumgartens ›Aesthetica‹ (1750/58)«, in: ders. (Hrsg.): *Ästhetik*, Bd. 1, Hamburg 2007, 15–80.

Moritz, Karl Philipp: *Aussichten zu einer Experimentalseelenlehre. An Herrn Direktor Gedike (bei der Jubelfeier des Werderschen Gymnasiums)*, Berlin 1782.

– »Vorschlag zu einem Magazin für Erfahrungs-Seelenkunde«, in: *Deutsches Museum*, Bd. 1, 1782, 485–503.

Mühlpfordt, Günter: »Radikaler Wolffianismus: zur Differenzierung und Wirkung der Wolffschen Schule ab 1735«, in: Werner Schneiders (Hrsg.): *Christian Wolff 1679–1754. Interpretationen zu seiner Philosophie und deren Wirkung*, 1983, 237–253.

Müller-Brettel, Marianne und Roger A. Dixon: »Johann Nicolaus Tetens: A Forgotten Father of Developmental Psychology?«, in: *Journal of Behavioral Development* 13.2 (1990), 215–230.

Museo galileo. Institute and Museum of the History of Science: Willem Jacob 's Gravesande, http://catalogue.museogalileo.it/biography/WillemJacobSGravesande.html [5. März 2013].

Nadler, Steven M.: *Occasionalism. Causation among the Cartesians*, Oxford 2011.

Newton, Isaac: *Opticks. Or, a treatise of the reflections, refractions, inflections and colours of light*, The third edition, corrected., London 1721.

Nowitzki, Hans-Peter: *Der wohltemperierte Mensch. Aufklärungsanthropologien im Widerstreit*, Berlin 2003.

Pethes, Nicolas: *Zöglinge der Natur*, Göttingen 2007.

Peursen, Cornelis Anthonie van: »Ars inveniendi im Rahmen der Metaphysik Christian Wolffs: Die Rolle der ars inveniendi«, in: *Christian Wolff 1679–1754. Interpretationen zu seiner Philosophie und deren Wirkung*, Hamburg 1985, 66–88.

Platner, Ernst: *Philosophische Aphorismen*, Bd. I, Leipzig 1784.

– *Neue Anthropologie für Aerzte und Weltweise*, Leipzig 1790.

Ploucquet, Gottfried: *Elementa philosophiae contemplativae sive De scientia ratiocinandi, notionibus disciplinarum fundamentalibus deo, universo et speciatim de homine*, Stuttgart 1778.

Poggi, Davide: »Introduction: Tetens' ›Gedancken‹«, in: Seung-Kee Lee, Riccardo Pozzo, Marco Sgarbi, Dagmar von Wille und Maria Cristina Dalfino (Hrsg.): *Philosophical academic programs of the German enlightenment. A literary genre recontextualized* (= FMU; 4), Stuttgart-Bad Cannstatt 2012, 127–135.

Puech, Michel: »Tetens et la crise de la métaphysique allemande en 1775 (Über die allgemeine speculativische Philosophie)«, in: *Revue philosophique de la France et de l'Étranger* 182.1 (1992), 3–29.

Ramelow, Tilman: *Gott, Freiheit, Weltenwahl. Der Ursprung des Begriffes der besten aller möglichen Welten in der Metaphysik der Willensfreiheit zwischen Antonio Perez S. J. (1599–1649) und G. W. Leibniz (1646–1716)*, Leiden 1997.

Regenspurger, Katja und Temilo Zantwijk (Hrsg.): *Wissenschaftliche Anthropologie um 1800?*, Stuttgart 2005.

Reimarus, Hermann Samuel: *Allgemeine Betrachtungen über die Triebe der Thiere, hauptsächlich über ihre Kunsttriebe. Zum Erkenntniß des Zusammenhanges der Welt, des Schöpfers und unser selbst*, Hamburg 1760.

– *Die Vernunftlehre, als eine Anweisung zum richtigen Gebrauche der Vernunft in dem Erkenntniß der Wahrheit: aus zwoen ganz natürlichen Regeln der Einstimmung und des Widerspruchs*, 3., Hamburg 1766.

Reimarus, Johann Albert Heinrich: *Ueber die Gründe der menschlichen Erkentniß und der natürlichen Religion*, Hamburg 1787.

Reinhold, Karl Leonhard: »Briefe über die Kantische Philosophie. Dritter Brief«, in: *Der Teutsche Merkur* 1787, 3–39.

– (Hrsg.): *Beyträge zur leichtern Uebersicht des Zustandes der Philosophie beym Anfange des 19. Jahrhunderts*, Bd. IV, Hamburg 1802.

– *Das menschliche Erkenntnißvermögen aus dem Gesichtspunkte des durch die Wortsprache vermittelten Zusammenhangs zwischen der Sinnlichkeit und dem Denkvermögen untersucht*, Kiel 1816.

Rudolph, Oliver-Pierre: »Christian Wolffs Ontologie als Wissenschaft des Möglichen«, in: Faustino Fabbianelli und Jean Wolff Ecole (Hrsg.): *Zwischen Grundsätzen und Gegenständen. Untersuchungen zur Ontologie Christian Wolffs* (= Wolff-Werke III/133), Hildesheim 2011, 11–22.

Sala, Giovanni B.: *Kant und die Frage nach Gott. Gottesbeweise und Gottesbeweiskritik in den Schriften Kants* (= Kant-Studien Ergänzungshefte; 122), Berlin 1990.

Sauder, Gerhard: *Empfindsamkeit*, Stuttgart 1974.

Scheier, Claus-Artur: »Die Zeit der Spontaneität. Zu Kants Lehre von der transzendentalen Funktion der Einbildungskraft. Mit einer Fußnote zu Descartes' Regeln der Methode«, in: Ernesto Garzón Valdés und Ruth Zimmerling (Hrsg.): *Facetten der Wahrheit*, Freiburg 1995, 423–455.

Scheier, Claus-Artur: »Das anthropologische Prinzip. Zum geschichtlichen Ort von Mendelssohns Metaphysik«, in: *Text + Kritik (Sonderband Moses Mendelssohn)* 5 (2011), 126–139.

Schiller, Friedrich: »Über die Unterscheidung von entzündungsartigen Fiebern und Faulfiebern«, in: *Erzählungen, Theoretische Schriften*, Bd. V (= Sämtliche Werke in 5 Bänden), München 2004, 1054–1147.

Schings, Hans-Jürgen (Hrsg.): *Der ganze Mensch: Anthropologie und Literatur im 18. Jahrhundert*, Stuttgart u.a. 1994.

Schmucker, Josef: »Die Originalität des ontotheologischen Argumentes Kants gegenüber verwandten Gedankengängen bei Leibniz und in der Schulphilosophie der Zeit«, in: Friedrich Kaulbach und Joachim Ritter (Hrsg.): *Kritik und Metaphysik. Heinz Heimsoeth zum achtzigsten Geburtstag*, Berlin 1966, 120–133.

Schneider, Ulrich Johannes: *Philosophie und Universität: Historisierung der Vernunft im 19. Jahrhundert*, Hamburg 1999.

Schneiders, Werner: »Deus est philosophus absolute summus: über Christian Wolffs Philosophie und Philosophenbegriff«, in: Christian Wolff (Hrsg.): *Christian Wolff: 1679–1754. Interpretationen zu seiner Philosophie und deren Wirkung*, Hamburg 1983, 9–30.

Schulthess, Peter: *Relation und Funktion. Eine systematische und entwicklungsgeschichtliche Untersuchung zur theoretischen Philosophie Kants* (= Kant-Studien. Ergänzungshefte; 113), Berlin 1981.

Schulze, Gottlob Ernst: *Grundriß der philosophischen Wissenschaften*, Wittenberg 1788.

Schütz, Christian Gottfried: *Grundsätze der Logik oder Kunst zu denken zum Gebrauche der Vorlesungen*, Lemgo 1773.

Schwaiger, Clemens: *Alexander Gottlieb Baumgarten – Ein intellektuelles Porträt. Studien zur Metaphysik und Ethik von Kants Leitautor* (= FMDA; II/24), Stuttgart-Bad Cannstatt 2011.

Seip, Johann Nikolaus: *Theorie von den Vorhersehungen und Ahndungen der menschlichen Seele*, Marburg 1755.

Simon, Josef: »Freiheit und Erkenntnis«, in: ders. (Hrsg.): *Freiheit*, Freiburg i.Br. 1977, 11–35.

– *Wahrheit als Freiheit. Zur Entwicklung der Wahrheitsfrage in der neueren Philosophie*, Berlin 1978.

Sommer, Robert: *Grundzüge einer Geschichte der deutschen Psychologie und Aesthetik von Wolff–Baumgarten bis Kant–Schiller*, Würzburg 1892.

Stark, Werner: »Die Formen von Kants akademischer Lehre«, in: *Deutsche Zeitschrift für Philosophie* 40.5 (1992), 543–563.

Steeb, Johann Gottlieb: *Über den Menschen nach den hauptsächlichsten Anlagen in seiner Natur*, Tübingen 1785.
Stiening, Gideon: »›Grade der Gewißheit‹: physische Anthropologie als Antiskeptizismus bei Ernst Platner, Johann Nicolaus Tetens und Johann Karl Wezel«, in: *Wezel-Jahrbuch* 10/11 (Aug. 2007), 115–146.
Stiening, Gideon und Udo Roth (Hrsg.): *Michael Hißmann. Ausgewählte Schriften*, Berlin 2013.
Stiening, Gideon und Udo Thiel (Hrsg.): *Johann Nikolaus Tetens (1736–1807): Philosophie in der Tradition des europäischen Empirismus*, Berlin 2014.
Stöckmann, Ernst: *Anthropologische Ästhetik*, Tübingen 2009.
Stolzenberg, Jürgen: »›Wie wir erkennen, daß wir sind‹: Überlegungen zu Wolffs Beweis des Satzes ›Ich bin‹ im ersten Kapitel der Deutschen Metaphysik«, in: Luigi Cataldi Madonna (Hrsg.): *Macht und Bescheidenheit der Vernunft* (= Wolff-Werke; III/98.1), Hildesheim 2005, 123–131.
Struggl, Marcus Maria: *Theologia universa*, Bd. I, Wien 1744.
Sturm, Thomas: *Kant und die Wissenschaften vom Menschen*, Paderborn 2009.
Suárez, Francisco: *Metaphysicarum Disputationum*, Mainz 1614.
– *Opera Omnia*, hrsg. v. Michel André, Bd. I, Paris 1856.
Sulzer, Johann Georg: »Untersuchung über den Ursprung der angenehmen und unangenehmen Empfindungen«, in: *Vermischte Philosophische Schriften*, Leipzig 1773, 1–98.
Sulzer, Johann Heinrich: *Abgekürzte Geschichte der Insecten nach dem Linnaeischen System*, Winterthur 1776.
Tetens, Johann Nicolaus: *De causa caerulei coeli coloris*, Rostochii 1760.
– *Ueber den Ursprung der Sprachen und der Schrift*, Bützow [u.a.] 1772.
– *Über den Ursprung der Sprachen und der Schrift*, hrsg. v. Hannelore Pallus (= Philosophische Studientexte), Berlin (Ost) 1966.
– *Sprachphilosophische Versuche*, hrsg. v. Erich Heintel und Heinrich Pfannkuch (= Philosophische Bibliothek; 258), Hamburg 1971.
– *Die philosophischen Werke*, hrsg. v. Jürgen Engfer, Hildesheim u.a. 1979.
– *Saggi filosofici e scritti minori*, hrsg. v. Raffaele Ciafardone, L'Aquila 1983.
– »Abhandlung Von dem Maaß der lebendigen Kräfte«, in: Jürgen Engfer (Hrsg.): *Die philosophischen Werke*, Bd. III, Hildesheim [u.a.] 2005, 77–131.

Tetens, Johann Nicolaus: »Abhandlung von den vorzüglichsten Beweisen des Daseins Gottes«, in: Jürgen Engfer (Hrsg.): *Die philosophischen Werke*, Bd. IV, Hildesheim [u.a.] 2005, 133–210.

– »Gedancken über einige Ursachen, warum in der Metaphysik nur wenige ausgemachte Wahrheiten sind, als eine Einladungs-Schrift zu seinen den 13ten October auf der neuen Bützowschen Academie anzufangenden Vorlesungen«, in: Jürgen Engfer (Hrsg.): *Die philosophischen Werke*, Bd. III, Hildesheim [u.a.] 2005, 9–76.

– *Saggi filosofici sulla natura umana e sul suo sviluppo*, hrsg. v. Raffaele Ciafardone, Milano 2008.

Tetens, Johann Nikolaus: *Philosophische Versuche über die menschliche Natur und ihre Entwickelung: Kommentierte Ausgabe*, hrsg. v. Udo Roth und Gideon Stiening, Berlin 2014.

Thiel, Udo: *Lockes Theorie der personalen Identität*, Bonn 1983.

Thiele, Rüdiger: »Tetens als Mathematiker und Mechaniker«, in: Jürgen Engfer (Hrsg.): *Die philosophischen Werke*, Bd. III, Hildesheim 2005, xliii–liii.

Tiedemann, Dietrich: »Aphorismen über die Empfindnisse«, in: *Deutsches Museum* 2 (1777), 505–519.

– »Über die Seelenwanderung«, in: *Deutsches Museum* 2.2 (1777), 248–267.

Tonelli, Giorgio: »The problem of classification of the sciences in Kant's time«, in: *Rivista Critica di Storia della Filosofia* 30 (1975), 243–294.

Torra-Mattenklott, Caroline: *Metaphorologie der Rührung. ästhetische Theorie und Mechanik im 18. Jahrhundert*, München 2002.

Uebele, Wilhelm: *Johann Nicolaus Tetens nach seiner Gesamtentwicklung betrachtet, mit besonderer Berücksichtigung des Verhältnisses zu Kant* (= Kantstudien Ergänzungshefte; 24), Berlin 1911.

Ueberweg, Friedrich: *System der Logik und Geschichte der logischen Lehren*, 2. Aufl., Bonn 1865.

Ulrich, Johann August Heinrich: *Erster Umriß einer Anleitung zu den philosophischen Wissenschaften: Zum Gebrauch der Vorlesungen*, Jena 1772.

– *Institutiones Logicae Et Metaphysicae*, Jena 1785.

– *Eleutheriologie oder über Freyheit und Nothwendigkeit*, Jena 1788.

Unzer, Johann August: *Philosophische Betrachtung des menschlichen Körpers überhaupt*, Halle 1750.

– *Erste Gründe einer Physiologie der eigentlichen thierischen Natur thierischer Körper*, Leipzig 1771.

Vidal, Fernando: »The eighteenth century as ›century of psychology‹«, in: *Jahrbuch für Recht und Ethik* 8 (2000), 407–434.

– *Les sciences de l'âme*, Paris 2006.

– *The Sciences of the Soul: The Early Modern Origins of Psychology*, 2011.

Vogt, Wolfgang: »Einleitung«, in: *Moses Mendelssohn. Metaphysische Schriften*, Hamburg 2008, ix–lix.

Vollrath, Ernst: »Die Gliederung der Metaphysik in eine Metaphysica generalis und eine Metaphysica specialis«, in: *Zeitschrift für philosophische Forschung* 16.2 (1962), 258–284.

Weishaupt, Adam: *Ueber die Gründe und Gewisheit der Menschlichen Erkenntniß: Zur Prüfung der Kantischen Critik der reinen Vernunft*, Nürnberg 1788.

Weiß, Wisso: *Historische Wasserzeichen*, München 1987.

Werdermann, Johann Günther Karl: *Neuer Versuch zur Theodicee oder über Freiheit, Schicksal, Gut, Uebel und Moralität menschlicher Handlungen*, Dessau 1784.

– *Versuch einer Geschichte der Meinungen über Schicksal und menschliche Freiheit von den ältesten Zeiten bis auf die neuesten Denker*, Leipzig 1793.

Westerkamp, Dirk: »Der Anfang der Vernunft. Johann Nicolaus Tetens und die Sprachphilosophie der Aufklärung«, in: *Christiana Albertina: Forschungen und Berichte aus der Christian-Albrechts-Universität zu Kiel* 64 (2007), 6–20.

– »Zeichen der Phantasie: Mendelssohns Sprachphilosophie der Aufklärung«, in: *Text + Kritik (Sonderband Moses Mendelssohn)* 5 (2011), 99–122.

– »Bewährte Überzeugungen. Aufgaben einer sprachpragmatischen Alethiologie«, in: *Sachen und Sätze. Untersuchungen zur symbolischen Reflexion der Sprache*, Hamburg 2014, 271–320.

Wild, Markus: *Die anthropologische Differenz. Der Geist der Tiere in der Frühen Neuzeit bei Montaigne, Descartes und Hume* (= Quellen und Studien zur Philosophie; 74), Berlin 2006.

Winckelmann, Johann Joachim: »Abhandlung von der Fähigkeit der Empfindung des Schönen in der Kunst, und dem Unterrichte in derselben«, in: Bd. 1 (= Sämtliche Werke), Donauöschingen 1825, 235–273.

Wolff, Christian: *Psychologia empirica* (= Wolff-Werke; II/5), Hildesheim 1968.

– *Ausführliche Nachricht von seinen eigenen Schrifften, die er in deutscher Sprache heraus gegeben* (= Wolff-Werke; I/9), Hildesheim 1973.

– *Vernünftige Gedanken von den Kräften des menschlichen Verstandes und ihrem richtigen Gebrauche in Erkenntnis der Wahrheit* (= Wolff-Werke; I/1), Hildesheim 1978.

– *Discursus praeliminaris de philosophia in genere = Einleitende Abhandlung über Philosophie im allgemeinen*, hrsg. v. Günter

Gawlick und Lothar Kreimendahl (= FMDA; I/1), Stuttgart-Bad Cannstatt 1996.

Wolff, Christian: *Vernünfftige Gedanken von Gott, der Welt und der Seele des Menschen, auch allen Dingen überhaupt* (= Wolff-Werke; I/2), Hildesheim 2003.

Wunderlich, Falk: *Kant und die Bewußtseinstheorien des 18. Jahrhunderts*, Berlin 2005.

– »Empirismus und Materialismus an der Göttinger Georgia Augusta – Radikalaufklärung im Hörsaal?«, in: *Aufklärung* 24 (2012), 65–90.

Zelle, Carsten: »Experimentalseelenlehre und Erfahrungsseelenkunde. Zur Unterscheidung von Erfahrung, Beobachtung und Experiment bei Johann Gottlob Krüger und Karl Philipp Moritz«, in: ders. (Hrsg.): *›Vernünftige Ärzte‹. Hallesche Psychomediziner und die Anfänge der Anthropologie in der deutschsprachigen Aufklärung*, Tübingen 2001, 173–185.

– (Hrsg.): *»Vernünftige Ärzte«: Hallesche Psychomediziner und die Anfänge der Anthropologie in der deutschsprachigen Frühaufklärung*, Tübingen 2001.

METAPHYSIK
BEY DEM
H. PROFESSOR TETENS
(1789)

VORBERICHT

§ 1

Unter dem Namen der *Metaphysik* begreift man gewöhnlich folgende phylosophische Wißenschaften:

1. die Wißenschaft von der Seele, (auch von andern Seelen außer der menschlichen und von Geistern) die *Psychologie*, *Pneumatik*[1], *Seelenlehre*.
2. die Wißenschaft von der Welt im Allgemeinen, (von den allgemeinsten Beschaffenheiten der Welt) die *allgemeine Kosmologie*.
3. die Wißenschaft von Gott, die *Theologie der Vernunft*[2].
4. die Wißenschaft von einem Dinge überhaupt (von den allgemeinsten Begriffen und Grundsätzen des Verstandes) die *Grundwißenschaft*, *Ontologie*, die *allgemeine Phylosophie* (*Metaphysik* in der ursprünglichen und engern Bedeutung des Worts).

Anmerkung

Da nach der allgemeinen Abteilung der Gegenstände der menschlichen Erkenntnis, die *Seele* und *Gott* zu den *nicht sinnlichen* oder *immateriellen* Objecten gehört, die *allgemeinen Grundbegriffe* des Verstandes aber zu den *übersinnlichen* d. i. zu den *allgemeinsten* Objecten der sogenannten transcendentalen Erkenntnis: so kann die Metaphysik erklärt werden, *durch die Vernunftwißenschaft von immateriellen und transcendentalen Gegenständen (von den nicht sinnlichen und übersinnlichen Gegenständen).* Sie macht
2 | den größten Teil der | *Intellektualphilosopie*[3] aus.

23 transcendentalen Erkenntnis:] transcendentalen ~~Erkenntnis~~ Erkenntnis:

§ 2

Die Metaphysik zerfällt natürlich in die obenerwähnten 4 Teile. Diese können auf verschiedene Art geordnet werden. Bey einem völlig *synthetischen* Vortrage wird die *Grundwißenschaft* vorangesezt. Aber es hindert nichts auch bey der *Erfahrungsseelenlehre*[4] anzufangen, um den Verstand zur Bearbeitung der Gemeinbegriffe in der *Ontologie* vorzubereiten. Übrigens stehen diese 4 genannten Wissenschaften in einer nahen Verbindung, so daß sie füglich unter dem Namen *Metaphysik* beysammen gelaßen werden können.

§ 3

Die *Psychologie* und die *Theologie der Vernunft* kann man als die Teile der *Metaphysik* ansehen, deren Bearbeitung der Zweck der übrigen ist.

Die *allgemeine Kosmologie* enthält Lehren, welche von der *Theologie* unzertrennlich sind.

Was die *Grundphilosophie* betrifft, so ist ihr Zweck die Allgemeinbegriffe und Grundsätze des menschlichen Verstandes zu sammlen und in wißenschaftliche Verbindung zu bringen. Sie wird dadurch eine allgemeine *Analysis* des menschlichen Verstandes und erhält eine allgemeine Brauchbarkeit in allen Arten menschlicher Kenntniße und Wißenschaften. Zu der *Theologie der Vernunft*, auch zum Teil zur *Psychologie* ist sie unentbehrlich, vorausgesezt daß die Kenntnis in diesen Wißenschaften eigentliche Einsicht oder wißenschaftliche Kenntnis seyn soll. | | 3

§ 4

Die Allgemeinbegriffe des Verstandes und eben so die allgemeinen Grundsätze befinden sich in jedem Menschenverstande und machen das aus, was man den *gemeinen Verstand* (sensus communis)[5] nennt. Aber in der Wißenschaft sollen diese Begriffe genau bestimmt, verdeutlichet, berichtigt und in Zusammenhang gebracht gebracht werden. Der *gemeine Verstand* auf Erfahrung von unserer Seele und den Dingen in der Welt angewandt, führt auf einen gewißen Inbegriff von Kenntnis von Gott und von der Welt die man als eine *natürliche Metaphysik*[6] ansehen kann. Dergleichen findet sich in jedem unterrichteten Verstande und diese Kenntnis kann mehr oder minder wißenschaftlich seyn. Aber in der Wißenschaft selbst soll solche genau bestimmt, verdeutlichet und in Zusammenhang gebracht seyn.

§ 5

Die *Geschichte*[7] *der Metaphysik* ist nichts anders als die Geschichte der theoretischen Philosophie, wenn man *Physik* und *Mathematik* davon absondert. Aber die Geschichte der Grundwißenschaft die zuerst und eigentlich Metaphysik genannt wird, ist davon unterschieden. Die zur *Metaphysik* gehörigen Schriften findet man in Hißmanns Anleitung zur Kenntnis der auserlesenen Litteratur in allen Teilen der Philosophie, 1778,[8] angeführt. Unter den Alten gehören vorzüglich die Werke des Aristoteles, Plato und Cicero dahin. Unter den neuern die philosophischen Werke von
4 | Locke, Bacon rulamio, Cartes, Leibnitz und Wolf. | Unter denen die nach der Sammlung beym Hißmann noch hinzugekommen sind, gehören vorzüglich: Kant's Kritik der reinen Vernunft 1781,[9] auch deßen prolegomena zu einer jeden künftigen Metaphysik 1783,[10] ein kurzer Auszug der Kritik.

Ulrichs institutiones logicae & metaphysicae 1785.[11] Abels Grundsätze der Metaphysik.[12]

Eben deßelben Plan einer systematischen Metaphysik 1787.[13]

1 Zusammenhang gebracht] Zusammenhang ~~be~~ gebracht *12* ist nichts] ist ~~aus nur~~ nichts *21* philosophischen Werke] eingefügt: Werke *22* Bacon rulamio,] rechts am Rand: # Bacon rulamio *22* Cartes, Leibnitz und Wolf] lies: Bacon (Baconus de Verulamio), Descartes, Leibniz und Wolff.

Reimarus über die Gründe der menschlichen Kenntnis 1787.[14]

Versuch über Gott, die Welt und die menschliche Seele. 1788.[15]

PSYCHOLOGIA EMPIRICA

§ 1

Die *Psychologie oder Seelenlehre ist die Wißenschaft von der menschlichen Seele und den ihr ähnlichen Wesen.*

Sie wird in die *betrachtende* (psychologia empyrica) und in die *raisonnirende*[1] (rationalis) abgeteilt. Zu jener wird das gerechnet, was unmittelbar aus Beobachtung und durch leichte Folgerungen aus selbigen erkannt wird. Zu dieser dasjenige, was mittelst eines mehr entwickelten Raisonnements aus allgemeinen Grundsätzen auf die Beobachtungen angewandt, von der Seele erkannt wird.

§ 2

Was zur *Erfahrungsseelenlehre* gehört, kann unter 2 Abschnitte gebracht werden:

I. Abschnitt: *Erfahrungen von den Äußerungen und Wirkungen des Wesens, das wir Seele nennen.*

II. Abschnitt: *Erfahrungen von den Beziehungen und Verbindungen der Seele auf und mit dem Körper und äußern Dingen, in so fern solche auf die Äußerungen und Wirkungen der Seele Einfluß haben.*

§ 3

Zu dem ersten Abschnitt gehört:

1. die Erfahrungen von den zur Erkenntniskraft und zum Verstande gehörigen Äußerungen und Wirkungen.
2. Erfahrungen von den Affectionen der Seele.

7 aus Beobachtung] aus ~~Betrachtung~~ Beobachtung *18* von den Beziehungen] von den ~~Verbindungen~~ Beziehungen

3. Erfahrungen von ihrem Handlungsvermögen und von ihrem Willen.| | 6

I. Abschnitt

I. Abteilung
Erfahrungen von der menschlichen Erkenntniskraft (vom menschlichen Verstande)

§ 4

Weil die hieher gehörigen Erfahrungen in der Logik, bey der Untersuchung des menschlichen Verstandes und der menschlichen Erkenntnis, zum Grunde gelegt werden müßen, so sind sie auch daselbst schon beygebracht. Was davon in näherer Verbindung steht mit den übrigen Erfahrungen in der beobachtenden Psychologie und mit den Raisonnements in der raisonnirenden Psychologie, und was auch vorzüglich bey der Untersuchung der Allgemeinbegriffe in der Grundphilosophie in Betrachtung kommt ist folgendes.

§ 5

Die Seele wird (dem Scheine nach wenigstens, von äußern Dingen und mittelst gewißer Teile, ihres Körpers, des Sinngliedes[2]) modificirt (verändert) und modificirt sich auch selbst durch ihre eigne Kraft.

Sie fühlt diese Modification d. i. sie empfindet, und sie nimmt sie wahr d. i. sie empfindet klar.

§ 6

Die *gefühlten Modificationen* hinterlaßen etwas in der Seele (Spuren von sich) was auch in Abwesenheit des äußern Objects und der innern Ursachen wovon jene Modificationen zuerst hervorgebracht worden, wiederum gegenwärtig

10 sind sie auch] sind sie ~~auch~~ auch

gemacht (zurückgerufen, reproducirt) gefühlt und wahrgenommen werden kann und wird.

Diese *zurückgerufenen Modificationen* sind von den erstern ursprünglichen an Stärke und Lebhaftigkeit merklich *verschieden*, auch in Hinsicht der Art wie sie mit einander verbunden sind, aber ihnen sonsten *ähnlich.* | | 7

Diese *reproducirten* Veränderungen werden auf verschiedene Weise bearbeitet, von einander getrennt und aufgelöset, zusammengefügt und mit einander vermischt durch die Vorstellungskraft und Phantasie.

Insonderheit wird das in mehrern einzelnen Modificationen ähnliche von dem verschiedenen in ihnen abgesondert (gewöhnlich mit einer Vermischung) zu dem gemacht, was man *sinnliche abstracta* oder *Gemeinbilder*[3] nennt.

Mit diesen *Gemeinbildern* werden *Worte* als Zeichen derselben verbunden, welche leztern leichter wieder gegenwärtig zu machen sind als jene; aber mit sich, wenn sie gegenwärtig werden, jene zum Teil wenigstens, auch wieder gegenwärtig machen.

Oftmals ist nichts mehr merklich gegenwärtig, als das Wort womit ein fast unmerklicher Anfang des Gemeinbildes selbst verbunden ist und weil das leztere durch das Absondern und Vermischen von der Vorstellungskraft gemacht ist, so zeigt sich auch ein Anfang von diesen Thätigkeiten und ein Ansatz dazu, der gleichfalls mit dem Worte verbunden wird.

§ 7

Die *Empfindungen* und auch die *zurückgerufene* und *bearbeitete Modification* werden gegen einander gehalten und auf einander bezogen d. i. wenn ihrer mehrere zugleich oder schnell auf einander gegenwärtig sind, wird bald die eine

8–9 und aufgelöset] und ~~auf~~ aufgelöset *10* die Vorstellungskraft] die ~~Vos~~ Vorstellungskraft *16* verbunden, welche] verbunden, ~~welcher~~ welche *20* nichts mehr merklich] nichts ~~mehr~~ mehr merklich

bald die andere ausnehmend gegenwärtig gemacht, mit einem Bestreben der Seele mit diesen mehrern sich zugleich zu beschäftigen, sie zugleich wahrzunehmen. Auf diese Art 8 | werden sie gegen einander gestellt, eine in | Hinsicht auf die andern, mit Rücksicht auf die andern, betrachtet und verglichen.

Und dieser actus der Seele wird gleichfalls gefühlt und wahrgenommen, so wie die Wirkung deßelben die davon in den Vorstellungen entstanden ist. D. h. es wird etwas bey dem einen gefühlt, erkannt, was ihm nur in Hinsicht auf das andere zukommt, was nicht gefühlt, nicht wahrgenommen nicht erkannt wird, wenn jedes derselben allein gegenwärtig ist, oder wenn es auch mit andern zugleich gegenwärtig ist, doch nicht auf das andere bezogen wird.

§ 8

Außerdem werden aber die zurückgerufenen Modificationen auch auf etwas anders bezogen, was sie selbst nicht sind. Sie werden als Zeichen angesehen von Sachen oder Objecten die sie selbst nicht sind.

Das nämliche geschieht auch selbst bey den Empfindungen, sowohl bey den innern als äußern (ob es gleich hier nur in dem Augenblick geschieht wo die Empfindung als erste gefühlte Modification in eine Nachempfindung[4] übergegangen ist d. i. wo noch der erste Eindruck fortdauert). Die Empfindungen werden also auch als etwas angesehen was auf etwas anders hinweiset und durch sie vorgestellt wird.

1 ausnehmend gegenwärtig] ausnehmend ~~gegen~~ gegenwärtig *8* die Wirkung] die ~~Folge~~ Wirkung *13* oder wenn] oder ~~wenn~~ wenn

§ 9

Vorstellung nämlich heißt das in der Seele, was sie als ein Zeichen ansieht, wodurch etwas anders als ein Object von ihr könne unterschieden werden. Jedes was in der Seele als ein Zeichen von etwas anders gebraucht wird oder unmittelbar als ein solches gebraucht werden kann ist eine *Vorstellung* | von einer Sache. Daher heißen: | 9

1. selbst die wahrgenommenen Empfindungen (und auch die welche wahrgenommen werden können) mit ihrer Beziehung auf Sachen, *Empfindungsvorstellungen*[5] von Sachen.
2. Diese Empfindungsvorstellungen, nebst den zurückgerufenen, sonst unveränderten Spuren derselben, machen die *ursprünglichen* Vorstellungen aus.
3. Die übrigen aus jenen gemachten Vorstellungen heißen *abgeleitete, selbst gemachte* Vorstellungen.

§ 10

Alle Vorstellungen in der Seele von Sachen sind entweder ursprünglich Vorstellungen oder sind aus diesen leztern *gemacht* und haben in diesen ihren Stoff.

Aber zu den ursprünglichen Vorstellungen gehören dann auch alle welche sowohl aus *innern* Empfindungen als aus *äußern* entstanden sind, selbst aus den Empfindungen von den *Thätigkeiten* der Seele und von deren *Wirkungen* auf die Vorstellungen.

§ 11

Jede Vorstellung wird zwar immer auf etwas anders das ihr Object ist, bezogen; allein man kann bey einer gegenwärtigen Vorstellung doch dasjenige unterscheiden, was in

3 als ein Object] als ein ~~das~~ Object *13–14* machen die] machen ~~die~~ die *22* als aus] als ~~aug~~ aus *27* anders das] anders ~~als~~ das

ihr auf ein gewißes Object bezogen werden soll (was als vorstellend, als zeichnend bey ihr angesehen werden soll) von dem was nicht dahin zu rechnen sey.

Eine wahrgenommene Vorstellung in so fern sie als Vorstellung auf eine Sache bezogen wird, heißt eine *Idee*
10 | oder ein *Begriff* von einer Sache. |

§ 12

Sowohl bey den Vorstellungen von einzelnen Dingen als auch bey den Gemeinbildern oder Vorstellungen von dem Ähnlichen in mehrern Dingen, ist also das was als Gemeinbild in uns gegenwärtig ist oder sich damit verbindet, von dem zu unterscheiden was eigentlich zu dem Begriff gehört.

Ein allgemeiner Begriff ist das Gemeinbild in so fern es auf etwas wie auf sein Object bezogen und wahrgenommen wird.

§ 13

Alle Kenntnis besteht in Begriffen von *Sachen*, wir mögen diese als Sachen für sich (als Dinge) ansehen, oder als Beschaffenheiten einer Sache für sich, oder als Verhältniße von Sachen auf einander.

Unsere *Urteile* sind *Wahrnehmungen der Verhältniße* von Sachen zu einander d. i. Wahrnehmungen deßen was eine Folge von den Begriffen der Vorstellungen auf einander ist, und mit der einen Vorstellung als etwas ihr in Hinsicht auf eine andere zukommendes verbunden wird (als ein praedicatum relativum[6], als ein Beziehung einer Sache auf eine andere).

14 etwas wie auf] etwas wie auf ~~als~~ *22* Sachen zu einander] Sachen ~~auf~~ zu einander *24* und mit der] und mit der ~~der~~ *25–26* zukommendes verbunden wird (als ein praedicatum relativum] zukommendes ~~mit ihr~~ verbunden wird (als ein ~~Präd~~ praedicatum relativum

§ 14

Wir erkennen alles mittelst unserer *Vorstellungen*. Die Seele hat von den *Objecten* nichts in sich oder unmittelbar vor sich wenn sie urteilt über Sachen, als die Vorstellungen welche für sie Zeichen der Sachen selbst sind. Die Vorstellungen sind die subjectiven Sachen.

Eine Vorstellung von einer wirklichen Sache mit der Sache selbst vergleichen, heißt nichts anders als die Vorstellung vergleichen mit der Empfindung von der Sache, oder eigentlich mit der Empfindungsvorstellung von der Sache. | | 11

§ 15

Die *Äußerungen* der Seele welche zum *erkennen* gehören, und worauf sich die Wirkungen des Verstandes (das Wort hier für das ganze Erkenntnisvermögen genommen) zurückbringen und in welche sie sich auflösen laßen, sind folgende:

1. Die Äußerung der Seele die wir das *fühlen* nennen, welche sich mit ihren Veränderungen verbindet. Es wird der Seele in dieser Hinsicht *Gefühl* und *Empfindung*[7] zugeschrieben, als ein Vermögen sich auf solche Art zu äußern.
2. Das *reproduciren* und *Bearbeiten* der empfangenen und gefühlten Veränderungen. In dieser Hinsicht wird der Seele eine *Vorstellungskraft* zugeschrieben d. i. ein Vermögen sich Sachen vorzustellen oder Vorstellungen zu machen, als welche alle aus solchen reproducirten und bearbeiteten Veränderungen der Seele gemacht werden.

Diese Vorstellungskraft erhält besondere Namen, nach den besondern Arten, wie sie die Modificationen bearbeitet.

8 heißt nichts] heißt ~~mit~~ nichts *16* und in] und ~~in~~ in *25* Seele eine] Seele stVo eine *29* Diese Vorstellungskraft] Diese ~~Vort~~ Vorstellungskraft *30* Arten, wie] Arten, ~~worauf~~ wie

Sie heißt *Dichtkraft*[8] so fern sie *neue* Vorstellungen aus den Empfindungen macht, durch das Zusammensetzen und Vermischen.

3. Das *Beziehen* der Vorstellungen auf einander. In dieser Hinsicht wird ihr ein *Beziehungsvermögen* (facultas reflectendi) zugeschrieben.
4. Das *Wahrnehmen* (appercipere). In dieser Hinsicht hat 12 | sie ein *Wahrnehmungsvermögen* | (facultas appercipiendi) ein Vermögen des *Bewußtseins*, des Bewußtwerdens.

Diese leztere Äußerung der Seele, das *Wahrnehmen* nemlich, erfolget nie ohne das ein *Beziehen* der Vorstellungen vorhergegangen.

§ 16

Wenn das Gefühl einer Sache nur im Ganzen eine klare Empfindung ist (eine undeutliche) so heißt das Gefühl von den Teilen in der Sache (von dem einzelnen in dem Ganzen enthaltenen, was nicht unterschieden wird) ein *dunkles Gefühl.*

In der *klaren* Empfindung ist ein *Wahrnehmen* enthalten, und dies Wahrnehmen ist nicht hinzugekommen, ohne ein vorhergegangenes Beziehen des gefühlten auf etwas anders.

Eben so wenn eine Vorstellung von einer Sache *im Ganzen klar* ist, aber nicht in Hinsicht der Teile des Ganzen (undeutlich) so heißen die Vorstellungen von den Teilen des Ganzen (von dem in der vorgestellten Sache enthaltenen Mannigfaltigen) *dunkle Vorstellungen* (perceptiones nudae, absque apperceptione[9]).

26 in der vorgestellten] in der ~~Vorstel~~ vorgestellten

§ 17

Vergleicht man die *klare* Vorstellung eines Ganzen mit der *dunklen* Vorstellung der nicht unterschiedenen Teile des Ganzen, so sind beyde wieder erwachte ehemalige Modificationen der Seele, beyde etwas reproducirendes. Daher kann auch sowohl der actus des dunklen Vorstellens der Teile, als der des klaren Vorstellens des Ganzen, ein *Vorstellen* genannt werden. In so fern sind auch *dunkle* Vorstellungen: *Vorstellungen.* | | 13

Die *klare* Vorstellung ist in so fern sie das ist, mit einem *Wahrnehmen* verbunden, und nur als wahrgenommene Vorstellung wird sie als ein Zeichen der vorgestellten Sache gebraucht.

Ob die *dunkle* Vorstellung so lange sie nur dies ist, nicht alles schon an sich habe oder an sich haben könne was sie nachher wenn sie *klar* ist, als Vorstellung oder Zeichen von einer Sache an sich hat, so daß nichts mehr zu ihr hinzugekommen ist als blos ihr Beziehen auf andere?

Oder ob die *dunkle* Vorstellung durch das hinzugegekommene *Wahrnehmen*, erst das bekommen hat, was sie zu einem wahrnehmbaren Zeichen von der Seele macht? kann gefraget werden und ist durch die bisherigen Beobachtungen noch nicht entschieden.

Eben so ist das *dunkle* Gefühl ein actus der Seele, der in dem *klaren* Gefühl des Ganzen enthalten ist.

Das *klare* Gefühl erhält sein *eignes*, durch das hinzugekommene *Wahrnehmen.*

Ob aber das was vorher *dunkles* Gefühl war, eben daßelbe war, mit dem was es nachher ist, wenn Wahrnehmen sich damit verbunden hat? Oder ob die hinzukommende

3 der nicht unterschiedenen] der ~~unt~~ nicht unterschiedenen *8* auch *dunkle*] auch ~~dunk~~ *dunkle* *18* blos ihr Beziehen auf andere?] blos ~~der~~ ihr Beziehen auf andere? ~~oder ob~~ *20* *Wahrnehmen,* erst] *Wahrnehmen,* ~~xx~~ erst *28–29* daßelbe war,] daßelbe ~~ist~~ war,

Apperception das klare Gefühl erst zu einem Gefühl mache? kann gefragt werden.

Da wir aber selbst das *dunkle Fühlen* von dem dunklen Vorstellen unterscheiden, so wird es wahrscheinlich, daß der actus des fühlens, in dem *dunkeln Gefühl* einerley oder doch gleichartig sey, mit dem actus des fühlens in dem *klaren*
14 | *Gefühl*; und daß der Unterschied zwischen | beiden nur ein Unterschied in Graden sey, und drum davon abhänge daß in dem einen Fall das gefühlte nicht so abgesondert, so auskennbar gegenwärtig ist, als in dem andern.

§ 18

Es läßt sich also das *Wahrnehmen* erklären, als ein actus der Seele von gleicher Art mit dem *fühlen*, nur daß zu dem erstern Gefühl der Sache noch ein Beziehen derselben auf etwas anders und ein Gefühl dieses beziehenden actus hinzukommt.

Aber wenn das Wahrnehmen nun als ein Gefühl betrachtet wird, so ist es, außerdem daß es ein fühlen von einem größern Grade ist, ein fühlen eines selbstthätigen und die gefühlte Veränderung auf andere beziehenden Wesens.

Hypothetisch kann also das Wahrnehmungsvermögen als ein Vermögen zu *fühlen* bey einem selbstthätigen Wesen erkläret werden.

§ 19

Modificationen annehmen, und die *zurückgebliebnen Spuren davon* durch eine innere Kraft *zurück rufen*, sind in so fern verschiedene Äußerungen der Seele, als jenes nur eine leidendliche Empfänglichkeit voraussezt, ein paßives

3 von dem dunklen] von dem ~~de~~ dunklen *9* abgesondert, so] abgesondert, ~~nich~~ so *12* Es läßt] Es ~~ist~~ läßt *14* Sache noch] Sache ~~noch~~ noch *18* so ist es, außerdem daß es ein] so ist ^{es}, außerdem daß ^{es} ein *26–27* sind in so fern verschiedene] sind $^{\text{in so fern}}$ ~~an sich~~ verschiedene

Vermögen etwas anzunehmen; das leztere aber ein Vermögen erfordert, durch innere Kraft d. i. *selbstthätig* etwas zu bewirken. Allein weil übrigens die *reproducirten* Modificationen mit den erstern aufgenommenen gleichartig sind und nur den Graden nach verschieden sind, so läßt sich | auch die *Vorstellungskraft*, in so fern sie blos vorher | 15 da gewesene Veränderungen reproducirt, ansehen als ein *Vermögen Modificationen anzunehmen* bey einem selbstthätigen Wesen.

§ 20

Das *Trennen* und das *Verbinden* der Vorstellung, ihr *auflösen* und *vermischen* sind hinzukommende Thätigkeiten, wodurch die zurückgerufenen Modificationen noch mehr bearbeitet werden. Dies sind also Äußerungen einer in einem höhern Grade selbstthätigen Vorstellungskraft.

§ 21

Das *Beziehen* der Vorstellungen auf einander, zeigt sich als ein actus der Seele von gleicher Art mit dem *reproduciren*, dem *Verbinden* und *trennen* der Vorstellung; nur daß sich dabey ein Bestreben äußert, *Gefühl* und *Vorstellungskraft* auf unsere gegenwärtige Vorstellungen zugleich sich zu verbreiten.

§ 22

Alle Äußerungen der Seele die aufs *erkennen* zugehen, laßen sich also erklären als Wirkungen eines Wesens mit innerer selbstthätiger Kraft, welches Modificationen *annimmt* und diese *fühlet.* Also als Äußerungen eines mit Selbstthätigkeit fühlenden Wesens.

6 auch] ~~sich~~ auch *12* sind hinzukommende] sind ~~hinzugek~~ hinzukommende *18* mit dem *reproduciren*] mit dem ~~repru~~ *reproduciren* *19–20* daß sich dabey] daß sich ~~bey~~ dabey

Hieraus läßt sich erklären, wie die verschiedene Äußerungen der Erkenntniskraft als verschiedene Arten zu wirken und zuweilen als von einander getrennt, wahrgenommen werden; aber auch von der andern Seite, wie und
16 | warum sie mit einander in Verbindung | stehen, so daß eine vorzügliche Stärke auf die eine Art zu wirken auch eine gewiße Stärke mit den übrigen Äußerungen mit sich verbunden haben müße.

§ 23

Was den actus des fühlens betrifft, so ist solcher für uns ein *einfacher* actus der Seele. In wie fern aber außer dem Aufnehmen der Veränderung, noch etwas mehrers mit dem fühlen verbunden ist oder vor demselben vorhergeht, läßt sich hier noch nicht ausmachen.

Einige nennen das *fühlen* eine *geistige Reaction* und sehen es an als etwas ähnliches mit demjenigen was bey jedem Körper als *Reaction* bemerket wird. Aber diese *Reaction* bey der *Seele* äußert sich auch bey ihren innern Veränderungen die sie in sich selbst bewirket, dergleichen
17 | in den Körpern nicht wahrgenommen wird. |

3 und zuweilen] und ~~zuw~~ zuweilen *5* sie mit einander in Verbindung] sie [mit einander] in Verbindung *10–11* für uns ein] für uns ~~xx~~ ein *11–12* dem Aufnehmen der] dem Aufnehmen ~~einer~~ der *18* auch bey ihren innern] auch bey ~~inn~~ ihren innern

II. Abteilung
Erfahrungen von den Affectionen der Seele (Empfindnissen)

§ 24

Die *Empfindungen* sind entweder *afficierende* d. i. solche die merklich angenehm oder unangenehm sind; oder *nicht afficirende, gleichgültige.* Jene können *Empfindniße*[10] heißen (Rührungen).

Wir finden diesen Unterschied der Empfindungen bey allen Arten von *äußern* Empfindungen des Körpers und andrer Dinge, aber auch bey allen Arten von *innern* Empfindungen unserer selbst und unserer innern Veränderungen.

Imgleichen sind auch unsre *Vorstellungen* von Gegenständen entweder afficirend oder nicht; jedoch nur in so fern als sie selbst in uns wie andre Modificationen der Seele gefühlet werden.

§ 25

Manche *Empfindungen* die anfangs afficirend waren, haben aufgehört es zu seyn. Auch gehen die *Empfindniße* einer Art zuweilen über in Empfindniße der entgegen gesezten Art. Was angenehm in der Empfindung gewesen ist, kann unangenehm werden und so auch umgekehrt; obgleich das empfundene Object und auch der Eindruck davon die nämlichen bleiben.

Daraus folgt daß die *Affection* die mit den *Empfindungen* verbunden ist, eine Folge von ihnen sey, die sich von ihnen auch trennen laße und bey den veränderlichen Empfindnißen von ihnen getrennt wird.

6 oder unangenehm sind;] oder ^{un}angenehm sind;

§ 26

In so fern die Seele der *Empfindnis* fähig ist, wird ihr
18 | ein *Gemüth*[11] zugeschrieben, doch wird unter | diesem Wort nicht blos die Empfänglichkeit afficirt zu werden, sondern auch die Empfänglichkeit zu Neigungen, Trieben und Handlungen zusammen begriffen. Der Inbegriff aller zugleich vorhandenen Affectionen wird der *Gemüthszustand* genannt.

§ 27

Ob es eine Empfindung gebe die *völlig gleichgültig* sey oder ganz nicht afficire, kann gefragt werden. Es giebt wenigstens verschiedene die nicht merklich afficiren, nicht so daß wir *das afficirende* bey ihnen *wahrnehmen*, von andern Affectionen unterscheiden können. Dies hindert aber nicht daß sie nicht *dunkel* afficiren können.

§ 28

Vorstellungen abwesender Objecte, deren Empfindung afficirt, sind selbst *reproducierte Empfindungen* und haben auch reproducirte Affectionen mit sich verbunden. Aber in so fern sind diese reproducierten Affectionen eigentlich nur Vorstellungen von Affectionen, die zu den *wirklichen* Affectionen in der Empfindung sich so verhalten, wie die *Vorstellungen von den Objecten* zu den *Empfindungen.*

In so fern sind auch diese reproducierten Affectionen für sich allein keine *Empfindniße*; aber sie gehen leicht in solche über, weil diese Art von reproducierten innern Empfindungen durch innere Ursachen der Seele leicht zu
19 | *vollen Empfindungen* wieder übergeht. |

6 zusammen begriffen.] zusammen ~~gedrückt~~ begriffen.
25 Empfindniße;] *Empfind~~ung~~niße*;

Hinzu kommt daß selbst die Empfindungen unserer Vorstellungen und der Äußerungen der Seele bey ihnen eine *innere* Empfindung ist.

Aus diesen beyden Ursachen werden auch die Vorstellungen von Sachen afficierend.

Die Affectionen der Vorstellungen sind, wenn alles übrige gleich ist, von der nämlichen Art wie die bey der *Empfindung der vorgestellten Sachen.* Allein jene können auch von entgegen gesezter Art seyn und sind es öfters. Wenn alles übrige gleich ist, so sind jene auch schwächer als die aus den Empfindungen, aber sie können aus andern Ursachen auch stärker werden wie die leztern, und werden wirklich öfters stärker.

§ 29

Eine *größere Aufgelegtheit afficiert zu werden*, insonderheit von Vorstellungen heißt: Empfindsamkeit.[12] *Empfindlichkeit* ist ein näheres Aufgelegtseyn zu unangenehmen Affectionen.

Die Aufgelegtheit *unverhältnismäßig und leicht* afficiert zu werden, ist *übertriebene Empfindsamkeit*, so wie das Gegenteil *Unempfindlichkeit. Erkünstelte* oder geflißentlich gemachte übertriebene Empfindsamkeit ist *Empfindeley.*

§ 30

Empfindniße haben auch ein Bestreben der Seele mit sich verbunden, wenn sie angenehm sind, den Zustand der Seele zu erhalten fortzusetzen, und wenn sie unangenehm sind, ihn zu unterdrücken, zu verändern. Wenn sie keine andern Folgen haben als diese: so sind es *bloße Empfindniße*, Genießungen bey | angenehmen Empfindungen. | 2

12–13 und werden wirklich] und ^{werden} wirklich *20–21* das Gegenteil *Unempfindlichkeit.*] das Gegenteil ~~übertr~~ *Unempfindlichkeit.* *26* zu erhalten fortzusetzen,] zu erhalten ^{fortzusetzen}, *27–28* keine andern Folgen] keine ^{andern} ~~anderen~~ Folgen

Wenn sie hingegen auch andere Bestrebungen der Seele erreget, Triebe erwecken welche auf die Ursachen der Affection gerichtet sind, so werden sie eigentlich *intereßirte*[13] *Empfindniße* d. i. solche die der Seele neue Angelegenheit machen. Gewöhnlich wird alles intereßant gemacht, was eine Ursache vorzüglich angenehmer Empfindniße wird.

Wir sehen etwas als ein *Gut* an oder als ein *Übel* was uns ein fortdauernder Grund angenehmer oder unangenehmer Empfindungen zu seyn scheint.

Nützlich heißt, was ein Grund ist von einem *Gute* und *nuzbar* was ein solches werden kann.

Was blos *unmittelbar* angenehm oder unangenehm empfunden wird, behält den Namen des angenehmen und Unangenehmen.

Zu den Dingen welche bloße Empfindniße erregen d. i. Affectionen mit denen weiter keine Bestrebungen verbunden sind, als die welche auf die Fortsetzung oder Aufhebung der Affectionen gerichtet sind, gehören die schönen und erhabenen Gegenstände und die von entgegengesezter Beschaffenheit, als solche.

Es finden sich dennoch folgende Verschiedenheiten, wie die angenehmen und unangenehmen Dinge dauerhaft können so empfindbar seyn:

Die angenehmen Empfindungen können *intereßirend*
21 | seyn oder *blos angenehm*, so auch die entgegengesezten. |

10 *Nützlich* heißt,] *Nützlich* ~~ist~~ heißt, *11* was ein solches werden kann.] was ein ~~gutes~~ solches werden kann. *12* Was blos *unmittelbar*] Was blos ~~angenehm~~ *unmittelbar* *15* welche bloße Empfindniße] welche bloße Empfindniße *21–23* Verschiedenheiten, wie die angenehmen und unangenehmen Dinge dauerhaft können so empfindbar seyn:] Verschiedenheiten, wie die angenehmen und ~~unangem~~ unangenehmen Dinge dauerhaft können so ~~verschieden~~ empfindbar seyn:

§ 31

Das *Afficirende* kommt einigen Empfindungen für sich allein genommen zu. Dies sind die für sich angenehmen oder unangenehmen Empfindungen.

Andern kommt solches nur zu, wegen ihrer Verbindung mit andern Empfindungen und Vorstellungen d. i. durch eine *Ideenverknüpfung*[14]. Und in diesem leztern Fall ist es entweder noch *deutlich erkennbar*, daß es nicht die Empfindung für sich allein genommen sey der die Affection zukomme, oder es ist das *nicht mehr erkennbar*. Wenn das leztere ist, so ist eine solche Empfindung afficirend durch Übertragung einer Affection auf eine andere.

Eine für sich afficirende Empfindung kann solches *ursprünglich* gewesen seyn, wenn sie für sich allein den Grund des Afficirens in sich hat, ohne das etwas anders subjectives in der Seele (außer dem was zum Gefühl derselben für sich erfordert wird) hinzukommt.

Sie kann *nicht ursprünglich* für sich afficirend gewesen, es aber nachher geworden und danach nun es für sich allein seyn.

§ 32

Es gibt *körperliche äußere Empfindungen* die für sich afficierend sind und die es ursprünglich sind, bey denen außer der Empfänglichkeit der Seele und der Thätigkeit des Gefühls, nichts mehr hinzukommen darf um afficierend zu werden.

Es gibt auch *innere Empfindungen* die für sich afficierend sind, und einige die es ursprünglich sind, ohne durch Ideenverknüpfung und | Übertragung es geworden zu seyn. | 2

12 Übertragung einer Affection] Übertragung ~~der Affectionen einer and~~ einer Affection *15* etwas anders] etwas ~~and~~ anders *28* es ursprünglich] es ~~ursprung~~ ursprünglich

Andere sind zwar nicht *ursprünglich* afficierend, weil sie das ohne eine besondere hinzugekommene *subjective Beschaffenheit* der Seele, ihrer Kräfte, und ohne eine hinzugekommene Verbindung und Beziehung der Vorstellungen auf einander nicht geworden sind.

§ 33

Der Grund des Afficierens ist ein *objectiver Grund*, in so fern solcher in den empfundenen und vorgestellten Objecten enthalten ist.

Der Grund des Afficierens ist ein *subjectiver Grund*, in so fern solcher nicht in der Empfindung und Vorstellung der Objecte selbst enthalten ist, sondern in Beschaffenheiten der Seele (auch des Körpers als Werkzeug der Seele) d. i. in *subjectiven Bestimmungen* und *Modificationen* sich befindet.

§ 34

Der *objective Grund* der Affectionen d. i. die Beschaffenheit der Gegenstände, wodurch ihre Empfindung der Seele angenehm oder unangenehm wird, besteht im folgenden:

Wenn in dem Object eine gewiße *Mannigfaltigkeit* mit *Einheit* empfindbar ist (wenn ein Gegenstand so empfunden werden kann, daß mehrere verschiedene Gefühle in der Empfindung deßelben enthalten sind, und wenn wegen der Ähnlichkeit und Ordnung in dem Mannigfaltigen, die Sache leicht empfunden werden kann): so ist das Object ein *gefallendes Object* etwas schönes.

Und wenn das nicht ist, da ist die Empfindung des
3 | Objects von der entgegengesezten Art. |

8 in den empfundenen] in den ~~Emp~~ empfundenen *18* Empfindung der Seele] Empfindung [der] Seele *21* empfindbar ist] empfindbar ist

Sinnlich erkennbare Vollkommenheit bey einem Object, ist *Schönheit* deßelben, objectiver Grund der angenehmen Affection, aus der Empfindung deßelben.

Die Empfindung eines solchen Objects, nemlich mit der darin liegenden Mannigfaltigkeit und Einheit, gewährt der Seele ein Gefühl von *Thätigkeit*, d. i. ein Gefühl von eigener Qualität, eigener Vollkommenheit und Stärke.

Dahingegen die *Einförmigkeit* oder auch der Mangel an Einheit kein solches Gefühl von Thun und wirken, kein Gefühl seiner selbst, sondern vielmehr ein Gefühl von Schwäche d. i. ein Gefühl von Unvollkommenheit veranlaßt.

§ 35

Die allgemeinen subjectiven Erforderniße, die zum empfinden und vorstellen vorausgesezt werden, kommen hier nicht in Betracht als subjective Gründe der Affection, sondern nur solche *besondere subjective* Erforderniße, wovon die bestimmte Art der Empfindung abhängt, welche das Object als gefallend oder misfallend empfinden läßt.

Diese leztern aber sind wieder entweder allgemeine, bey allen Menschen, ganz besondere Fälle ausgenommen, vorkommende Bedingungen oder es sind *besondere*, welche eine bestimmte sich unterscheidende Beschaffenheit der Seele, ihrer Kräfte, und ihres vorhandenen Zustandes voraussetzen.

§ 36

Der völlig bestimmende Grund des Gefallens oder Misfallens bey einem bestimmten Objecte, liegt also in den objectiven Beschaffenheiten der | empfundenen Sache, also in den *objectiven Erfordernißen* der Seele. | 24

Wenn beydes so ist daß die dermalige Empfindung oder Vorstellung des Objects in der Seele ein merkliches Ge-

9 von Thun] von ~~Thun~~ Thun *14–15* hier nicht] ~~hier~~ hier nicht

fühl von Wirksamkeit hervorbringt (merklich stark und leicht sich beschäftigt, wenn ein mannigfaltiges mit Einheit verbunden, darin angefunden wird): so ist das Gefühl *angenehm.*

§ 37

Hieraus läßt sich die *Verschiedenheit* imgleichen die *Veränderlichkeit* der Affectionen bey der Empfindung der nämlichen Objecte begreifen. Denn so kann:

1. das afficirende nicht der Sache für sich zukommen, sondern durch eine *Ideenverknüpfung* mit ihr verbunden und in sie übertragen seyn welche nachher wiederum davon getrennt werden kann. Und diese *Ideenverknüpfungen* können bey einem Menschen anders seyn, als bey andern.
2. *Das Object selbst* kann sich ändern, kann auch verschiedenen Menschen auf eine verschiedene Art empfindbar seyn.
3. Es kommt hinzu die Verschiedenheit und die Veränderlichkeit in den *subjectiven Gründen* wo entweder *die Kräfte* und *das Vermögen* der Seele verschieden sind und sich verändern, oder *die Art* wie selbige angewandt werden bey einem Subject verschieden ist; oder wegen *anderer Verschiedenheiten* und *Veränderungen* in dem Zustande der Seele. Und endlich auch, wenn von
25 | *wahrnehmbaren* | *Affectionen* die Rede ist, die Verschiedenheit und Veränderung *des Wahrnehmens selbst.*

Hieraus läßt sich beurteilen, in wie fern das *Angenehme* oder *Unangenehme* den Objecten, denen wir solches zuschreiben nicht an für sich zukomme, sondern nur in Beziehung auf das empfindende Wesen. Das *Schöne* ist nur *relatif.* Ferner wie dennoch, bey aller Verschiedenheit der Affection, es Objecte geben könne, die *für alle Menschen*

13 bey einem Menschen] bey einem ~~Mensch~~ Menschen

(wenige seltene Ausnahmen mitgerechnet) *angenehm* oder *unangenehm* sind. Und endlich in wie fern die Regel gelten kann: de gustibus non est disputandum.[15]

Auch ist zu bemerken, daß man nicht aus der Veränderung in den Affectionen in so fern sie *merklich oder wahrnehmbar* sind, auf eine gleiche Veränderung in ihnen schließen könne, in so fern sie nur *dunkle fühlbare Affectionen* sind.

§ 38

Eine Affection die ganz und gar angenehm ist oder ganz und gar unangenehm, heißt eine *reine*, *unvermischte Affection.* Diejenige welche zum Teil das eine zum Teil das andere ist, heißt eine *vermischte*.[16] Die leztern werden zu der Art derer hingerechnet die den vornehmsten überwiegenden Teil davon ausmachen.

§ 39

In den vermischten Affectionen wird das Angenehme durch das entgegengesezte Unangenehme und umgekehrt das leztere durch das erstere *geschwächt* und *vermindert*, so fern es zugleich vorhanden ist. Dagegen | wenn eines auf das | 26
andere folget und jedes für sich in dem Augenblicke wenn es gegenwärtig ist, allein es ist und herschet: so erfährt das entgegen gesezte einander d. i. die folgende entgegengesezte Empfindung wird lebhafter wegen der vorhergegangenen (opposita juxta se posita magis elucescunt[17]) eigentlichen so fern sie auf einander folgen.

Doch wird das *Angenehme* (die meisten Male wenigstens) mehr erfahren durch das vorhergegangene *Unange-*

5–6 *merklich oder wahrnehmbar* sind,] *merklich oder wahrnehmbar* ~~ist~~ sind, *11* heißt eine] heißt eine *12* Diejenige welche zum] Diejenige ~~was zum~~ welche zum *17* wird das Angenehme] wird ~~die Empfindung desjen. Teils der angenehm ist~~ das Angenehme *22* ist, allein] ist, ~~auch~~ allein *28* erfahren] erfährt

nehme, als das leztere durch das erstere, des natürlichen Ganges der Seele wegen, mit dem Angenehmen sich mehr zu beschäftigen als mit dem entgegengesezten.

§ 40

Jedes *Neue* d. i. jede zum ersten Male gegenwärtige Empfindung und Vorstellung, beschäftigt das Gefühl und die Vorstellungskraft mehr, wird auch lebhafter, stärker wahrgenommen als wenn sie nachher wiederkommt, wo noch ein Spur der ersten Veränderung vorhanden war. Jede *Modification der Seele* erfordert mehr Anwendung ihrer Vermögen das erste Mal, als wenn sie nachher wiederkommt, wenn schon eine Leichtigkeit sie zu haben vorhanden ist.

Daher der Glanz des *Neuen* (lux novinatis)[18]. Daher das *Neue* als *Neue* etwas Angenehmes ist wie auch das *Unerwartete* (varietas delectat). Indeßen kann die *Neuheit* auch das *Unangenehme* des nachfolgenden Gefühls
27 | verstärken. |

§ 41

Die Affectionen werden auf verschiedene Art und auch verschiedenen Gründen abgeteilt. Sie sind nämlich verschieden:

1. *der Art nach*, da sie entweder angenehm oder unangenehm, reine oder vermischte Affectionen sind.
2. Sie sind verschieden nach der Verschiedenheit *der Kräfte und Vermögen* welche thätig sind, und davon die Äußerungen und Wirkungen gefühlt werden.

Dies sind:

(a) die verschiedenen Arten *der Empfindungen des Körpers*, durch das körperliche Gefühl (der körperliche Schmerz und die körperliche Wollust).

1 leztere durch] leztere ~~dxrch~~ durch *20–21* nämlich verschieden:] nämlich ~~verschieden~~ verschieden:

(b) Thätigkeiten der *Phantasie und ihrer Wirkungen*, oder doch vornehmlich diese. Dahin gehören das Vergnügen und Misvergnügen der Einbildungskraft.

(c) *Thätigkeiten des Verstandes.* Dahin gehören die *Affectionen des Verstandes*, die geistigen Vergnügungen und ihr entgegengeseztes.

(d) *Thätigkeiten des Herzens*[19]. Dahin gehören *die moralischen Vergnügungen* und ihr entgegengeseztes.

3. Sie sind verschieden in Hinsicht der *Objecte* aus deren Vorstellung sie entspringen. Auch in dieser Hinsicht wegen *der verschiedenen Art*, wie die Objecte vornehmlich vorgestellt werden, als vergangene, gegenwärtige oder als künftige.

4. Sie sind verschieden in so fern sie entweder *bloße Empfindniße* sind, ohne mit andern merklichen Bestrebungen verbunden zu seyn; oder als *zugleich intereßirende Empfindniße* die mit Bestrebungen | zu handeln verbunden sind. cf. § | 28

§ 42

Insonderheit werden die Affectionen noch daran unterschieden, daß einige *aus Empfindungen* entstehen von dem was wir als etwas *uns selbst* zukommmendes ansehen, oder *aus Empfindungen* von dem was wir als etwas ansehen *das andern* zukommt.

Es entstehen nemlich aus Affectionen, aus Empfindungen von Beschaffenheiten Veränderungen und dem was zum Zustand anderer Wesen gehört.

12–13 werden, als vergangene, gegenwärtige oder als künftige.] werden, als vergangene, gegenwärtige oder als künftige. *15* sind, ohne] sind, ~~oder und~~ ohne *17–18* verbunden sind.] verbunden ~~ist~~ sind. *18* §] Referenz fehlt. *27* gehört.] es folgen acht durch Schraffur unkenntliche Zeilen

Empfindungen von Sachen *außer uns*, von Beschaffenheiten und Veränderungen der Objecte, afficiren durch *die Art* wie sie verbunden sind und auf einander folgen.

Wenn wir von den Empfindungen *äußerer Objecte* und ihrer Veränderungen afficiert werden, so sind wir geneigt den äußern Sachen etwas den Affectionen ähnliches, analoges beyzulegen d. i. wir sind geneigt auch in Hinsicht des Afficiernden bey äußern Empfindungen äußerer Dinge, auch
29 | etwas Objectives als außer uns befindliches anzunehmen. |

Empfindungen von Veränderungen und Beschaffenheiten äußere fühlenden und beseelten Wesen und deren ihren Affectionen, haben in uns *Affectionen* mit sich verbunden die jenen in andern Wesen ähnlich sind. Solche afficierende Empfindungen heißen *Mitgefühle* (Sympathie).

§ 43

Sollen Mitgefühle erregt werden; so muß die Seele eben solcher Affectionen empfänglich seyn, als ein äußeres Wesen wovon Empfindungen in uns entstehen, und diese ähnlichen Affectionen müßen durch die Empfindung von dem was bey den äußern Dingen als ihre Wirkung oder äußeres Kennzeichen derselben empfunden werden kann, hervorgebracht werden können.

Es können bey uns Affectionen entstehen durch die äußern Empfindungen, von solchen Veränderungen die bey äußern Wesen Zeichen, Äußerungen oder Wirkungen ähnlicher Empfindniße sind z. B. ein Angstgeschrey kann als Ton oder Schallart eine unangenehme Art afficieren, so daß

3 sind und auf] sind und auf *5–6* geneigt den äußern Sachen] geneigt den äußern Sachen *6–7* ähnliches, analoges] ähnliches ~~anl~~ analoges *8* bey äußern] bey ~~äußern~~ äußern *11* und beseelten Wesen und deren ihren] und ~~We~~ beseelten Wesen und deren ~~in~~ ihren *25* Zeichen, Äußerungen oder Wirkungen] Zeichen, ~~Außerun~~ Äußerungen oder Wirkungen *26–27* kann als Ton oder Schallart eine unangenehme Art afficieren,] kann als Ton oder Schallart eine unangenehme Art afficieren,

Unruhe und *Beklemmung* bey uns selbst damit verbunden wird. Überhaupt können Töne (auch Weinen) welche äußerlich empfunden werden, *Affectionen hervorbringen*, die denen ähnlich sind, wodurch solche Töne bey andern bewirket werden.

Dies ist die blos *physische Verbindung* der Affectionen anderer Wesen, mit unserm *Selbstgefühl*.

Aber diese blos durch die physische Verbindung erregten *Mitgefühle* sind *unbestimmt* und auch schwach.

§ 44

Wenn aber *ähnliche Empfindniße* in uns von selbst leicht erregbar sind und durch andere äußere Empfindungen | [30] leicht erregt werden, so werden solche auch gegenwärtig wenn *ihre Zeichen* als das was mit ihnen verbunden und äußerlich empfindbar ist, *gegenwärtig* gemacht wird.

Zu solchen Zeichen der Affectionen, bey deren Empfindung sie leicht erregt werden, gehören zuförderst die *natürlichen Zeichen* und Ausdrücke derselben; dann aber auch die Worte womit sie benannt werden, als *künstliche Zeichen* derselben.

Daher werden *bestimmte* Affectionen gegenwärtig, bey der Empfindung oder Vorstellung von ihren äußern Zeichen bey andern.

So entstehen die *bestimmten Versetzungen* in den Zustande anderer Wesen und die *bestimmten Mitgefühle*.

Und solche Mitgefühle können durch andere hinzuzukommende Ursachen *stärker*, *lebhafter* werden, als es unserm eigen Empfindniße gewesen seyn würden, wenn sie bey uns aus der nämlichen Ursache entstanden wären aus der sie bey andern entstanden sind.

2 Töne (auch Weinen)] Töne (^{auch} Weinen *8* durch die physische] durch ^{die} physische *18* und Ausdrücke derselben; dann aber] und ~~Aussprüche~~ ^{Ausdrücke} derselben; dann ~~aber~~ aber

So können auch *unsre Mitgefühle* lebhafter und stärker seyn, auch länger anhalten, als die *Selbstgefühle* bey andern sind, wodurch sie erregt werden.

Daher können auch die Mitgefühle *andere Bestimmungen* bey uns annehmen, mit Strebungen und Thätigkeiten verbunden seyn, welche die Selbstgefühle in andern nicht
31 | mit sich verbunden haben. |

III. Abteilung

I. Kapitel
Erfahrungen von dem Handlungsvermögen der Seele
(von ihrem Vermögen zu thun und zu handeln, dem Willen)

§ 45

Die Seele bewirket Veränderungen in sich, und (wie es scheint) auch außer sich, in ihrem Körper, und durch diesen in andern Körpern, und zwar solche Veränderungen die von Vorstellungen und von Veränderungen in Vorstellungen unterschieden sind und empfunden werden. Z. B. Bewegungen in dem Körper.

Sie kann dergleichen Veränderungen auch bewirken ohne daß sie selbst darum gewahr wird. Sie kann in in diesem leztern Fall sie noch dunkel fühlen oder sie wieder dunkel fühlen.

§ 46

Alle Thätigkeiten welche die Seele in Hinsicht ihrer Vorstellungen bewirket haben blos Vorstellungen d. i. nachgebliebene Spuren ehemaliger Modificationen zum Gegenstande. Alle actus, Strebungen, Thätigkeiten die hierher gehören, sind als Äußerungen ihrer Erkenntniskraft oder ihres Verstandes vorher betrachtet worden.

Alle Thätigkeiten welche die Seele darum äußert daß sie neue Modificationen bewirket, d. i. die neuen (fühlbaren, empfindbaren) Veränderungen zum Gegenstande hat können als Handlungen, als ein Thun von eigener Bedeu-

9 scheint)] scheint *11* und von Veränderungen] und ~~Ver~~ von Veränderungen *26* die neuen] die neun ~~fühlbar~~

tung von jenen unterschieden, und als Äußerungen ihrer
32 | Willenskraft angesehen werden. |

Wenn die Seele sich bestimmt mit ihrem Verstandesvermögen zu wirken oder nicht zu wirken, auf diese oder jene Vorstellung sie anzuwenden oder nicht anzuwenden, sie mehr, stärker oder anhaltender anzuwenden, oder zum Gegenteil: so können diese *Selbstbestimmungen*[20] zur Thätigkeit oder Nichtthätigkeit, auch Vorstellungen, entweder zu dem *Vermögen der Erkenntniskraft* gerechnet werden, weil ihre Folgen und Wirkungen in Veränderungen bey den Vorstellungen bestehen; oder sie können, weil sie unmittelbar selbst *neue* Veränderungen in den Vermögen und Kräften sind, auch zu den *Äußerungen des Willens* gerechnet werden.

Die meisten Psychologen rechnen sie zu den erstern; verschiedene aber zu den leztern.

Im übrigen aber sind diese Regeln, wonach die Selbstbestimmungen erfolgen, die nämlichen mit denen, wonach überhaupt alle Thätigkeiten der Seele sich richten.

§ 47

So oft *ein Streben* zu etwas vorhanden ist, wovon man zum voraus eine Vorstellung in sich hat, so oft ist auch ein *Streben* in der Seele da, von demjenigen das gewirket werden soll, *eine Empfindung zu haben*, durch die erkannt wird, daß was hervorgebracht werden soll, auch wirklich hervorgebracht worden sey. In diesen Fällen nehmen wir in uns ein Streben zu etwas wahr wovon jene Empfindung eine Folge ist. Daher läßt sich sagen: dasjenige was wir bey unsern *Äußerungen der Kräfte* empfinden und wahrnehmen
33 | | *sey ein Streben zu etwas*, wovon eine neue Empfindung der Erfolg seyn kann und ist, und weil wir uns jenes etwas nicht anders, als durch die davon entstandene Empfindung

32 die davon] die ~~dadurch~~ davon

bewußt sind: so läßt sich sagen: *unsere Bestrebungen sind, neue Empfindungen zu bewirken.*

§ 48

Ob die Seele etwas *außer ihr zu bewirken strebe* und etwas außer ihr *wirklich hervorbringe*? ist eine Frage, die hier noch ausgesetzt wird. Aber dies hindert nicht die Actionen der Seele in immanentes d. i. *auf sich selbst unmittelbar gerichtete*, in ihr bleibende, und in transcentes[21] d. i. in solche, *die auswärts gehen*, wodurch in äußern Gegenständen etwas bewirket wird, abzuteilen.

Ob die Seele einmals *sich selbst unmittelbar verändere*, ob *unmittelbar* nur allein die Körper und mittelbar durch diese *sich selbst*? ist auch eine Frage, die hier ausgesetzt werden kann.

§ 49

Es gibt

1. *Strebungen* und *Thätigkeiten* in der Seele, die sie selbst nicht wahrnimmt und nur aus ihren Folgen schließt daß sie da gewesen sind, *dunkle Strebungen, Thätigkeiten.*
2. Es gibt *Strebungen* und *Thätigkeiten* die man wahrnimmt, aber ohne daß man vorher *eine klare* Vorstellung von den Veränderungen habe, die durch jene bewirket werden (oder wenn gleich solche klaren Vorstellungen vorhanden sind, daß solche doch die Thätigkeit selbst nicht lenken). Es gibt *Kraftäußerungen* die erfolgen, ohne daß weder das Object deßelben, noch die Art der Action vorgestellt | wird. Dies sind *blinde Kraftäußerungen.* | 34
3. *es gibt Strebungen und Thätigkeiten die durch klare Vorstellungen* von dem Object und von der Art der Thä-

12 nur allein die] nur [allein] die *19* sind,] sind *26–27* der Action] der ~~Handlung~~ Action

tigkeit selbst bestimmt werden. Dies sind *klare Kraftäußerungen* (mit Bewußtsein vorgenommene Kraftäußerungen).

Hieher gehören auch diejenigen welche *durch deutliche Vorstellungen* bestimmt werden, die *Willensäußerungen.*

§ 50

Das Wort: *Wille* wird genommen:

1. *für das gesammte Vermögen der Seele, thätig sich zu äußern*, für die ganze thätige Kraft derselben, auch die Vorstellungskraft eingeschlossen.
2. *für das Vermögen zu handeln*, was auf die Bewirkung neuer Modificationen gerichtet ist d. i. für die Thätigkeitskraft der Seele mit Ausschluß aller Thätigkeiten die zum erkennen gehören.
3. *für die thätige Kraft d. Seele auch mit Ausschluß der Selbstbestimmungen*, der Erkenntniskraft zum Wirken bey der Vorstellung.
4. *für das Vermögen in allen thätigen Kraftäußerungen nach klaren Vorstellungen.*
5. *für das Vermögen zu allen Kraftäußerungen nach deutlichen Vorstellungen.*
6. in einem eingeschränkten Verstande, *für das Vermögen nach deutlichen Vorstellungen zu handeln* (mit Aus-
35 | schluß der Erkenntnisthätigkeit. Dies | heißt eigentlich: *der vernünftige Wille*).

Und dann wird auch noch das Wort *Wille* als ein ein Bestreben nach deutlichen Vorstellungen etwas zu bewirken, dem *Nichtwillen* (noluntas) entgegen gesezt, als dem Streben das Gegenteil von einer Sache zu bewirken.[22]

18–19 für das Vermögen in allen thätigen Kraftäußerungen nach klaren Vorstellungen.] ~~in einem eingeschränkten Verstande~~ *für das Vermögen in allen thätigen Kraftäußerungen nach klaren Vorstellungen.*

§ 51

Bey *der thätigen Kraft der Seele* werden unterschieden: *das Vermögen zu handeln*, das größere Vermögen dazu, die Leichtigkeit zu handeln oder *die Fertigkeit*, der Hang zum Handeln, der Trieb (welcher schon ein Anfang des wirklichen Thätigseyns ist).

Ein äußeres Aufgelegtseyn zu einer gewißen Art von Thätigkeit oder zum Thätigseyn mit einem gewißen Object heißt: *Neigung*; und eine Neigung die leicht in unwillkührliche Strebungen übergeht, ist *der Hang* dazu.

§ 52

Ein *allgemeines Gesetz* aller Strebungen der Seele ist dieses: sie strebt sich unangenehmer Empfindungen zu entledigen (von Unbehaglichkeit und von Schmerzen zu befreyen).[23] Empfindniße sind die Reitze der thätigen Kraft der Seele.[24]

Die *dunkeln Strebungen* erfolgen so wie die unangenehmen Empfindungen in der Seele, wodurch die Vermögen gereitzet werden und deren die Seele sich zu entledigen sucht.

Mit den Strebungen der Seele zur Befreyung von unangenehmen Empfindungen, verbindet sich auch bald *eine dunkle Vorstellung* von der Folge der Handlungen. | | 36

§ 53

Die *dunkeln Strebungen* und eben so die *blinden Kraftäußerungen* werden in Hinsicht der Objecte, worauf die Thätigkeit gerichtet wird, bestimmt durch *dunkle Gefühle.* Ohne Rücksicht auf diese hinzukommenden Gefühle, sind sie in der Seele nur bestimmt, *in Hinsicht der Form der*

5 schon ein Anfang] schon ^{ein} Anfang 7 *Ein äußeres Aufgelegtseyn*] *Ein ~~etwas~~ äußeres Aufgelegtseyn* 28 der Seele nur] der ~~Seele~~ Seele nur

Handlung welche leztere der Natur der Vermögen und dem damaligen Zustande der Seele gemäß ist.

Instincte[25] heißen die natürlichen Vermögen der Seele, welche in dunkeln Strebungen und blinden Kraftäußerungen hervorgehen.

§ 54

Die Begehrungen setzen nach § 49 *Erwartungen* voraus, von der Folge der Actionen. Diese Erwartung besteht in Vorstellungen von demjenigen Angenehmen was zum voraus als eine aus der Handlung entstehende Folge vorgestellt wird d. i. sie besteht aus *Vorhersehungen*, Prävisionen.[26]

Wenn *die Erwartung* der *Grund* der Handlung wird, so heißt das zum voraus vorgestellte und durch die Handlung zu bewirkende Angenehme: der *Zweck der Handlung*; und dieser in der Vorhervorstellung heißt: *Absicht.*

Begehrungen setzen also voraus, *Absichten.*

Begierden sind die Fertigkeiten zu Begehrungen gewißer bestimmter Art und auf bestimmte Gegenstände gerichtet.

Je *klarer* die Erwartung ist, je mehr laßen sich darin unterscheiden:

a) eine *Vorstellung* von der *Handlung selbst*
b) eine *Vorstellung* von ihrer *Folge*, die als angenehm (ent-
37 | weder als befreiend | von einem Schmerz oder als für sich angenehm, oder auch als ein Grund von angenehmen Empfindungen d. i. als ein Gut) vorgestellt wird.
c) die *Vorstellung dieses leztern*, als Folge der Handlung, als möglich und künftig wirklich durch dieselbe.

Je nachdem *mehr* oder *minder Klarheit* in der *Erwartung* ist, sind auch die Kraftäußerungen *mehr oder minder Begehrungen* oder nur *blinde Kraftäußerungen.*

23–24 oder als für sich angenehm, oder auch als] oder [als] für sich angenehm, oder [auch] als *27* künftig wirklich] künftig ~~wirk~~ wirklich

Jede *wirkliche Begehrung* in der menschlichen Seele enthält vieles was nur *blinde Kraftäußerung* ist.

§ 55

Die vernünftigen Begehrungen setzen *deutliche Erwartungen* voraus, indem sie mehr und minder von den Folgen der Handlungen, von ihren unmittelbaren und mittelbaren, und von der Größe und Menge des Angenehmen und Unangenehmen, des Guten und des nicht Guten in sich enthalten.

§ 56

Alle unsere Vorstellungen von Handlungen haben ihren Stoff in den Empfindungen von den Handlungen und ihren Folgen, cf. § 10. Dieser Stoff wird aber eben so bearbeitet und daraus neue Vorstellungen von Handlungen zusammengesczt, als dies geschieht bey den Vorstellungen von Sachen. Die Vorstellung von einer Handlung kann 1) dasjenige vorstellen was *das innere der Handlung selbst* ausmacht d. i. die Folge von thätigen Kraftäußerungen woraus die Handlung als eine solche besteht.

Anmerkung

Wenn auch die Thätigkeiten der Seele nicht unmittelbar selbst empfunden werden, sondern nur ihre | bleibenden | 38
Folgen in uns: so werden doch jene eben so wiederholt, in eben dem Maaße zurück gerufen bey einer Vorstellung von der Handlung, als die paßiven Gefühle vorgestellt werden in der Abwesenheit der Empfindung. Man kann also sagen es gebe auch *reproducirte Handlungen*[27] die von den

5 voraus, indem] voraus, ~~in denen~~ indem *6* von ihren unmittelbaren] von ^{ihren} unmittelbaren *8* des nicht Guten] des ~~nicht guten~~ nicht Guten *12–13* von den Handlungen und ihren Folgen, cf. § 10.] von $^{\text{d.}}$ Handlungen und ihren $^{\text{Folgen, cf. § 10}}$. *22* sondern nur ihre] sondern ^{nur} ihre

Handlungen selbst in Hinsicht der Stärke unterschieden sind, wie die Reproductionen der Empfindungen von den Empfindungen selbst es sind.

2) Die Vorstellung der *succeßiven Empfindungen* von den Folgen, welche mit den succeßiven Kraftäußerungen verbunden sind. Diese succeßiven Empfindungen machen die empfindbare Seite der Handlung aus.

Und diese sind entweder die Folge von innern Empfindungen in der Seele und in dem Körper, welche die innere empfindbare Seite der Actionen ausmachen, oder es ist die Reihe der Veränderungen welche äußerlich empfindbar sind, und zusammen die äußere Form der Handlung ausmachen.

§ 57

Die Vorstellung *des innern* von einer Handlung, verbindet sich mit der Vorstellung von der *empfindbaren Seite* derselben, nach dem Gesetz der Ideenverknüpfung; und die Vorstellung von der *innern empfindbaren Seite* kann auch verbunden werden mit der Vorstellung von ihrer *äußern Form.*

Die Vorstellung von einer Handlung kann demnach *mehr oder minder vollständig* seyn, entweder nur die *äu-*
39 | *ßere Form* derselben enthalten, | oder auch die *innere empfindbare Seite* derselben, wobey dennoch mehr oder minder von *der Reproduction der thätigen Kraftäußerung* selbst, vergesellschaftet werden kann.

§ 58

Die *Fertigkeit in einer Handlung* besteht: *in dem Vermögen solche leicht vorzunehmen.*

Diese Fertigkeit *im Handeln* ist nicht einerley mit der Fertigkeit sich die Handlung *vorzustellen.*

7 der Handlung] der ~~Handl~~ Handlung 22 oder auch die] oder [auch] die 24 minder von] minder ~~der~~ von

Wenn die Fertigkeit sich die Handlung vorzustellen nach ihrer innern empfindbaren Form vorhanden ist: so ist mit der Vorstellung zugleich *eine gewiße Anwandlung zur Handlung, eine Reihe reproducirter Strebungen zum Handeln*, verbunden. Allein dies leztere ist die Fertigkeit zu handeln nicht selbst.

Diese beyden Fertigkeiten können unter gewißen Umständen einander sogar hinderlich seyn.

§ 59

Alle Strebungen (der Seele sowohl in ihren *Vorstellungskräften* als in ihren *Willensäußerungen*, sind immer dahin gerichtet, daß sie einer *unangenehmen* Empfindung sich entledige oder eine angenehme erhalte; im Ganzen dahin, daß etwas bewirket werde, was für sie *ein Gut* sey und bey den Begehrungen als *ein Gutes* voraus vorgestellt wird.

Man kann also in so fern sagen daß alles Streben der Seele *auf Wohlseyn* oder *auf Glückseeligkeit* gerichtet sey; nur muß dies nicht in dem Sinne genommen werden, als wenn dasjenige worauf ihr Streben gerichtet ist, auch jedes Mal so etwas sey, was ein Gut für sie oder ein wirklicher Grund ist von angenehmen Empfindungen. Es kann nur so *in der Vorstellung* seyn. | | 40

§ 60

Man kann die *Thätigkeiten der Seele* und eben so ihre *Triebe* in *Strebungen*, auch die natürlichen, klaßificiren *nach der Verschiedenheit der Objecte* in denen etwas zu bewirken bestrebet wird.

Dies Object ist entweder *der Mensch selbst, die Seele* oder es sind *andere Wesen*.

10 Alle Strebungen] ~~Alles Streben~~ Alle Strebungen *15* vorgestellt wird.] vorgestellt ~~werd~~ wird. *17* Seele *auf*] Seele ~~auch~~ *auf* *27* bewirken bestrebet] bewirken ~~daß~~ bestrebet

Die auf uns selbst gerichteten Triebe heißen: *Selbsttriebe*[28]:

Hinzu gehören:

d) die auf die Erhaltung des individuums gerichteten Triebe, *der Nähr- und Wehr-Trieb*[29].

e) die Triebe zur Erweiterung der Kräfte und Vermögen, zur Vollkommenheit seiner selbst. Dies heißt der *Erweiterungstrieb*, der Vervollkommnungstrieb, der Trieb zur Vollkommenheit.

f) der Trieb zum Wohlseyn, der Trieb zur eignen Glückseeligkeit, *Selbstliebe.*

Triebe für andere sind solche, die auf etwas in andern zu bewirkendes gerichtet sind. Dahin gehören die *gesellschaftlichen Triebe*, der Trieb zur Gesellschaft, sympathetischen Triebe, in denen das Wohlseyn anderer als die Folge der Handlung erwartet wird.

Von *vermischter* Art sind die Triebe *zur Erhaltung des Geschlechts*, und andere mehrere die zu den gesellschaftlichen gerechnet werden.

§ 61

Empfindniße welche überhaupt die Reitze der thätigen Kraft zu Trieben und Strebungen sind nach § 52, sind ent-
41 | weder *Empfindniße aus Selbst- | gefühlen* d. i. aus solchen Gefühlen, deren Gegenstand wir als etwas zu uns selbst gehöriges ansehen; oder es sind Mitgefühle nach § 43 und 44.

§ 62

Die *aus Mitgefühl* entstandenen Triebe können in Hinsicht deßen, was Absicht bey ihnen ist, sobald sie Begehrungen werden, verschieden seyn.

3 Hinzu gehören:] ~~Die zugehör~~ Hinzu gehören: *15–16* Folge der Handlung] Folge der Handlung

Entweder ist *die Absicht* (nicht die bloße Erwartung der Folgen, sondern dasjenige, deßen Erwartung die Triebe und Handlungen bestimmt, so feren sie Begehrungen sind) etwas, was *bey uns selbst* als ein Gutes vorgestellt wird (als etwas zu unserm Wohl gehöriges) oder sie ist etwas, was als ein Wohl *bey andern* vorgestellt wird, oder als etwas *von beiderley Art.*

Daraus entspringen folgende Verschiedenheiten:

1. Es gibt Strebungen und Handlungen, bey denen ob sie gleich aus Mitgefühlen entstehen, das zu bewirkende Gute als etwas zu unserm Selbstwohl gehöriges, allein vorgestellt wird. Dies sind *Triebe und Handlungen der Eigenliebe*, obgleich aus Mitgefühlen entstanden.
2. Triebe und Handlungen, bey denen das zu bewirkende blos als etwas andern zugehöriges, als Absicht die Handlung bestimmt. Dies sind *uneigennützige Triebe des Wohlwollens* (mit Erwartung des eignen angenehmen und Guten verbunden oder ohne dieselbe).
3. Handlungen, bey denen die Absicht, beydes, auf *selbst* und *anderer Wohl* gerichtet ist. Dies | sind *vermischte* | 42 *Handlungen*, die nachdem das eine oder das andere pars potior[30] in der Absicht ist, zu der einen oder der andern der ersten Klaße gerechnet werden.

Wenn die Absicht bey der Handlung, der Größe des zu bewirkenden Guten gemäß ist, ohne Rücksicht ob es zum *Selbstwohl* oder zum Wohl *anderer* gehört: so ist die Handlung eine Wirkung der *allgemeinen Liebe des Guten* (der Rechtschaffenheit, mit und ohne Erwartung anderer Folgen).

Anmerkung

Ob es eine *solche Rechtschaffenheit* bey menschlichen Handlungen gebe, ist darum nicht zu verneinen, weil es jedes Mal eigne Gefühle sind, auch die Mitgefühle, die zu den Handlungen reitzen; auch nicht deswegen, weil *Selbstwohl* unter den Erwartungen der Folgen sich befindet und sich befinden muß; auch deswegen nicht, weil es schwer ist, in einzelnen Fällen *das zu bewirkende Gute* bey andern und bey sich selbst zu vergleichen, so daß die Vorstellung: es sey das *unsrige*, nicht in dem Urteil der Größe deßelben einen Einfluß haben; noch deswegen, weil außer *der Größe* des Guten, auch jedes Mal die *Sicherheit*, daß es erfolge mit in Betracht kömmt; welche leztere alle Mal bey unserm 43 | Selbstwohl größer ist, als bey Fremden. |

4 bey sich selbst zu vergleichen, so daß die Vorstellung:] bey sich selbst zu vergleichen, so daß ~~den~~ die Vorstellung:

II. Kapitel
Erfahrungen von der Freyheit der Seele (von ihrer Selbstmacht über sich)

§ 63

Wir haben ein Vermögen Handlungen *die wir unternehmen* und auf eine bestimmte Art unternemen, *auch nicht zu unternehmen*, oder sie *auf eine andre* Art zu unternehmen. D. i. wir besitzen bey gewißen Handlungen die wir unternehmen, auch das Vermögen ihr Gegenteil zu unternehmen (das oppositum, zu laßen was wir thun oder es anders zu thun als es geschieht). Dies Vermögen zu dem Gegenteil heißt: *die Freyheit* (in der Psychologie) und ein Vermögen welches so wirket daß auch ein Vermögen zum Gegenteil damit verbunden ist heißt: *ein freyes Vermögen*, *eine freye Kraft*.

§ 64

Wir finden das Vermögen zum Gegenteil nicht blos in den *eigentlichen Handlungen*, sondern auch bey den *Actionen des Vorstellens und des Denkens*, *bey allen Arten von Kraftäußerungen.* Nur nicht bey dem *leidendlichen Gefühl*, auch nicht in dem Wahrnehmen unmittelbar.

Dies Vermögen findet sich aber nur bey solchen Kraftäußerungen, wozu wir uns nach *deutlichen Vorstellungen* bestimmen oder doch so bestimmen können. Nur in dem *Zustande der Besonnenheit*, nicht bey dunkeln Strebungen, auch nicht bey den blinden Kraftäußerungen.

§ 65

Diese Freyheit ist bey uns sehr eingeschränkt, teils in Hinsicht *der Menge der Handlungen*, die frey sind (extensive)

13 auch ein Vermögen] auch ~~das~~ ein Vermögen

44 | teils in Hinsicht *der mehrern oder mindern* | *Teile*, der größern oder kleinern in den freyen Handlungen, die eigentlich frey sind und wovon die ganze Handlung als eine freye angesehen wird (intensive); also auch in so fern das Vermögen zum Gegenteil selbst *verschiedene Stufen der Stärke* haben kann (da nämlich dies Gegenteil leichter oder schwerer zu bewirken ist).

§ 66

Wo wir wahrnehmen daß wir *frey handeln*, nehmen wir auch wahr daß wir *uns selbst zur Handlung bestimmen*; und wir unterscheiden deutlich die Fälle von einander in denen wir *uns selbst bestimmen* und in denen wir *leidendlich bestimmet werden.*

§ 67

Das Gefühl der Freyheit ist ein Gefühl von Daseyn eines Vermögens in uns etwas zu verrichten.

Dies Vermögen hat wie jedes andere Vermögen seine *Kennzeichen*, *Folgen*, welche unmittelbar gefühlt werden, und aus denen das Daseyn des Vermögens welches sonst bloßes Vermögen bleibt, eigentlich gefolgert wird.

Es können auch *wirkliche Strebungen* mit dem *Vermögen zu handeln* hinzukommen, die zwar bloße Strebungen bleiben, aber noch einen nähern Grund enthalten aus dem das Vorhandenseyn des Vermögens noch sicherer gefolgert werden kann.

In jedem Fall ist nun freylich kein unmittelbares Gefühl vorhanden davon, daß in uns ein Vermögen sey *das Gegen-*
45 | *teil auszuführen*; sondern wir folgern | dies Vermögen nur

1 mehrern] *mehr*^{ern} *3–4* als eine freye angesehen] x als eine freye xx angesehen *21 Strebungen* mit dem] *Strebungen* ~~zu~~ ^{mit} dem *26* freylich] »möglicherweise:« fraglich

aus andern unmittelbaren Gefühlen, die wir als *die Zeichen* von jenem Vermögen ansehen.

Daher folgt nun zwar daß es *an sich möglich sey*, daß uns unser *innerer Sinn* beym Gefühl der Freyheit *trügen könne*; aber es folgt eben so wenig als bey dem *äußern Sinn, daß er uns trüge*, und wir brauchen nur als Erfahrung anzunehmen daß er auch nur in einem einzigen Falle nicht trüge.

§ 48

Das Vermögen zu dem *Gegenteil* wird eben so als das Vermögen *zur Handlung* selbst, in der Empfindung als ein *volles Vermögen* wahrgenommen.

Dies Vermögen zum Gegenteil bleibt auch in uns noch alsdann, wenn das entgegengesezte Vermögen zur Handlung zur Wirksamkeit kommt.

Daher ist das Vermögen zu handeln und das Vermögen zum Gegenteil nach unserer Empfindung *zugleich mit einander vorhanden.*

Wo also die Handlung *eine freye Handlung* ist, da findet sich in der Kraft welche sie bewirkt:

a) ein Vermögen zu handeln.
b) ein Vermögen zum Gegenteil, zugleich mit jenem.
c) die wirkliche Anwendung des erstern Vermögens zur Handlung.

Bei einer *unfreyen Kraft* und bey einer *unfreyen Handlung* findet sich nur das Vermögen a) und deßen Anwendung c) es fehlt aber das Vermögen b).

Das Daseyn des Vermögens zum Gegenteil kann *in der freyen Handlung* seine *vollen Folgen* haben, | und muß sie | 46

6–7 und wir brauchen nur als Erfahrung anzunehmen] ~~und wir brauchen nur in einem einzigen Fall mehr erf~~ *9* § 48] In der Abfolge eigentlich § 68. *13–14* noch alsdann,] noch ~~alsdenn~~ alsdann,

haben, wenn es *in Strebungen zu dem Gegenteil* nach § 64 wirksam wird.

Daraus entspringt der Character freyer Handlungen, wodurch diese von denen die es nicht sind, sich *auch innerlich* unterscheiden.

Anmerkung

Ob das Vermögen *zum Gegenteil* und das Vermögen *zur Handlung selbst*, *als 2 unterschiedene zugleich vorhandene Vermögen* zu betrachten sind, oder nur *als ein und daßelbe Vermögen*, womit disjunctive entweder die Handlung bewirket oder nicht bewirket werden kann? ist eine Frage welche nach den Beobachtungen so beantwortet werden muß:

1. Das Vermögen zum Handeln und das Vermögen zum Gegenteil, sind nicht 2 solche vorhandene Vermögen welche neben einander zugleich *ihre volle Wirksamkeit* haben können (womit die Seele zugleich das bewirken könne, was durch jedes einzelne bewirket werden kann.

Es sind *entgegengesezte Vermögen* in dieser Hinsicht.

2. Dagegen sind *diese beyden Vermögen* als Vermögen zu handeln betrachtet, eben so verschieden als entgegengesezte Vermögen der Vorstellungskraft. Wir können z. B: die Vorstellung von einer Kugel und die Vorstellung von einem Würfel zugleich gegenwärtig haben, und dann ist das Vermögen zu dem einen in eben dem Sinn ein Vermögen als zu dem andern.

Allein es ist nicht möglich diese beyden Vorstellungen von einer Kugel und von einem Würfel *auf ein und daßelbe Object* zu beziehen, nicht möglich sich vorzustellen daß ein
47 | und daßelbe Ding eine Kugel und ein Würfel sey. |

Das Vermögen zum Handeln in das Vermögen zum Gegenteil.

1 Gegenteil nach] Gegenteil ~~wirksa~~ nach *16–17* Seele zugleich das bewirken könne,] Seele zugleich das bewirken könne, *18* sind *entgegengesezte Vermögen*] ~~entgegenges~~ *entgegengesezte Vermögen*

Das Vermögen sich die *Handlung* und sich *die Folgen als künftig* vorzustellen: diese Vorstellungen können *beyde zugleich gegenwärtig* seyn, ob es gleich nicht möglich ist sich vorzustellen, daß das was erfolgen werde, *zugleich die Handlung sey und zugleich ihr Gegenteil.*

§ 69

Bey allen unsern Handlungen *den freyen* wie *den nicht freyen* findet sich ein zureichender Grund oder ein warum die Handlung erfolgt, wirklich wird und so erfolgt, nicht aber ihr Gegenteil.

Dies kann hier als *Erfahrungssatz* und als allgemein durch die Analogie aller Erfahrungen bestätigt angenommen werden.

§ 70

Der *zureichende Grund*[31] *der freyen Handlung* enthält außer *dem Vermögen zu handeln* auch noch einen *Grund der wirklichen Handlung* und dieser leztere Grund liegt in den gegenwärtigen Vorstellungen und Empfindungen, in klaren oder dunkeln.

In den freyen Handlungen die *nach Auswahl* geschehen, ist es die Vorstellung der leztern, welche am meisten gefällt und dadurch der Grund wird daß die Handlung so und nicht anders vorgenommen werde. In den übrigen Fällen wo *ohne Wahl das erstere* als das erstere genommen wird, sind es *Gefühle dunkle* oder *klare*, welche den Grund enthalten warum die Handlung so wird und nicht anders.

1 und sich *die*] und [sich] *die* *8–9* warum die Handlung] warum ~~sie mehr geschehen als ihr~~ die Handlung *21* ist es die] ist [es] die

§ 71

Es ist nach unserer Empfindung ein Unterschied zwischen *dem sich selbst bestimmen* zu einer Handlung und zwischen
48 | dem *leidendlich dazu bestimmt werden.* |

Dieser Unterschied ist in unserer Empfindung derselbe den wir zwischen *thun und leiden* wahrnehmen.

Vorstellungen von dem *Beßern* wonach die Handlung erfolgt, heißen eigentlich *Motiven*[32]; Gefühle, klare und dunkle welche in den übrigen Fällen die Handlung bestimmen, heißen: *andere Bestimmungsgründe.* Aber sowohl das erstere Wort Motiv als das leztere, werden die meisten Male für beyde Arten gebraucht.

Daher läßt sich das obige auch so ausdrücken: es ist ein anderes *sich selbst bestimmen nach den Gründen* und ein anderes *durch die Gründe bestimmt werden.* Bey freyen Handlungen muß das erstere statt finden.

Diese Verschiedenheit in der Empfindung kann auch deutlich vorgestellt werden. Es ist nämlich ein anderes wenn *der Bestimmungsgrund* oder *das Motiv* von nichts mehr den Grund enthält als davon, daß die Vorstellung von der Handlung der handelnden Kraft als ein Object dargelegt wird, auf welches die Kraft sich anwendet (so daß in das Motiv nicht der geringste Grund weiter ist, von einer Quantität oder Qualität in der Kraft, noch auch davon daß die Richtung der Kraft im Handeln verändert wird): In diesem Fall bestimmt des handelnde Wesen sich selbst.

Hingegen wenn in dem Motiv oder Bestimmungsgrunde selbst etwas thätiges enthalten ist, wodurch in dem innern der handelnden Kraft etwas hervorgebracht wird (es sey an
49 | Quantität oder Qualität oder auch | an der Richtung derselben) wodurch die Kraft zur Handlung anders bestimmt

5 in unserer Empfindung] in [unserer] Empfindung *16* statt finden.] statt ~~haben~~ finden. *30* an der Richtung] oder ~~auch~~ auch | oder auch an der Richtung

wird, als jenes vorher nicht war. In diesem leztern Fall werden wir bestimmt zur Handlung *leidendlich.*

§ 72

Wie fern sich nun aus dem vorhergehenden § behaupten laße, daß jede freye Handlung zum voraus durch die Umstände determinirt sey, so daß ihr Gegenteil unter denselbigen Umständen nicht erfolgen könne? D. i. wie fern *der Determinismus*[33] *die wahre Vorstellung sey?*

oder wie feren die freye Handlung durch die vorhergehenden Umstände nicht bestimmt wird und ihr Gegenteil unter diesen Umständen möglich sey? d. i. ob *der Indeterminismus*[34] *die wahre Vorstellung sey?* läßt sich durch folgende Anmerkungen erläutern:

1. Es ist nicht möglich daß *die Handlung* und auch *ihr Gegenteil zugleich* geschehen.
2. Es ist *zu der freyen Handlung* ein Grund vorhanden wodurch sie *möglich wird*; aber auch ein Grund vorhanden wodurch *die Möglichkeit ihres Gegenteils* gesagt wird (nicht die Möglichkeit des zugleich geschehens mit der Handlung, sondern die Möglichkeit, statt der Handlung zu geschehen).
3. Es ist auch ein zureichender Grund vorhanden davon, daß *die Handlung selbst* wirklich wird und nicht *ihr Gegenteil* d. i. es ist auch ein zureichender Grund von der Wirklichkeit der Handlung vorhanden der nicht vorhanden ist in Ansehung ihres Gegenteils.

Vorausgesezt als Bedingung, *daß zu der Handlung der Grund von ihrer Möglichkeit vorhanden sey*, auch der Grund der Möglichkeit von | ihrem Gegenteil (in dem Vermögen | 50

4 Wie fern] Wie feren *4–6* § behaupten laße, daß jede freye Handlung zum voraus durch die Umstände determinirt sey,] § ~~sich grade~~ Ergänzung am rechten Rand: behaupten laße, daß jede freye Handlung zum voraus durch die Umstände determinirt sey, *7* D. i. wie fern] ~~wie feren~~ d. i. wie feren *27* Vorausgesezt] ~~Vorausgesezt als Bedingung, daß d. Grund~~ Vorausgesezt nemlich, anders handeln zu können) und nun noch dazu, daß der Grund der Wirklichkeit selbst vorhanden sey: so wird unter diesen Voraussetzungen ein Widerspruch entstehen, wenn damit die Folge verbunden wird die Handlung erfolge nicht d. i. unter jenen Voraussetzungen ist nicht möglich daß die Handlung nicht erfolge.

In so fern also haben die Deterministen Recht. Es läßt sich sagen: positis omnibus ad agendum requisitis ponitur actio et ponitur necessario[35]. Allein wenn nun deutlicher auseinander gesagt wird, was in der lezten Bedingung enthalten ist, daß *ein zureichender Grund* zum *wirklich werden* der Handlung vorhanden seyn soll: so findet sich daß dieser enthalte:

1. das Daseyn des Motifs oder des Bestimmungsgrundes nach allen seinen positiven Bestimmungen; aber auch
2. daß noch hinzukommen müße diese Bedingung: daß außer dem übrigen, dem Vermögen und der Kraft der Seele und außer dem vorhandenen Motif nichts mehr hinzukomme daß kein Hinderniß eintrete, daß zu *allen positiven Bestimmungen* und vorhandenen Umständen noch *die negativen Bestimmungen* hinzukommen: daß nichts anders eintrete.

Wenn dieses leztere Stück des zureichenden Grundes der Wirklichkeit abgesondert wird und man alles übrige positive, auch das vorhandene Motif eingerechnet, begreift zu den zur Handlung erforderlichen Umständen: so läßt sich mit allem jenen was vorausgesezt worden ist, dennoch ohne

17 außer dem übrigen,] außer dem ~~Vermögen~~ übrigen, *19* hinzukomme daß] hinzukomme ~~müßte~~ daß *22* nichts anders eintrete.] nichts ~~eintrete~~ anders eintrete.

Widerspruch die Folge verbinden, es erfolgt die Handlung nicht, sondern ihr Gegenteil.# | | 51

2 #] Ergänzung am äußeren Rand, im Uhrzeigersinn um 90° gedreht: # Denn wo die Handlung frey ist, da enthält das Vermögen anders zu handeln, auch die Möglichkeit gegen das vorhandene Motif sich zu bestimmen; und diese Bestimmung zum Gegenteil würde wirklich erfolgen, wenn ~~sich~~ ein stärkeres Motif zum Gegenteil mit dem vorhandenen verbunden oder hinzukommen würde. In diesem Sinne lässt sich sagen: positis omnibus ad agendum requisitis so kann noch beydes statt finden, die Handlung kann erfolgen, auch nicht erfolgen. In so fern liegt in dem Indifferentismus nur eine Vorstellung.

Anhang zum I^ten^ Abschnitt. Von der Grundkraft der menschlichen Seele.

§ 73

Die Kraftäußerungen der Seele wovon wir Vorstellungen aus unsere Empfindungen erhalten, sind Äußerungen derselben, so wie sie sich in dem Zustande befinden in welchem die Seele sich selbst wahrnehmen kann.

In diesem Zustande aber ist die Grundkraft[36] der Seele eine *modificirende Kraft*, die schon manche hinzugekommene abgeleitete Kräfte und Vermögen haben kann. Die Grundkraft wird zwar mit empfunden, wenn sie in ihrem modificirten Zustande empfunden wird; aber ob sie für sich als Grundkraft auch so empfunden werden könnte und daher auch solche Vorstellungen von sich hinterlaßen könnte? ist eine Frage, die wahrscheinlich zu verneinen ist.

§ 74

Es findet sich bey jeder Kraft und bey jedem Vermögen der Seele die Eigenschaft daß von ihren Äußerungen eine durch die Kraft der Seele wieder erweckbare Spur zurückbleibt, woraus die Vorstellung von dieser Kraftäußerung gemacht werden kann. cf. § 68.

§ 75

Da wir von keiner Kraftäußerung eine Vorstellung haben, ohne daß jene schon wirklich empfunden sey nach § 56: so folgt, daß eine Kraft vorher schon sich geäußert haben müße, ehe wir eine Vorstellung von ihrer Äußerung haben

52 | können. |

12–13 Zustande empfunden wird; aber ob sie für sich] Zustande ~~mit~~ empfunden wird; ^aber ob sie^ sie für sich *18* Seele die Eigenschaft daß] Seele ^die Eigenschaft^ daß *26* müße, ehe wir] müße, ^ehe^ wir

Es muß also *blinde Kraftäußerungen* geben nach § 49; eben so *Grundäußerungen, Grundthätigkeiten* der Seele geben, die schon vorher da sind ehe wir Vorstellungen von ihnen erhalten.

§ 76

Dagegen findet sich bey allen äußern Begehrungen insonderheit bey unsern Selbstbestimmungen, daß die Kraftäußerung der Seele in einer Thätigkeit bestehe die auf Vorstellungen von der Handlung und von dem Gegenstande gerichtet ist.

Eben so, daß *die Strebungen* der Seele in diesen Fällen dahin gehen, neue Empfindungen zu haben, von dem was zum voraus vorgestellt wird.

In diesen Kraftäußerungen zeiget sich also die Seele *als eine vorstellende Kraft* d. i. hier als eine solche die mit Vorstellungen sich beschäftigt, auf Vorstellungen wirket, auch da wo sie neue Empfindungen hervorbringt.

§ 77

Auch in den *blinden Kraftäußerungen* ist jedesmal eine vorhergehende, afficirende, wenngleich *dunkle Empfindung*, welche die Kraft reizt, und davon sich entweder die Seele zu befreyen strebt oder die sie fortzusetzen und zu verstärken sucht.

Es kann also auch in diesen Fällen die Kraftäußerung der Seele angesehen werden, als wenn sie sich *unmittelbar* auf die vorhergegangene Empfindung, die dann Empfindungsvorstellung | wird, verwende, und dadurch *neue Empfindungen* zu bewirken strebe. | 53

Das nämlich ist sogar wahrscheinlich von den *dunkeln Strebungen* (§ 40) die von *dunkeln Gefühlen* erreget werden.

27 wird, verwende,] wird, ~~verwende~~ verwende,

§ 78

Demnach lässt sich die Kraft der Seele vorstellen als eine solche, welche alles was sie bewirket dadurch bewirket: daß sie sich *unmittelbar* auf etwas verwendet was aus einer vorhergegangenen Empfindung als einer Spur derselben zurück geblieben ist und was in so fern eine Vorstellung ist.

In so fern kann also auch die Kraft der Seele als eine *vorstellende Kraft* erklärt werden d. i. als eine solche die alles was sie bewirket dadurch bewirket daß sie auf Vorstellungen wirket. Nur müßen zu *den Vorstellungen* alsdann auch *die Spuren dunkler Gefühle* die in ihr zurückgeblieben sind, mit zu den Vorstellungen gerechnet werden.

§ 79

Aber daraus, daß die Seele alles was sie wirket dadurch bewirket: daß sie *unmittelbar* auf Vorstellungen thätig ist (auf Spuren vorhergegangener Modificationen) folget nicht, daß alle ihre Wirkungen (alle Erfolge ihrer Thätigkeit) blos in Vorstellungen und in Veränderungen bey den Vorstellungen, bestehen. Die reinen Modificationen welche erfolgen sind nicht *bloße Vorstellungen*.

Auch folget nicht daß es jedesmal eine Vorstellung *von der Action* sey, auf welche sie wirket. So ist es nur *in den Begehrungen*; aber in den *dunkeln Strebungen* und *blinden Kraftäußerungen* (§ 49) ist es wenigstens nicht so
54 | in Hinsicht *der ersten Grundthätigkeiten.* | xxxxxxx

26 xxxxxxx] ~~ist es wenigstens nicht so in Hinsicht der ersten Grundthätigkeiten.~~

II. Abschnitt
Erfahrungen betreffend die Verbindung der Seele mit dem Körper.

Dieser Abschnitt enthält IV Kapitel:

I. Kapitel
Erfahrungen, betreffend die Verbindung der Seelenäusserungen mit dem Zustande und Veränderung des Körpers.

§ 80

Die äußern Empfindungen der Seele erfordern *bestimmte Veränderungen* in *bestimmten Sinngliedern*, ohne welche jene nicht vorhanden sind.

Wenn die bestimmten Veränderungen in dem bestimmten Sinngliedern vorhanden sind, so erfolgt *die bestimmte äußere Empfindung in der Seele.*

25–26 bestimmten Sinngliedern] bestimmten Sinn[gliedern]

§ 81

55 | Eine bestimmte Veränderung in der Seele die mit einer bestimmten Veränderung im Körper (vorzüglich im Gehirne) verbunden ist, heißt: *eine mit der leztern zusammengehörende Seelenveränderung*; und die dazu | gehörige Körperveränderung, wird im Allgemeinen *materielle Idee* genannt (da dann auch wohl die Seelenveränderung idea intellectualis[37] genannt wird).

Solche zusammen gehörende Veränderungen in der Seele und im Körper (und noch allgemeiner solche zusammen gehörige Bestimmungen in der Seele und im Körper) heißen: *harmonische Veränderungen*[38], mit einander verbundene, zu einander gehörige Bestimmungen.

Diese harmonischen Veränderungen können von *beyden Seiten* mit einander verbunden seyn, so daß jede von ihnen wenn sie vorhanden ist, die andern mit sich verbunden hat. Auch nur von *einer Seite*, so daß zwar die eine von ihnen die andern erfordert; aber nicht umgekehrt, die leztere auch die erstere. Jene sind die *völlig harmonischen.*

§ 82

Die äußern Empfindungen in der Seele und die zugehörigen *Bestimmungen der Sinnglieder* sind *harmonische Veränderungen.* Aber wenn die äußere Empfindung in der Seele vorhanden seyn kann (oder doch eine von dieser Empfindung nicht zu unterscheidende Vorstellung) ohne daß die dazu gehörige Körperveränderung ganz wieder gegenwärtig sey: so sind sie in so fern *nicht völlig harmonische*

2 Veränderung in der] Veränderung in der *14 Veränderungen* können von] *Veränderungen* können von *16* andern mit sich verbunden hat.] andern mit sich verbunden hat. *17* zwar die eine] zwar die eine *18–19* leztere auch die erstere.] leztere auch die erstere. *23* Aber wenn die äußere Empfindung in der Seele] Aber wenn die äußere ~~Veränderung in d.~~ Empfindung in d. Seele Seele *26* Körperveränderung ganz] Körperveränderung ~~ganz~~ ganz

Veränderungen. So scheint es in den *falschen äußern Empfindungen* zu seyn, bey denen das *was in der Seele ist, von der Empfindung selbst* nicht unterscheidbar ist, und dennoch die zugehörige Veränderung in dem Sinngliede nicht ganz vorhanden ist. Allein alsdann sind doch die *Veränderungen* in dem *innern Teil des Sinngliedes* wahrscheinlich die nämlichen, wie bey *wirklichen Empfindungen.* | | 56

§ 83

Es ist wenigstens höchst wahrscheinlich daß auch *eine jede Vorstellung* von einem *äußerlich* empfundenen Gegenstande, welche in Abwesenheit des leztern reproducirt wird, *eine Veränderung im Körper* (in dem innern des Werkzeuges der Empfindung) mit sich verbunden habe, ohne welche sie nicht gegenwärtig ist. Bey den Vorstellungen *aus dem Gesichte* zeigt sich das am deutlichsten; wahrscheinlich aber ist es bey allen übrigen.

§ 84

Die innern Empfindungen die wir nämlich als Empfindungen der Seele selbst von Empfindungen äußerer Dinge unterscheiden, sind nach dem was in dem erstern Abschnitt vorgekommen ist:

1. Empfindungen von *Affectionen* welche mit den äußern Empfindungen unmittelbar verbunden sind.
2. Empfindungen die mit den *Vorstellungsthätigkeiten* verbunden sind als Empfindungen dieser Thätigkeiten selbst und ihrer Folgen.
3. Empfindungen von *andern Handlungen* welche § 79 entstehen, indem die Seele auf Vorstellungen thätig ist; und

9 ist wenigstens] ist ~~wenig~~ wenigstens *11* welche in] welche ~~auf~~ ~~in~~ in *14* gegenwärtig ist.] gegenwärtig ~~sind~~ ist. *18* wir nämlich] wir ~~näml.~~ nämlich *27–28* § 79 entstehen,] (§ 79) ~~d~~ entstehen,

4. Empfindungen von *Affectionen* welche mit den Thätigkeiten sowohl des Vorstellens als des Handelns verbunden sind.

§ 85

Weil nun auch dem obigen mit jeder Vorstellung von *äußern Gegenständen* eine dazu gehörige *Körperveränderung*, welche hier insonderheit idea materialis genannt wird, verbunden ist: so folget daß auch die *innern Empfindungen*
57 | von den Affectionen aus | äußern Empfindungen, eine *zugehörige Körperempfindung* mit sich verbunden haben müßen. Ferner da *die Thätigkeiten der Seele* sowohl die des *Vorstellens* als des *Handelns*, gegenwärtig vorhandene Vorstellungen voraussetzen, es sey nun entweder Vorstellungen *von äußern Dingen*, oder Affectionen aus äußern Empfindungen; oder auch von den Thätigkeiten der Seele und der Affectionen aus diesen, auch jedesmal eine Körperveränderung mit sich verbunden haben müßen und zwar eine solche die zu Vorstellungen *aus äußern Empfindungen* gehört.

§ 86

Da *eine Affection der Seele* mit *unseren äußern Empfindungen* verbunden seyn kann, wo die leztern verschieden sind, die Affection selbst aber an sich dieselbige ist (in der Seele wenigstens in dem einen Fall nicht unterscheidbar von der in dem andern): So kann in einer solchen Affection der Seele *auch mehr als eine Körperveränderung* verbunden seyn.

Das nämliche gilt auch *von den Actionen des Vorstellens und des Handelns.* Die *Actionen* können die nämlichen

10–11 Körperempfindung mit sich verbunden haben müßen.] *Körperempfindung* mit sich verbunden haben müßen. *13* nun entweder] nun ~~von was~~ entweder *28 des Handelns.*] *des* ~~Denkens~~ *Handelns.*

seyn, obgleich die *Vorstellungen von äußern Dingen* auf welche die Seele wirket, sehr verschieden sind.

§ 87

Daraus folgt denn, daß wenn auch *keine innre Empfindung* oder kein Gefühl von irgend etwas was als der Seele zugehörig angesehen wird, in ihr vorhanden ist, ohne daß zugleich Vorstellungen *von äußerlich empfundenen Gegenständen* (Vorstellungen aus den äußern Empfindungen) gegenwärtig sind, also auch jedesmal die Gegenwart einer *Körperveränderung* | als einer idea materialis erfordert wird: so können | 58 diese leztern erforderlichen *materiellen Ideen* doch nicht als *harmonische Veränderungen* zu jenen innerlich empfundenen Veränderungen gehalten werden; denn es läßt sich nur folgern, daß die Gegenwart einer bestimmten idea materialis zwar ein gegenwärtiges Gefühl der Seele von einer innern Modification mit sich verbunden habe; aber nicht umgekehrt, daß mit der leztern in der Seele zugleich auch jene bestimmte idea materialis wiederum gegenwärtig seyn müße.

§ 88

Es ist aber auch wahrscheinlich daß *außer jenen materiellen Ideen*, wovon entweder die eine oder die andre disjunctive gegenwärtig seyn muß, *jede innere Empfindung* der Seele, jedes Gefühl einer Affection in ihr, einer vorstellenden Action einer Handlung und so fern eine eigne zu diesem Gefühl gehörige Veränderung im Körper als eine ihr zugehörige, mit sich verbunden habe, die zwar mit den Vorstellungen von den äußern Gegenständen sich verbinde, aber doch von ihr unterschieden und etwas besonders ist.

4 folgt denn,] folgt ~~dann~~ denn, *11* erforderlichen *materiellen*] erforderlichen ~~materi~~ *materiellen* *17* Seele zugleich] Seele ~~xxx~~ zugleich *26–27* zugehörige, mit] zugehörige, ~~mit~~ mit *29* ihr unterschieden] ihr ~~unter~~ unterschieden

Dies wird wahrscheinlich weil sich dergleichen *bey jeder lebhaften Affection* der Seele und bey jedem lebhaften Streben zu Actionen, es sey des *Erkennens* oder des *Wollens*, offenbar merklich macht und zwar auch äußerlich in dem Körper merklich macht.

§ 89

Daraus folgt dann, daß man mit Wahrscheinlichkeit anneh-
59 | men könne, daß auch *jede innere gefühlte Mo- | dification* der Seele mit einer zu ihr gehörigen *Körperveränderung* verbunden sey.

§ 90

Und ganz sicher kann man annehmen, *daß jede Modification* der Seele, sobald diese leztere klar empfunden werden kann, eine dazu gehörige *Körperveränderung* mit sich verbunden habe, ohne deren Gegenwart jene nicht statt finde.

§ 91

Dennoch läßt sich aus diesen leztern Bemerkungen nicht schließen: daß es für die *innern Empfindungen* solche verschiedene von einander getrennte *innere Organe* geben müße, als wir bey den *äußern Empfindungen* antreffen. Denn obgleich z. B. die innere Empfindung der Zufriedenheit etwas im Körper mit sich verbunden hat was noch von demjenigen verschieden ist welches zu den Vorstellungen von den Objecten gehört, wodurch diese Empfindung der Zufriedenheit veranlaßt wird, so kann doch jenes etwas im Körper seyn was den *materiellen Ideen der Zufriedenheit veranlaßenden Gegenstände* anklebt und was gemein ist in allen den Vorstellungen wodurch die gedachte Empfindung erregt wird. Und wenn es so ist so braucht es *keines*

2–3 Streben zu Actionen,] Streben [zu Actionen],

besondern Werkzeugs zu der gedachten Empfindung, welches wenn man eins annimmt als etwas allgemeines und mit unseren Vorstellungen verbundenes angesehen werden müßte.

§ 92

Ob jedesmal wenn eine klar empfundene oder *wahrgenommene Modification* der Seele vorhanden ist, auch zugleich *die dazu gehörige Körperveränderung* in gleichem Grade ausgezeichnet vorhanden | seyn müße (gleich stark und | 60
auskennbar)?

Und ob umgekehrt jedesmal *mit der ausgezeichnten Körpcrverändcrung* dic zu ihr gchörige *Sccelenverändcrung* in einem wahrnehmbaren Grade verbunden sey? wird durch das obige noch nicht entschieden; vielmehr machen verschiedene Erfahrungen es wahrscheinlich: daß eins ohne das andere, die Seelenveränderung ohne die Körperveränderung und umgekehrt vorhanden sey; obgleich die Seelenveränderung nie wahrnehmbar gegenwärtig ist ohne daß die Körperveränderung auch gegenwärtig sey.

§ 93

Zu diesen leztern Erfahrungen gehören:

1. die Fälle in denen die Körperveränderung der Wahrscheinlichkeit nach *ausgezeichnet und stark genug gegenwärtig* ist wie bey vielen äußern Empfindungen, ohne daß die dazu gehörige Empfindung in der Seele aus Mangel an erforderlicher Aufmerksamkeit, klar und wahrnehmbar werde.
2. die Fälle in welchen die Seele sich *vergebens bestrebt gewiße Vorstellungen zur Klarheit zu bringen* (sich etwas zu erinnern, auf etwas zu besinnen) wo es blos *an der Erweckung* der zu der Vorstellung in der Seele gehören-

23–24 gegenwärtig ist wie] *gegenwärtig* ~~sey~~ ist wie

den Körperveränderung zu fehlen scheint, ohne welche die Vorstellung in der Seele nicht wahrnehmbar genug
61 | werden kann. |

§ 94

Es lehren ferner die Erfahrungen:

1. daß die Seele selbst *durch eignes Streben* Vorstellungen in sich gegenwärtig machen könne, auch Affectionen, und andere neue Modificationen bewirken könne und also *aus sich und von innen* die dazu gehörigen Körperveränderungen hervorbringen und erwecken könne. Die Seele bestimmt dennoch *das materielle* in dem Körper und was davon in dem Körper weiter abhängt. Hieher gehören die Erfahrungen von der *Selbstmacht der Seele*[39] und *über den Körper*, welche vorzüglich in den *freyen* Handlungen sich beweisen.
2. daß auch die Veränderungen in der Seele durch die Gegenwart der dazu gehörigen Körperveränderung bestimmt werden. Dahin gehören die Erfahrungen *von der Macht des Körpers* über die Vorstellungen der Seele, insonderheit in *Krankheiten*.

6–7 Streben Vorstellungen in sich gegenwärtig machen] *Streben* ~~Grund~~ Vorstellungen in sich gegenwärtig ~~mach~~ machen *9* also *aus sich und von innen*] also ~~auch~~ *aus sich und von innen*

II. Kapitel.
Erfahrungen betreffend die Beziehung der Kräfte und der Vermögen der Seele auf den Zustand des Körpers und dessen Veränderungen.

§ 95

Der *Zustand* erregt *Thätigkeiten* in der Seele d. i. ein solcher in welchen Strebungen und Triebe zum Thätigseyn empfunden werden, ohne daß diese auf bestimmte Objecte schon gerichtet sind, ist nicht immer derselbige; und nach der Übereinstimmung aller Erfahrungen ist *mit jenem Zustand* ein gewißer dazu gehöriger Zustand des Körpers verbunden, ohne welchen jener nicht statt findet. | | 62

§ 96

Die Vermögen *zu thätigen Äußerungen* und *zur wirklichen Ausrichtung* so fern sie *Seelenvermögen* sind, finden sich auch *nicht immer im gleichen Zustande.* Diese Vermögen sind ebenfalls *an einen gewißen Zustand des Körpers* gebunden, ohne den sie nicht vorhanden sind. Beispiele davon sind die Veränderungen der Seelenvermögen nach dem veränderten Zustand des Körpers, sowohl in den *natürlichen* und *gewöhnlichen* Fällen, im Zustande des Wachens und des Schlafens der Munterkeit und der Ermüdung und dergleichen, als auch in den *ungewöhnlichen* und *nicht natürlichen* Fällen, als im Zustande der Krankheit und dergleichen.

2–3 Beziehung der Kräfte und der Vermögen] Beziehung ~~und~~ der Kräfte und der Vermögen *14–15 zur wirklichen Ausrichtung*] *zur wirk*lichen Ausrichtung ~~lichen Äußerung~~ *17* sind ebenfalls] sind ~~gleichfalls~~ ebenfalls *23* dergleichen, als auch] dergleichen, ~~also~~ als auch

§ 97

Der Verlust eines Vermögens etwas zu verrichten hat seine *verschiedenen Grade*; oder es gibt verschiedene Grade auch *in dem Unvermögen etwas zu verrichten*, davon man einige unterscheiden kann:

1. in einigen Fällen fehlt es nur an demjenigen Grade des Vermögens der zur völligen Ausführung einer Action erfordert wird. Es fehlt nämlich nur an dem *Vollbringungsvermögen*, obgleich das Vermögen zu wollen und die Handlung anzufangen vorhanden ist.

§ 98

2. ein zweyter Grad des Unvermögens ist alsdann vorhanden, wenn zwar die Handlung noch *vorgestellt* werden kann auch die dazu gehörigen Thätigkeiten *reproduziert* werden können (als Vorstellungen von Empfindungen), aber nicht wiederum *zu Empfindungen verstärkt* werden
63 | können. In | diesem Fall kann man sich die Handlung vorstellen und zwar *anschaulich* nach ihrer *innern Form*, aber kann sie nicht wieder anfangen.

§ 99

3. Ein dritter Grad des Unvermögens ist alsdann vorhanden, wenn auch *die Vorstellung von der Action nach der innern Form* derselben nicht mehr gegenwärtig gemacht werden kann, ob man gleich noch Vorstellungen von ihr aus der *äußern Form* derselben haben kann.

Diese Grade des Unvermögens laßen sich selbst *aus dem Gefühl* erkennen, unmittelbar wahrnehmen; allein wo dies Wahrnehmen *des Unvermögens* statt findet muß auch immer noch irgend eine Vorstellung *von der Handlung* vorhanden seyn.

26 des Unvermögens] des ~~Unv~~ Unvermögens

Wenn auch das Unvermögen nicht mehr gefühlt wird, so läßt sich doch noch *mittelbar* wißen (durch Folgerungen aus andern Empfindungen) daß ein Vermögen zu etwas vorher vorhanden gewesen sey was nun nicht mehr da ist, ob es gleich schon an einer Vorstellung von der Handlung fehlt.

§ 100

4. Endlich kann sogar *alle Erinnerung* an vorher vorhanden gewesene Vermögen sich verloren haben, wenn weder eine *unmittelbare Vorstellung* von der Handlung, noch ein *mittelbares Erkennen* daß man das Vermögen dazu gehabt habe, mehr übrig ist.

§ 101

Das Unvermögen was aus einer Verminderung oder aus einem Verlust des Vermögens entstanden ist | kann seinen | 64
Grund haben *in innern* und *äußern Ursachen* d. i. in einem Mangel an demjen. Was in der Seele zu diesem Vermögen erfordert wird, oder in einem Mangel an demjen. was in dem Körper dazu erfordert wird, oder auch in äußern Umständen außer dem Körper.

§ 102

Nun muß zunächst unterschieden werden *das Nichtwirken* von dem *Nichtwirken können.* Von dem leztern ist hier die Rede.

Es ist außer Zweifel daß die Seele *nicht ununterbrochen fort* mit allen ihren Vermögen wirksam sey.

Davon ist die Frage noch unterschieden: ob die Seele jemals *ganz unthätig* sey, ohne alle Wirksamkeit? Was

3–4 zu etwas vorher vorhanden gewesen sey was] zu etwas ~~vorha~~ vorher vorhanden ~~ist~~ gewesen sey was *8–9* vorher vorhanden] vorher ~~ge~~ vorhanden

diese betrifft, so ist es zwar entschieden genug daß man sich gewißer Zustände, wie das *in tiefem Schlaf* und *in der Ohnmacht* nicht erinnern könne. Aber es sind auch der Fälle gar nicht zu viele wo man es aus andern Gründen entscheiden kann daß Thätigkeit vorhanden gewesen, ohne daß eine nachherige Erinnerung derselben nöthig sey. derselben nöthig sey gewesen. Es ist nur der kleinste Teil der Thätigkeiten, und sogar nur derer die *mit klarem Bewußtseyn* verknüpft gewesen sind, wovon in der Folge eine Zurückerinnerung übrig bleibt.

Allein wenn nun gleich *aus Mangel der Erinnerung* nicht folgt, daß gar nichts Thätiges vorgenommen sey, und es auch sonst nicht wahrscheinlich seyn mag daß die Seele jemals ganz unthätig sich befunden habe: so ist doch der obige Erfahrungssatz außer Zweifel: daß sie *nicht immer*
65 | *mit allen* | *ihren Vermögen thätig sey*, also öfters *nicht wirke* und dennoch das Vermögen *wirken zu können* besitze.

§ 103

Die Schwächung der Vermögen ist in einigen Fällen nur *vorübergehend*, in andern *bleibend.*

Wo das leztere statt findet, da hat die Abnahme des Vermögens seinen Grund entweder in dem *verlernet* und *vergeßen haben* oder in andern Ursachen wie z. B. in dem *zunehmenden Alter des Lebens.* Dabey kommt auch noch dieser Unterschied vor, daß ein Vermögen entweder *wiederherstellbar* ist *oder nicht.*

6 nachherige Erinnerung derselben nöthig sey.] nachherige Erinnerung derselben nöthig sey. ~~gewesen.~~ *10* übrig bleibt.] übrig ~~geblieben sey~~ bleibt. *13–14* Seele jemals] Seele ~~jen~~ jemals *21* hat die] hat ~~solches entw~~ die *22* *verlernet* und] *verlernet* ~~oder~~ und *23–24* in dem *zunehmenden*] in dem *zunehmenden*

§ 104

Nach den Erfahrungen besteht das Vergeßen: *in einer entstandenen Unfähigkeit Vorstellungen zu reproduciren, aus unterlaßener Übung*; und *aus verlernet haben*: in einer *Unfähigkeit die Unproductiven von Handlungen zu Empfindungen zu machen, aus unterlaßener Übung.*

§ 105

Nach der Analogie der Erfahrungen *verliert sich keine Vorstellung* als Spur einer ehemaligen Modification ganz und gar, so daß nicht immer noch ein Unterschied sey zwischen *dem etwas vergeßen haben* und dem *niemals die Vorstellung gehabt zu haben.* Aber die Spur kann sich bis dahin verlieren, daß sie *nicht mehr durch die Kraft der Seele* (wenigstens nicht unter den gewöhnlichen Umständen) *wieder gegenwärtig gemacht* werden kann, also als Vorstellung sich verloren hat. | | 66

Das nämliche findet auch statt in Hinsicht *der zu reproducirenden Actionen der Seele.*

§ 106

Die Schwierigkeit Vorstellungen zu reproduciren oder die verminderte Leichtigkeit das zu thun, kann verschiedene Gründe haben. Es ist ein anderer Grund davon, wenn wir etwas *blos vergeßen* oder aus Mangel an Übung *etwas verlernet haben*, wo wir noch das Vermögen besitzen die verlorene Fertigkeit *wieder zu erlangen.* Ein ander Grund ist vorhanden, wenn zugleich, es sey Alters wegen und Krankheit wegen, *die Möglichkeit nicht mehr vorhanden ist* das Vermögen sich wiederum zu erwerben.

2–3 entstandenen Unfähigkeit] *entstandenen ~~Unfähigs~~ Unfähigkeit*

§ 107

Es entsteht selbst daraus eine Schwierigkeit Vorstellungen zu reproduciren, weil solche *allzu oft* oder *allzu stark* und *in allzu vielen Verbindungen mit andern Nebenvorstellungen* vorher reproducirt worden sind. Die genaue Verbindung einer Vorstellung mit vielen andern die mit ihr zugleich reproducirt werden sollen, macht die Reproduction der erstern beschwerlich.

Es erfolgt aus dem *immer mehr zu lernen* in einem gewißen Grade *ein natürliches Verlernen* desjenigen was man vorher gewußt und gekannt hat.

§ 108

Die vorhergehenden Erfahrungen führen auf folgende Schlußsätze:

1. es kann *kein Vermögen, auch kein Grad deßelben sich äußern* in einem wahrnehmbaren Grade, ohne daß zugleich *Vorstellungen* gegenwärtig sind, und mit ihnen
67 | die dazu gehörigen Ver- | änderungen im Körper.

§ 109

2. Eben so enthält die *Möglichkeit* eine *Vorstellung* oder eine *Handlung gegenwärtig und wahrnehmbar zu machen*, auch die Möglichkeit in sich, daß *die dazu gehörige Körperveränderung gegenwärtig gemacht werden könne.* Außer dem Vermögen in der Seele die gehörigen Reproductionen zu bewirken, wird auch *eine gewiße Modificabilität*[40] *in dem Körper* erfordert, wenn die Seele mit ihrem Vermögen sich merkbar äußern soll.

9 lernen in] *lernen* ~~aus~~ in *16 äußern* in] *äußern* ~~auf un~~ in

§ 110

3. Es folgt daraus aber nicht, daß *die Reproducibilität*[41] *in der Seele* ganz und gar nicht mehr statt findet, wenn es an der *Wiedererweckbarkeit der Körperveränderung* fehlt.

§ 111

4. Nach den obigen Erfahrungen (§§ 100, 101, 102) kann man annehmen: daß es *in Hinsicht der ersten Stufe der Abnahme in dem Vermögen* sich so verhalte, daß es blos *an dem fehle was in dem Körper dazu erfordert wird* und dabey das volle Vermögen soweit es der Seele zukommt noch ungeschwächt vorhanden sey.

§ 112

Da dies leztere *bey jeder Stufe in dem abnehmenden Vermögen an sich* möglich ist: so wird es daraus daß es sich bey der ersten Stufe wirklich so verhält, wahrscheinlich daß es auch *bey den übrigen Stufen eben so sich verhalten* werde, und daß also auch bey jedem Verlust | eines Vermögens, | 68 *der zu der Seele gehörige Anteil deßelben, in ihr ganz oder doch zum Teil noch fortdauern werde.*

16 ersten Stufe] ersten ~~Stufen~~ Stufe *17–18* *verhalten* werde, und daß also] *verhalten* ~~werde~~ werde, und daß also

Kapitel 3
Von dem Zustande der Seele im Schlaf; von Träumen und Nachtwandeln

§ 112

Der Zustand des Schlafes unterscheidet sich von dem Zustand des Wachens:

1. darin, daß in jenem die äußern Empfindungen merklich dunkler sind, bis dahin, daß sie nicht mehr als Empfindungen von Vorstellungen abwesender Sachen unterschieden werden können.
2. daß auch die thätige Kraft der Seele, sowohl ihre Denkkraft, als ihr Vermögen zu handeln, sowohl das, womit sie auf sich selbst wirkt, als das, womit sie auf den Körper wirkt und auf äußere Gegenstände, merklich schwächer vorhanden sind. Dieß sind die beyden wesentlichsten Verschiedenheiten.

§ 113

In dem Körper findet sich eine analoge Verschiedenheit:

1. Die Sinnglieder sind im Schlaf für die äußern Empfindungen weniger aufgelegt, Eindrücke von den Objecten aufzunehmen, als im Wachen. Das körperliche Gefühl ist merklich schwächer.
2. Die Werkzeuge zu den körperlichen Bewegungen sind merklich weniger dazu aufgelegt im Schlaf, als im wachen.
3. Sogar die unwillkürlichen Lebensbewegungen sind im Schlaf schwächer (obgleich verschiedene alsdenn gleich-
69 | förmiger erfolgen). |

1 Kapitel 3] ab hier eine zweite Handschrift *4* § 112] eigentlich § 113, dieser Fehler wird im folgenden nicht korrigiert

§ 114

Wenn in dem Zustand des Schlafs, Vorstellungen und Thätigkeiten der Seele nicht nur vorhanden sind, sondern auch klar empfunden werden: so ist dies *der Zustand des Traumes.*

Wenn dergleichen gar nicht wahrnehmbar ist: so ist es der Zustand des *tiefsten Schlafs.*

§ 115

In den Träumen werden die Vorstellungen von abwesenden Gegenständen (Phantasien) nicht von den Empfindungen unterschieden.

Diese Vorstellungen können für sich im Traume lebhafter und stärker gegenwärtig seyn als sie es im Wachen sind, weil die Vorstellungskraft alsdann mit größerer Freyheit wirken kann. Aber gewöhnlich ist es nicht so. Auch die Vorstellungen abwesender Dinge sind im Traume weniger klar und deutlich; nur werden sie mehr wahrgenommen, weil ihre Klarheit nicht von den stärkern Empfindungen unterdrückt wird.

§ 116

Im Traume sind alle selbstthätigen Vermögen der Seele, sowohl der Denkkraft als des Handlungsvermögens, *schwächer als im Wachen*; obgleich ein oder das andere Vermögen in jenem Fall zuweilen selbst stärker ist, als es unter den mehrern Hinderni߅en im Wachen gewöhnlich ist.

1 § 114] ab hier wieder die erste Handschrift *24* in jenem Fall] in jenem ~~ihrem~~ Fall *25* Hinderni߅en im Wachen gewöhnlich ist.] Hinderni߅en ~~zuweilen~~ im Wachen ~~ist~~ gewöhnlich ist.

§ 117

Im Schlafe hören nicht alle äußern Empfindungen auf, nur sind sie schwächer und dunkler. Diese dunkeln Empfindungen können also auch wie im Wachen die Vorstellungskräfte 70 | und die übrigen Kräfte reitzen. |

§ 118

Die Vorstellungen im Traum folgen mit einander mehr nach dem Gesetz der bloßen Reproduction (nach dem Gesetz der Aßociation der Vorstellungen) als im Wachen, obgleich im Ganzen auf dieselbige Art und nach denselbigen Regeln. Der Zustand im Wachen ist mit dem Zustand im Träumen einerley, so bald man das von jenem absondert, was von der größern Klarheit der äußern Empfindungen und von der größern Thätigkeit der Seele abhängt. Man findet auch in den sonderbaren sich auszeichnenden Träumen ähnliche Ideenverbindungen wie im Wachen.

Es giebt auch verschiedne Stufen sowohl im Schlaf und Träumen als im Wachen. Der Unterschied dieser Zustände hängt von einem mehr oder minder ab. Es giebt auch einen Mittelzustand zwischen Wachen und Schlafen das Schlummern.

§ 119

Es giebt Zustände, die zum Theil ein Schlaf zum Theil ein Wachen sind; im Schlaf von einer Seite in Hinsicht gewißer äußren Empfindungen und im Wachen oder Halbwachen in Hinsicht anderer äußren Empfindungen. Wenn der Zustand des Schlafens dabei der herrschende ist. so ist dies 71 | der Zustand des Nachtwandelns. | Die Erscheinungen des Nachtwandelns laßen sich erklären

4–5 Vorstellungskräfte und] Vorstellungskräfte ~~oder~~ und *6* § 118] erneuter Handschriftwechsel – in dieser Schrift ist der Rest des Manuskripts verfaßt *20* einen] verbessert aus: ein

1. aus den verschiedenen Graden der Stärke und Schwäche in den äußern Empfindungen überhaupt.
2. aus der Verschiedenheit bey den verschiedenen Arten von äußern Empfindungen und
3. aus der ähnlichen Verschiedenheit der thätigen Vermögen der Seele.

Es giebt auch solche Zwischenzustände, worin das Wachen das vornehmste ist. Es kann die eine Art von Empfindungen und beynah alle äußern Empfindungen sehr schwach und undeutlich seyn und kann dabey die innren Empfindungen und Gefühle desto lebhafter. Es kann insonderheit bey der Schwäche äußerer Empfindungen die Äußerung der Denkkraft vorzüglich stark und lebhaft seyn und auch andere Thätigkeiten der Seele in besondren Arten von Handlungen. Hieher gehören die Zustände des tiefen Nachdenkens, des Entzückens, der Tiefsinnigkeit, Melancholie, der lebhaften Schwärmerey und so fort. | | 72

Kapitel IV
Von der Entwickelung der Seelenvermögen, von den Veränderungen derselben in den verschiedenen Stufen des Alters

§ 120

Die Kräfte und Vermögen der Seele entwickeln[42] sich nach und nach in der Kindheit und Jugend. Alle zusammen in Verbindung und in so fern zugleich unter einander, daß kein Vermögen ganz zurück bleibt, aber doch so, daß ein Vermögen eher zur Vollkommenheit kömmt als das andere.

§ 121

Nach dem Begriff, der oben § 73 von der Grundkraft der menschlichen Seele aus der Erfahrung gezogen worden ist, läßt sich jedes neue Vermögen, was in ihr hinzu kommt zu dem vorhandenen als eine Entwicklung des schon vorher da gewesenen ansehen. Denn jedes Vermögen, welches als neu hinzugekommen angesehen wird, hat in dem vorhergehenden seine Anlage auf eine solche Art, daß nur an Quantität (Vergrößerung, Ausdehnung) etwas zu dem vorhergehenden hinzukommen darf, um das neue Vermögen auszumachen. Alle abgeleitete hinzukommende Vermögen entstehen durch Entwicklung des Grundvermögens.

§ 122

Bey einem Vermögen und bey der Fertigkeit mit diesem
73 | Vermögen zu wirken muß das absolute Vermögen, d. i. | das Vermögen überhaupt auf eine bestimmte Art zu wirken, von dem respectiven Vermögen und von der respectiven Fertigkeit, d. i. von dem Vermögen und von der Fertigkeit auf eine bestimmtes Object so zu wirken, wenn das Vermögen seiner Natur nach wirkt, unterschieden werden.

29 bestimmtes Object] bestimmtes ~~Art~~ Object

Die leichte Fertigkeit auf bestimmte Objecte zu wirken, macht die besondere Geschicklichkeit aus. Diese ist von dem allgemeinen Vermögen auf eine solche Art zu wirken, unterschieden.

Die besondern Geschicklichkeiten hangen mit ab von einer Fertigkeit, die Vorstellungen von dem besondern Object der Handlung sich gegen wärtig zu machen.

Es stehen zwar die Größen des absoluten Vermögens und die Größen der besondern Geschicklichkeit in einer Verbindung mit einander, so daß sich von einem aufs andere schließen läßt. Allein sie sind doch auch in so weit verschieden, daß man dergleichen Schlüße nur unter gewißen Voraussetzungen und Bedingungen machen kann.

§ 123

Alle Vermögen der menschlichen Seele auch alle besonders von der Seele abhän- | gende Geschicklichkeiten erreichen | 74
im Menschen ihr äußerstes, d. i. Grenzen, über welche hinaus sie nicht weiter zunehmen. Wenn sie diese Grenzen erreichen, so sind sie vollendet, welches insonderheit bey dem absoluten Vermögen stattfindet.

§ 124

Bey dem Menschen sind es die äußeren Sinne, deren Entwickelung zunächst vollendet wird und damit die Entwicklung der Vermögen zu handeln, die von den äußern Sinnen abhangen.

Diese Entwicklung der Sinne faßt in sich so wohl die Entwicklung des Vermögens von äußern Gegenständen Eindrücke aufzunehmen und von diesen afficirt zu werden und darnach zu handeln als auch der Entwicklung des Vermögens jene Eindrücke und ihre Spuren als Vorstellungen der

15 Seele auch alle besonders] Seele ~~ent-~~ auch ~~halten~~ alle besonders
23 zunächst] zunachst

äußern Objecte zu gebrauchen, und die letztern dadurch von einander zu unterscheiden.

§ 125

Die Lebenszeit des Menschen, während welcher die Ent-
75 | wicklung der äußern Sinne nebst den davon abhangenden | Vermögen vollendet wird heißt die Kindheit der Menschen.

Diese Periode ist nicht bey allen einzelnen von gleicher Länge, aber es ist doch so viel Gleichheit bey den einzelnen Individuen, daß man ein gewißes Alter als eine mittlere Dauer derselben ansehen kann.

§ 126

Die Entwicklung der äußern Sinne hat auch eine Entwicklung in der Organisation des Körpers mit sich verbunden und selbst in den Sinngliedern.

§ 127

Auf die Vollendung der äußern Sinne folgt die Vollendung der Vorstellungskraft, in so fern diese thätige Phantasie ist, oder das Vermögen Vorstellungen aus den Empfindungen zu bearbeiten, zu trennen und aufzulösen, zu verbinden und zu vermischen, mit dem Vermögen, diesen selbstgemachten Vorstellungen gemäß zu handeln.

§ 128

Die Periode des Lebens, während welcher die Entwicklung der thätigen Phantasie und des Vermögens, dem gemäß zu
76 | handeln, geschieht, ist das Jünglingsalter des Menschen. |

Dieß ist ebenfalls bey einzelnen von verschiedener Länge. Was aber doch nicht hindert, ein gewißes mittleres Alter im Durchschnitt dafür anzunehmen.

§ 129

Die Vollendung der Entwicklung in dem Vermögen, Vorstellungen auf einander zu beziehen und zu denken d. i. in der Denkkraft, im Verstande, in der höhern Erkenntnißkraft erfolgt in dem letztern Jünglingsalter und im Anfang des männlichen.

§ 130

In jeder verschiedenen Alterstufe findet sich auch eine mit der Entwicklung und Vollendung der Seelenvermögen verbundene Entwicklung und Vollendung in der Organisation des Körpers, welche jene Seelenveränderung begleitet.

§ 131

Die erlangten und vollendeten Vermögen bestehen durch eine Periode des Lebens ohne merkliche Veränderung in ihrer erlangten Größe, bis wohin sie nemlich gekommen sind in der Vollendung. Das ist der Beharrungsstand im Menschen, die Dauer des völlig entwickelten und vollendeten Zustandes | der Kräfte. | 77

Das äußerste, was das die Vermögen bey ihrer Vollendung erhalten haben, ist nicht das äußerste mögliche für diese Vermögen an sich betrachtet, und, das äußerste was möglich war in den einzelnen Menschen, sondern nur das äußerste in dem was wirklich geworden ist.

§ 132

Es ist offenbar eine Ungleichheit unter den verschiedenen menschlichen Individuen in Hinsicht der Größe der Vermögen in ihrem Beharrungsstande. Dieser Unterschied findet nicht bloß statt in der besondern Geschicklichkeit, sondern auch, in den absoluten Vermögen und Kräften, die so wohl an Intension, als an Umfang und Extension und an Ausdaurung von einander unterschieden sind. Doch ist der Unterschied merklicher in Hinsicht der besonderen Geschicklichkeiten, als in Hinsicht der absoluten Vermögen.

Eben dieselbige Verschiedenheit zwischen den Individuen der Thierarten zeigt sich gleichfalls in allen Stufen des Alters von der Geburt an.

§ 133

78 | Auf diesen Beharrungsstand folgt wie- | derum eine Abnahme an Kräften und Vermögen der Seele. Zuerst wird eine Abnahme merklich in den äußren Sinnen. Die Stufe des Alters, wo die Abnahme der Sinne merklich wird, ist die erste Stufe des Alters.

§ 134

Hierauf folgt die Periode, in welcher die thätige Vorstellungskraft und die sich darauf beziehenden Vermögen zu handeln von ihrer Größe abnehmen. Wenn dieß merklich wird, so fängt einc zwote Stufe des Alters an.

§ 135

Dann folgt eine Abnahme auch des Denkvermögens und der darauf sich beziehenden Handlungsvermögen.

Wo sich eine Klaße von Vermögen schon sehr merklich geschwächt hat und auch die übrigen alle schon in Abnahme sind, da ist der Anfang des hohen Alters. Dieß geht fort bis zu dem ganz unthätigen höchsten Alter, und wenn auch nicht einmal die Vorstellungen von Handlungen und Wirksamkeiten, mehr so weit zurückgerufen werden können, daß sie sich als vormals vorhandene wahrnehmen laßen, so
79 | fängt das kindische | Alter an, oder die zwote Kindheit.

§ 136

Die allmälige Abnahme der Kräfte und Vermögen im Alter ist mit einem dazu gehörigen Zustande der Organisation des Körpers verbunden. Dieser letztere besteht nicht darin, daß die Spuren ehemaliger Aktionen weggenommen und erloschen wären, sondern darin, daß sie einer Unbiegsamkeit wegen nicht wieder erweckbar sind. In dem Körper ist also auch die Abnahme der Vermögen keine Wiedereinwickelung, d. i. keine Rückkehr in denselben Zustand, der vor der Entwicklung da war, und eben so besteht in der Seele das Abnehmen der Kräfte im Alter nicht in dem Verlust der Spuren aus ehemaligen Modificationen, sondern in einer wachsenden Unfähigkeit solche Spuren sich wieder gegenwärtig zu machen.

§ 137

In den ersten Stufen der allmäligen Abnahme läßt es sich deutlich bemerken, daß nicht die zur Reproduction der Vorstellungen und Bewegungen erforderliche Seelenkraft sich vermindert habe, sondern daß die Unfähigkeit dieser Reproductionen von Hindernißen | in dem Körper abhangen. | 80
Denn die Abnahme an Vermögen wird erst erkannt, nicht durch das Selbstgefühl der Seele, sondern durch das Gefühl der Hinderniße im Körper, welche sich der Kraftäußerung entgegen setzen.

Und bey der folgenden weiter gehenden Abnahme sind eben diese Hinderniße des Reproducirens auch die Veranlaßungen, daß selbst die thätige Kraft der Seele weniger gereizt wird in Handlungen sich zu äußern und es führen demnach die Erfahrungen dahin, daß nicht so wohl das innere Princip in der Seele geschwächt werde, als vielmehr die Hinderniße der Thätigkeit in Wiedererweckung der Vorstellungen sich vergrößern.

Dieß wird selbst durch die lebhafte Strebung auch noch im kindischen Alter in einzelnen Fällen noch bestätigt, so wie das was man bey Krankheit und im Schlaf erfährt,

11 gegenwärtig] gegenwartig *27* geschwächt] geschwacht

daßelbe wahrscheinlich macht, nemlich daß in allen diesen Fällen das innere Princip der Seele noch mit seiner Kraft da sey, ob es gleich an Reitzungen zur Thätigkeit und an empfindbaren Strebungen fehle.

DIE ALLGEMEINE PHILOSOPHIE

Inhalt

Erster Abschnitt

Erste Abtheilung des ersten Abschnitts

Zweyte Abtheilung

Kapitel 5: Allgemeinbegriffe von Vollkommenheit, Güte, Ordnung

Kapitel 6: Von Verhältnißen und Beziehungen aller Dinge auf einander (aller Allgemeinbegriffe auf einander) | | 3

Dritte Abtheilung

Allgemeinbegriffe, die sich auf wirkliche Dinge beziehen

Kapitel 1: Von Substanz und Accidenz (von dem für sich seyn, bestehen, und dem nicht für sich bestehenden)

Kapitel 2: Von dem Beysammenseyn des Wirklichen

Kapitel 3: Begriff vom Raum

Kapitel 4: Von der Folge des Wirklichen auf einander

Kapitel 5: Begriff von der Zeit

Kapitel 6: Von Ursachen und Wirkungen

Kapitel 7: Begriffe von Kräften und Vermögen überhaupt

Kapitel 8: Von Grundkräften und abgeleiteten Kräften

Kapitel 9: Von den Kräften des Zusammengesetzten

Kapitel 10: Allgemeinbegriffe von der Enwickelung

Kapitel 11: Von der Analogie der Wirkungen mit ihren Ursachen | | 4

Kapitel 12: Von Reihen des aufeinander folgenden Wirklichen

Zweyter Abschnitt

Begriffe von den allgemeinsten Arten von Dingen oder Wesen

Kapitel 1: Begriffe von dem nothwendigen und zufälligen Wesen

Kapitel 2: Grundsätze von der Beziehung der zufälligen und nothwendigen Wesen auf einander

Kapitel 3: Begriff vom Endlichen

Kapitel 4: Begriff vom Unendlichen und vom mathematischen Unendlichen

Kapitel 5: Vom metaphysischen Unendlichen

Erster Abschnitt
Erste Abtheilung
Von den einfachsten und allgemeinsten Grundbegriffen des Verstandes und den darauf sich beziehenden Grundsätzen

Kapitel 1
Erste Grundsätze des Verstandes

§ 1

Erfahrungssatz. Ich kann nicht denken, daß eine Sache A
5 | sey, und auch zugleich nicht | sey, so sey und auch nicht so sey.

Ich kann mir nicht vorstellen noch denken, was dieser Ausdruck bezeichnet: A ist nicht A.

A mag bezeichnen, was man will, eine Sache oder nur ein Zeichen einer Sache, und selbst genommen werden, nur mit der Bedingung, daß es beydesmal in dem Ausdruck *daßelbe* genommen werde.

Grundsatz 1 A ist nicht A (ist etwas unvorstellbares überhaupt) ungedenkbares, irrepresentabile, incogitabile, das sich widersprechende kann von keiner vorstellenden Kraft, von keinem Verstande vorgestellt und gedacht werden.

Dieß ist der Grundsatz vom Unvorstellbaren, der Grundsatz vom Widerspruch[1] in der Logik.

Grundsatz 2 A ist nicht A, ist kein Object außer der Vorstellung (extra intellectum, nemine cogitabile); A ist nicht A, kann außer dem Verstande nicht seyn, ist nicht möglich.

6 | Das Widersprechende ist unmöglich. |

Dieß ist kein metaphysischer Grundsatz des Widerspruchs (principium contradictionis) nemlich als ein Satz

25 ;] ergänzt

betrachtet, der etwas von den Objecten der Vorstellungen, außer diesen und ohne Rückgriff auf diese auslegt.

§ 2

Ich muß annehmen (urtheilen) daß ein Object A außer der Vorstellung vorhanden sey oder nicht sey; und entweder so sey oder nicht so sey. Überhaupt wenn ein Prädicat b auf das Object A in der Vorstellung bezogen wird, so muß ich annehmen, daß außer der Vorstellung entweder A sey b; oder daß A nicht sey b.

Anmerkung Ich kann das Prädicat b gar nicht auf das Object A beziehen, und also nicht fragen, ob A sey b, oder nicht sey b? Ich kann dieß fragen und die Frage unbestimmt laßen, d. i. nicht urtheilen, daß A sey b, auch nicht, daß A nicht b sey. Aber daß außer der Vorstellung dem Object A das Prädicat b entweder zukomme, oder nicht zukomme, muß ich annehmen. | | 7

Erklärungen Urtheilen, daß A sey b, heißt A als durch b bejahend bestimmt denken. Urtheilen A sey nicht B heißt A bestimmt denken durch nicht B, mit A in der Vorstellung (der Vorstellung, es sey nicht B, es fehle B, verbunden) es verneinend, bloß verneinend bestimmen in der Vorstellung. Solche Prädicate, als B und nicht B, davon eins bloß das andere verneint, heißen sich widersprechende Prädicate, praedicata contradictoria, contradictoria sibi opposita.

Nicht urtheilen, weder daß A sey B, noch daß A nicht sey B, wenn gleich B und A in der Vorstellung auf einander bezogen sind, heißt A unbestimmt laßen.

Wahrnehmen oder urtheilen, daß weder das Urtheil A ist B, noch das Urtheil A ist nicht B Statt finde, heißt urtheilen, A sey in der Vorstellung unbestimmt in Hinsicht des Prädicats B; heißt urtheilen, daß beyde Urtheile A ist B, und A ist nicht B, nicht begründet sind in der Vorstellung

und ihre Beziehung auf einander, nemlich als Urtheil über
8 | das Object | A außer der Vorstellung.

Zusatz 1 Ich kann A in der Vorstellung unbestimmt laßen in Hinsicht des Prädicats B; ich kann auch urtheilen, daß A in der Vorstellung unbestimmt sey in Hinsicht des Prädicats B, d. i. ich urtheile, daß in und bey der Vorstellung von A weder wahrnehmbar sey, daß A als Object außer der Vorstellung B sey, noch daß es nicht B sey.

Unsere Allgemeinbegriffe sind unbestimmte Vorstellungen von den Allgemeinsachen, die wir als ihre Objecte ansehen. Aber wir können nicht urtheilen, daß die dermalige Vorstellung von A weder B als Prädicat von A enthalte, noch es nicht enthalte. Hier ist wiederum eins von beyden.

Zusatz 2 Wenn in der Vorstellung von A das Prädicat B nicht enthalten ist, und auch nicht ein anderes C, was mit B in Widerspruch, ist es vorstellbar: A als Object ist B; und auch, A ist nicht B.

9 | *Zusatz 3* Von A als Object außer der Vor- | stellung kann
ich in Hinsicht des Prädicats B nur die zwey Fälle denken, A ist entweder B, oder A ist nicht B. Mehrere sind gar nicht ersinnlich, weder daß A beydes sey, nicht B, noch daß keines sey, weder B, noch nicht B, noch sonst etwas andres.

§ 3

Grundsatz 3 Mehrere Fälle, als diese zwey: A ein Object außer der Vorstellung ist B, oder ist nicht B, sind gar nicht vorstellbar, nicht ersinnlich, nicht denkbar.

Logischer Grundsatz aller möglichen Fälle. Der Grundsatz aller disjunctiven Schlüße.

Grundsatz 4 Jedes Object A außer der Vorstellung ist entweder B, oder ist nicht B.

Der metaphysische Grundsatz von möglicher Verschiedenheit, principium extensi medie inter contradictoria opposita.

§ 4

Zusatz Von jeden widersprechenden Prädicaten, man mag nehmen, welche man will, muß im Object A eins an sich haben.| Das Object A außer der Vorstellung ist in so fern völlig bestimmt, d. i. von allen widersprechenden Prädicaten kommt ihm eins zu, das andere nicht. | 10

Grundsatz der gänzlichen objectiven Bestimmtheit.

§ 5

Grundsatz 5 Jedes Object A außer der Vorstellung ist A (ist ohne Rücksicht auf die Vorstellung, das was es ist). Ein Ding ist mit sich selbst einerley. Grundsatz der Position, Grundsatz der Einerleyheit, Grundsatz der Unabhängigkeit der Objecte von den Vorstellungen.

Zusatz Jedes Object A (außer der Vorstellung) ist das, was es ist, und nicht ein anderes. Es ist es gewiß. Der Grundsatz der objectiven Gewißheit.

Jedes Object ist das, was es ist (außer der Vorstellung) und scheint es nicht bloß zu seyn, wird nicht bloß so vorstellbar (ist in Wahrheit so, A vere est A).

Grundsatz der objectiven Wahrheit principium veritatis objectiva. | | 11

14 Object A außer der Vorstellung] Object A ~~ist~~ außer der Vorstellung

§ 6

Grundsatz 6 Jedes Object außer der Vorstellung ist an sich vorstellbar, und wahrnehmbar (in der Vorstellung). (Es ist eine Vorstellung davon in irgend einer möglichen Vorstellungskraft möglich). Das Object ist auch vorstellbar. Grundsatz der Vorstellbarkeit.

§ 7

Anmerkungen über diese Ersten Grundsätze. Die obigen sechs Grundsätze sind für sich einleuchtend wahre Satze (evident) und werden zum Beweis aus anderen als allgemeinen Axiomen des Verstandes angenommen.

1) Kann unser Verstand nicht anders denken und urtheilen über die Objecte, als diesen Sätzen gemäß, und diese Nothwendigkeit wird erkannt, so bald man ihren Sinn versteht.
2) Diese Sätze sind so allgemein, daß sie auf jedes, was ein Object unsers Verstandes seyn kann, anwendbar sind. So gar von den Zeichen der Sachen, als denkbaren Objecten gelten sie. Es liegt also die Unmöglichkeit
12 | nicht in den | nähern Bestimmungen der Ideen selbst.
3) Auch ist die Art, diesen Sätzen gemäß zu urtheilen, nicht durch Übung erlernt, nicht angenommene Gewohnheit. Es sind Denkarten des Verstandes, Wirkungsarten der vorstellenden und denkenden Vermögen, die diesen für sich zukommen.
4) Wir können nicht finden, daß die Unmöglichkeit anders zu denken, in einer Einschränkung oder Schwäche, in der Endlichkeit unsers Verstandes gegründet sey. So gar, wenn dieß wirklich so wäre, so wäre es doch uns unmöglich, uns davon eine Vorstellung zu machen. Es sind nothwendige Denkgesetze des Verstandes; Formen des Verstandes.

10 anderen] verbessert aus: andere *10–11* allgemeinen] verbessert aus: allegmeine

5) Wir nehmen diese Sätze als Grundsätze von den Objecten an, außer der Vorstellung, machen sie zu materiellen objectiven Sätzen. Was wir schlechthin nicht anders uns vorstellen können davon nehmen wir an, es sey für sich so, es sey so außer der Vorstellung, und ohne Rücksicht auf diese. Denn wir nehmen an, es sey eben so in Hinsicht einer jeden denkenden und vorstellenden Kraft, | d. h. wir nehmen an, daß überhaupt Objecte nicht | 13 anders vorstellbar und denkbar sind, als diesen Regeln gemäß, und in so fern sind sie nur Objecte, Objecte für Vorstellungs- und Denkkräfte.

Bey diesem Übergang von der nothwendigen Art die Objecte zu denken, auf die Urtheile über die Objecte, daß diese so und nur so denkbar sind (außer der Vorstellung) folgen wir zwar dem Denkgesetz, daß was wir schlechthin uns nichts anders vorstellen können, auch außer der Vorstellung nicht anders sey; allein wir machen keinen Schluß aus diesem Denkgesetz, indem wir jene annehmen, beweisen also jene nicht aus diesem. Sondern wir nehmen die obigen Grundsätze an als solche, bey denen wir so verfahren können; ohne des wegen zu behaupten, daß wir das letztgedachte Denkgesetz in allen ähnlichen Fällen befolgen dürften. Es kann in andern Fällen schwer, oder gar unmöglich seyn, von der absoluten Unmöglichkeit anders zu denken, so gewiß zu werden, als in den obigen Fällen. | | 14

6) Endlich sind diese Grundsätze Sätze a priori. Es ist unsere Kenntnis von den Gesetzen unseres Verstandes eine Erfahrungserkenntniß, aus dem Gefühl unsers Verstandes; aber die Art des Wirkens, die Form des Verstandes, die wir fühlen, ist dem Verstande natürlich und nothwendig, auch außer Rücksicht auf unsere Empfindung von denselben. Als Denkgesetze sind sie nichts erlerntes, noch hinzugekommenes.

Als objective Grundsätze sind es nicht Sätze, worinn das Prädicat dem Subject beygelegt wird, bloß weil man in allen Fällen, wo die Subjecte vorgekommen sind, auch

das Prädicat angetroffen hat, also nicht durch Induction gemachte Sätze. Sondern wir erkennen ihre Wahrheit aus ihrer innern Nothwendigkeit, so gar aus einem einzigen Fall eben so gut, als aus vielen, wenn wir anders aus Einem Fall sie hätten in uns erkennen können. Es sind keine allgemeinen Erfahrungssätze, die bloß aussagen, daß etwas
15 | so ist, weil es al- | lemal so gefunden ist, sondern Sätze a priori, die ohne Rücksicht auf eine Erfahrung mehrerer Fälle aussagen, was seyn muß oder nicht seyn kann.

2 Wahrheit aus] Wahrheit ~~,~~ aus *6* allgemeinen] verbessert aus: allgemeine

Kapitel 2
Begriffe vom Möglichen und Unmöglichen[2]

§ 8

Erklärung Jedes, was unvorstellbar und undenkbar ist, heißt objective (außer der Vorstellung) ein Unmögliches. Jedes, was vorstellbar und denkbar ist, heißt objective (außer dem Verstande) ein Mögliches, possibile.

§ 9

Zusatz 1 Die Prädicate, *Vorstellbarkeit* und *Unvorstellbarkeit*, drücken die Beziehungen des objectiven Möglichen und Unmöglichen auf die Vorstellungs- und Denkkraft aus.

§ 10

Zusatz 2 Was nach den obigen Grundsätzen §§ 1–6 nicht vorstellbar und nicht denkbar ist, ist es *schlechthin*

§ 11

Zusatz 3 Daher folgt denn auch, daß | etwas darum noch | 16
nicht für objectiv möglich erklärt werden kann, weil es den obigen Grundsätzen §§ 1–6 nicht entgegen ist.

§ 12

Grundsatz 4 Die Vorstellbarkeit von A drückt nur eine Beziehung von A aus auf einen möglichen Verstand, in dem

14 schlechthin] Ergänzung mit abweichender Schrift in den Rand hinein: nicht, ist es keinem Verstande und daher schlechthin unmöglich. [neue Zeile] Aber weil es nemlich mehrere solcher Grundsätze geben kann (oder geben möchte) | [Fortsetzung auf S. 16 oben links im Rand] nach denen etwas nicht vorstellbar oder denkbar ist: so folget nicht, daß alles was blos nach jenen Grundsätzen nicht vorstellbar sey, es auch nicht sonsten sey. *20* Grundsatz *4*] korrekt wäre die Nummer 7, die im nächsten Grundsatz verwendet wird

A vorstellbar ist, ohne eine wirklich vorhandene Vorstellungskraft vorauszusetzen.

Wenn man in dem Begriff des *Vorstellbaren* und des *Möglichen* die Voraussetzung mit einschließt, daß eine *wirkliche* Vorstellungskraft vorausgesetzt werde (wie es möge gethan haben) so kann aus der *Vorstellbarkeit* einer Sache A in einem *möglichen* Verstande, auch nicht auf die Vorstellbarkeit deßelben *in dem letzten Sinn des Worts* geschloßen werden.

§ 13

Grundsatz 7 Was wirklich in einem Verstande vorgestellt wird, ist vorstellbar, also objectiv möglich nach § 9 und § 12.

Man kann nicht umgekehrt folgern, daß jedes Vorstell-
17 | bare auch wirklich vor- | gestellt werde.

§ 14

Erklärungen Eine Sache A, die für sich allein vorgestellt, möglich ist, heißt möglich an sich innerlich absolute). Diese Möglichkeit heißt die Möglichkeit für sich (die innere, absolute).

Eine Sache A, welche in Verbindung mit andern (in Beziehung auf andre) möglich ist (vorstellbar), heißt möglich in dieser Verbindung (äußerlich, bedingt). Diese Möglichkeit heißt die bedingte (die äußere).

Ist A für sich allein betrachtet (unvorstellbar) unmöglich, so heißt es für sich unmöglich (innerlich). Diese Unmöglichkeit heißt die innere, absolute.

Ist A nur in Verbindung mit andern unmöglich (nur in Beziehung auf andre, unter Bedingungen), so ist es bedingt unmöglich (hypothetisch). Dieß ist die bedingte hypothetische Unmöglichkeit.

12–13 § 9 und § 12.] § 9 ~~conf. §42~~ und § 12.

§ 15

Zusätze 1 Was für sich (absolute) möglich ist, kann bedingt unmöglich seyn.

2) Was bedingt möglich ist, muß auch möglich seyn für sich.

3) Was für sich unmöglich ist, kann nicht be- | dingt möglich seyn, so wenig als für sich möglich (es ist unter jeder Bedingung unmöglich). | 18

4) Was bedingt unmöglich ist, kann es entweder nur *bedingt* seyn (also an sich möglich), oder auch *für sich* unmöglich seyn.

§ 16

Was unvorstellbar (unmöglich) zu seyn scheint, heißt ein *Paradoxes.* Es kann es auch seyn.

Es giebt verschiedene Arten, wie etwas unmöglich oder widersprechend zu seyn scheinen kann, ohne es wirklich zu seyn.

Wenn der Widerspruch vorgestellt wird als eine gleichzeitige Bejahung und Verneinung deßelben Prädicats von demselben Subject, so kann

1) Nicht von demselben Subject mit ebendenselben Bestimmungen oder
2) Nicht von demselben Subject in eben der Verbindung und Beziehung genommen, nicht eadem respecta, oder | | 19
3) Nicht ebendaßelbe Prädicat, oder
4) Nicht zugleich bejaht oder verneinet werden.

9–11 Was bedingt unmöglich ist, kann es entweder nur *bedingt* seyn (also an sich möglich), oder auch *für sich* unmöglich seyn.] Marginalie am rechten Rand, statt: ~~Was bedingt unmöglich ist nach der Erklärung ist es nur unter bestimmten Bedingungen, ist also an sich möglich. Aber wenn etwas in einer bestimmten Verbindung unmöglich ist, so kann es für sich möglich seyn; auch für sich unmöglich.~~ *20* so kann] so kann ~~mit eben denselben Bestimmungen~~

Kapitel 3
Allgemeine Begriffe von Etwas und Nichts

§ 17

Grundsatz 8 Die Begriffe von *Nichts* dem puren Nichts (nihiulum verum) und dem *Etwas*, sind einander entgegen gesetzt, so daß A nicht zugleich ganz ein Nichts und Etwas seyn kann.

§ 18

Zusatz 1 In dem Begriff von einem puren Nichts liegt kein Widerspruch für sich (das verum nihilum ist nicht das nihilum contradictorum) so wenig als in dem Begriff von Etwas. Beydes gehört unter dem *für sich vorstellbaren*, also *objective für sich möglichen.*

Zusatz 2 Diese Begriffe sind einfache Begriffe, können daher nicht erklärt, verdeutlichet werden. Beyde enthalten aber den Begriff von Möglichen in sich.

§ 19

Erfahrungssatz. Die Begriffe von *Etwas* und *Nichts* sind die allgemeinsten Abstractionen, jene aus unsern *positiven*
20 | | *Empfindungen*, aus den Wahrnehmungen, daß wir etwas empfinden. Diese aus den Wahrnehmungen, wo wir *etwas nicht empfinden.*

Da, wo wir etwas *nicht empfinden*, nicht wahrnehmen, da nehmen wir doch den actus des Empfindens selbst gewahr, aber kein Object deßelben. Eben so nehmen wir den actus des Vorstellens wahr, und daß wir uns nichts als Object vorstellen.

Der Unterschied kommt auch bey andern Strebungen und Thätigkeiten vor. Wir fühlen diese Äußerungen selbst, aber kein Object derselben. Dieß Gefühl ist ein anders, als das Gefühl der Unmöglichkeit, sich das widersprechende: A ist nicht A, vorzustellen.

Nichts ist also nach diesem Begriff, was kein Gegenstand der Empfindung, des Vorstellens und der thätigen Kraft ist.

§ 20

Zusatz 3b Wenn wir Etwas in der Vorstellung als vorhanden uns vorstellen und dann daßelbe wiederum in der Vorstellung wegnehmen, so ist Nichts übrig | A – A = 0. | 21 So stellen wir uns es vor, es sey ein Nichts entstanden, wo vorher ein Etwas war.

§ 21

Erklärungen Das Etwas, als ein Prädicat eines Subjects (als in oder bey einem andern) vorgestellt, heißt ein positives Prädicat, ein reelles, und als Bestimmung einer Sache, eine reelle positive Bestimmung, Determinatio positiva[3], realis, auch realitas, Realität.

Eine Sache, der eine reelle Bestimmung zugehört, ist ein reelles Ding, ein Ding, welches Etwas ist.

Das Nichts als Prädicat oder Bestimmung eines andern, als Subject oder als Ding vorgestellt, heißt ein verneinendes Prädicat, eine verneinende Bestimmung, Determinatio negativa, auch Negation, Verneinung, Mangel, Defectus[4].

Ein Subject, dem keine positive Bestimmung zukömmt, deßen Bestimmungen nur verneinend sind, heißt ein verneinendes Ding, ein ens negativum[5], ein Ding, das Nichts ist. | | 22

§ 22

Zusatz 1 Ist P ein Prädicat, das nicht bloß im allgemeinen Etwas ist, sondern auch ein bestimmtes Etwas, so ist nicht P (non—P) seyn, deßen contradictorisch entgegen gesetztes

Prädicat. Denn es kann das nemlich Subject, was P ist nicht Nicht—P seyn (§ 1). Aber jedes Subject A ist entweder P oder Nicht—P nach § 4.

§ 23

Erklärungen Wenn A nicht P ist, so ist entweder mit den übrigen Bestimmungen des A die Vorstellung von P als einem Prädicat deßelben gar nicht vereinbar (es liegt in A für sich, daß es nicht P sey) oder es läßt sich mit A statt Nicht—P nicht P vereinigen.

In dem Fall wird P durch A ausgeschlossen. Der Satz: A ist P, ist widersprechend. Es ist für sich A nicht P. Das Prädicat Nicht—P ist eine Negation im engern Sinn.

In dem letzten Fall ist der Satz: A ist P für sich denkbar, eben so wohl als der: A ist nicht P es für sich ist. Nur beyde sind nicht zugleich denkbar. Die Sätze verhalten sich so gegen einander, daß wenn Einer wahr ist, der andere falsch
23 | ist, aber | für sich genommen wahr seyn kann.

Man kann auch wißen in dem Ausdruck unterscheiden, wenn man A ist Nicht—P (A est non—P) das erstere bedeuten läßt, wo nemlich dieser Satz für sich widersprechend ist, und

A ist Nicht P (A non est P) wo das letztere statt findet.

§ 24

Grundsatz 2 Nichts ist nicht Etwas und umgekehrt. Nichts, so vielmal man will, wiederholt, wird nicht ein Etwas. Nihilum vel infinities sumtum nihilum est.

Zusatz 3 Das Nichts hat (keine Bestandtheile) keine Prädicate, die Etwas sind. Nullius entis nulla sunt praedicata positiva.

24 Grundsatz 2] korrekt wäre Nummer 9

Zusatz 4 Etwas besteht nicht aus Nichts, enthält keine Prädicate, die Nichts sind, Entis positivi praedicata positiva sunt.

Zusatz 5 Daßelbe Ding kann nicht zugleich ein Nichts seyn (ganz und gar) und auch ein Etwas. Aber wenn P und Q beydes ein näher bestimmtes Etwas bezeichnen, deren aber das eine nicht durch das andere mit gesetzt wird (davon Eins ohne das andere in einem Dinge A seyn kann) so läßt sich von A geden- | ken, daß es P sey, und zugleich nicht | 24
Q, das heißt ein Etwas, so fern es P ist, und ein Nichts, so fern es nicht Q ist.

Anmerkung Man kann auch hier den Anschein von Etwas und von Nichts bemerken, den bloßen Schein.

Viertes Kapitel
Begriffe von dem Wirklichseyn

§ 25

Wortbestimmung Eine Sache A, welche nicht bloß vorstellbar ist (auch nicht bloß vorgestellt wird) sondern auch ist außer der Vorstellung (ohne Rücksicht auf eine Vorstellung, was nicht die Vorstellung davon ist) heißt eine wirklich vorhandene Sache, eine existirende Sache, eine wirkliche.

Dieß ihr Seyn außer der Vorstellung heißt das Seyn schlechthin, die Existenz, existentia, actualitas.

§ 26

Erfahrungssatz. Wir kennen den Unterschied zwischen dem Vorstellbarseyn und Wirklichseyn, wie zwischen dem vorgestellt werden und Wirklichseyn aus dem Unterschied
25 | unserer bloßen Vorstellungen von Sachen, und | den Empfindungen von diesen.

Empfunden werden und bloß vorgestellt werden ist verschieden. Und wenn wir die Empfindung einer Sache auch eine Empfindungsvorstellung nennen wollen, da doch das eigentliche Fühlen von der Vorstellung des gegenwärtigen Objects in der Nachempfindung verschieden ist, so ist uns doch jener Unterschied klar genug.

Die allgemeine Vorstellung von empfunden werden können, empfindbar seyn ist das Gemeinbild zu unserm allgemeinen Begriff von der Existenz. Ein wirkliches Ding wird vorgestellt als ein empfindbares Ding.

Aber in dem Gemeinbilde, statt deßen wir mehr das mit demselben verbundene Wort Existenz, Seyn gebrauchen, sondern wir ab, als zum Allgemeinbegriff nicht gehörig, alles, was von dem besondern in unsern verschiedenen
26 | Arten zu empfinden herrührt; so gar was von | dem Eigenen unsers Empfindens, oder Fühlens überhaupt, aus unserm Erfahrungsbegriff von einer Empfindung darin ist.

Es bleibt also nur so viel übrig, als in dem Begriff von Etwas, aber außer der Vorstellung (und unabhängig von der Vorstellung) enthalten ist.

§ 27

Zusatz Ein Wirkliches und ein Etwas außer der Vorstellung ist nach unserm Allgemeinbegriff von dem Wirklichen Einerley.

Wir reden zwar so, als wenn wir auch dem Nichts eine Wirklichkeit zuschreiben, wir sagen; es ist nichts da, nichts vorhanden. Aber dem Sinn nach heißt dies so viel als: es ist kein Etwas vorhanden (ist nicht ein Etwas außer der Vorstellung). Indeßen da wir das Prädicat Wirklich so wohl von Nichts als von Etwas gebrauchen, beydes als Objecte vorgestellt außer der Vorstellung, so braucht man den Begriff des | Wirklichen nicht auf den Begriff des Etwas einzuschränken. | 27

§ 28

Grundsatz 8 Ein Wirkliches ist ein Mögliches, aber nicht mehr ab esse ad posse non valet consequentia[6].

Grundsatz 9 Nicht Wirkliches ist damit noch kein Unmögliches. Von dem Nichtseyn auf das Nichtseyn können läßt sich nicht schließen.

Anmerkung Es läßt sich nicht schließen von dem nicht vorgestellt werden auf das nicht vorstellbar seyn.

§ 29

Zusatz 1 Das Unmögliche ist nicht wirklich. Das Mögliche kann wirklich seyn; es folgt nicht, daß es sey.

18 Grundsatz 8] korrekt wäre Nummer 10

Zusatz 2 Es läßt sich also von dem nemlichen Subject ohne Widerspruch prädiciren, daß es zugleich möglich, sey; und nicht wirklich (unwirklich).

Aber nicht zugleich unmöglich und wirklich.

§ 30

Erklärungen Das bloß mögliche, aber nicht wirkliche heißt das bloß mögliche, was den wirklichen Dingen als ein Unding in Hinsicht der Wirklichkeit entgegen gesetzt wird.

28 | |

Wird das Mögliche vorgestellt, so heißt es auch ein subjectives Ding, ein subjectiv wirkliches Ding (ein Ding in der Vorstellung) das Wirkliche außer der Vorstellung ist das Objective, das objective Wirkliche.

Anmerkung Die Vorstellung A ist selbst etwas wirkliches in dem vorstellenden Wesen, also in so fern auch etwas objectives. Aber sie ist dann auch von der Vorstellung, die man von ihr selbst hat, unterschieden, und wird als außer dieser letztern angesehn.

§ 31

Lehrsatz 1 Das Wirkliche (ein wirkliches Ding, eine wirkliche Sache) ist ein völlig bestimmtes, d. i. von allen widersprechenden Prädicaten (P und nicht P kommt ihr eins zu, und das andere nicht.

Das Wirkliche ist etwas außer der Vorstellung, etwas Objectives nach § 37, und dieß ist nichts anders als ein solches vorstellbar, ohne als völlig bestimmt angenommen
| 29 zu werden nach dem Grundsatz der gänzlichen | subjectiven Bestimmtheit (§ 4). Folglich kann das Wirkliche nicht anders wirklich seyn, als völlig bestimmt zu seyn (§§ 9 und 28).

§ 32

Zusatz Wenn ein Wirkliches ein Prädicat P bekommen soll, was es vorher nicht hatte, so muß ein anders, dieß nemlich, daß es nicht P ist, davon *getrennt* werden.

Aber es folgt nicht, daß von den übrigen Prädicaten außer diesem etwas aufgehoben werde, wenn P hinzukommt. Dieß letztere findet statt, wenn das Subject vorher nicht—P hatte, d. i. ein anderes Prädicat, womit P widersprechend war (§ 23).

§ 33

Anmerkung Das Wirkliche ist als ein solches nicht vorstellbar, ohne als ein völlig bestimmtes vorgestellt zu werden, setzt so viel wir können zu einer Sache A, wir können von dem Gedanken A ist wirklich, den~~n~~ Gedanken nicht trennen, A ist völlig bestimmt.

Allein wenn eine Vorstellung von A | in uns gegenwärtig | 30
ist, so können wir in dieser Vorstellung, die für sich selbst etwas wirkliches und völlig bestimmtes ist, nur einiges, nur einige Züge, als zur Idee von A gehöriges ansehen und von den übrigen abstrahiren, d. i. nur etwas unbestimmtes als zur Idee von A gehörig betrachten und dennoch den Gedanken damit verbinden, daß A etwas wirkliches sey.

Das heißt, wir stellen uns das Wirkliche vor, unbestimmt, urtheilen aber nicht, es sey unbestimmt, stellen uns A vor, nicht in der Gestalt eines Wirklichen.

§ 34

Anmerkung Wenn eine Sache A als ein völlig bestimmtes vorgestellt wird, so wird es auch vorgestellt als ein wirkliches, in der Form eines Wirklichen. Wir urtheilen deswegen nicht, daß es wirklich sey, daß es ein Object A zu dieser Vorstellung außer der Vorstellung gebe. Wir können

17 so] *möglicherweise gestrichen*

31 | urtheilen, daß es eine | Erdichtung sey, nur ein scheinbar Wirkliches.

In diesem Fall legen wir A eine ideelle Substanz bey. Wir haben eine Vorstellung von A als von einem wirklichen Dinge.

Es ist demnach die Vorstellung von A als von einem wirklichen in der Gestalt des Wirklichen und die Vorstellung von A als von einem völlig bestimmten in so fern einerley Vorstellung. Nur kommt zu dem Begriff von der völligen Bestimmtheit noch der Gedanke hinzu, daß diese letzte nicht bloß bey der Vorstellung von A statt finde, und dann wird daraus der Begriff von der Wirklichkeit.

Daher läßt sich auch nicht sagen, daß die Wirklichkeit von A sich durch die völlige Bestimmtheit deßelben erklären laße.

§ 35

Erklärung Ein gewordenes Ding wird vorgestellt als ein wirkliches, was aber vorher nicht wirklich gewesen ist.

Anmerkung Dieß ist nicht gegen § 24, Zusatz 2. nach dem
32 | wahren Sinn deßelben. |

§ 36

Zusatz Was werden kann muß *wirklich seyn können*, oder möglich seyn. Aber daraus, daß etwas *möglich ist*, seyn kann, folgt nicht, daß es *werden* kann daß es machbar ist (Quad fieri potesi esse quoque potest, non autem inverse).

§ 37

Erfahrungssatz. Die allgemeinen Begriffe von der *Vorstellbarkeit*, Möglichkeit, enthalten unmittelbar eine Beziehung eines Objects A auf eine Vorstellungskraft, davon wir einen Grund voraussetzen, der theils objective in den vorstellba-

ren Sachen, theils subjective in dem vorstellen, den Wesen ist. Aber weil wir den letzten so ansehen, als sey solcher all gemein und allenthalben derselbe in allen vorstellenden Wesen (mit Absonderung alles eigenen unserer Vorstellungskraft) so ist *der objective Grund der Vorstellbarkeit*, welchen wir als das *Absolute* und *Objective* (außer der Vorstellung) ansehen, die Möglichkeit der Sache, und davon die Vor- | stellbarkeit deßelben in uns *das Zeichen* oder | 33
die Vorstellung davon ist.

Die Begriffe von *Nichts* und *Etwas* sehen wir an als Begriffe von absoluten Beschaffenheiten der Sachen, die nicht von einer Beziehung derselben auf ander, abhangen, (ihnen für sich allein betrachtet zukommen). Aber wir erstrecken diese Begriffe so wohl auf bloß vorgestellte Sachen, als auf wirkliche Sachen, so wohl auf subjective Dinge, als auf Dinge außer der Vorstellung.

Der allgemeine Begriff von der Wirklichkeit entspringt aus der Vorstellung von Empfindbarkeit, das ist von einer Beziehung der Objecte auf ein Empfindungsvermögen. Aber in dem Begriff selbst wird von dem Empfindungsvermögen abstrahirt; und die Wirklichkeit als etwas Objectives und Absolutes angesehen, das den wirklichen Objecten für sich zukommt, ohne Rücksicht auf ein empfindendes Wesen.

Dabey stellt uns dieser Begriff bey den Objecten eben daßelbe vor, was | wir bey unsern eigenen Vorstellungen | 34
und andern Beschaffenheiten unmittelbar wahrnehmen. Wir sagen von den wirklichen Objecten, daß sie sind, in eben dem Sinn, worin wir dieß Wort nehmen, wenn wir von den Gegenständen des unmittelbaren Bewußtseyn sagen, daß sie sind.

12 nicht von einer] nicht ~~wie~~ von einer

Kapitel 5
Allgemeine Begriffe von der Einerleyheit und Verschiedenheit

§ 38

Wir sehen A und B als eins und daßelbe an (unum idemque) objective, wenn wir weder in noch bey der Vorstellung als Vorstellung von A etwas wahrnehmen können, wodurch sie von der Vorstellung des B unterschieden sey. Wir können die beyden Vorstellungen wohl in uns unterscheiden, sehen sie aber für dieselben Vorstellungen an, die mehrmalen gegenwärtig ist.

Wir legen die Identität den Subjecten nicht bloß deswegen bey, weil wir nichts unterscheiden in und bey den
35 | Vorstellungen von ihnen, sondern | weil wir nichts unterscheiden können.

Wenn wir das Object A uns als einerley mit dem Object B vorstellen, und doch nicht als eins und daßelbe, so sehen wir A und B an als daßelbe mehrmalen oder als die Mehrheit von Dingen, die für sich einerley sind. Man nimmt aber A und B ganz, nicht synecdochisch einen Theil von ihnen, oder für etwas, was in ihnen enthalten ist.

Wenn wir A und B von einander unterscheiden, und den Grund dieses Unterscheidens in ihnen selbst setzen, so halten wir sie für verschieden Dinge, diversa.

Aus dem Unterscheiden der Vorstellungen von Objecten entsteht der Allgemeinbegriff von der Unterscheidbarkeit der Objecte und von der absoluten Unterscheidbarkeit d. i. von ihrer objectiven Verschiedenheit. Verschiedenheit ist objective, wovon die subjective absolute Unterscheidbarkeit
36 | die Vorstellung ist. |

Die absolute Nichtunterscheidbarkeit ist das Subjective, die Vorstellung von der objectiven Einerleyheit.

14 weil] ~~xxx~~ weil

§ 39

Beyde Prädicate, Einerleyheit und Verschiedenheit sind solche, die nur den Sachen beygelegt werden nach der Vergleichung, wenn nemlich die Vorstellungen von A und B mit einander verglichen werden.

Es sind also relative Prädicate, Etwas, das dem Einen nur in Hinsicht auf das andere zukommt. Aber der Grund dieser Relationen ist in den Vorstellungen von A und B, jedes für sich (es sey allein für sich oder in Verbindung mit andern) vorgestellt und so auf einander bezogen.

Die relative Prädicate sind in so fern bloße Wirkungen der Denkkräfte (entia rationis). Aber der Grund, warum sie so gedacht werden und nicht anders ist in den Vorstellungen und so fern in den Objecten, als das in jenen enthaltene für etwas objectives angesehn wird. Das fundamen- | tum | 37 relationis[7] est in intimis.

§ 40

Grundsatz 10 A und B objective sind entweder eins und daßelbe, oder nicht (dieselben oder nicht dieselben eadem vel alia).

Wenn A nicht eins und daßelbe ist mit B so sind A und B, jedes für sich allein betrachtet (innerlich betrachtet) dieselben oder nicht. Es sind Dinge, die einerley sind, oder nicht). Daßelbe mehrmal, Einerley mehrmal.

§ 41

Grundsatz 11 Wenn A verschieden ist von B, so ist auch B verschieden von A.
Wenn A einerley ist mit B, so ist auch B einerley mit A.

§ 42

Erklärungen Einerley schlechthin werden A und B nur genannt, wenn sie ganz genommen (nicht synecdochice, metonymice (totum pro parte, continens pro contento) einerley, das ist völlig einerley sind).

Verschieden überhaupt sind A und B, wenn nur etwas
38 | in dem einen ist, was nicht in dem andern ist. |

§ 43

Grundsatz 12 A und B können Prädicate haben, die einerley sind, und andere, die verschieden sind, verschieden überhaupt seyn, und doch an manchen Prädicaten einerley.

§ 44

Erfahrungssatz. Ein Wahrnemen, daß A und B verschieden sind, erfordert ein Wahrnehmen, daß in dem Einen von diesen etwas sey, was in den andern nicht ist.

Wenn in B etwas ist, was mit A einerley ist, oder noch mehr, so ist A ganz und allein genommen, ohne etwas anders dazu zu nehmen, verschieden von B, so wie B von A. Es ist A etwas anders als B und B etwas anders als A. A (allein genommen, bloß A ohne etwas mehr dazu, nur A und nichts als A) verschieden von (A und B zusammen in) B; und auch B ist verschieden von A.

§ 45

Grundsatz 13 Wenn A etwas anders ist als B (wenn A
39 | und B verschieden sind) | so ist A nicht B und auch B nicht A. Der Satz A ist B, ist widersprechend. Dieß ist der Grundsatz von der Verschiedenheit (von dem Etwas anders seyn).

Diversa de se invicem in casu recto praedicari nequeunt.

Anmerkung Die Fälle, wo die beyden Sätze bestehen: A ist nicht B und B ist nicht A, da wird A nicht in einerley Sinn mit eben denselben Nebenbestimmungen genommen

2 sind).] sind. *25* seyn).] seyn.

(nicht A ganz und mit dem Zusatz, daß nur A, nicht mehr gesetzt werde) genommen in beyden Sätzen.

§ 46

Erklärung Wenn A nicht B ist, ohne Rücksicht auf die Vorstellungen von A und B in einer Vorstellungskraft und auf die Art der Vorstellung (d. i. nemine cogitante) so sind sie objective verschieden. Sie sind es subjective und nur subjective, wenn der Unterschied in den Vorstellungen liegt (von ihnen) und nur in diesen.

§ 47

Grundsatz 14 Wenn bey den Vorstellungen von den verschiedenen A und B, alles übrige, wovon eine Verschiedenheit in | in den Vorstellungen gebracht werden könnte, | 40
außer den Objecten derselben, A und B einerley ist (wenn alle Bedingungen einer Vorstellung in der vorstellenden Kraft, alle subjective Bedingungen und alle Erforderniße zur Vorstellung außer denselben einerley sind) so sind A und B verschiedenen.

Grundsatz der objectiven Verschiedenheit.

§ 48

Erklärung Wenn A und B verschieden sind, wenn A etwas anders ist, als B (in dem Sinn, daß A ganz und nur allein A, nicht mehr dazu genommen werde) so kann doch Eins von ihnen in dem andern enthalten seyn (§ 44).

Wenn A und B verschieden sind und nicht Eins in dem andern enthalten ist, so sind sie reell verschieden, realitas diversa.

17 außer denselben einerley sind)] außer denselben ⁊ einerley ~~ist~~ sind)

§ 49

Erklärungen Wenn A und B reell verschieden sind, so kann doch in beyden etwas seyn, was einerley ist, sie sind alsdenn zum Theil einerley. ex parte eadem nach Grundsatz 12, § 43.

41 | Das Einerley in den verschiedenen ist | entweder eins und daßelbe in diesen (unum idemque). Als denn ist es etwas gemeinschaftliches (commune) oder es ist nicht Eins und daßelbe, sondern daßelbe mehrmal (Einerley mehrmal) (§ 40). Alsdenn ist dieß Einerley etwas, das beyden gemein ist, ein Gemeines.

Wenn in A und B nichts gemeinschaftliches ist (nichts was eins und daßelbe, unum idemque in ihnen ist) so sind sie materiell verschieden.

§ 50

Grundsätze der mittelbaren Erkennbarkeit der Einerleyheit und Verschiedenheit der Sachen

1) Wenn A und B eins und daßelbe sind mit einem und demselben dritten C, so ist auch A und B eins und daßelbe unter sich.
2) Wenn A einerley ist mit einem Dritten C und B einerley ist mit demselben dritten, so sind A und B einerley unter sich. Eadem cum eodem tertio sunt eadem inter se.
3) Wenn A einerley ist mit C, und B verschieden ist von demselben C, so sind A und B unter sich verschieden. Quorum alterutrum idem est cum eodem tertio, alte-
42 | rutrum diversum ab illo, | sunt diversa inter se.

Dieß sind die Grundsätze der Schlüße, die nur auß Verschiedenheit der Begriffe beruhn.

Wenn A verschieden ist von C, und B auch verschieden von demselben, so können A und B einerley seyn, oder auch verschieden. Es läßt sich weder das eine, noch das andere daraus folgern.

§ 51

Erklärung Wenn A ein anders ist als B (Wenn A und B verschieden sind, so kann der Satz: A ist nicht B, entweder nur wahr seyn, wenn A mit der Bedingung genommen wird, daß nur A, und nichts mehr dazu gesetzt werde (oder daß zwar etwas zu A gesetzt werde, aber so etwas, wodurch dann zugleich gesetzt wird, daß es nicht B sey) oder auch, es ist der Satz wahr, wenn bloß A für sich gesetzt wird, ohne seine Bedingung.

In dem letztern Fall ist in A für sich genommen, schon enthalten, daß es nicht B sey; dann ist das Prädicat von B in A. Es ist nicht bloß wahr: A ist nicht B, sondern auch, A ist im Nicht B (§ 23). | Alsdenn sind A und B entgegenstehende, | 43 entgegengesetzte (opposita) die sich als Prädicate eines und deßelben Objectes ausschließen; unbestehbar mit einander, incompossibilia[8].

§ 52

Zusatz 1 A und B können verschieden seyn (A ein anders als B) ohne unbestehbar mit einander zu seyn. Eins kann das andere enthalten (§ 44) auch reell verschieden (§ 48), ohne unbestehbar mit einander zu seyn.

Zusatz 2 Wenn A ein anders ist, als B (A und B verschieden sind) und in der Verbindung von A und B gesetzt wird, daß A selbst B sey; (oder daß A und B in casu recto von einander prädicirt werden müßten, so entsteht ein Widerspruch, wenn noch B hinzugesezt wird (§ 45). Wenn dadurch, daß man A setzt, zugleich die Bedingung gesetzt wird, daß nichts mehr hinzugesetzt werde.

Zusatz 3 Wenn A und B entgegenstehende sind, so sind sie auch unterschieden (§ 48). | | 44

26 , wenn noch B hinzugesezt wird] Zusatz am rechten Rand

Kapitel 6
Allgemeinbegriffe von dem Verbunden und Getrenntseyn, von der Mitwirklichkeit

§ 53

Erfahrungssätze Es ist ein anders: wir nehmen mehrere Dinge, A und B u. s. f. in Gedanken zusammen, und ein anders; wir identificiren sie.

Noch ein anders, wir nehmen mehreres in Gedanken zusammen, und wir stellen sie uns als verbunden, als beysammen vor. Eben so ist auch das Unterscheiden der Dinge.

Eben so ist auch das Unterscheiden der Dinge ein anders, als solche in der Verbindung von einander sondern, jedes für sich allein denken ohne das andere und noch ein anders, sie als gesonderte, getrennte Dinge sich vorstellen – – – eins allein für sich denken, ohne das andere, und ohne etwas, das zu dem andern gehört.

Erklärung Wenn A und B objective das ist, ohne Rücksicht auf unsere subjective Vorstellungsart, als verbunden oder getrennt vorgestellt werden (wenn der Grund sie so vorzustellen ein subjectiver Grund ist) so sind sie objectiv
45 | verbunden oder getrennt. |

§ 54

Erklärungen Wenn A allein für sich genommen vorgestellt wird, als einerley mit B, C, u. s. f. zusammen genommen, so wird A vorgestellt, als ein Ganzes (totum).

Was vorgestellt wird als etwas, das mit andern zusammen genommen einerley ist mit einem Ganzen, wird als ein Theil des Ganzen vorgestellt.

§ 55

Zusatz Die Theile werden vorgestellt in dem Ganzen.

§ 56

Erklärungen Wenn A vorgestellt wird als einerley mit mehreren andern A, B, C, die, jedes für sich absonderlich und als erforderliche Dinge vorgestellt werden, so ist das Ganze ein Ganzes in engerer Bedeutung. Die Theile heißen als dann eigentliche Theile.

§ 57

Wenn ein eigentlicher Theil eines Ganzen reell und materiell verschieden ist von den übrigen Mittheilen in demselben Ganzen (§ 4) so heißt dieß ein reeller Theil (materialis). | | 46

Wenn ein eigentlicher Theil nicht für sich absonderlich vorstellbar ist, ehne etwas mit sich vorzustellen, was auch einem andern Mittheil zukommt, so ist das zwar ein eigentlicher aber kein reeller Theil, ein ideeller Theil (pars idealis).

§ 58

Grundsatz 16 Eins und daßelbe kann nicht getrennt von einander seyn (§ 38) und was einander entgegen gesetzt ist (§ 51), läßt sich nicht zusammen nehmen.

§ 59

Zusatz 1 Wenn A daßelbe mit B, als mehrmal vorhanden vorgestellt wird (§ 38), ohne eins und daßelbe zu seyn, so werden A und B als absonderlich von einander vorgestellt und können als getrennt von einander vorgestellt werden.

§ 60

Zusatz 2 Was nicht reell verschieden ist (§ 48), kann nicht als getrennt vorgestellt werden. | | 47

§ 61

Grundsatz 17 Das reell verschiedene (was sich nicht entgegen gesetzt ist [§ 51]) kann als mit einander verbunden vorgestellt werden, aber auch als getrennt von einander, (ist trennlich).

Die Vorstellung, daß sie verbunden sind, oder daß sie getrennt sind, ist nicht nothwendig mit den Vorstellungen von denselben, jedes für sich genommen, verbunden. Conjunctio diversorum non habet fundamentum in internis.

Anmerkung Weil aber auch der Grund, warum wir A und B objective als getrennt oder als verbunden uns vorstellen nicht in bloßen subjectiven Gründen der Vorstellungskraft liegen soll nach § 53; wenn anders die Verbindung und Trennung den Sachen als Objecten außer dem Verstande zukommen soll, so muß entweder dieß letztere nicht können behauptet werden (wie in den kantischen metaphysischen 48 | Idealismus als zweifelhaft angenommen wird) oder es | muß noch ein anderer Grund davon vorhanden seyn, der nicht in den Vorstellungen von A und B für sich allein genommen enthalten sey.

§ 62

Erklärung In so fern das mehrere in der Vorstellung zusammen genommen wird in einer und derselben Vorstellung, wird daraus ein Eins, unum, in der Vorstellung gemacht. Das mehrere verbundene wird vereinigt.

Erfahrung. Aus der Vereinigung mehrerer verbundener Vorstellungen entsteht eine Unzertrennlichkeit nach dem Gesetz der Ideenaßociation, nemlich eine gewiße Unmöglichkeit die Vorstellung des andern gegenwärtig zu machen.

§ 63

Erklärung Objective Eins (unum) heißt eine Sache, in so fern das in derselben unterscheidbare von einander unzertrennlich ist.

§ 64

Erklärungen Was einem von mehreren Verbundenen in Hinsicht auf | die Verbindung mit den übrigen beygelegt | 49
wird, heißt eine Beziehung auf die übrigen.

Zusatz Dieß sind relative Prädicate die nicht aus der Vergleichung des einen mit dem andern, sondern aus der Beziehung des einen mit dem andern, als verbunden, in der Verbindung betrachtet werden. Verhältniße aus der Verbindung.

§ 65

Erklärung. Wenn A und B reell verschieden sind, und jedes für sich ein Wirkliches ist, ein Object außer der Vorstellung (§§ 48, 27) so wird A ein mitwirkliches, coexistent mit B und B so in Hinsicht auf A genannt.

Nähere Bestimmungen der Mitwirklichkeit[9], die Arten der Coexistenz sind Verhältniße aus der Coexistenz.

Das Mitwirkliche A und B wird als verbunden oder getrennt betrachtet in so fern A und B zusammen genommen und als ein Eins vorgestellt werden oder nicht.

§ 66

Erfahrung. Wir können das Wirkliche | was wir empfinden, | 50
nur deutlich eins nach dem andern empfinden, auch nur eins nach dem andern wohl nur dunkel fühlen.

Aber wir stellen uns deswegen nicht als wirklich vor, als auf einander folgend; wir unterscheiden was zugleich (simul) ist, von dem, was auf einander folgt (quod succedit alteri.)

A und B verschiedene und wirkliche Dinge sind entweder objective (ohne Rücksicht darauf, wie sie empfunden werden) zugleich empfindbar (als wirkliche unmittelbar erkennbar [§ 26]) oder nicht. Im ersten Fall sind sie zugleich seyende, simultanea, im letzten sind sie auf einander folgende, successiva. Sie können auch zum Theil das eine oder das andere zugleich seyn. Allein dann wird statt A und B ganz genommen, nur etwas von ihnen, nur ein Theil von ihnen synecdochisch genommen.

Anmerkung Dinge, die zugleich wirklich sind, können in einer verschiedenene Folge empfunden werden; zuerst A
51 | dann B, | auch umgekehrt, zuerst B, dann A. Aber wenn A und B auf einander folgen, so giebt es nur eine Art, wie nach und nach das Wirklichseyn erkennbar ist.

§ 67

Erklärung Wenn das Wirkliche A als ein Wirkliches unmittelbar erkannt werden kann (empfindbar ist [§ 26]), ohne daß zugleich auch die Mitwirklichkeit von einem reell verschiedenen zugleich wirklichen B erkannt werde, so sind A und B außer einander wirklich, simultanea extra se posita.

Was nicht außer einander wirklich ist, ist ineinander.

§ 68

Anmerkung A und B können zum Theil außer einander seyn, zum Theil in einander. Aber dann werden wiederum synecdochisch die Dinge für etwas von ihnen gesetzt.

Zusatz Dinge, die an sich außer einander sind, und davon die Mitwirklichkeit der andern unmttelbar erkennbar ist, können unter gewißen Bedingungen und in gewißen Beziehungen nur
52 | als eins in dem andern empfindbar seyn (§ 15). |

17–18 [§ 26]), ohne daß] [§ 26] ohne daß

Kapitel 7
Die Allgemeinbegriffe von der Verknüpfung, von dem Gegründetseyn des einen in dem andern

§ 69

Erfahrungssätze

1) Es gibt Vorstellungen von reell verschiedenen und an sich trennlichen Objecten A und B (§ 61, Grundsatz 17) die in der Vorstellungskraft mit einander verbunden sind; so daß wenn die eine A gegenwärtig wird, die andere es auch wird, zuweilen es so wird, daß wir diese nicht wahrnehmen können und dieß erfolgt öfters nur auf eine Art, in einer Folge, so daß A voran geht und B nachfolgt (§ 66).
   Diese Verbindung kann beständig und in einem gewißen Sinn nothwendig seyn. Allein dieß hindert nicht, daß nicht A und B als an sich trennliche Objecte erkannt werden.
2) Wenn im Verstande eine Folge B aus einem Grundsatz A entsteht (oder auch ein Schlußsatz aus Vordersätzen in den eigentlichen Schlüßen) | so zeigt die Beobachtung | 5 dabei folgendes:
   a) Der Gedanke von A kann gegenwärtig seyn, ohne daß der Gedanke B entstehe im Verstande. Man folgert öfters nicht aus dem Grundsatz was darin liegt.
   b) Wenn der Verstand im Denken und Folgern wirksam ist und wirksam bleibt (wenn auch sonst nichts hindert) so entsteht der Gedanke B aus A nach notwendigen Gesetzen des Denkens und es kann kein anderer entgegengesetzter Gedanke entstehen.
   c) Der Gedanke B von der Folge ist etwas anders und etwas reell verschiedenes (§ 43) von den wirklichen Gedanken des Grundsatzes A. Jener folgt aus diesem im Verstande.

d) Aber objective ist das, was wir als eine Folge eines Grundsatzes ansehen, oder eines Begriffs (z. B. drey Winkel haben bey einem Dreyeck 180°) in solchen Fällen, wo Folge und Grundsätze beyder Urtheile sind, die Verhältniße von Ideen entfalten, das eine 54 | nicht reell verschieden von dem | andern. Eins wird für sich, außer der Vorstellung mit und durch das andere gesetzt.

e) Aus der wirklichen Vorstellung A in einem denkenden Wesen ist die Vorstellung B ebenfalls erkennbar. Ein anderes denkendes Wesen nemlich was in jenem sich die wirkliche Vorstellung A denket, was nach nothwendigen Denkgesetzen, wenn es zu denken fortfährt, auf die Vorstellung von dem wirklichen Gedanken B in demselben gebracht, aber es muß zu dem letztern, außer der Vorstellung von A noch mehr in jenem ersten Wesen gedacht werden, nemlich das Gesetz des Denkens und die Erforderniße dazu, daß auf die Vorstellung von A, die von B wirklich folgt.

f) Wenn in den unmittelbaren Urtheilen aus der Beziehung der Objecte auf einander ihre Verhältniße, oder ihre relativen Prädicate erkannt werden, so haben 55 | die Vorstellungen von den auf einander | bezogenen Objecten und die Vorstellungen von ihrer Relation dieselbe Beziehung auf einander, wie ein Grundsatz und seine Folge, oder wie ein Schlußsatz und seine Vordersätze.

§ 70

Erfahrungssatz Es ist keine Relation aus den verglichenen Objecten A und B denkbar, ohne Vorstellungen von den Objecten selbst für sich, dagegen sind die Vorstellungen von den Objecten A und B für sich möglich ohne die Relation derselben.

3 180°] xx *unleserlich, meine Ergänzung*

Die relativen Prädicate (die Relationen, Verhältniße, Beziehungen der Sachen zu und auf einander, sehen wir an als etwas, wobey etwas anders, nemlich etwas auf einander beziehbares vorausgesetzt wird.

Dieß ist ein Gesetz der Ordnung des Verstandes.

§ 71

Grundsatz 18 Jedes relative Prädicat (jede Relation, jedes Verhältniß, jede Beziehung einer Sache zu und auf andere) welche aus der Vergleichung | und aus der Ver- | 56 bindung von A und B entsteht im Verstande, setzt etwas anders auf einander beziehbares voraus, objective (außer der Vorstellung.)

Jedes relative Prädicat der Art ist ein folgendes (consequens) in der Ordnung des Verstandes, was ein voraussetzendes (antecedens) erfordert.

§ 72

Erklärungen Eins ist begreiflich aus dem andern, B aus A, wenn eins aus dem andern nach nothwendigen Denkgesetzen erkennbar ist.

Dasjenige, woraus etwas anders begreiflich ist, heißt der Grund (ratio) aus dem andern. Das aus einem andern Begreifliche ist das Gegründete (rationatum).

Das Verhältniß des letzten zu dem ersten heißt das Gegründetseyn. Überhaupt heißt das Verhältniß des einnen zu dem andern, wovon eins der Grund des andern ist, die Verknüpfung (nexus). | | 57

§ 73

Zusatz 1 Die Verknüpfung von A und B ist ein anderes Verhältniß derselben als ihre Verbindung (sowohl in der Vorstellung von A und B als objective.) Ist B aus A begreiflich, so ist B mit A erkennbar, aber es folgt nicht, daß es wirklich daraus erkannt werde.

Zusatz 2 Das Gegründete ist etwas anders, als sein Grund (§ 41). 42. ist von seinem Grunde verschieden.

§ 74

Erklärung Ein Grund, der nach der Ordnung des Verstandes ein Vorauszusetzendes (§ 71) ist, heißt ein Grund a priori. Ein Grund, der in der Ordnung des Verstandes ein folgendes ist, von seinem Gegründeten heißt ein Grund a priori.

§ 75

Wenn A und P zusammengenommen der Grund sind von dem Gegründeten B, wie z. B. beyde Vordersätze eines Schlußes zusammen von dem Schlußsatz, so ist A allein 58 | nur | ein Theil des Grundes, nur ein partieller Grund von B, ein unzureichender Grund (auch wenn es pars potior ist) der nur synecdochice ein Grund von B genannt wird.

§ 76

Zusatz 1 Jeder Grund von dem Gegründeten ist eigentlich ein zureichender Grund.

Zusatz 2 Wenn (A + P) A und P zusammen genommen der Grund von B, so kann A für sich allein genommen ein Grund seyn von etwas in B, was in B als ein Theil deßelben vorstellbar ist (§ 56), oder es kann A allein genommen von Nichts zu B gehörigen den Grund enthalten.

Im ersten Fall ist es ein unzureichender Grund, als Grund von B, in dem letzten ist es als Grund selbst un-

13 z. B.] zE

zureichend. Man kann es in jenem Fall einen respectiv unzureichenden, unvollständigen Grund nennen.

§ 77

Erklärungen Das in A gegründete | B ist entweder etwas | 59
bloß denkbares (bloß etwas subjectives in dem Verstande, deßen Denkbarkeit nur als etwas objectives angesehen wird z. B. als die Möglichkeit so gedacht werden zu können, oder die Nothwendigkeit so gedacht werden zu müßen, wie die Verhältniße der Einerleyheit und Verschiedenheit (§ 39) oder etwas objectives und objectiv verschiedenes (§ 73, Zusatz 2) von seinem Grunde. In dem ersten Fall ist A und B nicht reell verschieden (§ 48).

§ 78

Erklärung Wenn das in A gegründete B reell von seinem Grunde unterschieden ist (objectiv davon verschieden [§ 48]) und A ein Grund a priori ist, so heißt A ein Sachgrund von B, oder

Ein vorauszusetzender Grund von einem andern reell davon verschiedenen heißt ein Sachgrund, ratio objectivo realis. Jeder andere Grund, der kein Sachgrund ist, heißt schlechthin ein Grund, ein Erkenntnißgrund, ein bloßer Grund. | Denn jeder Grund ist nach § 12 ein Erkenntnis- | 60
grund. Ihre Verbindung heißt die Folge des einen aus dem andern.

§ 79

Zusatz Wenn das Gegründete B in seinem Grunde A nicht (objectiv) unterschieden ist, so ist der Grund nur ein Erkenntnißgrund.

6–7 wird z. B. als] wird $^{\text{z. B.}}$ als

Anmerkung So sind die Gründe in den Wißenschaften, die Grundsätze, aus denen gefolgert und geschlossen wird, Gründe der Gedanken.

§ 80

Zusatz In den Erfahrungen des § 69 von dem Übergang des Verstandes von einem Gedanken zum anderen, im Folgern und Schließen, haben wir Beyspiele von Sachgründen.

Der nachfolgende Gedanke von dem Grundsatz folgt nach nothwendigen Gesetzen der Denkkraft auf den vorhergehenden Gedanken von den Grundsätzen, wenn der Verstand den actus des Schließens vernimmt und fortfährt. So wie hier die Verbindung ist zwischen dem durch den Gedanken von den Grundsätzen modificirten und schlie-
61 | ßenden Verstande und dem in demselben entste- | henden nachfolgenden Gedanken von dem Schlußsatz, so ist auch selbige vorstellbar von einem andern denkenden Wesen, dem es aus der gegebenen vorhergehenden Vorstellung in dem Verstande und aus dem Gesetz des wirkenden Verstandes begrifflich seyn würde, daß der folgende Schlußgedanke entstehe.

Es ist also der letztere, ein hinzukommender und an sich von dem vorhergehenden trennlicher Gedanke, aus dem vorhergehenden begreiflich.

§ 81

Grundsatz 19 Wenn der Grund A von dem gegründeten B statt findet, so findet auch das Gegründete statt. Posita ratione ponitur rationatum.[10]

Wenn das Gegründete B nicht reell verschieden ist von seinem Grunde A, so wird jenes zugleich mit in und durch seinen Grund gesetzt.

Ist aber das gegründete B von seinem Grunde reell verschieden, so wird es auch durch diesen gesetzt, aber
62 | nicht zugleich in und durch denselben. |

Wenn das Gegründete nicht statt findet, so fällt auch der Grund weg, sublato rationato tollitur ratio.

§ 82

Zusatz Die Verbindung des Gegründeten mit seinem Grunde ist so: Setzet man den Grund A, und verbindet damit, daß B nicht statt finde, so entsteht daraus ein Widerspruch.

Aber wenn in dem Sachgrunde nur ein Theil des Grundes, wozu noch ein anderes Erforderniß kommen muß, um den eigentlich vollständigen Grund (§ 75) auszumachen, als der Grund selbst angesehen wird, wird durch jenen Theil allein das Gegründete nicht gesetzt.

§ 83

Grundsatz 20 Das Nichts kann kein Grund von Etwas seyn. Per nihilum nil ponitur, ex nihilo nil sequitur.[11]

Das Etwas als Etwas ist kein Grund von einem Nichts. Nihilum non potest esse rationatum positivi alicijus.

§ 84

Anmerkung Wenn in einem Dinge A eine Bestimmung deßelben Etwas, und eine | andere ein Nichts ist (§ 24, | 63
Zusatz 4), so ist in demselben Etwas und Nichts verbunden. Allein das Etwas setzet nicht das Nichts, noch dieses jenes. (Daraus, daß ein Ding etwas hat, folgt nicht, daß es nur das hat, nicht mehr, nicht ein anders hat; noch selbst daraus, daß ihm etwas fehlt, daß es ein anders Etwas habe, daraus daß es nicht mehr sey, folgt nicht, daß es so viel und das sey.)

10 Grund (§ 75) auszumachen,] Grund 75 auszumachen,

§ 85

Grundsatz 21 Aus einerley folgt einerley, ist einerley begreiflich; idem ejusdem est ratio (§§ 40, 72).

§ 86

Grundsatz 22 Wenn A und B verschieden sind, so ist etwas in dem einen gegründet, was nicht in dem andern gegründet ist; ex diversis diversa sequuntur.

§ 87

Zusatz Wenn A und B verschieden sind und aus beyden folgt daßelbe C, (es wird gesetzt durch A und auch durch B) so sind A und B in so fern sie Gründe von C sind,
64 | einerley. |

§ 88

Erklärungen Ist C begreiflich aus A, ohne aus A ein Mittleres B, und aus B wiederum C zu erkennen, so ist A ein unmittelbarer Grund, ratio immediata von C, wenn aber C nicht begreiflich ist aus B, und B aus A, so ist A ein mittelbarer Grund, ratio mediata.[12]

§ 89

Grundsatz 23 Die Verhältniße der Identität und Diversität (zwischen A und B, sind an sich unmittelbar aus dem Vergleichen der Sachen (A und B) zu erkennen (conf. Grundsatz 10, § 40) auch mittelbar durch Vergleichung beyder mit einer Dritten Sache C.

14–15 Mittleres] Mitteles

§ 90

Zusatz Daßelbe gilt von der Coexistenz des Wirklichen von A und B, von ihrem zugleichvorhandenseyn und dem Aufeinanderfolgen so fern in diesem Verhältnis nichts mehr als eine Identität, oder Diversität in Hinsicht des Wirklichseyns begriffen ist (§§ 65, 66). | | 65

§ 91

Anmerkung Eine Relation von A und B zu einander, die erkennbar ist, ohne eine andere Relation (es sey derselben Sache zu einander, oder zu einer dritten Sache C) zu denken, wird als eine solche angesehen, die für sich bey A und B erkennbar ist, ohne einen andern Grund zu haben, nemlich ohne in einer andern Relation gegründet zu seyn. Sie mag übrigens wirklich mittelbar aus einer andern Relation erkannt werden oder nicht.

Eine Relation von A zu B, die nicht erkennbar ist, ohne eine andere Relation vorauszusetzen, ist eine solche, die nicht anders denkbar ist, als ein Gegründetes in einer andern Relation nemlich. | | 66

Zwote Abtheilung
Zusammengesetztere Allgemeinbegriffe nebst den darauf sich beziehenden Grundsätzen

Kapitel 1
Die Allgemeinbegriffe von einem Dinge und von Bestimmungen eines Dinges

§ 92

Erinnerung Das Wort Ding ens wird in der weitesten Bedeutung von jedem gebraucht, was ein Gegenstand der Vorstellungs- und Denkkraft seyn kann seyn kann; so gar von dem Unmöglichen. Ein jedes Subject, von dem etwas bejahendes oder verneinendes prädicirt werden kann.

In einer bestimmten Bedeutung ist ein Ding ein jedes Etwas, was dem Nichts als dem Unding entgegen gesetzt wird.

Hier in diesem Kapitel wird aber Ding, Sache für sich den Bestimmungen, Prädicaten, Beschaffenheiten eines Dinges entgegen gesetzt.

§ 93

Erklärung Was für sich allein genommen vorstellbar ist (was getrennt, abgesondert von andern warnehmbar ist, vorstellbar, ohne ein anders sich dazu vorzustellen, worin oder wobey es vorgestellt würde) heißt hier ein Ding, eine Sache für sich.

Was nicht allein für sich vorstellbar ist, ist etwas einem
67 | Dinge zukommendes, | eine Bestimmung, eine Determination eines Dinges.

§ 94

Erfahrungssatz. Wenn die Vorstellung von A mit der Vorstellung von einem anderen B zusammengenommen (verbunden) wird und zu Einer Vorstellung C vereinigt werden, so wird entweder beydes A und B vorgestellt, als Sachen für sich, als Dinge vorgestellt (§ 62), oder eins als eine Sache für sich, das andere als etwas einer Sache zukommendes, oder auf die letztere Art.

Im ersten Fall wird das Object der aus A und B vereinigten Vorstellung als ein Ganzes angesehen und A und B als eigentliche Theile deßelben mit einander und in dem ganzen C vorgestellt (§§ 55, 57).

In dem andern Fall wird das eine, was als Bestimmung vorgestellt wird, auch als etwas bey einer Sache vorgestellt.

In dem letzten Fall wird sowohl das eine als das andere nicht einander, aber beydes in dem Dinge C als Bestim- | mung vorgestellt. | 68

§ 95

Erfahrungssatz. Es ist etwas anderes, sich etwas allein vorzustellen, und etwas allein wahrnehmen. Wenn A in der Vorstellung C allein wahrgenommen wird, das übrige nur dunkel gegenwärtig ist, und davon abstrahirt wird, so kann das allein für sich wahrgenommene A mit dem für sich allein vorgestellten verwechselt werden.

Etwas für sich allein nicht vorstellbares kann wahrgenommen, unterschieden werden in der Vorstellung eines Dinges, und wenn es alsdenn mit dem für sich allein vorstellbaren verwechselt wird, weil man das mit demselben zugleich vorgestellte minder wahrnimmt oder nur dunkel fühlt, so hat es den Schein eines für sich allein vorstellbaren.

So scheinen bloße Bestimmungen, Prädicate von Dingen in der Vorstellung selbst Dinge zu seyn. | | 69

So sind die allgemeinen Dinge nur solche scheinbare Dinge durch eine Abstraction in der Vorstellung. Jede Bestimmung kann auf diese Art als eine Sache für sich vorgestellt werden.

§ 96

Erklärung Jedes für sich allein wahrnehmbares in der Vorstellung ist als ein Subject denkbar. Was als eine Bestimmung eines andern als eines Subjects gedacht wird, heißt ein Prädicat deßelben.

§ 97

Zusatz 1 Bestimmungen, Determinationes einer Sache sind nicht eigentlich Theile eines Dinges (§§ 56, 94).

Aber man kann diejenigen, welche in einer Sache für sich, oder in einem Dinge nur vorstellbar sind, Theile in der weitesten Bedeutung nennen (§ 54).

Zusatz 2 Ein Ding kann daher auch nicht als ein Ganzes vorgestellt werden, das aus den Bestimmungen zusammen genommen bestehe, wie ein Ganzes aus seinen Theilen.

Zusatz 3 Eine Bestimmung eines Dinges ist objective das so bestimmte Ding selbst nur in so fern vorgestellt, als es
70 | diese | Bestimmung hat. Bestimmungen objective sind in und bey den Dingen Gründe von verschiedene Arten der Vorstellbarkeit und Unterscheidbarkeit eines Dinges von andern.

Wenn eine Seite einer Sache im allgemeinen dasjenige in ihr und bey ihr genannt wird, was den Grund in sich enthält von einer unterschiednen Art, wie sie vorgestellt und wahrgenommen werden kann, so läßt sich jede Bestimmung einer Sache, objective, als eine gewiße Seite der Sache ansehn.

17 Bestimmung hat.] Bestimmung hat ~~xxxxx~~.

§ 98

Erklärung Jedes für sich allein wahrnehmbares in und bey einem Dinge heißt in so fern es wahrnehmbar ist, ein Merkmal, ein Kennzeichen (Character[13]) der Sache.

§ 99

Zusatz Die Bestimmungen eines Dinges objective, sind subjective Merkmale der Sache.

§ 100

Erklärung Die Bestimmungen A, B eines Subjects A, entweder eines Dinges, oder als ein solches vorgestellt, werden | entweder in dem Dinge vorgestellt, oder nicht; die ersten | 71 heißen innere Bestimmungen, die letzten äußere, praedicata relativa[14], Verhältniße, Beziehungen.

§ 101

Zusatz Die relativen Prädicate werden nur bey den Subjecten vorgestellt, denen sie beygelegt werden (§ 95).

§ 102

Erklärung Wenn die inneren Bestimmungen eines Dinges A (§ 94) auf einander bezogen und ihnen, als Sachen für sich (als Dingen) Verhältniße, Beziehungen zu und auf einander beygelegt werden, so heißen diese Verhältniße in Hinsicht des Dinges A innere Verhältniße deßelben (eigentliche Verhältniße des Innern zu einander, relationes internorum).

22–23 eigentliche] eigentl

§ 103

Erklärung Eine Bestimmung, die nicht wahrnehmbar ist, d. i. nicht unterschieden wird, ohne ein Verhältniß, ohne in oder bey etwas andern vorgestellt zu werden nach § 94, ist entweder selbst ein Verhältniß von etwas auf ein anders, oder nicht. In dem letzten Fall heißt sie eine absolute
72 | Bestimmung. |

Überhaupt ist jedes vorstellbare entweder noch als ein Verhältniß vorstellbar, oder nicht. Im letzten Fall heißt es etwas Absolutes (es sey ein Ding, oder eine Bestimmung eines Dinges (§ 94), etwas Nichtbezogenes.

§ 104

Zusatz 1 Jedes Verhältniß setzt etwas Absolutes in der Ordnung des Verstandes voraus. Das Absolute ist ein Vorhergehendes, ein antecedens in Hinsicht des ihm zukommenden Relativen (§§ 70, 71).

Zusatz 2 Wenn etwas absolutes eine Bestimmung eines Dinges ist, so ist es eine innere Bestimmung.

§ 105

Anmerkung Ein Ding A kann bloß undeutlich vorgestellt werden in Hinsicht seiner inneren Bestimmungen, und doch werden verschiedene Verhältniße zu andern bey demselben deutlich vorgestellt.

Eben so können absolute Beschaffenheiten eines Dinges in demselben undeutlich vorstellbar seyn, die durch ihre
73 Verhältniße auf etwas anders unterscheidbar sind. |

Das Absolute, was nur unterschieden wird durch seine Beziehung auf etwas anders, in so fern es nemlich einen Grund von Verhältnißen zu andern enthält, wird nur durch äußere Merkmale unterschieden. Es kann dann dabey undeutlich für sich vorgestellt werden.

§ 106

Erklärung Innere absolute Bestimmungen eines Dinges, die nur durch Verhältniße des Dinges zu andern vorgestellt werden, heißen Beziehungen (respectus[15]) in engerer Bedeutung.

§ 107

Anmerkung Etwas absolutes in einem Dinge ist an sich in dem Dinge vorstellbar, ohne das Ding auf andere zu beziehen (obgleich nicht wahrnehmbar ohne ein Beziehen) aber es wird nicht immer vorgestellt, und wenn es so vorgestellt wird, kann es doch wohl nur undeutlich vorgestellt werden.

§ 108

Erklärungen Die inneren Bestimmungen eines Dinges sind entweder | | 74

unzertrennlich von dem Dinge, oder nicht d. i. der Begriff von derselben Sache (demselben Object außer der Vorstellung) faßt eine gewiße Bestimmung α in sich, oder nicht. Eine von dem Dinge unzertrennliche Bestimmung heißt eine wesentliche (feststehende, unveränderliche, nothwendige Bestimmung; die das nicht sind heißen außerordentliche (veränderliche.)

Die letztern bey einem Dinge A zusammen genommen machen das Innere veränderliche des Dinges aus, modi (das Außenwesen, das Beywirken.)

Die erstern zusammen genommen bey einem Dinge machen sein Inneres unveränderliches aus, sein Wesen (in der weiten Bedeutung); bey wirklichen Dingen die Natur.

Die innern unzertrennlichen Bestimmungen eines Dinges sind entweder die ersten Gründe der übrigen a priori (§ 74), unzertrenn- | lichen Bestimmungen deßelben Dinges, | 75

15 unzertrennlich von] ^{un}zertrennlich von

oder gegründet in jenen, und dann wiederum entweder reell von jenen verschieden, oder nicht (§ 77). Jene heißen Grundbestimmungen (wesentliche in engerer Bedeutung, essentialia constitutiva[16]). Die in diesen gegründeten wesentlichen (nicht reell von ihnen unterschiedenen) Bestimmungen heißen nachfolgende wesentliche Bestimmungen, attributa, Folgebestimmungen (essentialia consecutiva[17]).

Jene zusammen genommen machen das Grundwesen (das erste Wesen essentiam primam) aus, und bey wirklichen Dingen die erste Natur deßelben.

§ 109

Zusatz 1 Eine wesentliche Bestimmung eines Dinges kann nicht fehlen, wo daßelbe Ding vorhanden ist. Aber eine außerwesentliche Bestimmung kann fehlen, wo daßelbe Ding vorhanden ist (Modi possunt adesse et abesse salva
76 | essentia,[18] modi non ponuntur essentiam. |

Zusatz 2 Aber weil die Möglichkeit, daß solche außerwesentliche Bestimmungen in dem Dinge seyn können, das ist, mit den wesentlichen verbunden seyn können in einem Dinge, ihren Grund hat in dem Wesen des Dinges, so gehört die Möglichkeit derselben zu den Attributen. Possibilitates modorum attributa sunt.

Zusatz 3 Ein Ding, dem die Grundbestimmungen eines Dinges A zusammen zukommen, ist selbst das Ding A. Wo dieselben Grundbestimmungen sind auch dieselbigen Attribute (§§ 108, 86).

17–18 solche außerwesentliche] solche außer~~ordentl~~ wesentl
24 zusammen zukommen,] zu~~kommen~~ sammen zukommen,

§ 110

Anmerkung Jene Bestimmungen, die in dem Wesentlichen einen Sachgrund haben (§ 78) können in diesem, vom Sachgrund ihre Wirklichkeit in dem Dinge haben, und dennoch kann die Möglichkeit des Nichtseyns derselben (§ 28) ein Attribut seyn (§ 108). Solche Bestimmungen heißen den Wesentlichen ähnliche Außerwesentliche, analoga modorum[19]. | | 77

§ 111

Zusatz 3 Beziehungen eines Dinges in engerer Bedeutung (§ 108) sind keine Grundbestimmungen. Als Bestimmungen vorgestellt setzen sie etwas absolutes voraus, worin sie gegründet sind (§§ 109, 71).

§ 112

Zusatz 4 Verhältniße des Innern eines Dinges zu einander (§ 102) sind entweder solche, die aus der Vergleichung entspringen oder aus dem Begreiflichseyn des einen aus dem andern, oder aus der Verbindung des einen mit dem andern. Die ersten beyden Arten haben ihren Grund in etwas Absoluten nach §§ 71, 90, 94 gehören also nicht zu den Grundbestimmungen (§ 109).

Aber die letztere Art, welche nicht in dem verbundenen Absoluten selbst gegründet ist (§ 61, Grundsatz 17), kann zu den Grundbestimmungen eines Dinges gehören, wenn in demselben äußere, absolute reell verschiedene Bestimmungen enthalten sind (§§ 91, 61).

§ 113

Lehrsatz 2 Die wesentlichen Bestimmun- | gen eines Dinges A objective zusammen genommen sind objectiv einerley mit den Dingen selbst. | 78

27–28 Dinges A objective zusammen] A objective ist möglicherweise nicht hervorhebend unter-, sondern durchgestrichen

Beweis. Da die Bestimmungen eines Dinges A objective das so bestimmte Ding selbst sind (§ 98, Zusatz 3) so sind die wesentlichen Bestimmungen zusammen genommen auch objectiv das Ding mit diesen wesentlichen Bestimmungen zusammen das auf diese Art bestimmte Ding selbst. Aber ein Ding mit solchen wesentlichen Bestimmungen zusammen genommen ist eben daßelbe Ding (Zusatz 3, § 109). Daher ist es eine identische Vorstellung, wenn das Ding A vorgestellt wird und ein mit den wesentlichen Bestimmungen des A vorgestellte Ding.

§ 114

Zusatz 1 Die verschiednen wesentlichen Bestimmungen eines Dinges A sind also verschiedene Arten der Vorstellbarkeit und Wahrnehmbarkeit eines Dinges A, welche in den Dingen selbst ihren Grund haben, und in so fern etwas
79 | objectives; von den | wirklichen Arten, wie es vorgestellt wird, unabhängiges (§ 98, Zusatz 3).

§ 115

Zusatz 2 Die Frage: wie Wesen in den Dingen selbst sind, kann also keinen andern Sinn haben als den: Wie ein Ding objective, das immer daßelbe ist, auf eine bestimmte und immer dieselbe bleibende Art vorstellbar und immer in der Vorstellung daßelbe wahrnehmbar sey?

Die Vorstellung von einer Verbindung der Wesen mit den Dingen selbst setzt eine reelle Verschiedenheit zwischen dem Wesen eines Dinges und den Dingen, einen gewißen Substrat oder Subject voraus, womit das Wesen verbunden sey (wie die Form mit der Materie) gegen den Lehrsatz 2, § 113, wofern nicht unter Ding ein allgemeines und bestimmtes Object verstanden wird, womit die Bestimmungen verbunden sind, in welchem Fall ein unbestimmtes Ding als
80 | etwas Objectives vorgestellt wird gegen | den Grundsatz von der gänzlichen objectiven Bestimmtheit (§ 4).

§ 116

Erklärung Der Inbegriff der Grundbeschaffenheiten eines Dinges, oder das Wesen ist bey bloß möglichen Dingen, ein bloß möglicher Inbegriff solcher Beschaffenheiten. Die Möglichkeit eines solchen Inbegriffs von Beschaffenheiten macht die erste (die Grund-) Möglichkeit eines Dinges, prima possibilitas eines Dinges aus.[20] Diese heißt das Wesen eines Dinges.

§ 117

Zusatz: Wenn die Grundbestimmungen eines Dinges zusammen genommen so wie sie das Wesen deßelben ausmachen, mit einander bestehbar sind (§ 51), so ist es ein Widerspruch zu denken, daß sie unbestehbar mit einander sind (§ 1) d. i. es ist ein Widerspruch, die Möglichkeit eines Dinges sey eine Unmöglichkeit. Dieß ist der Sinn des Satzes: Das Mögliche ist nothwendig möglich (quicquid possibile est, est necessario possibile, quatenus possibile).[21] | | 81

Daher kann in demselben Sinn gesagt werden; die Wesen der Dinge nemlich die Grundmöglichkeiten der Dinge sind nothwendig möglich.

Und dieß sagt der Satz: die Wesen der Dinge sind nothwendig, unveränderlich, ewig (essentiae rerum sunt necessariae, immutabiles, aeternae).[22]

Woraus nichts folgt in Hinsicht der Naturen der wirklichen Dinge.

17 possibile).] possibile. *23* aeternae).] aeternae.

Kapitel 2
Allgemeinbegriffe von Grössen und Beschaffenheiten

§ 118

Erklärungen Eine Bestimmung eines Dinges, auch ein Ding selbst wird entweder vorgestellt, als enthalte es eine Mehrheit von etwas, was für sich einerley ist (§ 38) (was gleichartig, homogen daßelbe ist) oder nicht. Im ersten Fall heißt dergleichen eine Größe (eine Quantität in weiterer Bedeutung) in dem letzten Fall eine Beschaffenheit Qualität (Quantitas est multitudo eorundem in uno eodem pluribus
82 | viabus po- | situm in conjunctione).

§ 119

Zusatz 1 Jede Größe enthält eine Mehrheit. Bey jeder Quantität läßt sich ein mehr und minder vorstellen. Aber das Mehrere wird in der Größe als daßelbe (als gleichartig) unter sich vorgestellt.

Zusatz 2 Weil das Einerley, was in der Quantität als mehrmal vorgestellt wird, doch nicht eins und daßelbe ist (§§ 93, 118) und also eins nicht das andere, so sind sie etwas verschiedenes (§ 45) (und wenn sie es nicht an sich betrachtet sind, doch an Verhältnißen werden).

Zusatz 3 Eine Quantität wird vergrößert oder verkleinert, je nachdem von dem in ihr enthaltenen Einerley mehr hinzukommt, oder davon weggenommen wird.

15 vorstellen.] vorstellen.) *22* werden).] werden.

§ 120

Erklärung Wenn das Mehrere, was in einer Größe enthalten ist, auch einzeln für sich als ein Ding vorgestellt wird (§ 94); so heißt die Grö- | ße (eigentlich eine Mehrheit von | 83 Dingen) eine Zahl (eine Mehrheit gleichartiger Dinge).

Wenn das Mehrere nicht einzeln als Dinge vorgestellt wird, so heißt die Größe eine Größe in engerer Bedeutung (eine eigentliche Quantität). Ist das Mehrere zugleich und außereinander (§ 67), so heißt die Größe eine ausgedehnte Größe (quantitas extensa).

Ist das Mehrere nicht außer einander, so heißen sie unausgedehnte intensive Größen (intensiva).

§ 121

Wenn das, was in einer Größe A mehrmal gesetzt wird mit dem, was in einer andern B mehrmal enthalten ist, einerley ist, so heißen die Größen gleichartige, quantitates homogenae.

Wenn A und B an Quantitäten (an allen oder doch an solchen worauf gesehen wird bey der Vergleichung) dieselben sind, so heißen sie gleich groß, gleiche (aequalia) ungleichgroß, wenn sie es nicht sind. | | 84

§ 122

Zusatz Gleichheit und Ungleichheit findet nur bey gleichartigen Größen statt.

§ 123

Wenn A und B dieselben sind an Qualitäten (§ 118) (an allen oder doch an solchen, die bey der Vergleichung in Betracht kommen) einerley sind, so heißen sie in so fern *ähnliche.*

Diese Einerleyheit erstrecket sich entweder auf alle Beschaffenheiten sowohl die absoluten, als relativen, oder nur auf die relativen (die Verhältniße des Innern zu einander [§ 102]). Im ersten Fall heißt sie Ähnlichkeit (volle Ähnlichkeit) im letzten heißt sie Analogie, und die so ähnliche Sache analoge.

Kapitel 3
Von Realitäten und Negationen

§ 124

Erklärung Der Inbegriff der Bestimmungen eines Dings, welche Realitäten sind (§ 21), ist die absolute Realität des Dinges (der transcendente innerliche Werth, die transcendente Güte bonitas).

Zusatz 1 So hat jedes reelle Ding (§ 27) eine absolute Realität, eine transcen- | dente Güte (omne ens est bonum[23]). | 85

Zusatz 2 Die Realität objective ist selbst das reelle Object, in so fern es auf eine bestimmte Art vorstellbar und wahrnehmbar ist.

§ 125

Erklärungen Eine reelle Bestimmung enthält nach dem Begriff, den man davon hat, entweder zugleich eine Negation, die mit der Realität verbunden ist (§§ 23, 24, Zusatz 4) oder nicht.

Im ersten Fall heißt sie unreine Realität, eine vermischte Realität. Es wird nemlich in dem Begriff von derselben hinzugedacht, daß einem Dinge, dem sie zukommt, auch eine Realität fehle.

Diese mit der Realität verbundene Negation ist entweder eine Verneinung eines Mehreren in demselben Dinge möglichen, eine größere mögliche Quantität derselben Realität, oder die Verneinung einer andern von A verschiedenen Realität B.

In dem ersten Fall heißt die Verneinung eine Grenze, und die vermischte Realität eine begrenzte Realität.

In dem letzten Fall heißt sie ein Mangel einer Realität, ein Defect. | | 86

§ 126

Erklärungen Wenn in dem Begriff von einer Realität A in einem Dinge A keine Negation damit verbunden wird (demselben Dinge A gänzlich beygelegt wird) so heißt sie eine reine Realität (realitas pura, ein bloßes positives Prädicat, eine reine Position).

§ 127

Zusatz 1 Wenn einem Dinge eine reine Realität A zukommt (oder zukommt, daß es bloß als die Realität A vorgestellt wird) so hat es außer der Vorstellung eine andere Realität B auch in sich oder nicht (§ 3). Der Begriff von einer reinen Realität in einem Dinge ist also ein Begriff von einer Bestimmung, die noch mehr bestimmbar ist.

Zusatz 2 Der Begriff von einer reinen Realität kann näher bestimmt werden entweder so, daß noch eine andere Realität B mit demselben verbunden sey in demselben Dinge A, oder so, daß diese nicht damit verbunden sey in A; auch
87 | so, daß | mit A ein Mehr von derselben Art verbunden sey, oder daß dieß nicht damit verbunden sey.

§ 128

Erklärung . Wenn der Begriff von der Realität A in dem Dinge A nicht enthält, weder daß die noch größere Quantität von A, welche in dem Dinge A möglich ist, in demselben vorhanden sey, oder nicht, so wird die Realität A in dem Dinge A unbestimmt vorgestellt in Hinsicht der Grenzen, und heißt eine unbestimmte Realität, eine indefinita, indeterminata realitas.

Wenn in dem Begriff von der Realität A, bey der eine Quantität möglich ist in A, zugleich gedacht wird, daß diese Realität A in A, in der an sich bey möglichen Quanti-

22 enthält,] enthält~~en~~,

täten vorhanden sey, so ist A eine unbegrenzte unendliche Realität (realitas infinita, illimitata).

Wenn die Realität A (die als eine Quantität vorstellbar ist) in der möglichen Größe, so weit solche in A möglich ist, als in A vorhanden vorgestellt wird, so wird sie als die größte mögliche in | A vorgestellt. | 88

§ 129

Erklärung In dem Begriff von einer Negation (non—A) in einem Dinge A, wird entweder zugleich gesetzt, daß eine Realität B in demselben vorhanden sey, oder es wird nicht gesctzt.

In dem ersten Fall heißt diese Negation eine unreine, eine vermischte (negatio impura, mixta). Im letzten Fall heißt sie eine bloße, reine Negation (negatio mera, pura).

§ 130

Zusatz Die vermischte Negation ist zugleich eine vermischte Realität (§ 125). Sie wird als Realität oder als Negation angesehen, je nachdem das Positive oder Negative in ihr bestimmbar vorgestellt, oder auch in der Vorstellung mehr gegenwärtig ist, oder mehr betrachtet wird (a parte potiori) oder je nachdem sie auf andere Bestimmungen des Dinges A, dem sie zukommt, insonderheit auf die wesentlichen Bestimmungen deßelben gelegt wird.

§ 131

Zusatz 1 Wenn in einem Dinge A eine mit demselben bestehbare reine Rea- | lität (d. i. die nicht durch andere | 89
Bestimmungen des Dinges A ausgeschlossen wird [§ 52]) hinzukommt, welche vorher nicht da war, so wird die absolute Realität deßelben (§ 124) vergrößert.

Zusatz 2 Wenn eine reine Negation hinzukommt (§ 129), die vorher nicht da war, so wird die absolute Realität vermindert.

Zusatz 3 Wenn eine vermischte Realität, oder eine vermischte Negation (§§ 125, 129) hinzukommt, so kann die hinzugekommne Negation, die in beyden enthalten ist, mit einer in A vorhandenen Realität unbestehbar seyn, und solche aufheben (§§ 51, 22). Alsdenn kann die absolute Realität vergrößert oder verkleinert werden (§ 119). Wo das nicht geschieht, wird die absolute Realität vergrößert (conf. § 32).

§ 132

Lehrsatz 3 Ist A eine reine Realität und auch B eine andere, so kann in dem Begriff eines Dinges A, dem beyde
90 | zukommen, kein Widerspruch enthalten seyn. |

Beweis Die reine Realität A setzt bloß Etwas, ohne wieder ein andres Etwas aufzuheben, noch eine größere Quantität in einem Etwas derselben Art aufzuheben. Eben das gilt von B.

Es sey also B eine Realität derselben Art von A, so daß aus der Verbindung von A mit B (oder von B mit A) eine größere Quantität derselben Realität entspringe, so wird weder dadurch, daß ein Ding A hat, gesetzt, daß es nicht B sey, noch dadurch, daß es B hat, gesetzt, daß es nicht A sey (§ 22).

Dennoch kann die Verbindung von A und B nicht zu dem Satz führen: A mit A ist nicht A; noch zu dem Satz: A mit B ist nicht B. Folglich kann daraus kein Widerspruch entstehen, daß ein Ding A beydes A und B sey (§ 1).

Oder es ist B eine verschiedene Realität von A, d. i. eine solche, die nicht selbst A ist. Ein Ding A, welches beydes

A und B seyn soll, ist darum nicht widersprechend, weil das Ding | als A nicht schon B ist (§ 32). | 91

Allein, weil auch wiederum weder A das B, noch B das A ausschließt, nur daß sie nicht eben daßelbe sind, so kann wiederum kein Widerspruch aus dem Zusammennehmen von A und B entstehen (§ 3).

§ 133

Zusatz 1 Die Verbindung aller möglichen reinen Realitäten in Eine Vorstellung macht die Vorstellung nicht widersprechend.

Zusatz 2 Ein Ding A, welches alle möglichen reine Realitäten in sich hat, kann nach den Grundsätzen des Verstandes Kap. 1, nicht für unvorstellbar oder unmöglich erklärt werden.

Zusatz 3 Dadurch, daß etwas nicht des Widerspruchs wegen unmöglich ist, folgt noch nicht, daß es ein Objectiv Mögliches sey (§ 10).

Allein, wenn angenommen wird, daß A und B, und eben so die mehrere reine Realität C, d, e, so weit man will (man mag diese als gleichartige, oder als verschiedenartige ansehen) jede für alle genommen, etwas mögliches und vorstellbares sind, so ist auch ihre Verbindung in einem und demsel- | ben Dinge, so viel man ihrer zusammen nimmt, | 92 und als man von irgend einer möglichen Vorstellungskraft zusammen vorstellbar annimmt, auch vorstellbar, folglich auch ein Ding A, worin diese Verbindung seyn soll, vorstellbar und daher möglich (§§ 9, 12).

2 das Ding] das Ding ~~A beydes~~

§ 134

Lehrsatz 4 Vermischte Realitäten können in ihrer Verbindung sich einander aufheben.

Beweis Wenn A und B vermischte Realitäten sind, so enthält jede derselben eine Negation (§ 125). Nun kann A die Negation von B, oder B die Negation von A enthalten. In jedem Fall wird folgen, daß eben daßelbe Ding, was A ist, solle als non—A, oder was B ist, als non—B vorgestellt werden, was widersprechend ist (§ 1).

§ 135

Zusatz 1 Auch die Verbindung einer vermischten Realität mit einer reinen kann unmöglich seyn, wenn in der vermischten eine Negation der reinen ist.

93 | *Zusatz 2* Auch die Verbindung einer | gemischten Negation mit einer reinen Realität kann unmöglich werden (§ 129).

§ 136

Zusatz 3 Die Verbindung aller reinen Negationen in der Vorstellung giebt die Vorstellung von dem puren Nichts (§ 129). Diese Vorstellung ist kein Widerspruch (§ 18).

§ 137

Lehrsatz 5 Die reinen Negationen sind nur verschieden nach der Verschiedenheit, der ihnen contradictorisch entgegen stehende Realitäten.

Beweis Es sey die eine non—A, die andere non—B, beydes reine Negationen. In diesem Fall muß unter A und B eine reine Realität vorgestellt werden. Denn, wenn z. B. A eine

25 reine Negationen.] reine ~~R~~Negationen. *26* z. B.] zE vermischte Realität ist, so enthält sie zugleich eine Negation z. B. non—C und die Negation non—A würde also eine Neagtion aufheben, also etwas setzen, was nicht non—C ist nach § 3 selbst C seyn muß.

Sind also A und B reine Realitäten, so ist die reine Negation non—A daßelbe mit einem Nichts, das als non—A in der Vergleichung mit A vorgestellt wird, au- | ßer dieser | 94 Vergleichung aber ein pures Nichts ist (§ 17).

Eben so non—B enthält ein pures Nichts was nur in der Vergleichung mit B, als non—B vorgestellt wird.

An sich also ist non—A und non—B beydes ein pures Nichts, und von einander ununterscheidbar (§ 24).

§ 138

Zusatz Wenn eine Negation non—A von einer andern non—B auch an sich unterscheidbar ist, so ist ein von ihnen, oder es sind beyde vermischte Negationen.

2 z. B.] zE

Kapitel 4
Allgemeinbegriffe von Wahrheit, Ordnung, Vollkommenheit

§ 139

Ein Ding A ist ein wahres Ding, heißt so viel, es ist ein Ding, ein Ding A, und hat nicht bloß den Schein davon; so ist A vere A, ist in Wahrheit A (§ 5).

Die Wahrheit eines Dinges im allgemeinen ist eben dieser Gedanke als eine Bestimmung des Dinges gedacht. Wir schreiben dem Dinge eine Wahrheit zu, die unabhängig
95 | ist von der subjectiven Art, wie es vorgestellt wird. |

Der allgemeine Begriff der Wahrheit enthält also, daß eine Sache, ein Ding, so eine Sache, so ein Ding sey, als es vorgestellt, oder auch bezeichnet wird, und nicht bloß es zu seyn scheine.

§ 140

Die Wahrheit des Möglichen, die metaphysische Wahrheit erfordert, daß A (unabhängig von der subjectiven Vorstellung, oder von dem subjectiven Urtheil) möglich sey und nicht bloß dafür gehalten werde.

Zusatz 1 Nach dem Grundsatz 7, § 13 ist jedes A, was wirklich im Verstande vorgestellt wird, auch möglich. Es kann aber ein bloßer Schein seyn, wenn wir glauben, eine Vorstellung von A in uns zu haben, wo nemlich eine Vorstellung von etwas in uns ist, die wir für einerley halten mit der Vorstellung von A, was wir nur bezeichnen, aber uns nicht vorstellen.

Zusatz 2 Nach dem Grundsatz § 5 ist jedes Ding objectiv ein wahres Ding, omne ens est verum.[24]

§ 141

Die Wahrheit des Wirklichen (daß nemlich A ein wahres wirkliches Ding A sey) besteht darin, daß A als A außer der Vorstellung etwas sey, nicht bloß vorgestellt werde, als | ein falsches (§§ 25, 34). | 96

Die historische Wahrheit, die physische Wahrheit, daß A keine Erdichtung und nicht bloß ein Schein von A sey.

§ 142

Erfahrungssatz. Wenn A mit B, und B wiederum mit C verbunden ist, so kann man die Art, wie die erstere Verbindung beschaffen ist, mit der zwoten vergleichen ohne Rücksicht auf die verbundenen Sachen selbst (die Form der einen Verbindung mit der Form der andern) so wie die verbundenen Sachen.

Es ist alsdenn in den Arten der Verbindung etwas einerley (etwas daßelbe etwas ihnen gemeines [§ 49]) oder nicht.

Und in beyden Fällen sind auch die verbundenen Sachen entweder einerley oder nicht.

§ 143

Erklärung Einerleyheit in der Verbindung des mehreren ist eine allgemeine Ordnung (d. i. Einerleyheit in der Art des Beysammenseyns und Aufeinanderfolgens (§ 66) von A mit und auf B, und von B mit oder auf C u. s. f.)

Diese ist eine einförmige Ordnung, wenn | zugleich die | 97
verbundenen Sachen einerley sind.

§ 144

Erklärung Die Einerleyheit in der Art der Verbindung wird erkannt durch die Vergleichung der Verbindungsarten unter sich (der Verbindungsart des A mit B und des B mit C u. s. f.)

Was bey dieser Vergleichung zum Grunde liegt, also das fundamentum relationis (§ 39) heißt der die Ordnung bestimmende Grund, der als etwas Objectives angesehen wird (§ 61). Zusätze. Das Gemeine in den Verbindungsarten der verbundenen Sachen als ein Satz vorgestellt, heißt eine Regel, ein Gesetz in weiterer Bedeutung.

Sie ist eine theoretische, wenn sie aussagt, wie die Dinge verbunden sind, eine practische, wenn sie aussagt, wie sie verbunden werden können und sollen.

§ 145

Das Entgegengesetzte in der Ordnung, in der Verbindung des Mehreren ist Unordnung bloß als Mangel an Ordnung
98 | betrachtet, und Verwirrung, confu- | sio, in so fern sie als eine Verschiedenheit in der Verbindung vorgestellt wird.

Zusatz Wo Mangel an Ordnung ist, in den Objecten, in der Verbindung des Mehreren, da ist auch Verwirrung; denn zwischen Einerleyheit und Verschiedenheit findet kein Mittel statt (§§ 3, 45). Unordnung und Verwirrung sind nur nach verschiedenen Rücksichten verschieden.

§ 146

Zusatz 1 In der Verbindung des Mehreren kann zugleich Einerleyheit statt finden, und auch in allen Hinsichten Verschiedenheit (§ 43). Daher in demselben in einer Hinsicht Ordnung statt finden kann (a parte potiori fit determinatio).

Zusatz 2 Wenn die verbundenen Sachen vorgestellt werden als Dinge, als Sachen für sich (§ 94), so ist die Ordnung eine Ordnung der Dinge (in der Verbindung der Dinge) werden sie vorgestellt als innere Bestimmungen eines Dinges (§ 100)
99 | so heißt sie die Ordnung in einem Dinge. |

§ 147

Erklärung Mehrere A und B als verbundene mit einander vorgestellt, werden entweder gedacht als ein Grund eines dritten (§§ 35, 72), werden als zusammenstimmende vorgestellt. Zusammenstimmung (convenientia) ist das Verhältniß mehrerer verbundener zu einem Grunde von einem andern.

§ 148

Zusatz A und B können einerley seyn und also Gründe von Einerley (§ 86), was mit einander vereinigt einen Grund ausmacht (§ 118). In diesem Fall ist ihr Zusammenstimmen ein Übereinstimmen.

§ 149

Erklärungen Jedes Ding A, in so fern es alles das hat, was es als ein solches Ding (seinem Wesen nach) haben soll, heißt ein vollständiges Ding, ens completum.

Ein Ding in so fern es alles das Reelle hat, was es seinem Wesen nach haben kann, heißt ein ganz vollkommnes Ding (ens perfectum, absolute perfectum) und jede Bestimmung welche als ein Theil, oder als damit zusam- | men stimmend | 100
(§ 148) vorgestellt wird, heißt eine Vollkommenheit.

Wenn ein Ding ein ganz vollkommnes Ding ist, so heißt diese seine Bestimmung die gänzlich Vollkommenheit, die vollendete, wenn sie nach und nach entstanden vorgestellt wird.

§ 150

Lehrsatz 6 Jede Vollkommenheit eines Dinges muß eine Realität seyn.

Ist eine Bestimmung eine Negation, so ist sie eine reine oder eine gemischte (§ 129). Als reine Negation kann sie weder Bestandtheil noch Grund eines Reellen seyn (§§ 24, 85).

Als eine vermischte Negation ist sie zugleich eine unreine Realität (§ 430), und enthält etwas Reelles und etwas Negatives (§ 125). Aber in so fern sie etwas Negatives enthält, kann sie wiederum weder ein Theil, noch ein Grund von einer Realität seyn. Also nur in so fern sie eine Realität ist.

§ 151

Zusatz 1 Wenn das Wesen eines Dinges aus einer reinen
101 | Realität besteht, wodurch keine andere reine | Realität ausgeschlossen wird nach § so würde die gänzliche Vollkommenheit eines solchen Dinges (§ 149) auch der Inbegriff einer reinen Vollkommenheit seyn.

Zusatz 2 Wenn aber das Wesen des Dinges eine oder mehrere vermischte Realitäten enthält (§ 129), so enthält auch die gänzliche Vollkommenheit deßelben Verneinungen (§ 135).

Zusatz 3 Wenn ein Ding anstatt einer Realität A eine andere B enthält, so kann dadurch seine absolute Realität (§ 124) vergrößert oder vermindert werden, oder auch von der Größe bleiben, wie sie ist (§ 118).

Zusatz 4 Eine Realität, welche zu einem Dinge hinzukommt, kann als eine Vergrößerung einer schon vorhandenen Realität deßelben angesehen werden, in so fern sie mit derjenigen, welche vorhanden ist, einerleyartig ist, und zu einer Quantität vereinigt wird, oder als eine Vermehrung der Summe der schon
102 | vorhandenen Realitäten (§§ 119, 120). |

4 (§ 430),] unklarer Verweis, dieser § existiert nicht *12* §] Verweis unvollständig

§ 152

Zusatz 5 Ein jedes reelle Ding hat Realitäten in sich (§ 21), besitzt also in so fern eine absolute Realität, eine metaphysische Güte. In so fern ist der Satz richtig: omne ens est bonum.

Zusatz 6 Auch ist jedes Ding objective das, was es als ein solches dem Wesen nach seyn soll, also in so fern ein vollständiges Ding, omne ens est perfectum[25].

Kapitel 5
Von den Verhältnissen und Beziehungen aller Dinge auf und zu einander

§ 154

Erfahrungssatz. Die Ähnlichkeiten, die wir nach unsern Gemeinbegriffen den Objecten außer dem Verstande zuschreiben, sind so etwas, was wir ihnen in so fern zuschreiben, als sie an diesen Bestimmungen nicht unterscheidbar sind (§ 39).

Diese Bestimmungen, die wir in A und B als Objecten nicht unterscheiden können, und die also für uns einerley
103 | sind, legen wir den Objecten | bey, in so fern wir in diesen etwas annehmen, was von der Nichtunterscheidbarkeit in der Vorstellung von ihnen der Grund ist. Dieß letztere ist das Objective zu den Ähnlichkeiten.

Diese Ähnlichkeiten sind entweder Ähnlichkeiten in absoluten Bestimmungen, oder in relativen (§ 103). Da die absoluten Bestimmungen den Dingen für sich allein genommen beygelegt werden, in so fern sie auf gewiße Arten vorstellbar und wahrnehmbar sind, so sind auch die Ähnlichkeiten der Dinge in Hinsicht absoluter Bestimmungen objective die Gründe von diesen ähnlichen Vorstellungsarten.

Dahin gehören die Möglichkeit als etwas ähnliches aller möglichen, die Wirklichkeit aller wirklichen, Etwasseyn als das Ähnliche aller reellen Dinge. Diese absoluten Bestimmungen sind die objectiven Gründe in den Dingen davon,
104 | daß sie vorstellbar, und positiv empfindbar sind. |

In diesem Sinn sind alle möglichen Dinge als mögliche einander ähnlich, und alle wirkliche als wirkliche.

Es giebt keine ganz und gar verschiedene möglichen Dinge (non dantur omnino diversa).

4 § 154] eigentlich: § 153. *22–23* Vorstellungsarten.] Vorstellungsarten diesen.

Die Ähnlichkeit in den Verhältnißen und Beziehungen der Objecte zu einander (A zu B, und C zu d, u. s. f.) ist die Einerleyheit in dem Actus des Beziehens und des Vergleichens der Objecte auf einander, als gegründet in etwas, was von dem Subjectiven in der Vorstellungskraft verschieden ist.

§ 155

Zusatz Die relativen Prädicate der Einerleyheit und Verschiedenheit ingleichen die aus der Verknüpfung entspringenden, aus dem in einander Gegründetseyn setzen etwas Absolutes in den Dingen als einen Grund a priori voraus nach § 71.

Die Verhältniße aus der Verbindung des an sich trennlichen sehen wir nicht an, als in absoluten Bestimmungen | derselben gegründet, was den Dingen jedes für sich allein | 105 betrachtet zukommt, nehmen aber doch die Verbindung selbst als etwas Objectives an, als den Grund, warum sie so vorgestellt werden müßen (§ 61).

Dritte Abtheilung
Allgemeinbegriffe, die sich auf wirkliche Dinge beziehen

Kapitel 1
Von Substanz und Accidenz (von dem für sich bestehenden und dem nicht für sich bestehenden)

§ 157

Erklärung Was als ein Ding (als eine Sache für sich § 94) wirklich seyn kann (als ein wirkliches; als ein völlig bestimmtes vorstellbar ist [§ 71, S.]) heißt eine Substanz, ein für sich bestehendes, ein für sich wirkliches.

Was nicht wirklich seyn kann als ein Ding (als eine Sache für sich) sondern nur als eine Bestimmung eines Dinges (als etwas einem Dinge / einer Sache für sich zukommendes [§ 94]) heißt ein Accidenz, accidens praedicamentale[26] nach 106 | dem Aristoteles, das nicht für sich bestehende; | Ein nicht für sich wirkliches.

§ 158

Erfahrungssatz. Es ist etwas anders, sich ein wirkliches A als eine Sache für sich, vorstellen, oder sich vorstellen können. Das ist, sich solches gesondert von andern, ohne etwas anders in der Vorstellung damit zu verbinden (§ 94), als ein völlig bestimmtes vorzustellen, und ein anders denken oder urtheilen (oder denken und urtheilen können) daß A für sich allein, ohne daß auch Dinge wirklich sind, gesondert und getrennt von andern wirklich sey. Jenes liegt in dem allgemeinen Begriff von einer Substanz, nicht das letztere.

11 [§ 71, S.])] Bedeutung unklar

§ 159

Anmerkung Eine Substanz A ist zwar in Hinsicht ihrer relativen Prädicate auf andere nicht als bestimmt vorstellbar, ohne A auf andere zu beziehen, d. i. ohne auch etwas anders sich vorzustellen, worauf A bezogen wird. Aber deswegen ist A doch als völlig bestimmt vorstellbar, ohne etwas anders als wirk- | liches damit zu verbinden, ein anders auch als wirklich sich vorzustellen. Es ist als allein wirklich vorstellbar, d. i. vorstellbar als mit keinem andern zugleich wirklichen verbunden. | 107

§ 160

Erklärung Eine Substanz, welche nicht wirklich ist, ohne in ihrer völligen Bestimmtheit etwas zu haben, was in einem andern als in einem Sachgrunde gegründet ist (§ 78), ist eine auf eine abhängige Art wirkliche Substanz.

Wenn die Substanz A nicht wirklich seyn kann, ohne in einem andern als Sachgrunde gegründet zu seyn, so heißt sie eine abhängige Substanz (ab alio), wenn sie so wirklich seyn kann, heißt sie eine unabhängige (a se, von sich selbst).

§ 161

Anmerkung Eine jede Substanz ist etwas für sich wirkliches (per se subsistit). Aber daraus folgt nicht, daß diese Substanz auch von sich selbst, oder unabhängig sey. Als Substanz kann sie vorgestellt werden als etwas wirkliches für sich, aber als ab- | hängige Substanz führt die Vorstellung von ihr nach nothwendigen Denkgesetzen (wenn nemlich gefolgert, geschlossen wird) auf das Urtheil, daß sie nicht allein für sich allein wirklich sey, sondern etwas anders als einen Sachgrund von ihr voraussetze (§ 158). Die Vorstellung von einem andern als ihrem Sachgrunde | 108 ist alsdenn nicht schon in der Vorstellung von ihr selbst enthalten, kann davon getrennt seyn (§ 80); obgleich die Begreiflichkeit von dem wirklichen A aus einer andern – die nicht einerley ist, mit dem daraus Begriffen werden, in und mit der Vorstellung von dem wirklichen A gesetzt wird (§ 81).

§ 162

Zusatz 1 Das nicht für sich bestehende ist nicht anders wirklich als in und bey dem für sich bestehenden, accidentia non existunt extra suus substantias[27] (inhaerent substantiis).

Zusatz 2 Die Substanz ist nicht ein Ganzes, was aus seinen Beschaffenheiten als Theilen derselben besteht (conf. § 98).

Zusatz 3 Die Bestimmungen in einer Substanz sind ob-
109| jective die so beschaffne | Substanz, in so fern vorstellbar, als sie eine solche Bestimmung hat, von einer solchen Seite vorgestellt (§ 98).

Zusatz 4 Bestimmungen als Dinge oder Sachen für sich und als wirklich vorgestellt (§ 97), heißen scheinbare Substanzen, phaenomena substantialia.

§ 163

Erklärung Wesentliche Bestimmungen einer Substanz A sind solche, welche in ihr unzertrennlich von einander sind, d. i. davon keine weggenommen (getrennt) werden kann von den übrigen, ohne daß die übrigen aufhören wirklich zu seyn.

1–2 von ihr selbst enthalten,] von ihr [selbst] enthalten,

Anmerkung Wenn A und B wesentliche Bestimmungen einer Substanz A sind, so mögen solche an sich zwar getrennt von einander in verschiednen Substanzen wirklich seyn; allein in der Substanz A sind sie in dem Sinn unzertrennlich, daß wenn A wegfällt, auch B aufhört, wirklich zu seyn, und also die ganze Substanz aufhört wirklich zu seyn.

§ 164

Erklärung Die wesentlichen Bestimmungen einer Substanz zusammen machen das | Wesen (die Natur) derselben aus | 110 (§ 108).

Die nicht wesentlichen innern Bestimmungen machen das innere Veränderliche der Substanz aus.

§ 165

Zusatz Die wesentlichen Bestimmungen sind entweder Grundbestimmungen oder Attribute: § 108.

§ 166

Erklärung Die absoluten Grundbestimmungen einer Substanz heißen substanzielle Bestimmungen, substantialia.

§ 167

Zusatz 1 Die Grundbestimmungen einer Substanz sind objective daßelbe mit der Substanz, in so fern solche unveränderlich ist (§§ 113, 163).

Zusatz 2 Substanzielle Bestimmungen als Bestimmungen sind die innern objectiven Gründe gewißer Arten, wie die Substanz vorstellbar ist (§ 114), die als Gründe solcher Vorstellungsarten betrachtet, Bestimmungen, ohne Rücksicht darauf, aber substantialia genannt werden.

Zusatz 3 Diese substanziellen Bestimmungen einzeln be-
111 | trachtet, sind zwar etwas | in der Substanz, aber es giebt kein Substantielles in der Substanz, was von den Grundbestimmungen reell verschieden sey (§ 15).

Zusatz 4 Man kann also nicht fragen, wie die Grundbestimmungen mit dem Substantiellen der Substanz verbunden sind?

Aber man kann fragen:

1) Worin die Unzertrennlichkeit mehrerer Grundbestimmungen A und B in der Substanz A gegründet sind, wenn jene reell verschieden und also an sich trennlich sind (§§ 61, 163).
2) Wie das, was in der Substanz das Substantielle ist, ein Grund zu einer Art von Vorstellbarkeit und Wahrnehmbarkeit der Substanz werde?
3) Worin das Beysammenseyn der veränderlichen Bestimmungen mit dem Substantiellen gegründet sey (§§ 164, 166).

§ 168

Lehrsatz 6 Wenn das, was die Natur einer Substanz ausmacht, nicht für sich allein als ein völlig bestimmtes vorstellbar ist, so kann die Substanz ihrer bloßen Natur nach keine Substanz seyn.

12 | Denn kann ihre Natur für sich allein | nicht als völlig bestimmt vorgestellt werden, so kann sie such so nicht als ein wirkliches vorgestellt werden (§ 31). ist also so weit keine Substanz (§ 157).

§ 169

Zusatz 1 Eine solche Substanz kann nicht wirklich sey, ohne außer ihren wesentlichen noch andere veränderliche

17 §§] ergänzt

Bestimmungen zu haben. Sie kann nicht in statu mere naturali existiren. Wenn sie wirklich ist, so ist in ihr ein Veränderliches mit dem Unveränderlichen verbunden (mutabilia adsunt cum fixis).

Zusatz 2 Das Unveränderliche einer solchen Substanz ist also nur etwas gemeines, was auf mehrere Arten bestimmbar ist, und also ein Ähnliches in den mehreren völlig bestimmten (§ 49).

Zusatz 3 Wenn keine Grundbestimmung einer Substanz als solche, objective ein etwas völlig bestimmtes ist, so giebt es auch keine, welche nicht in ihrer völligen Bestimmtheit anders bestimmt seyn könne, ohne aufzuhören dieselbe Substanz ihrer Natur nach zu seyn. | | 113

Zusatz 4 Im Gegentheil wenn die Natur einer Substanz A für sich allein betrachtet (mit dcr hinzugedachten Bestimmung, daß nichts mehr als das zu ihrer Natur gehörige vorhanden sey) als ein völlig bestimmtes vorstellbar ist, so kann auch die Substanz allein ihrer Natur nach eine wirkliche Substanz seyn (in statu mere naturali vorhanden seyn).

§ 170

Lehrsatz 7 Zwey reell verschiedene Substanzen sind, in so fern sie reell verschieden sind, auch außer einander wirklich, wenn sie beysammen wirklich sind.

Beweis Wenn A eine Substanz ist, so ist A als ein wirkliches vorstellbar, für sich allein genommen, und weil es von B verschieden ist, auch für sich allein, ohne daß zugleich B mit als wirklich vorgestellt werde § 157. Folglich kann auch A wirklich seyn, ohne B und B ohne A (§ 8). Folglich ist auch A empfindbar, ohne daß B zugleich mit

empfunden werde (als ein wirkliches unmittelbar erkennbar) (§ 26). Folglich sind sie, wenn sie beyde wirklich sind
14 | außer einander wirklich. |

§ 171

Erklärung Wenn zwey Substanzen A und B nichts gemeinschaftliches haben (nichts was ein und daßelbe in beyden ist) oder materiell verschieden sind, so sind sie, wenn sie beyde wirklich sind, für sich absonderl wirklich und können getrennt wirklich seyn, sunt distinctae, separatim existere possunt. Sie können beyde getrennt wirklich seyn.

§ 172

Zusatz 1 Wenn A eine Substanz ist, B auch eine, und in beyden ist etwas gemeinschaftliches, eins und daßelbe (§ 49) so sind A und B. Zwar in so fern trennlich von einander, als A allein für sich wirklich seyn kann ohne B (§ 157), und B ohne A. Aber sie können nicht beyde absonderlich wirklich seyn, nicht getrennt (separatim existere nequeunt).

Unter eben diesen Bedingungen sind sie doch in so fern sie reell verschieden sind von einander, außer einander, wenn sie beyde wirklich sind (§ 170).

§ 173

Lehrsatz 8 A und B, wenn jedes eine Substanz ist, die
15 | aber etwas Gemeinschaft- | liches haben, sind nicht zwey Substanzen, oder als Substanzen zwey.

Beweis A als eine Substanz erfordert auch dasjenige, was A mit B gemeinschaftlich ist, und was in beyden nicht mehrmal enthalten ist. Auch enthält B, als Substanz eben dieß gemeinschaftliche C. Es ist also in dem Ganzen, worin die Substanz A und die Substanz B enthalten ist, keine Substanz zweymal enthalten.

§ 174

Zusatz 1 Ein Ganzes, worin A und B, die etwas gemeinschaftliches haben, enthalten ist, hat etwas außer einander befindliches (§ 172) partes extra partes; aber wenn dieß Ganze eine Substanz ist, so macht es nur eine Substanz aus, keine Mehrheit von Substanzen. Aber diese Theile sind nicht materiell verschiedne Theile (§ 57).

Zusatz 2 In einem solchen Ganzen ist eine Mehrheit von wirklichen Theilen vorstellbar (§ 56), die von den Bestimmungen eines Dinges unterschieden sind (§ 93), die für sich allcin genommen als ein Ding, und als eine Substanz vorstellbar sind (§ 157) ohne zusammen | genommen in dem |11
Ganzen eine Mehrheit von Substanzen ausmachen.

Zusatz 3 Jede absolute reell von andern unterschiedne Bestimmung einer Substanz kann vorgestellt objective ohne Rücksicht darauf, daß sie ein Grund, (ein objctiver Grund) von einer gewißen Vorstellungsart der Substanz sey, als ein Substantiale vorgestellt werden (§ 167). Und wenn sie auch als etwas Substantielles reell von andern in derselben Substanz verschieden ist, so kann sie als ein Bestandtheil der Substanz angesehen werden, und in so fern als ein solcher etwas enthält, was nicht eins und daßelbe mit andern ist (§ 49), als ein außer dem übrigen befindlicher Theil (§ 67) pars extra alias.

Nur kann daraus, daß wenn in einer Substanz etwas von zweyen verschiedenen Vorstellungsarten A und B ein Grund ist, nicht gefolgert werden, daß auch objective diese Gründe reell verschieden sind. Der Grund der Verschiedenheit kann ein subjectiver seyn in dem vorstellenden und wahr- | |11
nehmenden Wesen, oder ein äußerer, der in Verhältnißen des einen Objectiven zu verschiednen äußern Dingen, deren Daseyn unter den Erfordernißen der verschiednen Arten der Vorstellbarkeit gehört.

Zusatz 4 Man kann die Abtheilung auf folgende Art machen: A ist entweder eine Substanz oder nicht. Ist A eine Substanz, so ist in dieser etwas gemeinschaftliches mit einer andern Substanz B (was in beyden eins und daßelbe ist [§ 49]) oder nicht. In dem ersten Fall können A und B nicht absonderliche, getrennte Substanzen seyn, quae separatim existeret. Sind sie mit einander verbunden in Einer, so sind sie substantialia einer solchen Substanz.

Was nicht Substanz ist, nicht für sich bestehend, ist eine Bestimmung einer Substanz.

Dieß ist entweder ein Verhältniß einer Substanz zu etwas andern, eine relative Bestimmung; oder der objective Grund zu einem gewißen Verhältniß zu etwas andern, ei-
18 | ne absolute | Bestimmung. Dieser Grund ist entweder ein objectiver Grund zu einer gewißen Vorstellungsart, eine absolute Bestimmung; oder ein Grund zu einem Verhältniße zu einem andern Dinge. Dieß ist eine respective Bestimmung, die auch eine absolute ist, aber in der Gestalt eines Verhältnißes zu einem andern vorgestellt wird (§ 166).

Eine absolute von allen andern reell verschiedene Bestimmung, die auch objective in der Substanz etwas von andern reell verschiedenes ist, heißt ein substantiale.

Von einfachen und zusammengesetzten Substanzen

§ 175

Erklärung Eine Substanz in der eine Mehrheit von Substanzen enthalten ist, heißt eine zusammengesetzte Substanz. Eine Substanz, die keine zusammengesetzte ist, heißt eine einfache Substanz (substantia simplex).

§ 176

Zusatz 1 Eine zusammengesetzte Substanz enthält mehre-
19 | re absonderliche | für sich bestehende Theile, die materiell verschieden sind (§ 49) und außer einander sind (§ 170).

Zusatz 2 In der zusammengesetzten Substanz sind mehrere Substanzen verbunden zu Einer Substanz. Diese Verbindung zu Einer Substanz heißt ihre substantielle Vereinigung (unio substantialis). Diese Verbindung enthält eine gewiße Unzertrennlichkeit (§ 63), welche der Grund ist, daß die mehreren Substanzen zusammen nur als ein für sich bestehendes vorgestellt werden (§ 157) und vorgestellt werden können.

Zusatz 3 Allein weil das mehrere in der zusammengesetzten Substanz enthaltene reell verschieden ist, so ist es von einander auch trennlich (§ 61) und jedes deßelben auch getrennt für sich eine Substanz. Daher auch ihre Zertrennlichkeit nur relativ ist, und nur ein Grund von einer relativen Unmöglichkeit, sie als getrennt sich vorzustellen.

Zusatz 4 Zu den wesentlichen Bestimmungen einer bestimmten zusammengesetzten Substanz gehört demnach außer denen in ihr enthaltenen Substanzen, die ihre Materie ausmachen, auch eine Art des | Beysammenseyns derselben, ein modus compositionis. | 12

§ 177

Lehrsatz 9 Giebt es zusammengesetzte Substanzen, so giebt es auch einfache Substanzen.

Beweis Eine zusammengesetzte Substanz A setzt Substanzen A, B, C u. s. f. voraus, welche in der Ordnung des Verstandes ein vorhergehendes sind von der zusammengesetzten A (§§ 85, 71) die also als wirkliche Theile von jener vorauszusetzen sind in der Ordnung des Verstandes (und wozu noch die Art der Verbindung hinzugedacht werden muß) um die Vorstellung von der zusammengesetzten Substanz zu erhalten (§ 176, Zusatz 4) und die nicht das

20 § 177] § ~~176~~177

sind, was das aus ihnen zusammengesetzte ist, sondern ein anders (§ 41). Wenn nun diese Theile wiederum zusammengesetzte Substanzen sind, so setzen solche wiederum Theile voraus, aus denen sie zusammengesetzt sind, und welche als Theile von den ersten Theilen mittelbare Theile des Ganzen sind.

Giebt es nun keine einfache Substanzen in der zusammengesetzten, so | giebt es keine in ihr als Substanzen
21 | vorstellbare Theile derselben (sie mögen als mittelbare oder unmittelbare Theile derselben vorgestellt werden) die nicht wiederum als Substanzen vorstellbare Theile voraussetzen. Folglich läßt sich von allem und jedem, was in einer zusammengesetzten Substanz A enthalten und selbst für sich eine Substanz ist, sagen, daß es Substanzen voraussetze als wirklich die etwas anders sind, als das was sie voraussetzt.

Aber es ist ein Widerspruch in diesem Satz: Alles, was Substanz ist in A, setzet etwas anders voraus, was auch Substanz ist. Wenn dieser Satz wahr seyn sollte, müßte es außer allem in A, was eine Substanz ist, etwas voraussetzendes geben, was auch Substanz ist, aber es in A keine Substanzen geben, die vor allen Substanzen in demselben vorausgesetzt werden, und etwas anders sind, als jene, von denen sie vorausgesetzt werden.

§ 178

Zusatz 1 Eine einfache Substanz enthält nicht, die abson-
22 | derlich für sich bestehen können | (§§ 175, 172) (partes, quae separatim existere possunt).

Zusatz 2 Aber sie kann mehrere absolute reell von einander unterschiedne Substantialia in sich enthalten, die außer einander sind (partes extra partes) (§ 174, Zusatz 4), die an sich trennlich sind (§ 61).

§ 179

Erklärung Eine einfache Substanz, die nicht mehrere Substantialia, welche außer einander sind, in sich enthält, heißt eine Monade (im Leibnitzischen und Wolfischen System).[28]

§ 180

Zusatz Wenn eine einfache Substanz mehrere reell verschiedene absolute Bestimmungen enthält, so kann dieß einfache, als etwas außer einander befindliches vorgestellt werden, in so fern solches auch etwas reell verschiedenes, ein Substantielles in der Substanz ist (Zusatz 4, § 174). In so fern muß es auch als ein solches erkenbar seyn, und erkennbar als etwas wirkliches in der Substanz. Eins also vorstellbar als ein wirkliches in der Substanz, | ohne daß | 12 diese Vorstellung die Vorstellung von den andern in sich halte.

In diesem transcendenten Sinn des Worts muß es in jeder solcher Substanz auch etwas außer einander befindliches geben (§ 67). Allein wenn zu dem Außereinanderseyn noch erfordert wird, daß die Empfindbarkeit auch einen äußern Sinn, oder noch bestimmter auch den Sinn des Gesichts oder des Gefühls enthalte, so kann man nicht schließen, daß eine in transcendenter Bedeutung Theile außer Theile enthaltene Substanz, auch Theile außer Theile in dieser nähern Bedeutung des Worts in sich enthalte. Und da es eigentlich dieß letztere Außereinanderseyn der Theile ist, was Leibnitz und Wolf den Monaden absprechen, so folgt, daß die Unmöglichkeit solcher Monaden nicht erwiesen sey, auch unter der Voraussetzung, daß ihnen mehrere verschiedene absolute Bestimmungen zukommen sollten.

Allein es ist erlaubt, sich der Vorstellung von Theilen außer Theilen als eine bildliche Vorstellung von ihnen | zu | 12 bedienen.

§ 181

Erklärung Eine einfache Substanz in welcher keine Mehrheit absoluter reell verschiedener Bestimmungen enthalten ist, heißt eine metaphysische einfache Substanz.

§ 182

Zusatz 1 In einer metaphysischen einfachen Substanz giebt es keine Mehrheit von Substantialien (§ 174), noch etwas außer einander befindliches (§ 67).

Wenn nun das mehrere verschiedne und absolute als etwas außer einander vorgestellt wird, so kann das nur eine bildliche Vorstellung seyn, aus der in so fern sie ein Auseinanderseyn enthält, nichts geschlossen werden kann.

Kapitel 2
Von dem Beysammenseyn der wirklichen Dinge

§ 183

Erfahrungssatz Den sichtbaren und fühlbaren Objecten und allen denen, die wir nur als sichtliche und fühlbare | Dinge vorstellen, und als zugleich vorhanden außer einander befindlich legen wir in unserer Vorstellung jedem einen Ort bey, oder eine Stelle. | 12

Wir sehen diesen Ort, oder diese Stelle als etwas absolutes an, was auch ohne das Ding, dem wir sie beylegen, für sich vorstellbar ist, und etwas von allen übrigen innern Beschaffenheiten der Dinge, die in ihren Örtern sind, unterschiedenes.

Die Örter der Dinge stellen wir vor als Theile des Raums, eines für sich ohne die darin vorhandenen Objecte vorhandenen Dinges, und nach den verschiednen Arten, wie wir uns die Örter der Dinge beysammen vorstellen, auch den Arten, wie sie neben und außer einander sind, stellen wir uns auch die absondern Arten der Coexistenz der in den Orten wirklichen Dinge vor.

Wir verallgemeinern diese Vorstellungen von den verschiednen Arten des Beysammenseyns (von den modis coexistendi und den daraus entspringenden Verhältnißen der Coexi- | stenz) auf alle wirklichen Dinge, die zugleich und außer einander wirklich sind. Es wird daher einem jeden wirklichen Dinge eine Stelle, ein Irgendwo, ein Ubi zugeschrieben, wenn man Bedenken trägt, das Wort Ort anders zu gebrauchen, als von Körpern. | 12

§ 184

Erfahrungssatz Diese verschiednen Arten des Beysammenseyns, die wir den Dingen nicht zuschreiben, in so fern wir

5 die wir nur] die wir ~~wir~~ nur *21* verallgemeinern] verallgemeinen

sie ohne Rücksicht auf ihre Stellen auf einander beziehen, und sie vergleichen, kennen wir und unterscheiden sie von einander nicht an der Verschiedenheit der Vorstellungen von den Dingen selbst (nicht an den Impreßionen von den Objecten in der Empfindung und von ihren Vorstellungen in der Wiedervorstellung) sondern an etwas und durch etwas, was in dem Empfinden selbst, in dem Actus des Empfindens und in dem Actus des Vorstellens und des Wahrnehmens enthalten ist, und in diesem Actus gefühlt und wahrgenommen wird, und bey den verschiednen modis
27| coexistendi verschieden ist. |

Z. B. wenn A und B als mehr oder minder von einander entfernt empfunden oder vorgestellt werden, so ist in unserer Empfindung oder Vorstellung außer dem Actus, womit wir A empfinden und dem, womit wir B empfinden, noch ein Gefühl vorhanden von einem Actus des Empfindens und Vorstellens zwischen der ersten Empfindung und der zwoten, welche kein Object hat, oder worin wir nichts empfinden, die eine negative Empfindung ist (§ 19). Die Größe dieses Actus des Empfindens und des Vorstellens macht selbst unsere Vorstellung von dem mehr oder minder entfernt seyn des Objects A und B (die subjective Entfernung).

Wo dieser Actus nicht ist, da empfinden und stellen wir nur A und B vor nicht als entfernt von einander, sondern als nah bey einander.

Eben so verhält sichs mit den Vorstellungen von dem in einer und derselben Richtung Liegen dreyer Objecte A, B, C, und dem nicht in einer Richtung Liegen. In der letzten Vorstellung ist etwas in dem Actus des Vorstellens, was in
28| dem ersten nicht ist. |

Man findet das nemlich bey allen Arten der Vorstellungen, die wir von den modis coexistendi der Dinge haben, die zugleich und außer einander sind. Sie werden subjective durch Actus des Empfindens, des Vorstellens und des Wahrnehmens, und etwas in solchen Actus vorgestellt.

§ 185

Hypothes Man kann annehmen, daß diese Arten des Beysammenseyns der wirklichen Dinge (die modi coexistendi, ihre örtlichen Verhältniße) bloß etwas subjectives sind, bloße subjective Arten, Formen, die Objecte sich in sich in solchen Verhältnißen vorzustellen, die in der Natur unsers Empfindens, Vorstellens und Wahrnehmens ihren Grund haben, und nach nothwendigen Gesetzen dieser Vermögen erfolgen.

§ 186

Anmerkung Dieß ist eine Voraussetzung in dem metaphysischen Idealismus des Systems, in welchem überhaupt alle Vorstellungen von wirklichen Objecten und alle Gedanken von Ihren Verhältnißen zu einander für etwas bloß subjectives in der Vorstellung gehalten werden, die | dem |12 Objectiven außer der Vorstellung in den Objecten nichts entzieht. Es mag nun zugleich das objective Daseyn der Objecte geleugnet werden, oder nicht. In dem physischen Idealismus wird das Daseyn der äußerlich empfindbaren Objecte geleugnet, oder jener Idealismus auch nur auf diese Art von Objecten eingeschränkt.

§ 187

Erfahrungssatz. Wir haben nicht mehr und nicht weniger Gründe, überhaupt das objective Daseyn von Sachen außer der Vorstellung anzunehmen, als wir haben, auch die besondern Arten des Beysammenseyns der Objecte für etwas objectives anzunehmen.

§ 188

Hypothes Man nehme an, die Arten des Beysammenseyns der wirklichen Objecte sind etwas objectives (etwas außer der Vorstellung von ihnen) was objective der Grund ist von der Vorstellung und analog ist mit der Vorstellung (§ 123).

§ 189

Anmerkung 1 Beyde Voraussetzungen (§§ 188, 185) kön-
130 | nen in der Philo- | sophie von wirklichen Dingen gebraucht werden, wenn es bloß auf die Verbindung und den Zusammenhang unserer Kenntniße, nemlich unserer Vorstellungen und Begriffe von ihnen in uns, d. i. auf Wißenschaft und Einsicht von wirklichen Dingen ankommt. Eine Metaphysik ist möglich ohne diese Frage, welche Voraussetzung die richtige sey, auszumachen.

Anmerkung Man könnte noch eine Hypothes erdenken, nemlich annehmen, daß die modi coexistendi bloß etwas subjectives sind, aber nicht nach den Gesetzen der Erkenntnißkraft erfolgen, sondern von der Einwirkung eines andern Wesens in die Vorstellung entspringen. Aber diese Möglichkeit kann man ganz bey Seite setzen.

§ 190

Lehrsatz 10 In einem wirklichen Dinge A ist auch jede Bestimmung deßelben, die ihm objective außer der Vorstellung zukommt, etwas völlig bestimmtes.

Beweis Das wirkliche Ding ist als ein Ding für sich, wenn
131 | es wirklich ist, ein völlig bestimmtes (§ 31). Eine jede Be- | stimmung deßelben ist es auch. Denn wenn sie nicht objective, außer der Vorstellung ist, sondern nur bloß subjective ihr beygelegtes, und so fern sie das bloß ist (§§ 154–156) ist sie auch objective keine Bestimmung eines wirklichen Dinges, außer der Vorstellung das Ding betrachtet (§ 25).

5 Philo-] Philoso-

Daher ist auch jede objective Bestimmung des Wirklichen etwas wirkliches und also etwas völlig bestimmtes.

Anmerkung Eine jede Bestimmung in concreto genommen, d. i. so genommen, wie sie objective in dem wirklichen Dinge ist, ist ein völlig bestimmtes.

§ 191

Zusaz 1 Vorausgesetzt, daß der Ort eines wirklichen Dinges etwas objectives sey nach § 188, und also in einem Orte A seye eine objective Bestimmung eines wirklichen Dinges, so gehört die Bestimmung des Orts mit zu der völligen Bestimmtheit des wirklichen Dinges.

Zusatz 2 Wenn also das wirkliche A in einem Fall als in einem Orte A, und in dem andern, als in einem andern Orte B vorgestellt wird, so wird es in dem letzten anders determinirt vor- | gestellt, als in dem ersten, obgleich es sonst nach seinen übrigen Bestimmungen eben daßelbe Ding ist. | 132

Zusatz 3 Und weil die Art des Beysammenseyns der wirklichen Dinge, und die daraus fließenden Verhältniße der Coexistenz von den Örtern abhangen, in welchen die wirklichen Dinge sind, so gehört auch diese Art des Beysammenseyns zu der völligen Bestimmtheit der wirklichen Dinge.

§ 192

Hypothes Man kann annehmen, der Ort eines wirklichen Dinges, vorausgesetzt nach § 188, daß solcher etwas objectives Reelles, und das in einem Orte seyn, eine objective reelle Bestimmung sey, die von allen übrigen innern Bestimmungen des Dinges verschieden sey, in keiner Verknüpfung mit den übrigen innern Bestimmungen des Dinges, was in dem Orte ist, nicht wie ein gegründetes mit seinem Grunde

(§ 72), sondern nur bloß eine Bestimmung, die mit den übrigen bey den wirklichen Dingen verbunden ist.

133| Dieß ist das System von der objecti- | ven Realität des Raums und seinen Theilen.

§ 193

Hypothes Man kann auch annehmen, das Objective des Orts sey in Verknüpfung mit den übrigen innern Bestimmungen des wirklichen Dinges als ein gegründetes mit seinem Grunde. Es gehöre also der Ort selbst zu den innern Bestimmungen des Dinges in der Wirklichkeit und sey der absolute objective Grund in ihnen von der Art ihrer Coexistenz, obgleich nicht anders durch ein Verhältniß deutlich vorstellbar und nur aus einer Beziehung eines Dinges auf coexistirendes erkennbar und nur vorstellbar in dem Dinge, wenn es in der völligen Bestimmtheit, d. i. als ein wirkliches vorgestellt wird.

Nach dieser Voraussetzung ist die Art des Beysammenseyns eine Folge der völligen objectiven innern Bestimmtheit der wirklichen Dinge.

§ 194

Zusatz 1 Aus der letzten Voraussetzung folgt, daß ein Ding A, welches nach allen seinen innern Bestimmungen eben daßelbe sey, nicht in dem Orte A, und noch einmal in einem Orte B vorhanden seyn, nicht auf verschiedne
134| Arten mit andern zugleich | wirklich seyn könne. In seiner völligen Bestimmtheit vorgestellt, ist A in dem Orte A nicht ganz innerlich daßelbe mit A in dem Orte B. Jedes Individuum ist ein einziges; individuum est ens singulare.

Anmerkung Diese Voraussetzung ist dem Erfahrungssatz in § 155 nicht entgegen. Denn ob wir gleich alles, was

11 in ihnen von] in ihnen~~,~~ von

die Dinge A und B innerlich an sich haben, von ihrer Art des Beysammenseyns unterscheiden, so geschieht das duch nur bey innern Bestimmungen, die in dem Dinge vorstellbar sind, so lange sie nicht als wirklich in ihrer völligen Bestimmtheit vorgestellt werden, und die in jedem für sich allein betrachtet, vorstellbar sind. Der Ort kann als eine innere Bestimmung eines Dinges vorgestellt werden, welche zu seiner völligen Bestimmtheit gehört (§ 190) nur als einem wirklichen ihm zukommt, so wie die Art des Beysammenseyns mehrerer Dinge nur in dem mehreren wirklich coexistirenden vorstellbar ist.

§ 195

Anmerkung 1 Beyde Voraussetzungen (§§ 192, 193) können in der Philosophie über die wirklichen Dinge gebraucht werden.

2) Das System von der Realität des | Raums (§ 192) setzt | 135
den Raum als ein Object voraus, in deßen Theilen, die an sich innerlich an nichts, als an ihren Grenzen, die man ihnen beylegt, unterscheidbar sind, man eine gewiße Art des Beysammenseyns vorstellt. Man setzt also einen gewißen modum coexistendi als einen Grund voraus, aus dem die Arten der Coexistenz in den übrigen Objecten begreiflich sind.

Dieß ist ein allgemeines Verfahren, demjenigen ähnlich, was man in der Astronomie und Geographie beachtet, wo man die Verhältniße des Beysammenseyns, und die Örter der Objecte durch die Reduction auf einen angenommenen Raum, als auf ein gewißes fixirtes Object reducirt. Es ist eine fictio heurictiva[29], um die Arten der Coexistenz und die Veränderungen in demselben deutlich und bestimmt sich vorzustellen.

19 sind, man] sind, ~~wenn~~ man

Die Verhältniße der Coexistenz in den Theilen des Raums werden leicht weiter begreiflich gemacht aus etwas absoluten, was der bloße Grund davon sey.

3) In dem 2ten System § 193 braucht es diese Voraussetzung nicht. Der letzte Grund | wird angegeben in innern absoluten Bestimmungen, die in der Wirklichkeit den Objecten zukommen, ohne ein Vorauszusetzendes Grundverhältniß der Art.
136 |

4) Die Frage, warum den wirklichen Objecten solche modi coexistendi zukommen, als sie an sich haben, heißt in der ersten Voraussetzung so viel; warum die wirklichen Dinge sich in den Stellen oder Theilen des Raums befinden, worin sie wirklich sind, und dann ist noch die Frage übrig, warum diesen Theilen des Raums der bestimmte modus coexistendi zukomme?

In der zwoten Voraussetzung enthält die erste Frage dieß: warum mit den übrigen in den Dingen, wie sie für sich einzeln vorstellbar, und wenn sie nur nicht als völlig bestimmt vorgestellt werden, in ihrer völligen Bestimmtheit diejenigen innern Bestimmungen haben, die den objectiven Grund ihrer Art des Beysammenseyns ausmachen.

5 Mit den Erscheinungen der wirklichen Dinge stimmt die letzte Voraussetzung im § | 203 in so fern mehr überein, als die erstere, in so fern jede Veränderung in der Art des Beysammenseyns eines Dinges mit andern eine Veränderung seiner innern wirklichen Bestimmungen verbunden hat; aber dagegen scheint die Größe in der Veränderung in innern Bestimmungen, so weit beyde denkbar sind, zu entsprechen.
137 |

23 §] Verweis fehlt

Kapitel 3
Begriffe von der Ausdehnung und vom Raum

§ 196

Erklärung Ein Ganzes, worin Theile außer einander sind (§ 62), heißt ein ausgedehntes Ding, extensum. Ausdehnung ist das Auseinanderseyn der Theile in einem Dinge.

Wenn die Theile außer einander auch materiell von einander verschieden sind (§ 49), so heißt die Ausdehnung eine materielle, wenn das nicht ist, eine ideelle.

Das Ding, worin sich Theile finden, die materiell verschieden sind, heißt auch ein extensum discretum, ein ausgedehntes mit absonderlichen Theilen (§§ 172, 173). | |138
Sind die Theile nicht materiell verschieden, so heißt es ein stetig ausgedehntes, ein extensum continuum, ein in eins fortgehendes ausgedehntes.[30]

§ 197

Zusatz 1 Eine zusammengesetzte Substanz ist ein Ausgedehntes mit absonderlichen Theilen (§§ 170, 176).

Zusatz 2 Wenn es in einer einfachen Substanz eine Ausdehnung giebt, so ist solche eine stetige Ausdehnung, eine extensio continua (§ 188).

§ 198

Lehrsatz 11 In einem stetigen Ausgedehnten ist kein von den übrigen unterschiedner Theil für sich allein vorstellbar, in dem nicht ein mehreres außer einander befindlich vorgestellt werden müße.

Jeder Theil eines solchen extensi continui, der für sich allein vorgestellt wird, ist außer den übrigen Theilen und enthält etwas, was eins und daßelbe ist mit Etwas in Einem oder mehreren andern Theilen, oder etwas gemeinschaftli-

139 | ches mit Einem oder mehreren andern Theilen (§ 196, | 49). Außerdem enthält es auch etwas was nicht gemeinschaftlich ist mit einem andern Theil, weil es sonst nicht außer den übrigen seyn könnte (§ 67). Also ist in jedem Theil für sich vorgestellt eine Mehrheit von etwas, was außer einander ist (§ 67).

§ 199

Zusatz 1 Man mag also einen Theil eines stetigen Ausgedehnten so klein annehmen, wie man will, also ein Größeres in so viel Theile in der Vorstellung zerlegt, als man will, so ist jeder noch so kleine vorgestellter Theil wiederum ausgedehnt. Es ist ins Unendliche ausgedehnt; extensum continuum in infinitum divisibile est.

Zusatz 2 Ein extensum discretum ist, wenn es als eine Substanz vorgestellt wird, eine zusammengesetzte Substanz (§§ 196, 175, 170).

Ein solches Ausgedehntes ist nicht ins unendliche theilbar (§ 177).

Aber die einfachen Substanzen, welche in dem selben enthalten sind, können für sich stetig ausgedehnte seyn (§ 194, Zusatz 2).

40 | *Zusatz 3* Das stetig Ausgedehnte ent- | hält keine absonderlichen Theile, aus deren Verbindung es begreiflich sey. Es setzt also solche Theile nicht voraus (§ 71). Es ist auch nicht ein zusammengesetztes in dem Sinn, daß nemlich solches einerley sey mit den mehreren andern voher getrennt vorgestellten und vereinigten. Das absolute, was als ein unterschiedner Theil in demselben vorgestellt wird, ist nicht vorstellbar, ohne schon das Mitdaseyn anderer Theile vorauszusetzen (§ 71).

§ 200

Begriff vom Raum
Erfahrungssatz und Erklärungen Der gemeine Begriff vom Raum stellt den Raum dar als ein nach allen Seiten ausgedehntes Ding ohne andere Bestimmungen als die in der Vorstellung von einem Dinge und von der Ausdehnung enthalten sind.

Der näher bestimmte Begriff stellt denselben vor als ein nach allen Seiten hin stetig ausgedehntes Ding undiquaque extensum continuum.

§ 201

Erfahrungssatz Das Bild in diesem Begriff, das, was die Vorstellung deßelben ausmacht, ist aus den Empfindungen des Gesichts und des Gefühls. Bey blin- | den Personen aus dem letztern allein, bey sehenden Personen aus beyden, nur daß dasjenige, was aus den Empfindungen des Gesichts herrührt, am klarsten gegenwärtig ist. | 14

Der Stof zu dieser bildlichen Vorstellung ist theils aus den Empfindungen der ausgedehnten Dinge im Raum, die als ausgedehnte empfunden werden, theils aber aus dem Gefühl des Actus des Empfindens, wozu kein Object vorhanden ist, aus dem Gefühl der Empfindungen, wo wir nichts empfinden, obgleich wahrnehmen, daß wir mit dem Empfindungsvermögen thätig sind. Mit diesen letzten Gefühlen verbindet sich nemlich ein unbestimmtes durch die thätige Phantasie aus dem Stof in den Empfindungen der Objecte gemachte Bild von einem ausgedehnten Object, dem wir keine andern positive Bestimmungen zuschreiben, als die Ausdehnung.

Allein eben dieses unterscheidende Gefühl von dem Actus des Empfindens und deßen Arten und Formen macht

3 gemeine] gmeine *4–5* ausgedehntes] ausgedehnte *30* Allein eben dieses] Allein ~~was~~ eben dieses

es möglich, daß die Vorstellung von demselben von den Vorstellungen der Objecte getrennt werden und der Be-
42| griff vom Raum, vom leeren Raum ohne | Objecte, die in demselben ausgedehnt sind, entstanden sey?

Das Bild vom Raum, vom leeren Raum von den im Raum befindlichen Objecten gesondert stellt den Raum, als deßen Object vor als ein Ganzes, als ein einzelnes Ding, in welchem man die ausgedehnten Objecte als enthaltend sich vorstellt.

Die Vorstellungsart wird begreiflich auf dieselbe Art, wie andere einzelne partielle Empfindungen und Vorstellungen zusammengenommen und zu Einem Ganzen vereinigt werden. Wir machen uns eine Vorstellung von dem ganzen Empfindungsactus, den wir als mit zugleich vorhandenen Objecten beschäftigt ansehen, in dem wir so wohl die positiven Empfindungen als die Actus, womit wir auf Objecte treffen, als auch diejenigen, die auf keine Objecte treffen, als enthaltend uns vorstellen.

Und weil wir die einzelnen Theile dieses Actus in dem Sehen und Fühlen entweder nur durch die wahrgenommenen Objecte oder durch subjective Veränderungen in
43| der Rich- | tung des Vermögens unterscheiden können, die beydes von der thätigen Anwendung, oder von der leidentlichen Empfänglichkeit der sinnlichen Vermögen verschieden sind, in welchen letztern allein wir nichts als Größen unterscheiden, die einzelnen Actus aber als einerley innerlich als eadem uns vorkommen, so kann die thätige Phantasie desto leichter durch Vermischung daraus das Bild von einem ganzen machen, deßen Theile nicht absonderlich nicht als partes discretae vorgestellt werden und diese Bestimmung kann die Denkkraft als Bestimmung in dem Begriff, als etwas objectives festsetzen; und muß es thun, weil auch bey einer Verdeutlichung der Vorstellung die einzelnen Actus des Vermögens innerlich nicht unterscheidbar sind.

Wir machen dieß Bild von dem Raum als einem extenso continuo zu einem Bilde von dem unbeschränkten unendlich großen Raum.

Diese Erweiterung der Vorstellung ist etwas hinzugekommenes, wenn man gleich zugeben müßte, daß der Actus der Vorstellungskraft, wovon sie der Erfolg ist, zugleich mit dem Actus sich in uns zeige, | wodurch die Vorstellung | 144 zur Vorstellung eines Ganzen und eines continui und eines in den wirklichen Objecten verschiednen Dinges sey.

Das wirkliche Bild, oder die uns vorhandene Vorstellung ist, so weit sie kenntlich ist, niemals unendlich groß, aber es ist in seinen Grenzen nicht bestimmt die Grenzen sind nicht deutlich wahrnehmbar. Die Bestimmung des Unbegrenztseyns kommt durch einen Actus der Denkkraft hinzu Diese Verbindung läßt sich aus bekannten Gesetzen der Vorstellungen und der Denkkraft, wornach die Vorstellungen und Begriffe macht, auf dieselbe Art erklären, wie andere Begriffe von unendlichen Größen oder von unbegrenzten Bestimmungen in uns entstehen.

Wie aus den wirklichen Empfindungen die Vorstellung entsteht von möglichen Empfindungen und von Empfindungsvermögen, so entsteht aus dem wirklichen Actus des Vermögens das zugleich vorhandene zu empfinden, die Vorstellung von einem möglichen Actus derselben Art.

Wenn in der gegenwärtigen Vor- | stellung von dem | 14 unbegrenzten Raum die Vorstellung aus einem ganzen wirklichen Gefühl dieses Actus so wie sie durch Reproduction und Vermischung aus demselben entstanden, klar gegenwärtig ist, und damit die Vorstellung von einem möglichen Actus eines solchen Empfindens verbunden ist und vereinigt, die als Bild betrachtet gleichartig mit jenem ist, nur schwächer, so entsteht aus beyden eine unbegrenzte Vorstellung von einem Object, was über die Grenzen der Vorstellung sich erstreckt. Und weil diese Unbegrenztheit

15 hinzu] hinzukommt durch einen Actus der Denkkraft hinzu. Doppelung getilgt

des Bildes noch immer statt findet, wo auch die wahrnehmbare Grenze in der Vorstellung gesetzt wird, und wie groß bis dahin das Object durch sie auch vorgestellt werden mag, so ist eine Veranlaßung in der bildlichen Vorstellung, um die positive Bestimmung durch die Denkkraft hinzuzusetzen, daß in dem Object außer dem deutlichen in ihm vorgestellten alles, was möglich von derselben Art in ihm sey, statt finde; daß es keine Grenzen habe (§ 115), daß in ihm das Nicht mehr als so viel Statt finde.

§ 202

Zusatz 1 Der Raum als ein extensum continuum ist ins
46| unendliche theilbar (§ 198, Zusatz 1). |

Zusatz 2 Diese Entstehung des Begriffs vom Raum zeigt bloß, daß es ein Begriff sey von einem vorstellbaren, möglichen Object, das mit den wirklichen in ihnen vorhandenen Objecten verglichen, von diesen so verschieden ist, wie das Object eines Empfindungsactus, bey dem nichts objectives empfunden wird, d. i. wo nichts empfunden wird von demjenigen Object eines positiven Actus des Empfindens, wobey etwas empfunden wird. Es ist also der bloße oder leere Raum von den in ihm enthaltenen Dingen, nach der Vorstellung von beyden so unterschieden, wie Nichts von Etwas (§ 19) (objective nemlich außer der Vorstellung) wie das nicht wirkliche von dem wirklichen (§ 27). Es ist ein bloß mögliches (§ 30) und wenn es als etwas objectives angenommen wird nach § 202, so ist es ein objectives Nichts, ein wirkliches Nichts, nach § 27. Und alle Prädicate, welche diesem Object zukommen, und in ihm vorgestellt werden, sind bloße Möglichkeiten, etwas bloß vorstellbares, das außer der Vorstellung Nichts ist, obgleich etwas vorstellbares.

Aber als Hypothes kann freylich angenommen werden, | 147 daß dieß Objective | andere reelle Bestimmungen habe, auf welche unsere Vorstellung von demselben nicht führt.

Zusatz 3 In dieser Vorstellung liegt also auch kein Grund, den objectiven Raum als den letzten Grund von den Arten des Beysammenseyns der coexistirenden Objecte anzunehmen (§ 192), wofern nicht diese letzten ebenfalls bloß etwas subjectives seyn sollen, und nichts als bloße Möglichkeiten, etwas bloß vorstellbares nach der Hypothes § 185. denn das objective Nichts kann kein Grund von einem Objectiven Reellen seyn (§ 84). Daher von den obigen dreyen Hypothesen über die Arten der Coexistenz der Dinge in §§ 185, 192, 193 nur die erstern und letztern als philosophische Hypothesen übrig bleiben, jedoch unter der erwehnten Voraussetzung. Da denn wegen § 187 der letztern leicht der Vorzug gegeben wird.

2 andere reelle Bestimmungen] andere reelle~~n~~ Bestimmungen
5 Raum als den] Raum als~~o~~ den

Kapitel 4
Von der Folge des Wirklichen auf einander

§ 203

Erklärungen Wenn A ein wirkliches ist, und B auch ein wirkliches ohne mit A zugleich wirklich zu seyn, d. i. wenn zugleich nicht A wirklich und B wirklich ist, so folgen A und B auf einander (sunt sibi succedentia) deren eins
148 | vorher- | geht und das andere nachfolgt.

§ 204

Zusatz Wenn A und B auf einander folgen, so sind sie verschieden (§ 41). Sie können aber reell verschieden seyn oder nicht (§ 48) und in dem ersten Fall materiell verschieden, oder nicht (§ 49).

§ 205

Wenn A, B, C u. s. f. auf einander folgen, so machen sie vorgestellt als eine Mehrheit von auf einander folgenden Sachen, zusammengenommen eine Reihe aus (series).

Die mehreren auf einander folgenden zusammengenommen, als ein Ding vorgestellt, ist ein Succeßives, ens successivum[31], ein auf einander folgendes.

Ist das Mehrere, was auf einander folgt, materiell verschieden, so daß eins davon nichts gemeinschaftlich enthält mit dem in dem andern (wo das vorhergehende nichts gemeinschaftlich mit dem nachfolgenden hat [§ 49]) so ist es ein successivum discretum, ein Succeßives mit getrennten (absonderlichen) Theilen.

Wenn das vorhergehende und das nachfolgende etwas gemeinschaftlich haben, so heißt es ein successivum conti-
149 | nuum, ein stetiges aufeinander folgendes. |

§ 206

Zusatz 1 Das mehrere auf einander folgende in einer Reihe kann innerlich oder für sich betrachtet, einerley seyn oder nicht (§ 40).

Zusatz 2 Das aufeinander folgende können Substanzen seyn. Eine Reihe von Substanzen.

Zusatz 3 Die Reihe kann eine Reihe von Bestimmungen seyn in einer und derselben Substanz. Eine Reihe von Veränderungen einer Substanz. Eine Bestimmung einer Substanz, welche auf einander folgt, heißt eine Veränderung derselben, und wenn es eine innere Bestimmung ist, eine Modification.

Zusatz 4 Die Reihe kann eine Reihe von verschiedenen relativen Bestimmungen seyn. Eine Reihe von Verhältnißen.

Zusatz 5 Auch eine Reihe von absoluten Bestimmungen eines Dinges.

Zusatz 6 Die Reihe kann eine Reihe von Bestimmungen verschiedner Dinge seyn. Eine Reihe von Veränderungen schlechthin.

Wenn A und B auf einander folgen, so kann etwas zu A gehöriges zugleich vorhanden seyn mit etwas zu B gehörigen. | So sind A und B in so weit auch coexistentia. | 150
Und A und B sind nur synecdochisch genommen successiva.

§ 207

Zusatz 8 Wenn A und B auf einander folgen und etwas gemeinschaftlich haben, ein successivum continuum ausmachen (§ 205), so ist das letzte in dem vorhergehenden (das Ende deßelben) eins und daßelbe mit dem ersten in dem nachfolgenden (der Anfang des nachfolgenden).

Zusatz 9 Das auf einander folgende in einer Reihe kann mit einander verknüpft seyn, wie ein gegründetes mit seinem Grunde (§ 72). Eine zusammenhängende Reie, oder nicht. Im letzten Fall ist es eine bloße Reihe von Erfolgen.

§ 208

Lehrsatz 12 Eine Reihe von verschiednen Substanzen, die auf einander folgen, kann kein stetiges Succeßives ausmachen.

Beweis Denn, wenn das Ende der vorhergehenden zugleich der Anfang des nachfolgenden ist, so hat das vorhergehende A und das nachfolgende B etwas, was bei beyden eins
151 | und daßel- | be ist (§ 205). Also kann zwar A für sich allein als eine Substanz vorgestellt werden, und B auch für sich allein, aber weil das gemeinschaftliche in beyden C nicht mehrmal vorhanden ist, so sind nicht mehrere reell verschiedne Substanzen auf einander wirklich. Es können also A und B keine reell verschiedne Substanzen seyn.

§ 209

Zusatz Ein Succeßives, welches ein stetiges ist, enthält keine Reihe von Substanzen. Eine Reihe von Substanzen ist ein succeßives mit getrennten Theilen (§ 205).

§ 210

Lehrsatz 13 In einer stetigen Folge giebt es keinen Theil derselben, worin nicht wiederum eine Folge vorstellbar sey.

Beweis In einer stetigen Folge von A, B, C u. s. f. enthält jeder Theil, jedes zu der Reihe des aufeinander folgenden gehörigen, für sich allein vorgestellt, z. B. B, etwas, was diesem Theil und dem vorhergehenden gemeinschaftlich

6 Eine Reihe von] Eine ^{Reihe} von *10* was bei beyden] was xx beyden – *Tintenfleck*

ist, auch etwas, was ihm mit dem nachfolgenden Theil gemeinschaftlich ist, und außerdem etwas, was ihm selbst | eigen ist (§ 205) und dieß in dem selben unterscheidbarn | 152 ist selbst etwas auf einander folgendes.

§ 211

Zusatz Ein successivum continuum ist in diesem Sinn ins unendliche theilbar. Nemlich es ist jedesmal in jedem noch so kleinen Theil eine Mehrheit von etwas auf einander folgendem vorstellbar.

§ 212

Lehrsatz 14 Wenn es eine Veränderung in den rclativen Bestimmungen einer wirklichen Substanz A giebt (die nicht bloß eine Veränderung in der Art ihres Zugleichseyns mit andern ist, oder aus einer solchen folgt) so muß es auch eine Veränderung in irgendeiner absoluten Bestimmung geben, es sey in der Subtanz A, oder der andern, auf welche jene A bezogen wird.

Beweis Die relativen Prädicate wirklicher Dinge haben, die Art ihres Zugleichseyns etwa ausgenommen, ihren Grund in innern absoluten Bestimmungen derselben (§§ 154, 155). So lange also die Substanz A und diejenigen, in Beziehung auf welche jener eine | relative Bestimmung zukommt, | 153 völlig dieselben bleiben an ihren absoluten Bestimmungen, bleiben auch die darin gegründeten Relationen dieselben nach Grundsatz 20, § 86. Eine Veränderung in diesen letztern setzt also ein Andersseyn als vorher, oder eine Veränderung in den ersten voraus.

§ 213

Zusatz 1 Nach der Voraussetzung in § 203 haben auch die besondern Arten des Zugleichseyns der Dinge ihren Grund in innern Bestimmungen derselben. Nach eben derselben ist der vorige Lehrsatz also auch auf die Relationen aus der Art der Coexistenz der Dinge anwendbar.

Zusatz 2 Wenn die Relation einer Substanz A zu einer andern B sich ändert, so kann entweder in A, oder in B, oder in beyden sich die absolute Beschaffenheit ändern, worin der Grund von der veränderten Relation ist, eine Veränderung, welche beyden beygelegt wird, aber sie wird
154| demjenigen Dinge absolute zuge- | schrieben, worin der Grund derselben enthalten ist.

§ 214

Lehrsatz 15 Eine Reihe von wirklichen Veränderungen in einer Substanz enthält eine stetige Folge.

Beweis In einer Substanz A ist eine wirkliche Bestimmung A, die nicht selbst eine Substanz ist, nicht vorstellbar in concreto für sich allein, getrennt von allen übrigen, was mit derselben zugleich in der Substanz A enthalten ist (§ 157). Es liegt also in A auch etwas, was dieser Bestimmung A, als einer solchen zugehört, und was zugleich auch etwas zu dem übrigen in der Substanz enthaltenen gehöriges ist, also etwas gemeinschaftliches, oder eins und daßelbe in jenen und in diesen (§ 219), wenn nun auf die Bestimmung A eine andre B folgt, so enthält B entweder bloß die Negation der vorigen A (bloß das nicht A seyn) oder noch etwas mehr. Aber wenn sie auch bloß die Negation von A enthält, so ist in ihr in concreto als völlig bestimmt betrachtet etwas,
155| was gemeinschaftlich ist mit den übrigen in der- | selben Substanz. Folglich ist in der nachfolgenden Bestimmung B, als nicht A etwas mit A gemeinschaftlich. Die Folge von B auf A ist demnach eine stetige Folge (§ 215).

Kapitel 5
Begriff von der Zeit

§ 215

Erfahrungssatz Den Dingen, die wir uns als in einer Reihe auf einander folgend vorstellen, legen wir Verhältniße bey, die ihnen dieser Folge wegen zukommen. Zu diesen gehören 1) das Vorhergehen und das Nachfolgen 2) das unmittelbar auf einander Folgen ohne ein anderes zwischen ihnen, das nächst auf einander und das mittelbar auf einander Folgen, und bey dem letztern unterscheiden wir das näher und entfernter Folgende.

Wir unterscheiden auch das Gegenwärtige, Vergangene und Künftige. Diese Beziehungen enthalten außer den Begriffen des Vorhergehens und des Nachfolgens noch einen Begriff von einem zugleichseyn mit einem als feststehend angenommenen Dinge (mit einem jetzigen, jetzo vorhandenen Dinge).

§ 216

Erfahrungssatz Wir bedienen uns des | Begriffs von der | 156
Zeit bey der Unterscheidung dieser verschiednen Verhältniße auf die nemlich Art, wie des Begriffs vom Raum zur Beziehung der Arten des Zugleichseyns der Dinge (§§ 183, 184). Legen einem jeden einzelnen Dinge seinen Theil von der Zeit, sein Moment, oder seine Dauer bey, und bezeichnen die Verhältniße aus der Folge nach den Verhältnißen, die wir uns in den zu jedem Dinge gehörigen Zeittheilen uns vorstellen.

15–16 Begriff von einem zugleichseyn mit einem als feststehend angenommenen Dinge] Begriff von einem zugleich ~~mit~~ seyn seyn ~~einem zugl~~ mit einem als ~~Entstehens~~ feststehend angenomenen Dinge Änderungen als spätere Korrekturschicht durch abweichende Handschrift

§ 217

Erfahrungssatz Die Zeit wird von uns als etwas in eins fortgehendes (fließendes) stetiges Succeßives vorgestellt, das von den in der Zeit befindlichen auf einander folgenden Dingen oder Bestimmungen verschieden ist; aber sonst für sich allein weiter keine reelle Beschaffenheiten hat, als solche, die ihm als einem stetigen Succeßiven zukommen.

Die Zeit wird bloß als eine Länge betrachtet, als eine Linie, oder eine Größe mit einer Dimension, dagegen in dem Raum drey Dimensionen vorgestellt werden.

§ 218

57| *Erfahrungssatz* Der Begriff von der | Zeit entsteht auf eine ähnliche Art, und wird aus Vorstellungen, wozu der Stof in unsern Empfindungen so wohl von den wirklich auf einander empfundenen Objecten theils und zunächst in den Gefühlen von unserm Actus des Empfindens, des Vorstellens und des Denkens enthalten ist, nach den Gesetzen der Vorstellungs- und Denkkraft gemacht, wie es oben § 20 bey den Begriffen vom Raum bemerkt ist.

Es findet sich aber bey beyden folgender Unterschied.

1) Das Bild oder die Vorstellung vom Raum wird aus den Empfindungen und Empfindungsactus des Sehens und körperlichen Fühlens äußerer körperlicher Objecte erhalten. Das Bild von der Zeit ist ein Abstractum aus allen Arten von Empfindungen und vom Empfinden, aus innern und aus äußern.

2) Der Arten des Zugleichseyns giebt es mehrere verschiedene, als der Arten des Aufeinanderfolgens. Da her die Vorstellung von der Zeit einfacher ist, nur eine Dimension
58| enthält als die Vorstellung von dem Raume (§ 217). |

§ 219

Anmerkung Man kann in Hinsicht der Zeit eben so verschiedne Hypothesen annehmen, als oben (§§ 185, 192, 193) bey dem Raum vorgekommen sind.

1) Alle Verschiedenheiten aus der Zeitfolge für etwas bloß subjectives in unsern Vorstellungen von wirklichen Dingen ansehen.
2) Diese Verhältniße als etwas Objectives in und bey den Objecten außer der Vorstellung annehmen und die Zeit selbst mit ihren Theilen für ein reelles Object halten.
3) Annehmen, daß der objective Grund zu den Zeitverhältnißen in innern und absoluten Bestimmungen der auf einander folgenden Sachen, welche den Dingen in ihrer Wirklichkeit zukommen enthalten sey.

Über diese verschiednen Hypothesen läßt sich auch das nemliche bemerken, wie oben bey denen, die den Raum betreffen.

Nur daß unsern Empfindungen von dem Aufeinanderfolgenden unsere Erscheinungen und das natürliche Raisonnement über diese uns weit | stärker zu der letztern | 15 Hypothes bestimmten in Hinsicht der Zeitverhältniße als in Hinsicht der Ortsbeziehungen.

§ 220

Zusatz Die Zeit als eine stetige Folge vorgestellt, ist ins unendliche theilbar (§ 211).

§ 221

Erklärungen Ein Ding dauert (durat, hat ein Fortdauern, wenn eine Folge oder Reihe mit ihm coexistiren kann). Ein Ding ist ein augenblickliches (momentaneum, instantaneum) wenn mit ihm keine Folge zugleich seyn kann.

Ein immerwährendes, ewiges ist das, was coexistent ist, mit jeder möglichen Folge, d. i. ein ewiges schlechthin, ohne Anfang und ohne Ende.

Was coexistirt mit jeder möglichen Folge die als künftig vorgestellt wird (als folgend auf jetzo [§ 225]) ist ein endloses, ein ewiges ohne Ende (ex parte post).

Was coexistent ist mit jeder möglichen Folge, die gewesen seyn kann (die als vorhergehend vor jetzo vorgestellt
60 | wird) ist ein anfangloses (ein ewi- | ges a parte ante.)

Kapitel 6
Begriffe von Ursachen und Wirkungen und der ursachlichen Verknüpfung

§ 222

Erfahrungssatz Die in § 69 unter N. 3 angeführten Empfindungen und andern, die wir in den Empfindungen unserer Thätigkeiten und ihren Erfolgen als diesen ähnlich ansehen, sind es, aus welchen die Vorstellungen zu den Begriffen von Ursachen und Wirkungen und von der ursachlichen Verknüpfung genommen werden.

§ 223

Erklärung Wenn A ein Sachgrund, ein zureichender Sachgrund von einem positiven wirklichen B ist (§§ 17, 78) so enthält A alles zusammen, woraus das reell von ihnen verschiedne B ganz mit allen seinen Bestimmungen, den innern und äußern, den absoluten und relativen, den positiven und negativen begreiflich ist.

Jedes von diesem, was in den gesammten Sachgrunde enthalten ist, einzeln genommen, heißt ein Erforderniß, requisitum zu B, und wenn dieß als ein solches vorgestellt wird, ohne welches die übrigen | auch nicht vorhanden sind, | 16
so heißt es ein nothwendiges Erforderniß. Wird dieß Erforderniß als eine Bestimmung eines Dinges vorgestellt, so heißt das Ding eine Ursache, causa in der weitesten Bedeutung synecdochice, und ist es ein nothwendiges Erforderniß, so heißt es eine causa sine qua non.

4 § 222] letzte Ziffer durch abweichende Handschrift *12–13* zureichender Sachgrund] zureichender [Sach]Grund *24* causa] caussa sic!

§ 224

Erklärung Ein Ding, worin der gesammte Sachgrund von etwas positiven und wirklichen enthalten ist, wird die absolute unbedingte Ursache genannt.

Ein Ding, worin der Theil des zureichenden Sachgrundes von etwas positiven und wirklichen enthalten ist, woraus die innern und positiven Bestimmungen deßelben begreiflich sind, heißt die Ursache davon schlechthin ohne Beysatz, wenn in ihr dasjenige vom Sachgrunde enthalten ist, woraus alle positiven und innern Bestimmungen von etwas begreiflich sind; oder die wirkende thätige Ursache, causa agens, wenn nur ein Theil von diesen Bestimmungen 62| daraus begreiflich sind, so heißt sie Mitursache. |

§ 225

Erklärung Dasjenige positive Wirkliche, was durch den gesammten Sachgrund gesetzt wird, ist die Wirkung, effectus, und wenn es als etwas nachfolgendes vorgestellt wird, der Erfolg; in so fern es mit seinen positiven Bestimmungen genommen wird, das causatum.

Die Beziehung der Ursache und ihre Wirkung auf einander heißt die ursachliche Verknüpfung, der nexus causalis.

Das in dem gesammten Sachgrunde, woraus die negativen Bestimmungen der Wirkung (das nicht anders seyn, nicht unwirklich seyn) begreiflich sind, heißt der Grund des Nichtandersseyn (das Warum nicht anders, der Grund des Nichtandersseyns, des Gegentheils, die non impeditio, absentia impedimenti).

Das, was in der Ursache als zum Sachgrunde von der Wirkung gehörig angesehen wird, heißt die Causalität, und wenn die Wirkung entsteht ratio causandi[32]. Was in dem gesammten Sachgrunde ein Grund von den Verhältnißen 63| (rela- | tiven Bestimmungen) der Wirkung ist, heißt ein nicht wirkendes Erforderniß (Umstände und Gelegenheiten). Und wenn auch diese wiederum Ursachen haben, so heißen diese letztern gelegentliche Ursachen, causa occasionales.

§ 226

Zusatz 1 Die Ursache und ihre Wirkung sind etwas reell von einander verschiedenes (§ 78).

Zusatz 2 Wenn die absolute unbedingte Ursache als vorhanden vorgestellt wird (gesetzt wird) so wird auch die Wirkung gesetzt, muß auch als wirklich (oder folgend) vorgestellt werden. Posita causa ponitur effectus[33] (§ 224).

In diesem Fall ist ein Widerspruch zwischen den beyden Sätzen, ponitur causa und non ponitur effectus. Das heißt die ursachliche Verknüpfung ist nothwendig.

§ 227

Zusatz 3 Wenn die wirkende Ursache vorhanden ist, so wird zum zureichenden Sachgrunde der Wirkung noch erfordert das Daseyn der nicht wirkenden Erforderniße und der Grund des nicht andersseyns. Wo also jene | ist, da können diese fehlen, also ist es kein Widerspruch, die Ursache ist vorhanden, und die Wirkung ist nicht vorhanden. | 16

Die ursachliche Verknüpfung zwischen der Ursache (die nicht eine absolute ist) und der Wirkung ist zufällig.

Aber wenn außer der wirkenden Ursache auch die nicht wirkenden Erforderniße und der Grund des nicht anders seyns vorhanden ist, dann ist es ein Widerspruch, das alles ist vorhanden und die Wirkung ist nicht vorhanden. Posita causa cum reliquis requisitis, et non adsit impeditio, ponitur effectus necessario.

§ 228

Zusatz 4 Wenn die wirkende Ursache vorhanden ist und die nicht wirkenden Erforderniße, so kann auch der Grund des nicht anders seyns fehlen. Es ist also kein Widerspruch zwischen den beyden Sätzen: die Ursache ist vorhanden mit den Umständen, und die Wirkung ist nicht vorhanden. Hier ist auch die ursachliche Verknüpfung zufällig.

§ 229

165 | *Erklärungen* Wenn in einem Dinge A | eine Wirkung A vorhanden ist, deren Ursache das Ding selbst nicht ist, so heißt jene als Bestimmung des Dinges betrachtet eine Paßion, paßive Bestimmung, ein Leiden. Ist das Ding A selbst die Ursache davon so heißt sie eine Action, als eine Bestimmung von dem Dinge betrachtet.

Wenn eine Wirkung E vorhanden ist, zu deren innern und positiven Bestimmungen der Grund in der Ursache ist, so wirkt die Ursache, agit. Und ihre Action heißt diese ihre Bestimmung, das durch das in ihr vorhandene die Wirkung nach ihren innern und positiven Beschaffenheiten gesetzt wird.

Wenn die Wirkung E als das Gegentheil einer andern Wirkung vorgestellt wird, die durch jene unwirklich gemacht wird, obgleich die Ursache dazu wirklich ist und ihre Action d. i. wenn entweder die schon vorhandene Wirkung wiederum unwirklich gemacht wird, d. i. aufgehoben wird, oder verhindert, d. i. nicht wirklich wird, wie sie es
166 | sonst geworden wäre, so heißt ihre Ursa- | che in dieser Hinsicht eine entgegenstehende Ursache, eine zerstörende oder hindernde.

§ 230

Zusatz Wenn die Ursache zu einer Wirkung E vorhanden ist, und die Wirkung nicht erfolgt, oder nicht vorhanden ist (§§ 237, 238) so kann durch die vorhandene Ursache und die vorhandenen Umstände, worunter sie sich befindet, wenn auch noch ein Grund des Nichtandersseyns damit vorhanden ist, etwas gesetzt werden, was jene Wirkung E nicht ist. In diesem Fall wird die Ursache doch als wirkend betrachtet in Hinsicht des Effects E, von deren gesammten Grund etwas in ihr ist. Sie ist auch wirkend, nur nicht in Hinsicht des Effects E.

§ 231

Wenn die Ursache vorhanden ist und die nicht wirkenden Umstände, die Wirkung E aber durch eine andere Ursache gehindert wird, welche in der Ursache und auch in den gesetzten Umständen nichts aufhebt, so ist die Beziehung der Ursache auf | die Wirkung E ein Streben (sie zu bewirken) | 167
conatus.

Zusatz Streben ist innerlich daßelbe mit dem Wirken, wenn dieß letztere gehindert wird. Und wirken ist innerlich einerley mit dem nicht aufgehobenen und nicht gehinderten Streben; actio est conatus perdurans atque non impeditus.

§ 232

Erklärung Mehrere Dinge, die zusammengenommen die Ursache eines Effects ausmachen, sind Mitursachen nach § 224. Sie stimmen zusammen zur Wirkung (§ 137).

Wenn A die Ursache ist von B, und B die Ursache von C, so wird auch A mittelbar die Ursache von C; causa causae est etiam causa causati mediata[34]. Dagegen ist A von B und B von C die unmittelbare Ursache, oder die Ursache schlechtweg.

In diesem Fall heißt A und B einander untergeordnete Ursachen von C, subordinatae. Sie sind eigentlich wesentlich als Ursachen einander untergeordnet, essentialiter sibi subordinatae, wenn B als Ursache von C (nicht in an-| | 168
derer Hinsicht) ein causatum von A ist.

§ 233

Die mehreren Mitursachen können verschiedene Verhältniße zu einander haben. Wenn jede derselben auch einzeln genommen synecdochisch eine Ursache genannt wird, so giebt es verschiedene Eintheilungen von Ursachen nach der Verschiedenheit ihrer Verhältniße zu einander. Daher die causae principales, instrumentales, sociae, auxiliares u. s. f.

Diejenige von den mehreren Mitursachen, die die vorzüglichste ist, heißt die vornehmste, causa principalis[35].

Eine Ursache in der weitesten Bedeutung mit der Absicht, daß die Wirkung erfolge, heißt eine moralische Ursache; causa moralis[36].

§ 234

Grundsatz 24 Jedes, was wirklich wird und geworden ist, hat (objective außer der Vorstellung) seine Ursache (§ 234). Nil fit sine causa. Dieß ist der Grundsatz der Ursachen (gewordner Dinge).

§ 235

Jedes werdende und gewordene Ding hat einen zureichenden Sachgrund. Nil fit sine ratione sufficiente (§ 223). | 169 | Grundsatz des zureichenden Grundes (bey werdenden Dingen) d. i. bey jedem werdenden und gewordenen Dinge giebt es ein vorauszusetzendes Warum es ist, so ist, so und nicht anders.

§ 236

Anmerkung Dieser Grundsatz muß vorausgesetzt werden, wenn ein Begreiffen des einen aus dem andern bey auf einander folgenden Dingen, also ein Raisonnement bey ihnen, möglich seyn soll, obgleich die bloße Erkennbarkeit des Werdenden ihn nicht voraussetzt.

Es ist ein Grundsatz des Urtheilsvermögens, daß wenn A vorgestellt wird, als etwas, was nicht wirklich ist, so könne das Urtheil: A ist wirklich nicht entstehen, ohne etwas subjectives in der bloßen Vorstellung, was zu dem vorhergehenden Urtheil: A ist nicht wirklich hinzukommt, und subjective vorhergeht.

Dieß ist nicht einerley mit dem, daß jenes nicht als ein gewordenes vorstellbar sey, ohne etwas objective vorauszusetzendes sich vorzu- | stellen. Aber es ist doch auch | 170 dieses ein nothwendiges Denkgesetz des Verstandes. Wenn A vorgestellt wird, als nicht wirklich, so kann der Verstand zu dem Urtheil: A ist wirklich nicht übergehen, ohne etwas objective vorauszusetzendes damit zu verbinden, wovon das letzte Urtheil ein Urtheil a priori seyn soll, und nicht ein solches, was aus einer Empfindung a posterori entsteht. Es ist also im Verstande allein gar kein Übergang möglich von dem ersten Urtheil zu dem letzten, ohne einen subjectiven Sachgrund zu denken.

Man kann diesen Grundsatz, nach der Erfahrung als allgemein ansehen bey allen Arten von Erfahrungen. Allein in so fern ist solcher nur ein Erfahrungssatz a posteriori. Und es ist Hypothes, ihn auf alle möglichen Erfahrungen auszudehnen, d. i. auf alles wirkende. Aber eine Hypothes, die mit allen andern Wahrheiten von werdenden Objecten übereinstimmt, und dieser Übereinstimmung wegen für wahr vom Verstande | erkannt werden muß. | 171

§ 237

Zusatz: Ein Ding kann nicht von sich selbst Ursache und Wirkung seyn. Nil est sui ipsius causa vel effectus (§ 236, Zusatz 1).

24 werdenden Objecten] werdenden O~~Su~~bjecten

Kapitel 7
Von Kräften und Vermögen

§ 238

Da das, was zu der Causalität einer Ursache gehört nach § 225 eine Mehrheit von verschiedenen inneren Bestimmungen ausmachen kann, so laßen sich in demselben auch wiederum absolute und relative Bestimmungen derselben unterscheiden, auch ihre positiven und negativen.

§ 239

Erklärungen Der Zustand der Ursache, wenn die Causalität zu einer bestimmten Wirkung in ihr vorhanden ist, aber nur diese nach § 230; heißt, in so fern solche noch als unbestimmt in Hinsicht der nicht wirkenden Erforderniße betrachtet wird, der Zustand der Wirksamkeit. Es ist in ihr Wirksamkeit vorhanden (§ 230) ohne ein bestimmtes Streben nach § 231. oder ohne ein Streben zu einer bestimmten
172| Wirkung. Was alsdenn in ihr | vorhanden ist, kann reger aber unbestimmter Trieb genannt werden.

§ 240

Erklärungen Die Wirksamkeit kann wiederum angesehen werden, als etwas, welches einen Sachgrund hat in der Ursache, aber außer ihr, d. i. etwas von der Wirksamkeit reell verschiedenes (§ 78), oder auch nur überhaupt einen Grund, einen zureichenden, oder unzureichenden (§§ 75, 96).

Das Absolute in einem Dinge, was den Grund von dem Absoluten und Positiven in der Wirksamkeit enthält (oder ihn ausmacht) kann überhaupt die Kraft, vis, heißen.

Diese Kraft heißt eine rege Kraft, wenn Wirksamkeit vorhanden ist nach § 239, strebende Kraft (bloß strebende Kraft und in der Physik todte Kraft (vis mortuo)) wenn ein Streben vorhanden ist (§ 241); lebendige Kraft, wenn eine Action erfolgt.[37]

§ 241

Zusatz 1 Wenn eine Kraft vorhanden ist, so ist dasjenige vorhanden, was den Grund zu dem Absoluten und Positiven | der Wirksamkeit ausmacht, aber dieß ist nicht | 173
der gesammte Grund der Wirksamkeit. Es kann noch an demjenigen fehlen, was zu relativen Bestimmungen und zu dem Grunde des Nichtandersseyns erfordert wird. Daher wird auch durch die vorhandene Kraft allein noch nicht die Wirksamkeit gesetzt.

Zusatz 2 Allein, weil in den wirklichen Objecten mit einer bestimmten Kraft auch bestimmte Relationen verbunden sind (wenn gleich nicht diese oder jene) (§ 190). So ist auch jedesmal mit der Kraft ein Grund zu Verhältnißen verbunden, und wann nun auch irgend ein Grund zu einem Nichtandersseyn vorhanden ist, so ist auch jedesmal ein vollständiger Grund zu irgend einer und zwar in der Wirklichkeit bestimmten Wirksamkeit, obgleich nicht zu dieser oder jener, oder zu derjenigen, wozu sonst die Kraft auch einen Grund enthält). In so fern läßt sich sagen: jede wirkliche Kraft ist auch wirksam auf irgend eine Art: vises agunt.

Zusatz 3 Die Kraft zu einer bestimmten Wirksamkeit macht diese letztere für sich allein nur möglich. Sie enthält nur et- | was von dem gesammten Grunde derselben, was | 174
aber vorausgesetzt werden muß als möglich, in der absoluten Möglichkeit des Wirkens, als wirklich in der physischen Möglichkeit deßelben (§ 12).

21).] öffnende Klammer fehlt

§ 242

Erklärung Das, wodurch eine Wirksamkeit möglich wird, heißt ein Vermögen, facultas.

Eine Kraft, in so fern sie auf mehrere Arten wirksam seyn kann, besitzt mehrere Vermögen. Das Absolute in einer Substanz, was der Grund der Möglichkeit zu wirken ist, heißt die Potenz, potentia. Die Möglichkeit eine paßive Bestimmung anzunehmen (§ 229) heißt Empfänglichkeit, receptivas.

§ 243

Zusatz Ein jeder noch unzureichender Grund zu den Absoluten und Positiven in einer Wirksamkeit ist in Hinsicht dieser Wirksamkeit noch nicht Kraft und auch noch nicht die völlige Möglichkeit, ob sie gleich als zur Möglichkeit gehörig angesehen werden kann.

§ 244

Was zu den positiven Bestimmungen einer gewißen Causa-
175| lität (nicht zu den | absoluten und positiven allein [§ 240]) erfordert wird, kann eingetheilt werden in dasjenige, was in der wirkenden Substanz beständig ist, sie mag wirksam seyn auf die bestimmte Art, oder nicht, und in dasjenige, was noch jedesmal hinzukommen muß, wenn die bestimmte Causalität entstehen soll. Jenes beständige in einer Substanz, was zu den positiven Bestimmungen der Causalität der Grund ist, kann für sich allein betrachtet, das volle Vermögen genannt werden.

§ 245

Zusatz 1 Bey einer Substanz, in der nicht alles, was zu den positiven Bestimmungen der Causalität erfordert wird, beständig vorhanden ist, macht auch das reelle Vermögen die Causalität unmöglich, setzet sie nicht schon in der

Wirklichkeit. Was noch hinzukommen muß, um die wirkliche Causalität hervorzubringen, heißt die Ergänzung des Vermögens zur Wirksamkeit.

Zusatz 2 Weil von demjenigen, was zusammen den völligen Grund der | Causalität ausmacht, mehr oder minder | 176
vorhanden seyn kann in einer Substanz, so laßen sich sehr verschiedne Grade des Vermögens denken (§ 242).

Und wenn alles, was nicht reelles Vermögen ist (§ 244), also (jeder auch unzureichende Grund der Möglichkeit zu wirken, der nicht bis dahin zureichend, als es ein volles Vermögen ist, ein Unvermögen, impotentia, heißt, so giebt es verschiedne Größen und Grade des Unvermögens (§ 120).

§ 246

Erklärungen In so fern der Sachgrund zu den positiven Bestimmungen der Wirkung (§ 239) in der Ursache selbst ist, handelt sie eigenmächtig und uneingeschränkt in Hinsicht ihrer Wirkung, wenn sie eine absolute Ursache ist (§ 224).

In so fern eine Ursache in sich den Sachgrund zu ihrer Action enthält, ohne daß dieser Grund in ihr eine paßive Bestimmung von ihr sey (§ 229); handelt sie selbstthätig, sponte. Und in so fern die Kraft (§ 240) | zu ihren innern | 177
nicht paßiven Bestimmungen gehört (§ 229), handelt sie mit Selbstmacht.

§ 247

Zusatz 1 Es können sehr verschiedne Grade der Selbstthätigkeit vorgestellt werden, wenn nicht unter Sachgrund der völlige zureichende Grund, sondern auch ein unzureichender verstanden wird. Eben so auch verschieden in Hinsicht

9 (jeder] schließende Klammer fehlt *12* und Grade des] und Graden des *16* uneingeschränkt] uneigenschränkt *28* zureichende] zureichenchende

des Handelns aus Selbstkraft. Unter diesen kann der Grund von Selbstthätigkeit bemerkt werden, wo das reelle Vermögen (§ 244) der Ursache selbst zukommt, aber das zur Ergänzung deßelben erforderliche nur paßive Bestimmung ist (§ 245).

Zusatz 2 Das zur Kraft und Causalität gehörige in der Ursache kann in ihr entstanden seyn und also nun an sich unveränderliche Bestimmung ohne deswegen eine paßive Bestimmung zu seyn also ohne ihre Selbstthätigkeit und Selbstmacht zu schwächen. Es kann auch etwas eine pa-
178 | ßive durch die Action einer andern Sub- | stanz in der regierenden bewirkte Bestimmung seyn, die aber als Kraft zur Action betrachtet, etwas der wirkenden Ursache selbst zukommendes ist, und nicht bloß während der Action in ihr bestehet, und von der Action einer andern Ursache und ihrer Wirklichkeit abhängt. In so fern das Vorhandenseyn der Kraft in der Substanz von einer andern Ursache abhängt, handelt jene aus Eigenmacht und Selbstthätigkeit, aber durch eine abhängige Macht.

§ 248

Erklärung Physisch möglich bey einer Substanz A ist das, wozu sie Vermögen hat (§§ 240–241, Zusatz 3, § 242). Wenn von einer wirklichen völlig bestimmten Action die Rede ist, so ist ihr physisch möglich wozu sie in ihrer völligen Bestimmtheit pro nunc et sic) Vermögen hat.

§ 249

Zusatz 1 Es kann in sonderheit physich möglich genannt werden, wozu die Substanz in ihrer völligen Bestimmtheit
179 | ein volles Vermögen hat. |

24 ist, so ist ihr physisch möglich wozu] ist,* wozu – Marginalie:* so ist ihr physisch möglich *25* Bestimmtheit] Bstimmtheit

Zusatz 2 Es kann näher physisch möglich bey einer Substanz heißen, wozu sie in ihrer völligen Bestimmtheit die Kraft hat (§ 240) und zwar die ganze Kraft, alles, was zum Grunde des Absoluten und Positiven in der Wirksamkeit gehört (§ 240), nicht bloß etwas davon. Als dann heißt physisch unmöglich, wozu die Kraft nicht zureichend ist. Dann ist das, was bloß schwerer ist, noch zu unterscheiden, was von dem Verhältniß der zur Action erforderlichen Kraft, zu der ganzen Kraft, die in der handelnden Substanz sich befindet, abhängt.

Zusatz 3 Es kann noch näher physisch möglich heißen, wozu die bloße Causalität in ihr vorhanden ist (§§ 239, 225).

§ 250

Zusatz 4 Es kann außer der Causalität in der Ursache noch ein Streben zu einer Wirkung vorhanden seyn, ohne daß die Wirkung erfolge (§ 231).

Aber weil, wenn zu der Causalität und den nicht wirkenden Erfordernißen noch der Grund des nicht anders seyns hinzukommt, die Wirkung erfolgt (§ 227) so kann man die bloße physische Möglichkeit einer Wirkung, obgleich sie | eine völlige Möglichkeit ist, dadurch von der mehr als | 180
möglich, von der, die wirklich wird, unterschieden, daß man sie so lange nur bloß als möglich betrachtet, so lange nicht auch bestimmt hinzugedacht wird, daß auch der Grund des nicht anders seyns vorhanden sey. Alles übrige allein genommen macht die Action nur bloß möglich.

§ 251

Zusatz 5 Eine Action A kann erfolgen, obgleich ein Streben zu einer andern damit verbunden ist, die jene aufhebt, wenn nemlich Causalität zu beyden, und zu beyden auch

23 so lange nur] so lange ~~sie~~ nur

der nicht wirkenden Umstände vorhanden sind. In so weit sind sie einander nicht entgegenstehend (§ 51).

Zusatz 6 Aber wenn nicht zu mehreren zugleich Causalität (völlige sondern nur etwas davon ist, so sind sie minder entgegen gesetzt (§ 81) und wenn die eine erfolgt, kann die andere nicht als zugleich physisch möglich nach § 249,
181 | Zusatz 3 genannt werden. |

Kapitel 8
Von Grundkräften und abgeleiteten Kräften

§ 252

Erklärung Grundkräfte und Grundvermögen eines Dinges (vises primitive[38]) sind diejenigen, welche in dem Dinge selbst nicht anders als einen Grund von ihnen voraussetzen. Sie sind die ersten Kräfte (Vermögen) in der Ordnung des Verstandes in den Dingen.

Abgeleitete Kräfte (Vermögen), vises derivative[39], dagegen sind solche, welche in andern Kräften (oder Vermögen) des Dinges ihren vorauszusetzenden Grund haben (§ 74).

§ 253

Zusatz 1 Eine Grundkraft (auch ein Grundvermögen) gehört also als eine Bestimmung eines Dinges betrachtet, zu den Grundbestimmungen des Dinges (§§ 94, 108, 252).

Zusatz 2 Eine Grundkraft ist etwas absolutes, weil jedes relative in einem Dinge, etwas absolutes voraussetzt (§ 71).

Zusatz 3 Eine Grundkraft als eine Bestimmung einer Substanz vorgestellt ist etwas Substantielles (§ 166).

§ 254

Erklärung: Eine Kraft (auch ein Vermögen) heißt, in so fern sie ihren Grund | in der Natur eines Dinges hat (§§ 108, | 18
164), eine natürliche (Naturkräfte), vires naturales, ein natürliches Vermögen; in so fern sie in etwas andern ihren Grund hat, eine nicht natürliche, eine hinzugekommene, adventitia.

§ 255

Zusatz 1 Die Grundkräfte und Grundvermögen sind Naturkräfte und natürliche Vermögen ganz und gar. Eine abgeleitete Kraft, und ein solches Vermögen kann a parte potiori eine natürliche, ein natürliches seyn. Überhaupt wird in den meisten Fällen, das was natürlich genannt wird, nur a parte potiori so genannt.

Zusatz 2 Eine natürliche Kraft ist in so fern sie das ist, unveränderlich, aber in so fern sie das nicht ist, kann sie veränderlich seyn.

Kapitel 9
Von den Kräften zusammengesetzter Substanzen

§ 256

Erklärung Ein Prädicat, eine Bestimmung, eine Kraft, welche allen Theilen eines Ganzen, jeden für sich einzeln genommen zukommt, ist ein | allgemeines Prädicat aller | 183
Theile, und wenn es zugleich ein Prädicat des Ganzen ist (aller Theile zusammmengenommen) kann es ein distributives Prädicat heißen.

Ein Prädicat (eine Bestimmung, eine Kraft, die nur dem Ganzen, als einem solchen (d. i. allen Theilen zusammengenommen) zukommt, heißt ein collectives Prädicat.

§ 257

Zusatz 1 Ein Prädicat kann ein collectives seyn, und zugleich ein distributives und umgekehrt.[40]

§ 258

Lehrsatz 16 Eine absolute Bestimmung, in deßen Begriff nicht der Begriff von einer Mehrheit und ein Zusammennehmen eines Mehreren enthalten ist, muß, wenn es eine distributive Bestimmung eines Ganzen ist, auch eine collective Bestimmung seyn.

Beweis Ein Ganzes ist einerley mit allen seinen Theilen, in ihrer Verbindung zusammengenommen (§ 54). Wenn also A eine absolute Bestimmung aller Theile des Ganzen A, einzeln betrachtet, ist, und | doch keine Bestimmung | 184
des Ganzen, als Ganzen seyn sollte, so muß allen Theilen in ihrer Verbindung zusammengenommen, und als Eins

8 ein Prädicat des Ganzen] ein Prädicat ~~aller Theile~~ des Ganzen vorgestellt, das nicht zukommen, was ihnen allen einzeln betrachtet, zukommt. Weil nun aber das Ganze, als ein Ganzes, außer allen Theilen, einzeln genommen, nichts enthält, als die Begriffe von dem Beysammenseyn mehrerer Theile, d. i. von Mehrheit und von einem zusammennehmen des Mehreren, so müßte in diesen letzten der Grund liegen, warum die distributive Bestimmung keine collective seyn kann. Daher wo diese Bedingung fehlt, auch die Bestimmung dem Ganzen als Ganzen zukommen muß.

§ 259

Lehrsatz 17 Eine bloß collective Kraft, welche einer zusammengesetzten Substanz zukommt, ist (objective) eine Mehrheit von den Kräften der einfachen Substanzen, aus
185 | denen die zusammengesetzte besteht, zusammengenommen. |

Beweis Eine Kraft einer zusammengesetzten Substanz, die nur eine collective Kraft ist, kommt nicht den einfachen Substanzen zu, einzeln für sich betrachtet. Es ist also solche nur vorstellbar, als ein Inbegriff von mehreren, was zusammengenommen als Eins vorgestellt wird, selbst also nur als ein Ganzes vorstellbar.

Ist nun das Ganze als Kraft etwas absolutes, so muß das mehrere, was in dem selben zusammengenommen wird, auch etwas absolutes seyn. Denn wenn das mehrere einzeln betrachtet, bloß etwas relatives ist, so ist die Mehrheit von Relationen zusammen genommen nicht vorstellbar, ohne Relationen, also nichts absolutes (§ 103) wider die Voraussetzung. Die collective Kraft als etwas absolutes setzt also etwas absolutes in den einfachen Substanzen voraus, was unmittelbar oder mittelbar ein Grund (§ 89)
186 | von etwas absoluten ist und also von einer | Wirksamkeit ist (§ 281, Zusatz 2) also eine Kraft ist (§ 250).

§ 260

Zusatz 1 Eine Kraft, die einem Dinge nur in einer Verbindung mit andern zukommt, und also keine Selbstkraft ist (§ 246), ist von einer bloß collectiven Kraft unterschieden.

Zusatz 2 Eine collective Kraft ist nur subjective in der Vorstellung Eine Kraft, oder nur relative, in so fern die Wirkung derselben in einem Dinge vereinigt zusammmen genommen wird, objective ist sie eine Mehrheit von einzeln Kräften, ein Inbegriff von mehrern Kräften.

Zusatz 3 Eine bloß collective Kraft ist nichts empfindbares, also nichts wirkliches, als eine solche. Sie ist nur vorstellbar und empfindbar und nur wirklich als eine Mehrheit von einzeln Kräften zusammengenommen in Eine Vorstellung und in einer Empfindung, und wenn sie als Eine Kraft vorgestellt wird, setzt sie eine Vorstellung | voraus, in der die darin enthaltene Mehrheit zusammengenommen wird (§§ 26, 54). | 187

Kapitel 10
Von der Analogie der Ursachen und ihrer Wirkungen

§ 261

Die Wirkung (§ 225), welche man als ein Ganzes ansieht, was durch die Action (§ 229) einer Ursache gesetzt wird, heißt der volle Effect, effectus plenus[41]. Was nur ein Theil der Wirkung ist, heißt auch so, aber ein effectus minus plenus in Hinsicht der Action. Aber, wenn man die Wirkung auf die Ursache bezieht, welche unsere Kraft und unser Vermögen, zu mehreren Actionen besitzen kann, und auch mehrere Actionen äußern kann, die man zusammmengenommen als Eine Kraft und als Ein Vermögen, und als Eine Action betrachten kann, so läßt sich eine bestimmte Wirkung zwar als die ganze Wirkung aus einer bestimmten Kraft der Ursache ansehen, ob sie gleich in Beziehung aller
188 | Wirkungen derselben Ursache nur ein | Theil derselben ist.

§ 262

Zusatz Da die Ursache, welche nicht eine absolute Ursache ist (§ 234) nur dasjenige von dem gesammten Sachgrunde der Wirkung enthält, woraus die innern und positiven Bestimmungen der Wirkung begreiflich sind, so kann bey der Beziehung der Wirkung auf ihre Ursache, die erstere nur in Hinsicht ihrer innern und positiven Bestimmungen in Betracht kommen und die Ursache nur in Hinsicht ihrer Causalität (§ 225).

§ 263

Lehrsatz 18 Jede innere und positive Bestimmung der Wirkung setzt eine ihr zugehörige (respondens, conveniens) Ursache voraus, aus welcher sie als aus ihrem Grunde begreiflich ist.

Beweis Jede innere und positive Bestimmung der Wirkung hat ihren Grund in der Causalität der Ursache, also in der Ursache, und ist aus der Ursache begreiflich (§§ 72, 225). Wenn also A und B solche innern positive Bestimmungen der Wirkung sind, so ist in der Ursache etwas | | 189
α, woraus A und etwas β, woraus B begreiflich ist. Wenn A und B in der Wirkung einerley sind, so sind auch α und β in der Ursache einerley (§ 36) und wenn jene verschieden sind, so sind auch diese verschieden (§ 87). Das ist, die Bestimmungen α und β in der Ursache sind den Bestimmungen in der Wirkung A und B zugehörig.

§ 264

Zusatz 1 Die Verhältniße der Identität und Diversität A zwischen den Bestimmungen der Wirkung unter sich sind dieselben mit den Verhältnißen derselben Art zwischen den Bestimmungen der Ursache, worin jene gegründet sind. Dieß ist die allgemeine Analogie der Ursache und ihrer Wirkungen (§ 123).

Zusatz 2 Dieß kann nicht ausgedehnt werden auf die Verhältniße der Coexistenz in den Wirkungen: es folgt nicht, daß weil das mehrere in der Wirkung A und B außer einander ist, so sey auch das darin gehörige α und β in der Ursache außer einander.

Eben so kann es auch nicht ausgedehnt werden auf die Identität an Zeit- | bestimmungen. Wenn A und B in der | 190
Wirkung auf einander folgen, so kann die Causalität und ratio causandi in der Ursache (§ 238) und also das innere und positive in A und B was dadurch gesetzt wird, Eins und daßelbe seyn, ohne daß die nicht wirkenden Umstände und die Gründe des Nichtandersseyns (§ 237) dieselben sind; d. i. ohne daß A und B dieselben sind. Nur, wenn die Causalität und die Action der Ursache (§ 239) Ein und daßelbe ist zu den auf einander folgenden A und B, so

ist jene coexistent mit diesen auf einander folgenden, d. i. fortdaurend (§ 231).

§ 265

Erklärung Wenn die Identität der Verhältniße des Mannigfaltigen in der Wirkung A und B u. s. f. unter sich und die Verhältniße der dazu gehörigen Bestimmungen in der Ursache α; β, γ. u. s. f. unter sich auch auf die Verhältniße des Zusammenseyns, des Nebeneinanderseyns erstreckt, (und die letzteren also aus jenen unmittelbar erkennbar
191 | sind) so | kann die Wirkung ein Bild von der Ursache genannt werden.

§ 266

Erklärung Wenn die absoluten Bestimmungen in der Wirkung (A und B) mit den absoluten dazu gehörigen Bestimmungen der Ursache α und β in Hinsicht ihres absoluten auch einerley sind bis dahin, daß sie unter denselben Allgemeinbegriff von einer bestimmten Art von Dingen oder Bestimmungen vorgestellt werden können, so kann die Wirkung gleichartig mit der Ursache heißen, effectus univocus, wenn nicht, ungleichartig mit ihrer Ursache, aequivocus.[42]

§ 267

Zusatz 1 Nach dieser Erklärung ist die Gleichartigkeit der Wirkung mit ihren Ursachen nicht in der allgemeinen Analogie derselben (§ 274, Zusatz 1) begriffen. Es kann effectus aequivocos geben.

Zusatz 2 Wenn aber diese letzte Bestimmung die allgemeine Analogie aufheben soll, so sind dergleichen unmöglich.

§ 268

| 192 *Lehrsatz 16* Wenn eine Bestimmung | in der Wirkung etwas Reelles ist; so muß die dazu gehörige Bestimmung in der Ursache auch etwas Reelles seyn.

Beweis Denn wenn α eine Negation ist, so kann dadurch jene Realität A nicht gesetzt werden.

§ 269

Zusatz 1 Wenn das Reelle in der Wirkung A eine Realität von einer bestimmten Größe ist (§ 118) so kann die dazu gehörige Realität in der Ursache α nicht weniger Größe haben.

Die Wirkung kann nicht reeller seyn als ihre Ursache; effectus non potest esse nobilior causa sua.[43]

Zusatz 2 Wenn die zu einander gehörigen Realitäten α in der Ursache und β in der Wirkung ungleichartig sind (nicht einerley) oder nicht in so fern, daß sie unter einen bestimmten Gemeinbegriff von einer Art von Dingen sich vorstellen laßen (§ 266), so müßen sie doch unter den Allgemeinbegriff von Realität und von Etwas (von einem Dinge oder von | einer Beschaffenheit eines Dinges) stehen. | 19

§ 270

Zusatz 3 So weit die Analogie führt, zwischen Ursache und Wirkung, läßt sich aus dem Verhältniß der Wirkung A und B auch das Verhältniß der dazu gehörigen Bestimmungen in der Ursache erkennen, causa cognoscitur ex effectu suo.

Zusatz 4 Die Realitäten in der Wirkung können als Vorstellungen von den dazu gehörigen Realitäten in der Ursache gebraucht werden.

Wenn die letzten mit jenen gleichartig sind, so kann eine solche Vorstellung eine eigentliche genannt werden; aber wenn sie ungleichartig sind, eine bloß analoge Vorstellung.

Zusatz 5 Wenn non—A eine Negation in der Wirkung ist, so kann der Grund derselben zu dem Grunde des Nichtandersseyns der Wirkung gehören (§ 235), der nicht zu den Bestimmungen der Ursache gehört (§§ 224, 228), obgleich solcher auch dazu gehören kann nach § 224.

Zusatz 6 In so fern läßt sich im allgemeinen sagen: effectus
94 | te- | statur de causa sua.

§ 271

Lehrsatz 20 Wenn in einer Wirkung Ordnung ist (§ 143) und Vollkommenheit (§ 147), so giebt es auch eine Ordnung und Vollkommenheit in der Ursache.

Beweis Wenn in der Wirkung das mehrere A, B, C, geordnet ist, so giebt es eine Einerleyheit in der Art des Beysammenseyns deßelben (§ 143). Also eine Einerleyheit in der Art, wie A mit B, und in der, wie B mit C, u. s. f. Verbunden ist. Es sey in der Ursache α, die zu der Verbindung von A und B gehörige Bestimmung und β, die zu der Verbindung von B und C gehört, so ist auch nach § 263 Identität in α und β u. s. f. d. i. es ist Ordnung in demjenigen, was die Causalität in der Ursache ist (§ 225), folglich auch in der Ursache selbst.

Ferner wenn A und B u. s. f. Realitäten der Wirkung sind, die mit einander zusammenstimmen, d. i. wenn Vollkommenheit in der Wirkung ist (§ 149). so sind auch die
95 | dazu gehörigen Bestimmungen in | der Ursache nach § 269 Realitäten, und nach § 263 zusammenstimmende. Also ist in der Causalität der Ursache und folglich in der Ursache selbst Vollkommenheit.

Anmerkung Dieser Satz kann der Lehrsatz von geordneten Ursachen genannt werden. Wenn unter causa aequivoca eine Ursache zu einem geordneten Effect verstanden wird, in welcher selbst keine Ordnung ist, so ist es wider sprechend, daß es dergleichen gebe. Man siehe § 262.

§ 272

Zusatz Wenn die Ursache zu einem Effect eine einfache Substanz ist, so ist die in ihr vorhandene Ordnung eine Ordnung in einer Substanz (§ 146, Zusatz 2) eine innere Ordnung.

§ 273

Erklärung Wenn die Ursache eine einfache Substanz ist und zugleich wie selbstthätig wirkt (§ 246), so kann man sie eine nach Vorstellungen handelnde Ursache nennen, und den Inbegriff des zu den Bestimmungen der Wirkung Gehörigen in der Ursache den typus von der Wirkung der Ursache, die Abbildung derselben. | | 19

Und wenn der Typus in der Ursache zugleich eine Folge in ihr von einer Selbstthätigkeit ist, kann sie eine verständige Ursache genannt werden.

§ 274

Zusatz Eine einfache Substanz, welche Ursache von einer Wirkung ist, worin Ordnung und Vollkommenheit sich findet, und nicht durch eine abhängige Macht wirket (§ 247) ist eine verständige Ursache. Dieß kann der Satz von den verständigen Ursachen genannt werden.

21 § 274] § 2754 *24* (§ 247)] § 2547.

Kapitel 11
Von zusammenhängenden Reihen

§ 275

Lehrsatz 21 Eine Reihe von bloßen Erfolgen (§ 207, Zusatz 3) setzt eine Ursache voraus, die von der Reihe verschieden (außer der Reihe ist).

Beweis Sind A, B, C, u. s. f. bloß auf einander folgende, wovon jedes für sich ein entstehendes ist, so hat jedes seine
197 | Ursache, die von ihm selbst verschieden ist (§§ 244, 247) | die Ursache zu jedem derselben, einzeln genommen ist nicht in der Reihe, nach der Voraussetzung, weil es bloße Erfolge sind, die nicht in einander gegründet sind. Folglich muß die Ursache von der Reihe der Erfolge selbst verschieden seyn.

§ 276

Zusatz Das auf einander folgende A, B, C in einer solchen Reihe kann einerley seyn oder verschieden. Wenn es einerley ist, so ist der Sachgrund derselben auch einerley (§ 263).

§ 277

Lehrsatz 22 Eine Reihe von bloßen Erfolgen, die unter sich verschieden sind, setzt eine Reihe von aufeinander folgenden Sachgründen voraus (außer der Sache).

Beweis Da jedes Erfolgende in der Reihe auch seinen zureichenden Grund haben muß, der, wenn jenes verschieden ist, auch selbst verschieden seyn muß nach §§ 235 und 263, so setzt die Reihe von verschiedenen Erfolgen, die bloße Erfolge sind, auch voraus, daß die verschiedenen zureichen-

3 § 275] § 2~~86~~75 *15* § 276] § 27~~7~~6 *19* § 277] § 27~~8~~7 *25* §§] ergänzt

den Gründe derselben vorhanden sind. Wenn die- | se als | 198 zugleich vorhanden vorgestellt werden, so muß ein Grund seyn, warum die Erfolge es nicht auch sind, und warum diese so auf einander folgen, wie es geschieht, warum B auf A, C auf B, und warum nicht anders. Dieser Grund liegt entweder selbst in der Beziehung der einzelnen Gründen zu den einzelnen Erfolgen auf einander, oder in den Erfolgen selbst. In dem ersten Fall würden auch die Erfolge eine ähnliche Beziehung auf einander haben nach § 263, also würden sie in so fern in einander gegründet seyn gegen die Voraussetzung. Im letzten Fall ist daßelbe offenbar.

Und weil kein einziger dieser Sachgründe in der Reihe der Erfolge selbst enthalten ist, so sind sie außer derselben, nemlich von jener Reihe selbst verschieden.

§ 278

Erklärungen Wenn A, B, C eine Reihe von subordinirten Sachgründen ist, wo nemlich das vorhergehende den Sachgrund des folgenden enthält, ohne mit diesem letztern zu coexistiren, so heißt eine solche Reihe eine Reihe | ein- | 199 ander subordinirter Ursachen und Wirkungen (§ 233), ein Progreßus von Ursachen und Wirkungen.

§ 279

Erklärung Dasjenige in einer Reihe in einander gegründeter Erfolge (in einer zusammenhängenden Reihe [§ 207, Zusatz 3]) was nicht in einem vorhergehenden zu der Reihe gehörigen gegründet ist, heißt der Anfang, das erste Glied der Reihe.

9 § 263,] § 2563, *16* von] ergänzt *20* (§ 233),] § 2433,

§ 280

Lersatz 23 Ein Progreßus von Ursachen und Wirkungen muß einen Anfang haben.

Beweis Ein Progreßus ist eine Reihe von Wirkungen, in so fern jedes Glied deßelben eine Wirkung eines vorhergehenden ist, und eine Reihe von Ursachen, in so fern ein jedes eine Ursache zu dem folgenden ist (§ 279). Aber sie ist keine Reihe von Ursachen, ohne vorher eine Reihe von Wirkungen zu seyn. Jedes Glied ist erst Wirkung, ehe es Ursache wird. Als eine Reihe von Wirkungen kann sie auch als Eine Wirkung betrachtet werden.

200 | Diese Reihe muß eine Ursache ha- | ben, die von ihr verschieden ist, nach §§ 234, 237.

Die Ursache der Reihe muß von etwas von derselben eine unmittelbare Ursache seyn, weil sie sonst nicht mittelbar von etwas in ihr, und also auch gar nicht die Ursache von etwas in ihr seyn könnte. Es muß also etwas in der Reihe eine unmittelbare Wirkung derselben seyn. Wenn aber die Reihe keinen Anfang hat, so ist nicht in ihr, was nicht unmittelbar in etwas vorhergehendem zur Reihe selbst gehörigen seine Ursache hat, und also nicht unmittelbar in der Ursache selbst.

§ 281

Lehrsatz 24 Wenn die Reihe A, B, C aus in einander gegründeten Erfolgen besteht, so muß sie einen von ihr verschiedenen Grund haben.

Beweis Denn da jede derselben einzeln betrachtet, etwas anders als einen Sachgrund voraussetzt, so ist die ganze Reihe auch etwas, was in einer andern gegründet ist, und 201 | einen Sachgrund voraussetzt (§ 258). Denn | wenn gleich jeder Theil auch wiederum als ein sachgrund des folgenden anzusehen ist, und also auch alle und jede Theile, und in so fern das Ganze als ein Sachgrund angesehen werden kann, so muß es doch um ein Sachgrund zu seyn, vorher als ein gegründetes vorgestellt werden, d. i. es setzt einen andern Sachgrund voraus, ehe es selbst ein Sachgrund seyn kann. Es muß also einen von der Reihe selbst verschiednen Sachgrund geben.

§ 282

Zusatz 1 Da der gesammte Sachgrund in Hinsicht auf das in ihm gegründete den Grund des Absoluten und den Grund des Relativen so wohl der innern Relationen als der äußern Bestimmungen und auch den Grund des Nichtandersseyn zusammen genommen in sich begreift (§ 223); so kann man sich Reihen von in einander gegründeten vorstellen, bey denen das Absolute in ihnen zum Theil nur verändert wird, mit dem auf | einander folgenden Relativen und wozu der Sachgrund, in so fern er es von dem Unveränderlichen ist, nicht außer der Reihe ist; nur in so fern selbiger ein Grund von dem Veränderlichen ist. | 202

Zusatz 2 Es kann Reihen in einander gegründeter Erfolge geben, die nur in einander gegründet sind, in Hinsicht des auf einander folgenden Relativen, nicht in Hinsicht des Absoluten, weder des Unveränderlichen, noch des Veränderlichen.

§ 283

Zusatz 3 Wenn in einer Reihe, worin das veränderliche Absolute und das veränderliche Relative wechselsweise von einander abhängt, aber etwas unveränderliches immer eins und daßelbe bleibt, ist es von einem Progreßus von Ursachen und Wirkungen zu unterscheiden (§ 279). | | 203

Zusatz 4 Bey einer solchen Reihe kann die Ursache des Veränderlichen außer der Reihe in Hinsicht des Absoluten, so fern diese nicht von dem Relativen abhängt, eine unmittelbare Ursache seyn.

§ 284

Zusatz 5 Es kann eine Reihe von in einander gegründeten Erfolgen geben, die ganz durch das, was in ihr das Unveränderliche ist, und durch einen bestimmten allgemeinen Grund des Relativen in ihr bestimmt ist. In diesem Fall ist dieser Grund zwar außer der Reihe, aber immer derselbe. Und die Ursache, welche diesen Grund enthält, kann als unmittelbare Ursache von jedem des auf einander folgenden Veränderlichen angesehen werden.

In diesem Fall kann von dem allgemeinen Gesetz des Fortgangs und also von dem allgemeinen Grunde des Relativen abhangen, ob die Reihe einen Anfang haben müße,
204 | oder nicht. |

Zweyter Abschnitt
Begriffe von den allgemeinsten Arten von Dingen

Kapitel 1
Vom nothwendigen und zufälligen Wesen

§ 285

Erklärung Ein Ding A ist wirklich oder ist so, und zufällig (contingens) wenn das Nichtseyn deßelben, oder das Andersseyn deßelben möglich ist.

Nothwendig ist es, oder ist es so, wenn das Nichtseyn deßelben, oder das Andersseyn unmöglich ist.

Die Zufälligkeit und Nothwendigkeit sind die Bestimmungen der zufälligen und nothwendigen Dinge, wenn ihnen diese Beschaffenheiten beygelegt werden.

Ein Ding, was zufällig ist, wirklich ist, heißt ein zufälliges Ding schlechthin, ens contingens[44].

Ein Ding, was nothwendig wirklich ist, heißt ein nothwendiges Ding (nothwendiges Wesen), ens necessarium[45].

§ 286

Zusatz 1 Die Prädicate zufällig und nothwendig kommen eigentlich | nur den wirklichen Dingen zu (oder denen, die | 205 als wirkliche vorgestellt werden) ob man gleich auch von dem absolut möglichen, das kein wirkliches voraussetzt (§ 12), auch sagen kann (§ 117) daß es nothwendig möglich sey.

Zusatz 2 Es ist unmöglich, daß ein wirkliches Ding zugleich auch nicht wirklich und was heißt, zugleich auch nicht so seyn könne. Dieß sollte nicht ein Nothwendigesseyn, und Soseyn genannt werden. Man nennt es eine necessita-

9 möglich ist.] möglich ~~sind~~ ist.

tem concomitantem[46] nach der alten Regel: Ein Ding, was wirklich ist ist in Wahrheit wirklich und gewiß wirklich (§ 5.) Aber dieß ist von dem Nothwendigseyn unterschieden.

Zusatz 3 Von dem Nichtseyn eines Dinges und dem Nichtandersseyn deßelben kann unmittelbar nicht geschlossen werden, daß sein Nichtseyn oder sein Andersseyn unmöglich sey (§ 28).

§ 287

Zusatz 4 Wenn die Frage ist, ob ein wirkliches Ding A ein nothwendig wirkliches Ding sey oder nicht, so ist dann 206 | die Frage, ob das, was als ein Wesen des Dinges | als der Inbegriff seiner Grundbeschaffenheiten, seiner Natur (§ 108) angenommen wird, vorstellbar sey, ohne beysammen zu seyn in einem Dinge? und ohne das Ding zugleich als ein wirkliches, als ein Object außer der Vorstellung sich mit vorzustellen?

Man kann sich vorstellen, in dem Dinge A sey das, was zu seinem Wesen oder seiner Natur gerechnet wird, unzertrennlich von einander, und davon auch die Vorstellung unzertrennlich, daß es ein völlig bestimmtes wirkliches Ding sey (ohne Rücksicht darauf, ob man sichs als ein Object außer dem Verstande vorstellen wolle oder nicht?), in diesem Fall ist es seyner Natur nach nothwendig.

Man kann sich vorstellen, daß von dieser Vorstellung des Wesens oder der Natur des Dinges die übrigen zu seiner völligen Bestimmtheit gehörigen innern Bestimmungen auch determinirt als solche und nicht andern unzertrennlich 207 | | sind. Als denn ist das Ding auch nothwendig so, wie es ist.

Wenn aber vorgestellt wird, daß mit der nothwendigen Natur zwar die Bestimmung, daß es völlig bestimmt sey, die Wirklichkeit überhaupt verbunden ist, aber nicht, daß es auf die bestimmte Art wirklich ist, so ist sein Soseyn zufällig.

Zusatz 5 Es ist nemlich die Frage, ob die ideelle Existenz des Dinges (§ 34) von der Vorstellung des Dinges seinem Wesen nach getrennt werden könne? Nicht davon, ob man nicht diese letztern in der Vorstellung hinzusetzen müße, so bald man es als etwas außer der Vorstellung vorhandenes ansieht.

Auch ist es eine andere Frage: ob es nicht unmöglich sey, nach andern vorausgesetzten Gründen, zu urtheilen, das Ding A sey wirklich außer dem Verstande (d. i. zu urtheilen, es gebe ein Object außer dem Verstande, was durch die Vorstellung von dem nothwen- | digen Dinge A | 208
subjective vorgestellt wird).

Anmerkung 1 Ein anders ist es: In der Vorstellung eines Dinges wird zugleich gesetzt, daß es ein völlig bestimmtes sey, und ein anders: wir können aus einer nicht genug bestimmten Vorstellung eines Dinges nur überhaupt erkennen, daß es wirklich sey, ohne seine völlige Bestimmung oder die Art, wie es wirklich ist, daraus zu begreifen.

Anmerkung 2 Ein Ding, deßen Daseyn wir nicht leugnen können, ohne ausgemachten Wahrheiten zu widersprechen, ist daher nun noch kein nothwendiges Ding.

Wenn die Nichtexistenz deßelben in Widerspruch ist mit nothwendigen Wahrheiten, so würde folgen, daß das Ding selbst ein nothwendiges sey, aber auch zugleich daß es außer den Gedanken vorhanden sey.

§ 288

Grundsätze von der Zufälligkeit

209 | 1) Wenn die völlige innere Be- | stimmung eines wirklichen Dinges (der Inbegriff aller seiner innern Beschaffenheiten) mehrern reell verschiedene Beschaffenheiten, die von einander getrennt seyn können, die trennlich sind, in sich enthält, so ist dieser Inbegriff von Beschaffenheiten in dem wirklichen Dinge so, daß er auch nicht so seyn kann, d. i. er ist eine zufällige innere Bestimmung und das zufällige Ding ist als dann zufällig so wirklich auf die Art, wie es wirklich ist.

2) Ist die Natur eines Dinges (die wirkliche Grundbeschaffenheiten des Unveränderlichen in dem wirklichen Dinge) ein Inbegriff reell verschiedner trennlicher Grundbeschaffenheiten so ist dieser Inbegriff zufällig. Die Natur des Dinges, oder das Ding selbst ist zufällig wirklich, es ist zufällig, daß so ein Ding wirklich ist, das Ding ist zufällig seiner Natur nach.

Dieß ist das Princip der Contingenz der Natur.

3) Wenn es außer dem Unveränderlichen in dem Dinge
210 | auch in ihm ein inneres | Veränderliches (von jenen trennliches) giebt, so ist die Art der völligen Bestimmtheit des Dinges zufällig. Das Ding ist zufällig der Art seiner Wirklichkeit nach. Eigentlich, es ist zufällig, daß es auf die Art wirklich ist, oder die Art der Wirklichkeit (modus existendi) ist in dem Dinge zufällig.

4) Wenn es außer den innern Beschaffenheiten auch äußere Verhältniße giebt (deren Inbegriff den äußern Zustand des Dinges ausmacht) die von den innern Beschaffenheiten getrennt werden können (trennlich sind) so ist das Ding zufällig in Hinsicht seiner äußern Bestimmtheit, oder der äußere Zustand ist bey dem Dinge zufällig.

3 Be-] Bestim-

Zusatz Ist die Natur eines Dinges zufällig, so ist auch die innere Art seiner Wirklichkeit und sein äußerer Zustand zufällig.

Anmerkung Diese Grundsätze enthalten Charactere des Zufälligen, ohne deswegen schon eine völlige Erklärung deßelben zu geben. | |211

§ 289

Erklärung Das nothwendige Ding ist das, was nothwendig wirklich ist, d. i. was nicht zufällig wirklich ist.

Zusatz Wenn die im § 288 angegebenen (positiven) Charactere des Zufälligen eine Erklärung des Zufälligen ausmachten, so daß man umgekehrt jedes was zufällig ist, als so beschaffen ansehen könnte, so ließe sich nun auch erklären, was nothwendig ist, und zwar was nothwendig ist der Natur nach aus § 288, N. 2. Wenn jenes nicht angenommen wird, so läßt sich aus das nothwendige nicht völlig erklären, sondern nur einige Charactere davon angeben, wie folgende sind:

Grundsätze von dem Nothwendigen

Was nothwendig so wirklich ist, wie es ist, in deßen völligen Bestimmtheit giebt es keine von einander trennlichen Beschaffenheiten, also auch keine, die von einander reell verschieden sind (§ 288, N. 2).

Was nothwendig ist der Natur nach, enthält keine reell verschiedene Beschaffenheiten (keine von | einander |21
trennliche (§ 288, N. 2). Ein Ding, das seiner Natur nach nothwendig ist, ist ein metaphysisch einfaches.

1 Natur eines] Natur ~~des~~ eines

Kapitel 2
Grundsätze von der Beziehung der nothwendigen und zufälligen Wesen auf einander

§ 290

Grundsatz vom zureichenden Grunde des Zufälligen Eine Verbindung von wirklichen Dingen, oder von Beschaffenheiten eines Dinges, die an sich trennlich sind von einander (conjunctio separabilium) hat einen zureichenen Grund von ihrer Verbindung, wodurch ihre wirkliche Verbindung gesetzt wird, der nicht in den verbundenen Dingen oder Beschaffenheiten selbst enthalten ist.

§ 291

Anmerkung Dieß ist das principium contingentia, oder das principium rationis sufficientis contingentium[47] in Leibnitzens Sinn, und ist verschieden von dem Princip der zureichenden Ursache und des zureichenden Grundes bey
213 | entstehenden Dingen. |

Es ist dieser Satz gleichfalls ein Grundsatz der Vernunft, nemlich der folgernden und schließenden Vernunft, welche das gegründete aus seinen Gründen ableitet, und zu dem gegründeten einen Grund sucht. Es ist nicht nur nicht möglich, A und B in Verbindung zusammen zu denken, vorausgesetzt, daß sie an sich trennlich sind, ohne einen Grund zu diesem zusammendenken zu haben, (so schlecht auch dieser seyn mag) sondern auch es ist ein Gesetz dieses Vermögens des Verstandes einen Grund a priori da zu suchen, wo eine Verbindung an sich trennlicher Dinge wirklich ist. Soll also dieses Denkvermögen sein Objectives haben, d. i. kann man annehmen, daß etwas Objectives außer dem Verstande so sey, wie der Verstand seinen natürlichen Gesetzen gemäß es denken muß, wie bey allen ersten Grundsätzen des Verstandes angenommen wird, so muß auch hier es so seyn, daß ein objectiver Grund a priori vorhanden ist, wo eine Verbindung trennlicher Dinge oder | Beschaffenheiten wirklich ist. | 214

§ 292

Zusatz 1 Das wirklich verbundene A und B, das an sich trennlich ist, kann ein Inbegriff von Substanzen seyn, oder ein Inbegriff von Accidenzen in einer Substanz, oder das eine kann eine Substanz, das andere ein Accidenz seyn.

In jedem Fall setzt die wirkliche Verbindung einen zureichenden Grund voraus. Aber da bey einem Accidenz der Grund der Verbindung deßelben mit der Substanz (der Grund, daß es in der Substanz ist) zugleich auch der Grund ist, warum es wirklich ist, so erfordert eine Verbindung von Accidenzen in einer Substanz, oder von einem Accidenz mit einer Substanz zugleich auch einen Grund, warum das Accidenz wirklich ist.

Zusatz 2 Wenn A und B Substanzen sind, von deren Verbindung die Rede ist, und man nimmt an, daß die eine derselben ein Nichts sey, oder nicht vorhanden sey (also keine Verbindung der einen mit der andern da sey) so ist auch in diesem | Fall, wo noch eine solche zwote Substanz | 215 bey der ersten, und eine Verbindung beyder mögl ist, der zureichende Grund dieser nicht vorhandenen Verbindung ein Nichts, d. i. es giebt keinen positiven zureichenden Grund von einer nicht vorhandenen Verbindung.

Anmerkung Es giebt keinen positiven zureichenden Grund ist doch an sich etwas anderes als dieses: es giebt gar keinen zureichenden Grund.

Ist A eine Substanz, mit der eine an sich von ihr trennlichen Beschaffenheit B in Verbindung gedacht wird, und diese Beschaffenheit ist eine bloße Negation, so giebt es einen zureichenden Grund, warum diese Negation da ist, die wiederum selbst etwas Negatives ist.

Sind aber A und B beyde Accidenzen, die verbunden gedacht werden, so erfordert ihre wirkliche Verbindung auch zugleich einen Grund von ihrer Wirklichkeit (von ihrem Daseyn) wird nun angenommen, daß eins dieser ein Nichts 216 | ist, oder eine | pure Negation ist, so giebt es zwar keinen positiven Grund von der Verbindung dieser Negation mit dem andern Accidenz, welches eine Realität ist, aber es fällt nicht weg, weder daß ein negativer zureichender Grund von dieser Negation seyn muß, noch daß ein positiver Grund zu dem andern reellen Accidenz vorhanden seyn müße.

§ 293

Lehrsatz 25 Wenn zufällige Dinge existiren, so existirt auch ein nothwendiges. Die zufälligen machen entweder eine subordinirte Reihe aus, oder nicht. Im ersten Fall erhellt der Satz aus § im letzten folgt er unmittelbar aus § 288 und 290.

§ 294

Lehrsatz 26 Die Nothwendigkeit im Existiren (die Unabhängigkeit der Existenz, aseitas) ist eine Realität des reellen Wirklichen. Die Zufälligkeit (die Abhängigkeit im Seyn) ist eine Negation, oder ein Defect am Reellen. Denn 217 | da das zufällige Wirkliche nur existirt als ein Effect, | oder als etwas in einem andern gegründetes, so ist es für sich allein, ohne diese letztere Beziehung auf ein anderes, keine wirkliche objective Realität, wie das nothwendige es ist.

Zusatz Ein zufällig wirkliches und ein nothwendig wirkliches sind als solche nicht vergleichbare nicht gleichartige Dinge.

17 §] Referenz fehlt *28–29* ein nothwendig wirkliches] ein nothwendig~~es~~ wirkliches

Kapitel 3
Vom Endlichen und Unendlichen; vom mathematischen Unendlichen

§ 295

Erklärung Eine jede wirkliche (außer der Vorstellung vorhandene) Größe und jedes Ding, welches als eine Größe vorgestellt wird, hat eine bestimmte Größe, quantitas definita, d. i. sie enthält so viel, nicht mehr, nicht weniger (§§ 31, 118).

Eine unbestimmte Größe, indefinita, ist eine solche, von der nicht bestimmt vorgestellt wird, daß sie so groß sey und nicht größer noch kleiner.

§ 296

Erklärung Eine bestimmte Größe enthält entweder alles in sich | was sie als eine solche Größe (eine auf diese Art | 218
bestimmte Größe) enthalten kann, was in ihr möglich ist, oder nicht.

Im ersten Fall kann sie Größtes Maximum der Art, ein möglich Größtes heißen.

§ 297

Zusatz 1 In dem Größten ist alles von dem enthalten, was in einer so bestimmten Quantität enthalten seyn kann.

Zusatz 2 Ein Größtes unter bestimmten Umständen und Bedingungen kann das nicht seyn unter andern Bestimmungen und Umständen.

Zusatz 3 Die Bestimmungen, welche von der Größe das noch mehr oder das noch größer seyn ausschließen, können bloß relative Bestimmungen seyn, wodurch gewiße Verhältniße auf andere Größen bestimmt werden.

§ 298

Erklärung Eine Größe, welche für sich ihren Begriff nach nicht völlig bestimmt ist, die als eine Größe der Art etwas unbestimmtes enthält, in der aber das unbestimmte
219| dadurch determinirt wird, | daß es keine Grenzen habe (§ 125) d. i. daß alles in so fern in demselben vorhanden sey, was in ihr möglich ist, heißt eine unbegrenzte Größe. Sie heißt eine begrenzte, wenn das unbestimmte von ihr mit der Bestimmung vorgestellt wird, daß sie nicht alles enthalte, was in demselben vorstellbar ist (oder enthalten seyn kann).

§ 299

Zusatz 1 Die unbegrenzte Größe hat kein Äußerstes, wo noch mehr zu ihr gehöriges möglich ist, aber nicht in ihr wirklich. Die begrenzte hat ihr non plus ultra, wo doch noch mehr möglich ist.

Zusatz 2 Eine Größe kann in einer Hinsicht begrenzt seyn, und in einer andern unbegrenzt.

§ 300

Erklärung Eine unbegrenzte Größe, welche größer ist als jede begrenzte gleicher Art heißt eine unendliche Größe (infinita, infinitum mathematicum). Eine Größe, welche nicht größer ist, als jede begrenzte gleicher Art, heißt eine
220| endliche, finita. |

§ 301

Zusatz Eine unbegrenzte Größe kann eine endliche Größe seyn, und eine endliche eine unbegrenzte.

Zusatz 2 Wenn der Begriff von einer unbegrenzten und unendlichen Größe zugleich ein völlig bestimmter Begriff ist, so ist eine solche Größe auch etwas außer der Vorstellung vorhandenes, als etwas objective wirkliches vorstellbar (§ 33).

Zusatz 3 Da die allgemeinen Begriffe nichts völlig bestimmtes vorstellen, so können auch die allgemeinen Begriffe von einer unendlichen Größe (einer unendlichen Zahl [§ 120]) nichts wirklich vorstellen.

Zusatz 4 Nach der Voraussetzung der Realität des Raums (§ 192) kann man die Vorstellungen von besondern Theilen des Raums als völlig bestimmte Vorstellungen ansehen; daher dann auch die bestimmten Begriffe von grenzenlosen und unendlichen Räumen: Eben so die von den Linien und Flächen, daher die Vorstellung von den unendlichen geometri- | schen Größen als von wirklichen Objecten. Aber | 221
nicht so die Begriffe von unendlichen Zahlen.

Zusatz 5 In dem Begriff des Unbegrenzten und Unendlichen liegt der Begriff von dem All des Möglichen, von allen, was möglich vorstellbar ist in dem Dinge, als objectiv wirklich, als empfindbar in demselben.

§ 302

Lehrsatz 27 Der Begriff der Größe und der Zahl schließt den Begriff des Unendlichseyns nicht aus.

Beweis In dem Begriff der Größe und der Zahl liegt der Begriff von einer Mehrheit deßen, was als einerley vorgestellt wird (§ 118). Dieß mehrere einer Art kann entweder das befaßen, was von der Art möglich ist oder nicht. In jenem Fall entsteht der Begriff des Unbegrenzten (§ 298) und des Unendlichen (§ 300).

16–17 Begriff des Unbegrenzten und Unendlichen] Begriff des Unbegrenzten und Unendl

§ 303

Zusatz 1 Es ist keine begrenzte und endliche Größe vorstellbar, von der sich nicht denken laße, daß es eine andere gebe, die noch größer sey, als jene.

Zusatz 2 In dem stetigen Ausgedehnten und in dem steti-
222 | gen Succeßiven giebt es keine Theile so klein, | daß nicht noch kleinere vorstellbar sind (§§ 199, 211).

Aber wenn Größen unbestimmt vorgestellt werden, als solche, die kleiner sind, als jede völlige Größe, so werden sie unendlich klein, infinitißimale Größen, Differentialien genannt. Diese können nicht als wirkliche, völlig bestimmte Größen vorgestellt werden.

Anmerkung In dem Theil der Mathematik, der von wirklichen kleinen Größen handelt, braucht es der Voraussetzung nicht, daß das unendlich kleine als wirkliches vorstellbar sey.

10 infinitißimale] infinitißimal

Kapitel 4
Von dem metaphysischen Unendlichen

§ 304

Erklärung Ein Ding (ein Wesen) in welchem alle miteinander in Einem Dinge vorstellbaren Qualitäten enthalten sind, ist ein unendliches Wesen (infinitum metaphysicum).

Was nicht metaphysisch unendlich ist, ist ein endliches Ding ens finitum metaphysice finitum.

§ 305

Zusatz 1 Alle reine Realitäten sind mit einander bestehbar in Einem Dinge (§) also ist das unendliche Wesen | dasjenige, welches alle reine Realitäten in sich faßt (omnitudo realitatum[48]). | 223

Zusatz 2 Die reinen Realitäten enthalten keine Verneinungen, we- anderer Realitäten, setzen in dem Wesen, worin sie sind, keine Mängel (defectus) noch Verneinungen eines möglichen Grades, oder einer möglichen Größe in derselben Realität, d. i. keine Einschränkungen.

Daher der Inbegriff aller reinen Realitäten weder Mängel noch Einschränkungen in sich faßt.

Zusatz 3 Die Möglichkeit des Begriffs von einem unendlichen Wesen folgt unmittelbar aus § daraus nemlich daß alle reine Realitäten mit einander bestehbar sind.

§ 306

Zusatz 1 Der Inbegriff aller Realitäten reiner und unreiner zusammengenommen ist nicht das unendliche Wesen. Dieser Inbegriff in Einem Dinge ist unmöglich (§) weil

11 (§)] Referenz fehlt *15* we-] unklar *22* §] Referenz fehlt
27 (§)] Referenz fehlt

nicht alle reine und unreine Realitäten in Verbindung mit einander in einem Dinge bestehbar sind. Dieß ist das All reeller Dinge endlicher und unendlicher, nicht das unendliche
224| Wesen. |

Zusatz 2 Ein unendliches Wesen A und ein unendliches Wesen B zusammengedacht sind zwey unendliche Wesen sind mehrere, können nicht Eins und daßelbe seyn.

§ 307

Lehrsatz 28 Ein unendliches Wesen A kann von einem andern unendlichen Wesen B innerlich nicht verschieden seyn. Denn wenn sie innerlich verschieden sind, so ist in A eine Beschaffenheit, die nicht in B ist; also giebt es eine reine Realität, die bestehbar ist in Einem Dinge mit einer andern, welche doch in B nicht ist, also ist B kein unendliches.

Zusatz Ein unendliches A und ein unendliches zusammen denken, heißt so viel als das unendliche A denken, als A und dann es auch denken als B d. i. es zweymal denken. Dieß heißt aber nicht ein Ding denken, das aus A und B zusammen bestünde. Ein Wesen, welches den Inbegriff von Beschaffenheiten von beyden in sich enthielte, könnte nicht
225| Eins nicht | ein Ding seyn, sondern müßte eine Mehrheit von Dingen seyn, weil in A allein genommen so wohl, als in B allein schon alles enthalten ist, was als Realität in Einem Dinge bestehbar ist.

§ 308

Erklärung Ein unendliches Wesen ist ein völlig bestimmtes Wesen (§ 304).

16 unendliches] unendliches B?

§ 309

Lehrsatz 29 Ist ein unendliches Wesen wirklich so ist es ein nothwendiges Wesen. Denn wäre es ein zufälliges, so wäre es abhängig von einem andern (§) und dieß Wesen, wovon es abhinge, müßte ebenfalls ein unendliches Wesen seyn (§). Also gäbe es zwey unendliche Wesen, wovon das eine Ursache, und das andere Wirkung wäre, die also in so weit ungleichartig wären nach § was gegen § 307 seyn würde.

Zusatz 1 Also können auch die Grundbeschaffenheiten des unendlichen Wesens nicht trennlich von einander, nicht reell verschieden von einander seyn - sonst wäre es ein zufälliges Wesen.

Also ist das Unendliche ein metaphysisch einfaches.| | 226

Zusatz 2 Also ist das zufällige Ding ein endliches Ding (omne contingens finitum est).

§ 310

Zusatz Zu den Grundbeschaffenheiten eines endlichen Dinges gehören Verneinungen (§ 304).

Lehrsatz 30 Keine Grundbeschaffenheit eines endlichen Dinges ist eine reine Realität. Denn ist sie eine reine Realität, so sind mit ihr alle übrige reine Realitäten verbunden oder nicht. Im ersten Fall ist das angenommene Ding ein unendliches (§ 304) wie es doch nicht seyn soll, im letzten Fall giebt es in einem endlichen Ding eine reine Realität, die auch in einem unendlichen ist, und doch getrennt von den übrigen, also giebt es selbst in dem Unendlichen etwas trennliches was gegen § 305 ist.

4 (§)] Referenz fehlt *6* (§)] Referenz fehlt *8* §] Referenz fehlt
12 -] allein stehende Trennstriche

Zusatz 1 Jedes endliche Ding enthält also in jedweder seiner Grundbeschaffenheiten besonders betrachtet eine Verneinung, es ist also in Hinsicht jeder Beschaffenheit in ihm ein endliches.

Zusatz 2 Also kann auch eine unendliche Menge endlicher Dinge kein unendliches ausmachen, auch wäre es kein unendliches Ding, wenn alle Grundbeschaffenheiten aller
27 | endlichen Dinge in Einem Dinge | bestehbar wären und zusammen vorgestellt würden.

§ 311

Zusatz 1 Das mathematisch unendliche kann ein unendliches Ding im metaphysischen Sinn seyn.

Zusatz 2 Hingegen da jede Realität in dem Unendlichen im höchst möglichen Grade vorhanden ist, so muß jede reine Realität, bey der eine unendliche Größe möglich ist, diese Größe in dem unendlichen Wesen besitzen (§ 305).

Und da alle Grundbeschaffenheiten des Unendlichen an sich dieselben sind und Realitäten, eine mathematische unendliche Realität aber möglich ist, so ist das unendliche Wesen ein mathematisch unendliches in aller Hinsicht.

§ 312

Lehrsatz 31 Ein endliches reelles Ding ist ein zufälliges Ding.

Beweis Das endliche Reelle enthält in seinem Wesen Realitäten mit Verneinungen verbunden (§§ 304, 310). Die Natur deßelben ist also aus einer Realität und aus einer Negation zusammengesetzt (oder aus Etwas und aus Nichts) davon wird das eine nicht gesetzt durch das andere, wie
28 | das gegründete duch sei- | nen Grund (§) dadurch daß ein

28 (§)] Referenz fehlt

Ding dieß hat, wird nicht gesetzt, daß es nur dieß habe, noch dadurch, daß es so viel hat, daß es nur so viel habe. Daher enthält die Natur jedes Endlichen eine Verbindung reell verschiedner und also trennlicher Beschaffenheiten (§). Daher ist das endliche wenn es wirklich ist, zufällig wirklich (§) und setzt ein nothwendiges Ding voraus als seine Ursache.

Anmerkung Dadurch daß in dem endlichen Reellen eine Verbindung von Nichts oder Negationen mit Etwas oder Realitäten vorausgesetzt wird, fällt die Anwendung des Princips vom zureichenden Grunde (§) nicht weg. Das Reelle in dem Endlichen ist für sich kein völlig bestimmtes, sondern wird es nur durch die hinzugefügte Negation. Beydes, das Reelle und das Negative sind Beschaffenheiten, Accidenzen, die an sich trennlich in der Natur des endlichen Dinges verbunden sind. Daher erfordert der zureichende Grund des Endlichen wenn es wirklich ist:

1) einen zureichenden Grund von | der Wirklichkeit des Reellen in ihm und dieser Grund muß selbst etwas reelles seyn. Dieß ist der reelle zureichende Grund seiner Wirklichkeit. | 22
2) Einen Grund der Negation und seiner Verbindung mit dem Reellen; einen Grund, warum nur so viel und nur das in dem Dinge wirklich ist und mit so viel oder mit dem Reellen verbunden ist. Dieser Grund von einer Verneinung ist selbst etwas negatives.

§ 313

Jede reine Realität ist eine Beschaffenheit des Unendlichen nach § 305. und keine Realität des Endlichen, so wie sie in diesem letztern bestimmt ist, kann eine Beschaffenheit des

5 (§)] Referenz fehlt *6* (§)] Referenz fehlt *11* (§)] Referenz fehlt

Unendlichen seyn (§ 110). Daher auch kein Inbegriff von endlichen Dingen ein unendliches Wesen werden kann.

Zusatz 1 Hier aus folgt, wenn eine Beschaffenheit eines endlichen Dinges mit seiner Negation zusammengedacht wird, so kann dieß ein Prädicat des Unendlichen seyn.

30 | *Zusatz 2* Wenn man aber von der | Beschaffenheit eines endlichen Dinges, welche selbst aus Realität und Negation zusammengenommen besteht, die Negation abstrahirt und das Reelle derselben im größten möglichen Grade d. i. als eine reine Realität bestimmt sich vorstellt, so ist dieß eine Vorstellung einer reinen Realität, die eine Beschaffenheit des Unendlichen ist.

Zusatz 3 Wenn bey dieser Absonderung des Negativen von dem Reellen das Wesentliche des vorigen Begriffs in dem Reellen übrig bleibt, und das, was man durch die Benennung deßelben eigentlich ausdrückt, so bekömmt man durch die vorher bestimmte Veränderung, die hier in reiner Absonderung besteht, aus dem Begriff von einer endlichen Beschaffenheit einen Begriff von einer unendlichen. Dieß Verfahren heißt der Weg der Auflösung (via negationis[49]).

Zusatz 4 Geht dagegen mit der Absonderung der Negation von dem Reellen das Wesentliche des vorigen Begriffs

31 | verlohren, so daß auch die | vorige Benennung nicht mehr stattfinden kann, so kann ein solches Prädicat nicht als Prädicat von dem Unendlichen gebraucht werden, sondern es muß nach der geschehenen Absonderung des Reellen und Bestimmung des letztern zur reinen Realität auch eine andere Benennung gebraucht werden. Dieß Verfahren

16–17 bekömmt man durch] bekömmt man ~~da~~durch *17–18* in reiner Absonderung] in reiner ~~endl Beschaffenheit~~ Absonderung heißt der Weg der Erhebung (via eminentia, der Weg der Umänderung).

§ 314

Zusatz Das unendliche Wesen ist ein für sich bestehendes Wesen, oder eine unendliche Substanz, von der die allgemeinen Prädicate der Dinge überhaupt, in so fern sie transcendent sind, in dem selben Sinn und nach denselben transcendenten Erklärungen gebraucht werden können, wie von dem endlichen, weil in der Abstraction aus den Beschaffenheiten des Endlichen alle Verneinungen ausgeschlossen werden.

Die Substantialität, die Kraft, | die Wirksamkeit und | 23
dergleichen transcendente Prädicate können also im eigentlichen Sinn der Worte als Beschaffenheiten des Unendlichen angesehen werden.

Anmerkung Die Beschaffenheiten materieller Dinge enthalten wesentlich Bestimmungen, wenn diese von ihnen abgesondert werden, so fällt das Wesentliche solcher Beschaffenheiten zugleich mit weg und also der Gebrauch der Wörter. Folglich können dergleichen Prädicate nicht anders als per eminentiam, durch die Umänderung auf das unendliche Wesen angewandt werden.

Dagegen die Prädicate einfacher Wesen und der Geister nicht alle, ihren Begriffen nach, Verneinungen in sich schließen, und also einige von ihnen durch den Weg der Auflösung und Absonderung des Negativen als Prädicate des Unendlichen zu gebrauchen sind.

Ende der Ontologie.

20–21 nicht anders] nichts anders

GRUNDSÄTZE DER RAISONNIRENDEN PSYCHOLOGIE[1]

Inhalt

Kapitel 1
Von der Immaterialität des denkenden Wesen im Menschen

§ 1

Erklärung Unter immateriellem[2] Wesen oder einfacher Substanz wird hier nichts anders verstanden, als was in der allgemeinen Philosophie | § 175 einfache Substanz genannt | 2 worden ist. Die zusammengesetzten Substanzen bestehen aus einfachen Substanzen, daher der Körper des Menschen selbst aus solchen einfachen Substanzen bestehen muß. Wenn also das Immaterielle dem Materiellen entgegen gesetzt wird (wenn die Einheit ein Ding mehreren verbundenen Dingen zusammengenommen entgegen gesetzt wird) so geht dieß nicht weiter als dahin, daß jenes eine einzelne Substanz ist (oder eine Beschaffenheit einer solchen; dieß letztere aber eine Mehrheit solcher Substanzen, die zu Einem Ganzen vereinigt sind (oder eine Beschaffenheit eines solchen). Jenes ist ein Eins, dieß mehrere zusammen genommen.

§ 2

Erfahrungssatz Im Menschen giebt es Ein Wesen, Ein und daßelbe Ich, was an allen Gefühlen, und an allen Handlungen des Denkens und des Wollens, die der Mensch fällt, Antheil nimmt. So gewiß A einerley ist mit A, so gewiß ist das Ich, welches hört, einerley mit dem Ich, wel- | ches | 3 sieht, oder wenigstens am Sehen Antheil hat. Und eben so gewiß ist es Ein und daßelbe Ich, was an allen übrigen Seelenäußerungen, die man als solche erkennt, Antheil hat. Ebenfalls kann man sich aus dem Bewußtseyn versichern, daß Ein und daßelbe Wesen das Vergangene und das Gegenwärtige fühle, daß es nemlich eben daßelbe sey, was

12 ein Ding mehreren] ein Ding {mehreren

ehedem gefühlt, gedacht und gewollt hat, und jetzo fühle, denke und wolle.[3] Man kann wißen, daß man sich verändert hat, zum Theil nicht Eins und daßelbe sey. Aber etwas in demselben ist Eins und daßelbe, ist bleibend. Von dieser Identität des vorher und jetzo in uns fühlenden sind wir eben so gewiß, als davon, daß irgend in einer Empfindung eben daßelbe sey. XX. Hrn Kants Einwendung.[4]

§ 3

Lehrsatz Der Theil im Menschen, welcher an allen Äußerungen der Seele Antheil nimmt,[5] und sie zu Gefühlen, zu Vorstellungen und Gedanken macht ist eine einfache Substanz.

4 | *Beweis* Dies Ich ist nun entweder | Eine einfache Substanz (ein für sich bestehendes Ding) oder es ist ein Ganzes, das aus mehreren Substanzen zusammen gesetzt ist.

Wäre dieß letztere, so müßten entweder alle Theile dieses Ganzen jeder für sich, eben daßelbe fühlen, und denken, was jeder andere von ihnen fühlt und denkt. In diesem Fall giebt es mehrere Substanzen im Menschen, deren eine jede fühlt und denkt und an allen Gefühlen und Gedanken Antheil nimmt d. i. mehrere solcher Wesen, als das Ich ist.[6] Diesen Gedanken kann man als falsch verwerfen, weil er durch keine Beobachtung bestätigt wird, sondern wider dieselbe zu seyn scheint. Die Erfahrung führt nur auf ein Ich im Menschen.

Oder es würde in dem zusammen gesetzten Ganzen nur ein fühlender und denkender Theil seyn, obgleich die übrigen mit diesem ein Ganzes ausmachen. In diesem Fall würde zugegeben, was erwiesen werden soll, daß nemlich 5 | eine füh- | lende und denkende Substanz im Menschen sey, wenngleich diese mit einer andern genau genug vereinigt seyn kann.

7 XX.] unleserlich

Oder endlich, man müßte annehmen, daß kein einzelner Theil des ganzen Seelenwesens für sich allein fühle und denke, sondern daß dieses eine Action des Ganzen sey. Als denn würde fühlen und denken eine collective Action d. i. eine Action seyn, die aus andern verschiedenartigen besteht, und nur wenn diese letztern als Bestandtheile derselben zusammengenommen und auf einmal verwirrt vorgestellt werden, oder auch wenn sie sich in Einem Dinge zusammen vereinigen, zu einer selchen bestimmten Action des Fühlens und Denkens würden, und als solche vorgestellt werden.

Die hierausgezogene Folgerung für die Materialität der Seele wird noch dadurch erläutert, daß da unsere Empfindung von dem Actus des Fühlens und des Denkens eine verwirrte Idee ist, so laße sich daraus, daß wir aus diesem Ac- | tus als einfach vorstellen, nicht schließen, daß solcher | 6
nicht zusammengesetzt sey und aus ganz verschiedenartigen Theilen bestehen könne,[7] d. i. es folgt nicht, daß das Bewußtseyn eine einfache gleichartige Action der Seele sey, ob wir gleich nach unserer Empfindungsidee davon solche auch als einfach und gleichartig vorstellen. Allein dieß auch alles zugegeben, daß nemlich die Action des Fühlens und des Denkens nur eine collective Action sey, so kann sie doch dieß letztere selbst nicht anders seyn oder werden als durch eine Collection ihrer Theile oder ihrer verschiedenartigen Elementa zu Einem Ganzen. So muß also ein Wesen wieder da seyn, was die elementar Actionen des Fühlens und des Denkens colligirt[8] oder worin selbige colligirt und dadurch zu einem Actus des Fühlens und des Denkens gemacht werden.[9] So ist das colligirende Wesen eigentlich das fühlende und denkende Ding, da jeder einfache Actus andersartige wirksame Actus seyn können. Ist Fühlen nur ein Füh- | len, so fern es verwirrt vorgestellt wird, so muß | 7
es ein Wesen seyn, das die verschiednen Actus worin es verworren vorgestellt wird, d.i. es muß ein Wesen seyn, das die verschiednen Actus, woraus Fühlen und Denken bestehen soll, in sich vereinigt und eben dadurch zu einem

Actus des Fühlens und Denkens macht. So ist man also wiederum zu der obigen Folge: Im Menschen giebt es Ein oder mehrere einfache fühlende und denkende Wesen.

§ 4

Anmerkung Von einer collectiven Kraft ist eine Kraft, die nur in der Zusammensetzung oder in der Verbindung mit andern eine solche Kraft mit solchen Vermögen ist und seyn kann, zu unterscheiden nach § 260 der allgemeinen Philosophie. Wenn auch angenommen wird, daß die Seelenkräfte oder Vermögen, die dem immateriellen Ich zukommen, ihm nur zukommen in der Verbindung mit dem Körper, so ist jenes Ich darum doch eine einfache Substanz. Wenigstens machen die Beobachtungen, woraus eine Abhängigkeit der
8 | Vermögen der Seele von | dem Körper gefolgert ist, keine gegründete Einwendung gegen diese bewiesene Einfachheit.

3 denkende] denke

Kapitel 2
Verbindung des immateriellen Wesen im Menschen mit dem organisirten Körper

§ 5

Erfahrungssätze Aus den vorhergehenden Betrachtungen läßt sich also sagen, das fühlende, denkende und wollende Eins im Menschen (das Seelenwesen, die Seele im psychologischen Verstande) bestehe entweder aus Einem einfachen Wesen oder, wenn es ein zusammengesetztes Ganze ist, so bestehe es aus der Verbindung eines immateriellen Wesens mit einem organisirten Körper.[10] Das letztere erklärt die Beobachtungen am vollständigsten. nemlich

1. Die Seele hat ihre Vermögen und Kräfte so zu wirken, wie sie wirkt, zu fühlen, zu denken, zu wollen, in der Verbindung mit einem körperlichen Theil.
2. Jede Seelenäußerung, wie sie ge- | fühlt und wahrgenom- | 9
men werden kann, erfordert eine begleitende Modification des Körpers, ohne welche sie so etwas nicht ist, als wir in uns gewahr werden.
3. Demnach kann man dem Einen immateriellen Wesen, ob es gleich ohne Körper nicht fühlt, nicht denkt, noch will, diese Actionen vorzüglich zuschreiben, erstlich nicht so wohl, deswegen, weil immer in diesem Ich das Princip ist, wodurch solche Seelenäußerungen angefangen werden, sondern deswegen, weil das Wesentliche in dem Fühlen, Denken, Wollen, dasjenige, was diese zu solchen Actionen macht von dem innern Princip des immateriellen Wesens abhangt.[11]

§ 6

Erklärung Man kann also bey jeder Seelenäußerung die Modification des immateriellen Ichs von der Modification des Körpers unterscheiden. Jene ist die Seelenbestimmung, die auch unter dem Worte idea intellectualis[12] überhaupt

10 | gefaßt werden kann. Dieß die Körper- | Beschaffenheit, materielle Idee in weiterer Bedeutung. Alsdenn besteht jedes Gefühl und jeder Gedanke, so fern wir solches wahrnehmen können, aus beyden zusammengenommen.

§ 7

Anmerkung Darüber ist kein Zweifel, daß nicht bey jeder Seelenäußerung, die wir empfinden, eine gewiße Modification des immateriellen Wesens (was man eigentlich im psychologischen Verstande Seele heißt) vorgehe, und eben so muß man nach Anleitung der obigen Erfahrungen zugeben, daß mit dieser Seelenveränderung eine harmonische Körperveränderung verbunden sey. Allein darüber entsteht nun eine weitere Frage: ob die im Gedächtniß ruhenden Vorstellungen, die Spuren[13] ehemaliger Empfindungen, die in der Seele nach geblieben sind, auch wenn sie nicht wieder erweckt werden, Beschaffenheiten der Seele, oder des organisirten Körpers, oder beyder zugleich sind. Dieß ist
11 | die Frage über den Sitz der Vorstellungen.[14] |

Das, was bleibende Seelenbeschaffenheit ist, wenn es dergleichen giebt, ist im nähern Verstande idea intellectualis, die immaterielle Vorstellung; das aber was bleibend im Körper die ruhende Vorstellung ausmacht, ist im nähern Verstande, idea materialis, körperliche Abbildung oder Vorstellung.[15]

Die Frage ist also, ob die bleibenden Vorstellungen nichts sind, als die idea materialis im Körper, ohne daß es eine materielle Vorstellung in der Seele gäbe? oder ob die bleibenden Ideen alein etwas bleibendes in der Seele sind, ohne daß es dazu gehörige Spuren im Körper gebe? oder ob beydes zusammen sey; beydes aber zu einer empfindbaren Vorstellung gehöre? Die ähnlichen Fragen erstrecken sich auf die erworbenen Fertigkeiten und Vermögen der Seele,

32 die erworbenen Fertigkeiten] die erworbenen ~~Fähigkeiten~~ Fertigkeiten

die sie auch dann noch besitzt, wenn sie damit nicht wirksam ist. Sind nemlich dieses etwas bleibendes allein in dem organisirten Körper, oder allein etwas bleibendes in der immateriellen Seele, oder bestehen sie in etwas bleibendem | in der Seele und dem Körper zusammen. | 12

§ 8

Erste Hypothes über die Verbindung des Materiellen mit dem Immateriellen bey den im Gedächtniß ruhenden Vorstellungen.

Die gemeinste Hypothes ist diejenige, die alle Vorstellungen und Seelenfertigkeiten in die Seele allein setzt (sie für innere Beschaffenheiten des immateriellen Ichs hält).

Diese Hypothes erklärt die willkührlichen reproductiones und Bearbeitung der Vorstellungen, ingleichen die willkührlichen Selbstbestimmungen zur Thätigkeit am besten. Sie ist dagegen mit den unwillkührlichen Vorstellungen, deren Reproduction und Bearbeitung, ingleichen mit unwillkührlichen Thätigkeiten der Seele nur bloß zu vereinigen, ohne daß sie solche erkläre. Sie hat übrigens keinen Beweisgrund für sich, wodurch sie völlig erwiesen werden kann.

§ 9

Zwote Hypothes Diese setzt alle bleibende Vorstellungen in den organisirten Körper. Nach dieser giebt | es keine bleibende Spuren in der Seele selbst. Die Seele ist bloß fühlende, wirkende Kraft, die sich auf die im Gehirne zurückgebliebenen und wiederum erweckten materiellen Ideen anwendet. Auch sind die Fertigkeiten nur Leichtigkeiten in dem körperlichen innern Organ der Seele gewiße sinnliche Bewegungen leicht wieder anzunehmen. | 13

7 über die Verbindung] über [die Verbindung] 12 hält).] hält.

Man kann diese Hypothese die Bonnetsche nennen, weil Bonnet sie am deutlichsten und ausführlichsten vorgetragen hat, sonst sind die Grundideen derselben sehr alt.[16] Diese Hypothese hat eben so wenig Beweisgründe für sich, wodurch sie völlig erwiesen würde als die vorige. Sie erklärt die unwillkührliche Reproduction der Vorstellungen, ingleichen die unwillkührlichen Kraftäußerungen der Seele, den Verlust des Gedächtnißes durch körperliche Ursachen, überhaupt die Abhängigkeit der Seele vom Körper gut. Dagegen läßt sie sich mit den willkührlichen Seelenäußerungen und überhaupt mit einem großen Theil der Erfahrungen, welche
4 | die Abhängigkeit des Körpers von der Seele | beweisen, nur bloß vereinigen, ohne einen Grund von ihnen anzugeben. Dazu läßt sie eine Lücke in der Harmonie der Seele und des Körpers.

§ 10

Dritte Hypothes Man kann eine dritte Hypothes annehmen, nach der so wohl etwas bleibendes in der Seele als auch etwas dazu gehöriges in dem körperlichen innern Organ derselben vorhanden ist. Nach dieser sind die immateriellen Vorstellungen und die materiellen dergestalt in Verbindung, daß wenn eine von ihnen reproducirt wird, die andere gleichfalls gegenwärtig werden muß und beyde zusammen gehören zu einer fühlbaren Vorstellung.

Diese Hypothese hat keinen Beweisgrund für sich, wodurch sie etwas mehr als Hypothese würde. Allein sie läßt in der Vereinigung und Harmonie der Seele mit dem Körper keine Lücke, sie erklärt die eine Klaße von Beobachtungen, woraus die Abhängigkeit der Seele von dem Körper erhellt, eben so gut, als die andern entgegengesetzte und stimmt
5 | auch mit der Art, | wie Vorstellungen von empfundenen Objecten angenommen und an einander gereiht werden, sehr gut zusammen.

12 Abhängigkeit] Ahängigkeit

Kapitel 3
Physische Ursache der Verbindung der Seele mit dem Körper. Psychologische Systeme

§ 11

Erste Hypothes Von der ursachlichen Verknüpfung der Seele mit dem Körper. Um deutlich anzugeben, auf welche Weise die Begleitung der harmonischen Veränderungen in der Seele und in dem Körper vor sich gehen, hat man verschiedene Erklärungsarten ausgedacht, die unter drey Hauptsysteme gebracht werden können.

Die älteste und natürlichste Vorstellung ist diese: daß zwischen Seele und Leib eine reelle physische Verbindung sey, oder eine reelle ursachliche Verknüpfung. Diese enthält überhaupt so viel, daß im Körper Modificationen entstehen, wozu das sie bewirkende Princip, oder der zu erweisende Grund in der Seele sey und umgekehrt, daß die Seele Modificationen annehme, wozu | der zureichende Grund ihrer | 16
Wirksamkeit im Körper vorhanden sey. Dieß ist das System der Einwirkung, Causalität, des influxus physici.[17] Es ist solches aber von einigen verschiedentlich näher bestimmt worden.

Wenn man diese nähere Bestimmung bey Seite setzt, und also auch Einwürfe, die man dieser letztern machen könnte, nicht als solche ansieht, die dem System überhaupt entgegen stehen, so kann man von dieser letztern behaupten 1) daß es nicht unmöglich sey, oder doch, daß es eine Unmöglichkeit nicht bewiesen sey. 2) daß es zwar in so fern wir keinen völligen deutlichen Begriff haben von einer ursachlichen Verknüpfung mehrerer Substanzen, nicht vollkommen die Erfahrungen begreiflich mache, auch sich nicht vollkommen aus den Erfahrungen beweisen laße. Aber doch als ein wahrscheinlich richtiges System aus ihnen geschaffen werden könne. Die Wahrscheinlichkeit deßelben ist so groß als die Wahr- | scheinlichkeit des folgenden Satzes. Wenn | 17 ich ein Ding innerlich kenne und empfinde und in demselben nichts antreffe; was von einer in ihm entstehenden Modification der zureichende Grund seyn könne, vielmehr etwas in ihm finde, was der Grund seyn kann von dem entgegengesetzten, so bin ich berechtigt zu schließen, daß die Ursache der erwehnten Modification auch wirklich in dem Dinge vorhanden sey.

§ 12

Die erste Hypothes von der ursachlichen Verknüpfung modificirt Jede Modifikation der Seele hängt zum Theil ab von ihrem innern Princip, in so fern ist keine ganz und gar eine Paßion.[18] Dieß kann so weit gehen, daß in jeder Paßion nur das Warum so und nicht anders eine äußere Ursache habe, die Kraft hingegen, welche das Princip des Absoluten enthält, in der Substanz selbst sey.

Wenn es so ist, so ist dieß ein System, welches zwischen der völligen Causalität und der Harmonie gleichsam ein
8 | Mittel ist. Die Causalität ist al- | lemal in dem Wesen, worin die Modification erfolgt. Aber aus dieser Causalität erfolgt das nicht, was erfolgt, ohne äußere Umstände, äußere Ursachen, die als dann nur causa occasionales[19] sind. Aber demnach ist eine wahre ursachliche Verknüpfung zwischen beyden. In so fern gilt auch das davon vorherbemerkte.

§ 13

Zwote Hypothes von der bloßen Harmonie Man kann alle ursachliche Verknüpfung zwischen Seele und Leib verneinen. Wenn denn dazu angenommen wird, daß jedes dieser beyden Wesen ihre eigene Modification aus einem innern Princip hervorbringe in einer solchen Folge, daß die harmonischen Veränderungen der Seele und des Leibes nach einer festgesetzten Regel so zusammen treffen, wie die Er-

23 In so fern gilt auch] $^{\text{In so fern gilt}}$ auch

fahrung sie zeigt, so hat man das System der Harmonie, das Leibnitzische System. Dieß System ist nicht unmöglich, wenigstens die Unmöglichkeit nicht bewiesen. Es läßt sich mit allen Beobachtungen vereinigen, nur erklärt es sie nicht alle, wenigstens nicht beßer, als das vorhergehende. Es hebt aber auch die Freyheit nicht | auf, allein es hat | 19 auch keine Vorzüge vor dem vorhergehenden, die solches innerlich wahrscheinlich machten. Die Gründe, wodurch man solches zu bestätigen gesucht hat, geben ihm keine innere Wahrscheinlichkeit und heben auch die große Unwahrscheinlichkeit deßelben nicht, die aus der Wahrscheinlichkeit des vorhergehenden Systems entspringt.

§ 14

Dritte Hypothes von den gelegentlichen Ursachen und von der Aßistenz Nimmt man an, wie in dem vorhergehenden, daß keine reelle ursachliche Verknüpfung da sey, daß aber das zusammmentreffen der harmonischen Veränderungen eine Wirkung sey, die unmittelbar von dem Willen des Schöpfers abhängt, so ist dieß das System der gelegentlichen Ursachen, systema causarum occasionalium[20], wenn dieß eingeschränkt wird auf das harmonische in den einander begleitenden Veränderungen der Seele und des Leibes. Dagegen heißt es systema assistentia (des Malebranche) völlige aßistenz und Bewirkung aller Veränderungen durch die unmittelbare Anwendung der Allmacht des | Schöpfers | 20 nach gewißen allgemeinen Gesetzen, wenn solches nicht bloß auf die harmonischen, sondern auf alle andern Modificationen der Seele und des Leibes sich erstreckt. Dieß letztere System ist von den vorhergehenden in so weit unterschieden, daß es überhaupt alle thätige Kraft und Selbstmacht in der Seele, wie in dem Körper aufhebt.

Kapitel 4
Von dem Zustande der Seele vor der Geburt

§ 15

Über den Zustand der Seele vor der Geburt hat man verschiedene Muthmaßungen gehegt:

1. Die Creatianer[21] glauben, sie würde erschaffen von Gott in dem Moment wenn der Mensch empfangen wird, in momento conceptionis. Die Concretianer[22], Vertheidiger der mitgetheilten Schöpfungskraft glauben, sie werde von den Eltern erschaffen.
2. Traducianismus[23] nennt man die Lehre von dem Übergang der Seele aus den Eltern durch die Erzeugung, oder die Meinung, daß die Seele von den Eltern zugleich mit ihrem Körper aus etwas vorher schon vorhandenen 21 | erzeugt werde. Eine Meinung, | die diejenigen, die damit die Immaterialität der Seele verbinden wollten, durch das Gleichniß zu erklären suchten, sicut flammula ex flammula[24].
3. Präexistentianer[25] werden diejenigen genannt, die das Vorhandenseyn der Seele behaupten, ehe sie als menschliche Seele im menschlichen Körper werde.
   Man glaubte, daß sie schon ehemals in einem geistigen Zustande sich befunden, aus demselben aber ihrer Vorstellungen wegen herausgesetzt sey.
   Diejenigen, welche eine Seelenwanderung, Metempsychosis[26] glauben, müßen auch von den Seelen der jetzt lebenden Menschen, von den meistens wenigstens annehmen, daß sie schon ehemals in andern thierischen oder menschlichen Körpern als thierische oder menschliche Seelen sich wirksam bewiesen haben.

§ 16

Von der Präexistenz der Seele Die einfache Substanz, die das fühlende und denkende Ich ist, kann nicht entstan-

den seyn durch eine zusammensetzung aus Theilen. Dieß Wesen ist also entweder aus Nichts erschaffen worden, als der | Körper erzeugt ward, oder hat vorher präexistiren | 22
müßen. Wahrscheinlich ist nun ohne Zweifel die Präexistenz. In jedem Zustande aber ist die Natur und Grundkraft der Seele von ihr unzertrennlich gewesen. Daher kann sie nicht ganz unwirksam gewesen seyn. Allein weil es uns an einer Idee von dieser Grundkraft fehlt, so fehlt es uns auch an einer Idee von dem vorhergehenden Zustand der Seele. Daß dieß kein Zustand des deutlichen Bewußtseyns gewesen,[27] wenigsten nicht immerfort gewesen, ist mehr als wahrscheinlich, so wie es unerwiesen und unwahrscheinlich ist, daß sie überhaupt jemals in dem Zustand eines Geistes sich befunden habe.

Wahrscheinlich ist es auch nach der Analogie der Natur, daß sie immer in Begleitung mit einem Körper gewesen sey, wenngleich dieser mit ihr verbundene Körper noch bei weitem nicht einmal dasjenige gewesen ist, was man den vollständigen Keim des menschlichen Körpers nennen kann, (durch deßen Entwickelung nemlich allein der menschliche Körper entstehen kann). | | 23

Wahrscheinlich ist auch wohl dieß, daß sie eben so, wie der mit ihr verbundene Körper in momento conceptionis eine große Veränderung erlitten habe. So wie alsdenn der Keim des organischen Körpers entweder vollständig gemacht wird, oder doch so zugerichtet, daß er sich als ein solcher menschlicher Keim entwickeln kann, so mag wegen der harmonischen Veränderung der Seele auch diese eine solche Modification der Grundkraft empfangen haben, wodurch sie fähig ward, als menschliche Seele entwickelt zu werden.

13 eines Geistes] eines ~~solchen~~ Geistes *26* zugerichtet,] zugerichtet wird, *28* diese] diese~~r~~

Kapitel 5
Von dem Zustande der Seele nach dem Tode

§ 17

Lehrsatz 2 Die Seele ist unauflösbar.[28]

Beweis Was den Zustand der Seele nach dem Tode betrifft, so folgt aus der Einfachheit derselben, daß sie nicht auf die Art wie der Körper zerstört werden könne. Unter der Voraussetzung also, daß sie nicht zernichtet[29] werde, muß sie als Substanz unzerstörbar seyn, und ihre Naturkraft behalten, d. i. ihre Substantialität dauret fort. Sie ist | [24] instructible[30]. Und da man einem Dinge ein Leben zuschreibt, so lange seine Natur fortdauret, so wird die Seele in diesem Verstande fortleben.

§ 18

Lehrsatz 3 Der künftige Zustand der Seele hat eine Beziehung auf ihren vorhergehenden.[31]

Beweis Ferner ist so viel gewiß, daß der künftige Zustand der Seele in ihrem gegenwärtigen seinen Grund haben müße, demselben zum Theil wenigstens gemäß seyn. Der folgende innere Zustand hängt mehr ab von dem vorhergehenden innern als der folgende äußere Zustand. Indeßen muß auch der letztere immer in etwas dem vorhergehenden innern gemäß seyn.

§ 19

Erfahrungssatz Die Seele ist beym Tode des Menschen mehr entwickelt, als sie es vorher war, allein sie wird in keinem Menschen bis dahin entwickelt, daß nicht noch

13 diesem] Diesem

manche unentwickelte Fähigkeiten, oder doch nicht so weit entwickelte, als sie seyn könnten, zurückbleiben.[32] | | 25

§ 20

Lehrsatz 4 Die Spiritualität[33] der Seele auch die Personalität[34] kann fortdauren. Ob die Seele nun auch als Geist fortfahren werde zu seyn (ihre Spiritualität behalten), d. i. im nähern Verstande, ob sie unsterblich seyn werde? Dieß ist hier die zwote Frage. Dazu kommt noch die dritte, ob sie sich ihrigen vorigen Zustandes mit Wahrheit werde erinnern, d. i. die Personalität behalten, oder moralisch der Erinnerung nach daßelbe Wesen seyn werde? Zu erst ist es möglich, daß sie so gar fortfahren könne, sich weiter zu entwickeln. Denn sie gebraucht dazu entweder auf immer der Unterstützung eines organisirten Körpers, als ihres Instruments, oder sie erhält schon in diesem Leben eine große Unabhängigkeit von dem Körper und kann nachher deßelben ganz entbehren, so ist es in beyden Fallen, nach dem zu urtheilen, was man sonst von der Einrichtung der Welt weis, möglich, daß sie als Geist leben könne. | | 26

Es ist wohl unwahrscheinlich, daß ein einziges Thier ganz untergehe, nemlich daß die Verbindung der Seele mit einem organisirten Körper ganz aufhöre. Diese Meinung heißt exilium mortis, die Ausschließung des gänzlichen Todes des Thiers.[35]

Wenn das ist, so ist desto leichter begreiflich, daß die Seele einen innern Körper[36] in dem äußern menschlichen Körper eingehüllt habe, und solchen beständig ausgebildeter und entwickelter bekommet. Und wenn sie diesen behält, so folgt daraus, sie müße auch die Spuren ihrer deutlichen Kenntniße behalten, und als Geist und Person zu leben fortfahren, so bald dieser innere Körper nicht mehr gehindert wird, als ein Geisteswerkzeug modificirt zu werden.

Würde die Seele ihres Körpers ganz beraubt mit dem Tode, so könnte sie entweder auch selbigen entbehren, oder wenn sie keinen ganz entbehren könnte, so würde sie mit 27 | ihren gestärkten Vermögen und | Fertigkeiten überall in der ganzen Natur Körper genug antreffen, die ihr wenigstens als Organe Vorstellungen zu erlangen dienen könnten.

§ 21

Anmerkung Auf der andern Seite ist es zwar nicht unmöglich, daß sie mit ihren entwickelten Kräften und Fertigkeiten, dennoch in einen Zustand versetzt werden könnte, der dem tiefsten Schlaf gleich ist, worin kein Gefühl und Bewußtseyn stattfindet, und daß sie auch immer in diesem Zustande bleiben könne. Vielleicht könne sie auch ihre erworbenen Fertigkeiten durch den langen Nichtgebrauch wieder verlieren, und so wieder zurückgesetzt werden in den Zustand, worin sie vor der Geburt des Menschen war. Allein obgleich die Möglichkeit des erstern nicht geleugnet werden kann, so ist doch das letztere, nemlich die mögliche Wiederzurücksetzung in den unentwickelten Zustand nicht nur unerwiesen, sondern auch unwahrscheinlich. Kei- 28 | ne erlangte Fertigkeit kann so we- | nig, als auch irgend eine andere Veränderung sich so verlieren, daß keine Spur zurückbleiben sollte.[37]

§ 22

Lehrsatz 5 Die Fortdauer der Spiritualität ist wahrscheinlich. Wenn auch diese vorhin angeführten entgegengesetzten Möglichkeiten beyde als ingleichem Grade möglich angenommen werden, so wird nun doch die Fortdauer der Spiritualität erst wahrscheinlich aus solchen Gründen, welche die Betrachtung der menschlichen Natur zunächst an die Hand giebt. Dahin gehört der natürliche und unveränderliche Trieb des Menschen zur Zukunft, auch natürliche Trieb zur weitern Entwicklung der Vermögen als in diesem

Leben gebraucht werden können,[38] wozu das Bestreben durch den dunklen Schluß unterhalten wird, daß die entwickelten Vermögen und erlangten Fertigkeiten noch künftig gebraucht werden können. Hieher gehört auch das Verhältniß der menschlichen moralischen | Triebe, welche nach der | 29 Einrichtung der Natur in einer widerstreitenden Richtung wirken müßten, wenn vorausgesetzt würde, daß die Seele sterblich sey.

§ 23

Lehrsatz 6 Die Fortdauer der Spiritualität ist moralisch gewiß.[39] Diese Wahrscheinlichkeit wird zur moralischen Gewißheit erhöht, wenn man aus der Theologie der Vernunft die Lehre von Gottes Güte, Weisheit und Gerechtigkeit voraussetzt. Denn wenn es als eine Wahrheit vorausgesetzt wird, daß die Seele *sterblich* sey, so kann nicht jede Tugend noch jedes Gute seinen hinreichenden Bewegungsgrund haben, noch das Böse seine hinreichende Abmahnungsgründe, nemlich daß durch sie ein vernünftiges Wesen zum Guten geleitet, und zur Vermeidung des Bösen bestimmt werden kann, woran man doch als von einer Grundmaxime der göttlichen Weisheit sich aus dem Begriff der Weisheit in der Regierung der Welt über- | zeugen kann. | 30

§ 24

Anmerkung über die Personalität Was endlich die Erinnerung des vergangenen Zustandes betrifft, so ist solcher nicht nothwendig mit der bleibenden Wirksamkeit ihrer Denkkräfte verbunden, sondern erfordert eine so klare und zusammenhängende Wiedererweckung der ehemaligen Vorstellungen ihres Zustandes, ihrer Veränderungen in Verbindung nach Zeit und Ort, daß solche als ehmals gehabte Empfindungen reproducirt werden können. Dieß

15 die Seele *sterblich*] die Seele ~~un~~-*sterblich*

hängt ab von dem Grad der Klarheit, womit die von der Organisation des jetzigen Körpers am meisten abhängigen Vorstellungen, auch ohne dieselben aus der Seele selbst, oder aus ihrer fortdaurenden mit ihr verbundenen Organisation wieder erneuert werden können so daß sie sich deren bewußt sey.

Nicht alle Gründe, welche die Fortdauer der geistigen
31 | Vermögen | und Fertigkeiten oder der Spiritualität für sich hat, können auch für die Wiedererinnerung angeführt werden. Denn die derzeitige Glückseligkeit oder Empfindung ihrer selbst und ihrer Vollkommenheit hängt weniger von der Erinnerung des Vergangenen ab als von dem gegenwärtigen Gebrauch der Kräfte. Indeßen enthält selbst die Fortdaurende Spiritualität eine gewiße Erweckbarkeit ehemaliger Vorstellungen, insonderheit solcher die durch die Wirksamkeit der Seele entstehen, in sich und dieß macht eine allgemeine Rückerinnerung möglich mittelst des Raisonnements, eine reminiscentiam intellectualem[40], wobey nemlich durch Schlüße begriffen wird, daß sie ehmals in einem gewißen Zustand sich befunden und auf eine bestimmte Art gehandelt haben müße.

§ 25

Anmerkung Die Gründe, welche man der Unsterblichkeit der Seele entgegen setzt, bestehen entweder in Zweifel, die wenn sie aus den Umständen der Seele selbst genommen
32 | werden, | aus ihrer genauen Verbindung mit dem Körper gar leicht zu heben sind, oder in andern Gegengründen, die aus zufälligen Beschaffenheiten der Menschen hergenommen sind. Aus diesen allen folgt nichts mehr, als was mit der Unsterblichkeit der Seele sehr gut bestehen kann.

§ 26

Hypothesen Ob nun aber die Seele so gleich nach dem Tode ihr geistiges Leben wieder anfängt, oder auf eine Zeit in

einen Zustand des Schlafs verfallen werde bis zur vollkommenen Entwicklung ihres innern Körpers, ingleichen welche zufällige Verschiedenheit des künftigen Zustandes nach der Verschiedenheit des gegenwärtigen der Denkkräfte, der thätigen Vermögen und besonders der moralischen Verfaßung stattfinden werde, und nach welcher besondern innern und äußern Beschaffenheit dieser Zustand characterisirt werde, davon läßt | sich aus Gründen der Vernunft nichts | 33
bestimmtes erkennen. So viel ist indeßen einzusehen, daß die gegenwärtige Beschaffenheit der Seele unausbleiblich ihre Folgen habe. Und was die glücklichen oder unglücklichen zufälligen Bestimmungen betrifft, daß solche den moralischen Beschaffenheiten des Willens mehr, als den Vorstellungskräften angemeßen seyn werden, weil mehr und eigentlich in jenen die Vollkommenheit der Seele besteht, als in diesen.[41]

Anhang zur Seelenlehre
Von den Seelen der Thiere

§ 27

Erfahrungssätze von den Vorzügen des Menschen vor den übrigen Thieren Der Mensch ist ein vernünftiges Thier[42] und besitzt vor den übrigen Thierarten auf der Welt verschiedne Vorzüge so wohl an Körper- als an Seelenkräften,[43] worunter aber der höhere Grad von Selbstthätigkeit das
34 | vornehmste Unterscheidungsmerk- | mal ist, das zugleich auch den Grund von den meisten übrigen enthält.

Sonst besitzt der Mensch an körperlichen Vorzügen eine größere Geschmeidigkeit seiner Kräfte und mehrere mannigfaltige Geschicklichkeit, als irgend eine andere Thierart. Der Mensch ist zu vielen aufgelegt, aber zu wenigen stark bestimmt, welches by den Thieren anders ist.

Auch hat der Mensch an seinem Körper als einen Vorzug die großere Verbreitsamkeit auf der Oberfläche der Erde, welche eine Folge ist von einer innern größern Selbstthätigkeit der körperlichen Kräfte, und von einem innern Grad der Abhängigkeit der körperlichen Kräfte von äußern Umständen.

In Hinsicht der Seelenvermögen besitzt der Mensch eine größere Ausdehnung und Feinheit in seinem Gefühl, wenngleich auch in dieser oder jener Art der Empfindung ein Thier ihn übertreffen kann; ferner eine größere Vor-
35 | stellungs- | kraft und Phantasie. Ein größeres merklicheres Denkvermögen (den Keim des Verstandes und der Vernunft) welches den Thieren entweder ganz fehlt, oder doch in einem unmerklichern Grade bey ihnen angetroffen wird. Davon hängt auch die Sprachfähigkeit ab, die dem Menschen besonders eigen ist.[44]

§ 28

Erfahrungssätze von dem Unterschied der Thiere unter sich in Hinsicht der Seelenwirkungen Die Thiere sind nach ihren verschiednen Arten unendlich von einander verschieden und wahrscheinlich eben so wohl in Ansehung der Seelen als der Körper. Bey den vollkommnern trifft man Sinne und Vorstellungskraft an und einige Spiritualität, auch etwas von der Phantasie, aber von der Denkkraft so wenig, daß es noch zweifelhaft seyn kann, ob ihnen nicht dieß Vermögen ganz mangele. Es giebt bey den Thieren in vieler Hinsicht eine Stufenleiter[45], d. i. ein Verhältniß, wie sie einander ähnlicher, oder mehr von einander verschieden sind. Besonders sieht | man darauf, daß, daß eine gewiße | 36
Vollkommenheit in verschiedenen Arten beywohnet.

§ 29

Erfahrungssätze über die Stufen der thierischen Einheit Es giebt besonders bey ihnen eine Stufenleiter in Hinsicht der größern und geringern Einheit der thierischen Natur und des größern oder geringern Vorzugs einer in dem System hervorragenden dirigirenden Substanz. Diese Stufen gehen herunter von der größesten Freyheit der Seele des Menschen bis dahin, wo mehrere principia einander gleich in dem Thiere vorbereitet sind, das in eine bloße Organisation zuletzt übergehen kann, oder in dem Mangel an einer Seele.

§ 30

Character der Animalität Es ist wahrscheinlich, daß das Beseeltseyn so weit gehe in dem Thierreich, als die gewöhnlichen äußern Merkmale deßelben, nemlich willkührliche

16 die Stufen der thierischen] die Stufen- der »der« überschreibt »lei[ter]«, Trennungsstriche nicht getilgt. *28–29* gewöhnlichen äußern Merkmale] gewöhnlichen ~~äußern~~ äußern Merkmale

1 | Bewegungen (ex principio interno herrührende Bewe- | gungen in dem ganzen Körper, oder einzelnen Theilen deßelben, Spontaneität) und Empfindlichkeit, oder Veränderungen in den Bewegungen auf äußere Eindrücke, welche den letztern als Wirkungen nicht gemäß sind. Besonders zeigt sich die Empfindlichkeit in der Leichtigkeit andere Richtungen und Bestimmungen der Bewegungen anzunehmen, davon das Princip in dem Innern selbst ist.

COSMOLOGIE

transcendente Wissenschaft von der Welt

Inhalt

Kapitel 1
Allgemeine Begriffe von der Welt; von ihren Theilen

§ 1

Erklärung Die Welt wird hier nur nach ihren allgemeinsten transcendenten Eigenschaften betrachtet. Diese Allgemeinheit unterscheidet die metaphysische Cosmologie[1] von der physischen. Jene läßt sich auf keine Untersuchung ein, die die besonderen Arten der einfachen und zusammengesetzten Wesen in der Welt angeht. Indeßen besteht sie doch aus zweyerley Art von Sätzen

1. Aus allgemeinen transcendenten Vernunftsätzen. In so fern ist sie nicht anders als eine weiter fortgesetzte

12 Welt;] irrtümliche Doppelung *12* vom Natürlichen und Uebernatürlichen] von Natürl und Uebernatürl.

allgemeine Philosophie, oder als die Grundphilosophie auf den Begriff von der Welt angewandt.

2. Aus allgemeinen Erfahrungssätzen, die von den besondern Beobachtungen der wirklichen Dinge | abstrahirt | 3
sind. Diese letztern müßen als allgemeine Erfahrungssätze beurtheilt werden.

§ 2

Erklärung Die Welt ist das Ganze der endlichen unter sich in der Verbindung stehenden Dinge. Welt (mundus) ist nicht das All (universum) des Wirklichen, sondern nur der Inbegriff der endlichen wirklichen Dinge, die in Verbindung mit einander stehen. Daher alles wirkliche Endliche, wofern es nicht etwa von dem übrigen ganz ab gesondert und außer aller Verbindung vorhanden wäre dazu gehört.

§ 3

Zusatz Die Welt besteht aus endlichen Dingen, daher ist sie auch im Ganzen endlich, finitum im metaphysischen Verstande, auch wenn sie mathematisch unendlich wäre nach § 304 der allgemeinen Philosophie.

§ 4

Erfahrungssatz In der wirklichen Welt giebt es Dinge, die zugleich sind (simultanea) und Dinge, die auf einander folgen (successiva). Der Egoist leugnet das erstere, in so fern | es von Substanzen verstanden wird, allein nichts | 4
hindert, daß als einen Erfahrungssatz anzunehmen.

Es giebt zugleich vorhandene Beschaffenheiten, die von einander verschieden sind in einfachen Substanzen.

Ist dieß einfache zugleich auch außer einander, so giebt es wirkliche extensa continua[2].

11 in Verbindung] in Verbindung in Verbindung

§ 5

Erfahrungssatz Es giebt nach den psychologischen Erfahrungen in der Seele eine innere Mannigfaltigkeit von Modificationen und Beschaffenheiten, die zugleich vorhanden sind und deren die eine durch das innere Gefühl und Bewußtseyn unmittelbar als wirklich erkannt (klar als wirklich empfunden) werden kann, ohne daß zugleich auch die übrigen gleichzeitigen vorhandenen klar gefühlt werden.

Da es nun erlaubt ist anzunehmen, daß dieß Vielfache etwas in dem einfachen Wesen ist, in dem immateriellen Ich selbst ist nach § 10 der raisonnirenden Psychologie und also auf eine Verschiedenheit an absoluten Beschaffenhei-
5 | ten in der Substanz hinführt, so kann man in so fern | behaupten, daß es etwas außer einander befindliches (im transcendenten Sinn das Wort genommen) Theile außer Theile in dem einfachen Wesen gebe, und daß folglich dem einfachen eine extensio continua[3] in diesem Sinn zukomme (§§ 180, 197 allgemeine Philosophie).

Aber es folgt nicht, daß diese simultanea in dem einfachen auch mit dem äußern Sinn, eins ohne das andere empfunden werden können, daher auch die aus den äußern Empfindungen erhaltene sinnliche Vorstellung von der Ausdehnung nur als ein sinnliches Bild gebraucht werden kann.

§ 6

Erfahrungssatz Es giebt in der Welt mehrere simultanea, die realiter diversa sind (§ der allgemeinen Philosophie). Es giebt auch solche simultanea, die von einander getrennt werden können, ohne aufzuhören wirklich zu seyn, und verbunden werden können, ohne von neuem wirklich zu werden. Dieß ist aber der Character von einer Verschie-
6 | denheit im Bestehen | (in der Substanz) Es giebt also ver-

27 (§] Referenz fehlt

schiedene simultanea, die Substanzen sind, für sich allein vorgestellt wirkliche Dinge seyen können (§ der allgemeinen Philosophie).

§ 7

Lehrsatz 1 Die Welt besteht aus einfachen Substanzen.

Beweis Giebt es in der Welt mehrere Substanzen, so giebt es auch einfache Substanzen; denn die zusammengesetzten bestehen aus den einfachen, und sind nur durch diese. Ein zusammengesetztes kann nicht seyn ohne Theile, woraus es zusammengesetzt ist, und eine zusammengesetzte Substanz erfordert Substanzen, woraus sie besteht. Daraus folgt nicht, daß die Zahl der Substanzen in einer zusammengesetzten nicht könne mathematisch unendlich sey, d. i. größer seyn, als sich von einem endlichen Verstande vorstellen laße, und also in diesem Verstande das Zusammengesetzte ins Unendliche theilbar, nur das Zusammengesetzte der Substanzen besteht | aus einfachen Substanzen. | 7

§ 8

Die Körper in der Welt sind extensa discreta, so auch überhaupt die zusammengesetzten Substanzen. Die zusammengesetzte Substanz ist nur eine Substanz durch die substantielle Verbindung ihrer Theile (d. i. eine solche, in der ihre Kräfte zugleich in andere außer sich wirken und zugleich ihre Lage gegen andere verändern, sonst sind sie nur Haufen von Substanzen, aggregata substantiarum[4].

§ 9

Erfahrungssatz Unsere Empfindungsideen von den wirklichen Dingen und ihren Beschaffenheiten, von Körpern und Seelen, ingleichen auch unsere allgemeinen Begriffen

2 (§] Referenz fehlt

aus den Empfindungsideen abstrahirt (allgemeine Bilder[5]) sind

1. relative
2. verwirrte Begriffe von den Objecten, also nur Scheine (obgleich nicht bloße Scheine ohne Realität).

8 | Die Objecte verwirrt vorgestellt, | heißen Phänomene. So sind die wirklichen Dinge für uns Phänomene.

So ist die Ausdehnung der Körper ein Phänomen und die einfachsten sinnlichen Vorstellungen von den Beschaffenheiten der Körper sind Phänomene.

Die Welt nach verwirrten oder sinnlichen Vorstellungen gedacht, heißt mundus sensibilis, und wird mundo intellectuali, der Welt nach deutlichen Begriffen vorgestellt entgegen gesetzt.[6]

§ 10

Erklärung Wenn A und B verschieden sind, so sind auch ihre Gründe und Folgen verschieden. Wenn A und B vereinigt ein Drittes ausmachen, das von jenem einzeln genommn verschieden ist, so haben jene A und B sich vereinigt. Diese Vereinigung heißt unter einigen Umständen, zumal bey Kräften, Vermischung. In der Vermischung des verschiedenen ist außer den Dingen, die vermischt werden, noch ihre Verbindung vorhanden. Aber ihre Verbindung 9 | be- | steht in Beschaffenheiten, die wiederum von den Beschaffenheiten, welche jeder verbundene Theil für sich hat, verschieden sind.

In so weit als eine solche Verbindung stattfindet, ist auch nur die Vermischung da. Sonst bleibt alles an sich objective von einander verschieden, was verschieden ist, und in diesem Sinn giebt es gar keine Vermischung.

§ 11

Erfahrungssatz In der Welt finden wir keine (series) Folgen von einfachen Substanzen auf einander. Die zusammengesetzten entstehen und vergehen durch eine Folge von Beschaffenheiten.

Also giebt es keine Folgen in der Welt, die nicht in eins fortgehend sind, successiva continua (§ 214 der allgemeinen Philosophie).

Daher es auch begreiflich, was durch die Erfahrung gelehrt worden, daß in der Folge der Veränderungen der Dinge kein Sprung der Natur sey, d. i. kein Uebergang von einem Zustand in den andern, | der merklich verschieden ist, | 10
geschieht, ohne daß zwischen diesen beyden unmerkliche Veränderungen stattgefunden haben. Iede zwey zumeist auf einander folgende Beschaffenheiten sind unmerklich unterschieden. Auch folgt eine Veränderung so auf die andere, daß die vorhergehende, indem sie aufhört, zugleich mit dem Anfang der folgenden verbunden ist. Die Reihe ist nemlich ein continuum. Diese beyden letztern Sätze werden begriffen unter dem Gesetz der Continuität (lex continui, continuitatis[7]).

§ 12

Erfahrungssatz Iede wirkliche Substanz hat etwas von dem Princip in sich, wodurch ihre Veränderungen gesetzt werden. Iede hat eine Kraft in dieser Bedeutung (§ 240 der allgemeinen Philosophie). Die Substanz, deren Daseyn soll erkannt werden können, von andern, muß wirksam seyn. Ist sie dieß durch eine mitgetheilte Kraft einer andern Substanz, die in sie | wirkt, so muß sie selbst aus | 11
einem innern Princip etwas dazu beytragen, wofern nicht ihre ganze Natur, d. i. sie selbst von der formenden Kraft abhängig ist. Sie muß also zu etwas vermögend seyn und Kraft haben. Ob aber die Kräfte aller Substanzen (der einfachen) gleichartig sind mit den Seelen, und also auch vorstellende Kräfte, die nur an Graden und Größen von einander verschieden sind, läßt sich nicht entscheiden durch

Gründe, sondern es läßt sich nur eine Hypothes darüber annehmen.

Nach Leibnitzs System sind alle Monaden vorstellende Kräfte.

Kapitel 2
Von der Verbindung der Theile in der Welt

§ 13

Hypothesen über die ursachlichen Verknüpfung Man kann aus ähnlichen Gründen hier, wie in der Psychologie annehmen, daß die Verknüpfung der Dinge in der Welt eine reelle physische Verknüpfung sey. Diese Voraussetzung heißt das System der allge- | meinen Einwirkung, systema influxus | 12 universalis[8]. Leibnitz nahm auch in der Cosmologie überhaupt wie in der Psychologie eine bloße Harmonie an in den Wirkungen, welche die einzelnen Substanzen durch ihre Kräfte in sich selbst hervorbringen. Diese Harmonie sey der Grund des Anscheins von einer reellen Verknüpfung (nexus idealis).

Auf diese Satz und dem obigen von den vorstellenden Kräften der Monaden beruht die Leibnitzische Monadologie in Hinsicht der Sätze, die ihr eigen sind.

Malebranche nahm auch in der Cosmologie dieselbe Aßistenz an, die er in der Psychologie voraussetzte. Keine endliche Substanz besäße Kräfte, und bewirke auch keine Veränderungen; alle Effecte in der Welt wären Effecte der unendlichen Kraft, und zwar unmittelbare Effecte derselben; nur wirke die unendliche Kraft nach bestimmten allgemeinen Gesetzen, wonach auch die Effecte in der Welt erfolgen.

§ 14

Lehrsatz 2 Alle Theile in der Welt | stehen in Verknüpfung | 13 mit einander, mittelbar oder unmittelbar.

Beweis Wenn irgend ein endliches Ding oder ein Ganzes, das aus endlichen Dingen besteht, schlechthin außer aller

24 wonach] wornach

Verknüpfung mit den übrigen vorhanden wäre, so würde dieses Ganzes eine Welt für sich seyn. Aber alsdenn würde auch das Daseyn einer solchen Welt von den Denkkräften in einer andern Welt nicht können erkannt werden. Giebt es also mehr als eine Welt, in diesem Verstande, so ist es unmöglich solches zu erkennen. Denn wenn auch eine solche Welt von uns nur empfunden würde, oder sich auf gewiße Weise offenbarte, so wäre sie schon mit uns und unserer Welt in Verbindung.

§ 15

Lehrsatz 3 Die Verknüpfung der Dinge in der Welt ist eine durchgängige Verknüpfung (singulorum cum singulis nexus universalis)[9].

Dieß zeigt sich nicht nur so weit als unsere deutliche Beobachtung geht; so wohl in der Körper- als in der Geis-
14 | terwelt, sondern es ist dieß | auch eine nothwendige Folge eines andern Grundsatzes, den man wiederum durch die Erfahrung so weit als diese reicht, bestätigen kann, nemlich jede individuelle Wirkung einer Substanz ist ein rationatum ihres ganzen individuellen Zustandes, oder entspricht demselben, oder auch in jeder einzelnen Wirkung einer Substanz giebt es Beschaffenheiten derselben, die sich auf ihren dermaligen Zustand beziehen.

Wenn dieß ist, so folgt, daß jede Veränderung, die in einer andern Substanz von den erstern bewirkt wird, etwas enthalte, das sich auf den gesammten Zustand der thätigen Kraft bezieht. In der leidenden Substanz ist also etwas, was gegründet ist in allen Beschaffenheiten der thätigen Substanz. Wenn nun diese leidende Substanz wiederum in andern wirkt, so wird auch in den letztern etwas seyn, was sich unmittelbar auf sie, mittelbar aber auf die erstere mit allen ihren Beschaffenheiten bezieht. So wird jede Substanz
15 | mit jeder andern durch- | gehends müßen verbunden seyn.

§ 16

Erfahrungssatz Es giebt keine mehrere völlig ähnlichen und gleiche individua oder keine zwey wirklichen Dinge, die innerlich völlig einerley sind. Dieß ist das principium indiscernibilium[10], oder der Grundsatz von dem Verschiedenseyn auch der ununterscheidbarsten Dinge. Es giebt so gar keine zwo individuellen Beschaffenheiten oder Veränderungen, weder in derselbigen Substanz, noch in verschiedenen Substanzen, die durchaus einerley wären. Wird der vorhergehende Grundsatz von der durchgängigen Verknüpfung vorausgesetzt, so ist dieser zweyte Grundsatz von der Verschiedenheit aller wirklichen Dinge eine nothwendige Folge von jenem, wofern man nicht annehmen wollte, daß alle Theile der Welt ohne Ausnahme innerlich und äußerlich einerley sind, d. i. wenn man nicht alle Verschiedenheit in den Theilen der Welt und in ihrer Verbindung aufheben wollte.

Daher ist in jedem individuellen Dinge und in jeder individuellen Be- | schaffenheit deßelben etwas mathematisch | 16
unendliches (§ der allgemeinen Philosophie). Es ist nemlich in jedem individuellen etwas, das sich auf alle übrige individua und ihre Beschaffenheiten bezieht und also eine solche Mannigfaltigkeit enthält, als in allen Individuen und ihren Beschaffenheiten zusammen enthalten ist. Dieß alles aber deutlich von einander zu unterscheiden, erfordert eine Vorstellungskraft, die deutlich das Ganze der Welt sich vorstellen kann. Dieß ist über die Kräfte eines endlichen Wesens, welches selbst nur ein Theil der Welt ist. Iedes Individuelle ist also unausforschlich von einem endlichen Verstande.

20 (§] Referenz fehlt

§ *17*

Erfahrungssatz In der Verknüpfung der Dinge in dieser
Welt findet sich Ordnung und Uebereinstimmung mehrerer
von einander unabhängiger Substanzen in ihren Wirkungen
zu einem Zweck, d. i. in der Verknüpfung der Dinge in
der Welt findet sich Ordnung und Vollkommenheit. Diese
17 | Vollkommenheit ist nicht nur in der Verbindung der |
größern Theile, sondern findet auch statt in der Verbindung
der kleinsten, und ist so weit in der Natur verbreitet, als
es verbundene Substanzen giebt. Sie ist zugleich in jedem
einzelnen Theile unumfaßbar vom menschlichen Verstande.

Diese Uebereinstimmung mannigfaltiger verschiedner Dinge zu Einem zeigt sich in der Welt als eine Tendenz, Richtung des Mannigfaltigen zu einem Erfolg, wenn man sich auch hier des Worts Zweck oder Absicht noch nicht bedienen will.

Kapitel 3
Von der Zufälligkeit der Welt

§ 18

Erfahrungssatz Die Veränderungen, welche beständig in der Verbindung und in der Lage der Welt neben einander vorgehen, beweisen daß keine von allen Arten der Coexistenz, die nach einander in der Welt gefunden werden, für sich allein genommen diejenige sey, welche nothwendig durch die Natur der Dinge bestimmt werde. Iede Art der Coexistenz der Dinge ist also zufällig in Hinsicht der Dinge selbst, die auf diese Weise | beysammen sind. | 18

Dieß fällt noch deutlicher auf bey den zu einem Zweck üebereinstimmenden Reihen, die sonst von einander unabhängig sind. Die Ordnung, die Vollkommenheit der Welt ist also zufällig in Hinsicht der Naturen der geordneten Dinge.

Dieß ist die Zufälligkeit der Welt in der Coexistenz, in der Verknüpfung ihrer Theile.

§ 19

Lehrsatz 4 Die Verbindungen in der Welt sind zufällig.

Beweis Diese einzelnen Arten der Coexistenz, welche nach und nach hervorkommen, sind Folgen und Wirkungen, die außer den absoluten Kräften, wodurch die Veränderungen bewirkt werden, noch andern vorhergehenden Arten der Coexistenz oder als Erforderniße voraussetzen, welche wiederum eben so zufällig und von den vorhergehenden abhängig sind, als die erstern.

Daher ist die ganze Reihe der Verbindungen, die auf einander folgen, zufällig, und erfordert eine Ursa- | che, | 19
von der sie abhängt, und die von dieser Reihe von Dingen

7 gefunden] ~~emp~~[ge]funden

verschieden ist (§ 282 der allgemeinen Philosophie). Auch so gar in dem Fall, daß solche Reihen ohne Anfang wären (§ 285 der allgemeinen Philosophie).

§ 20

Lehrsatz 5 Die endlichen Substanzen, aus denen die Welt besteht, sind zufällig.

Beweis Es läßt sich die Zufälligkeit der endlichen Substanzen selbst beweisen aus dem Grundsatz §§ 288 und 302 der allgemeinen Philosophie. Wenn die an dem allegirten Orte bemerkte Vorsichtigkeit bey der Anwendung des allgemeinen Grundsatzes gebraucht wird. Die Natur jedes Endlichen ist zufällig wirklich. Dieß ist die Zufälligkeit der Welt im Seyn, in der Existenz, woraus ihre Abhängigkeit in der Existenz folgt.

§ 21

Lehrsatz 6 Die Reihen des auf einander folgenden in der Welt sind zufällig.

20 | *Beweis* Auch die Folge der Verän- | derungen in der Welt ist zufällig, weil diese von der zufälligen Art der Coexistenz zufälliger wirklicher Dinge abhängt. Dieß ist

1. eine allgemeine Zufälligkeit, die zur Folge hat, daß kein Effect aus seinen vorhergehenden Ursachen und den Umständen, unter welchen er hervorgebracht wird, demonstrirt werden kann, weil die Möglichkeit des gehindert werden, possibilitas impedimenti immer vorhanden ist.
2. Eine besondere innere Zufälligkeit ist in der Folge der Begebenheiten, wenn freye Ursachen wirken. Denn wo dieß ist, da ist auch der Grund eines möglichen Hindernißes in dem Vermögen des handelnden Wesens.

§ 22

Erklärungen Die Beschaffenheit in der Folge der Begebenheiten, so auch die nothwendige Folge von Begebenheiten selbst, heißt Schicksal, fatum.

Dagegen heißt es ein Zufall (casus) ein bloßer Zufall, wenn die Begebenheit, als eine solche gedacht wird, die keinen zureichenden Grund hat. | | 21

Man kann dabey unterscheiden die zureichende Ursache von dem zureichenden Grunde. Eine Begebenheit ohne zureichende Ursache ist eine solche, die keinen Grund hat, worin sie ist, und wodurch sie ist, oder gewesen ist. Fehlt es bloß an dem völlig zureichenden Grunde, so fehlt es an einem Grunde, warum sie so ist und nicht anders.

Eine Verknüpfung auf einander folgender Dinge, in der jedes folgende seinen zureichenden Grund hat in dem vorhergehenden, ohne daß die Verknüpfung nothwendig sey, heißt ein zufälliger Zusammenhang nexus contingens rationalis. Besonders ist die Verknüpfung frey und zufällig, wenn freye Ursachen wirken. In diesem Fall kann auch zu dem völlig vorhandenen Grunde der Begebenheit noch die Bedingung hinzugefügt werden, daß von außen her kein Hinderniß erfolgt. Dennoch wird der Event nicht nothwendig, weil eine Möglichkeit gehindert zu werden, übrig bleibt, die in dem Vermögen des frey handelnden We- | sens gegründet | 22 ist.

Die Nothwendigkeit des Erfolgs ohne Voraussetzung der Ursache heißt die necessitas consequentis[11]; die Nothwendigkeit ohne Zusammenhang das absurde Schicksal.

Kapitel 4
Von der mathematischen Unendlichkeit der Welt

§ 23

Erklärung Im metaphysischen Verstande kann die Welt nicht unendlich seyn, aber das hindert nicht, daß sie ein mathematisches Unendliches seyn könne, in dem Sinn nemlich, daß sie größer sey, als etwas, was von einer endlichen Vorstellungskraft vorgestellt werden könne. Aus dem Begriff von der Welt überhaupt läßt sich nicht beweisen, daß sie nothwendig im mathematischen Verstande endlich oder unendlich sey und wenn jede Welt so groß seyn müßte, daß sie in Hinsicht jedes endlichen Verstandes, der in ihr wirklich wäre, unendlich sey, so würde sie doch dieß nicht 23 | nothwendig seyn dürfen in Hin- | sicht eines jeden möglichen endlichen Geistes.

Eine Welt kann also an Menge der Substanzen, an Umfang (extensio) und eben so an Dauer (protensio) endlich oder unendlich seyn.

§ 24

Lehrsatz 7 Es ist wahrscheinlich, daß es in der Welt etwas mathematisches unendliches gebe.

Beweis Von unserer Welt läßt sich aus der Erfahrung, die man hat, mit Wahrscheinlichkeit schließen, daß sie in einer oder der andern Hinsicht eine mathematische Unendlichkeit besitze. Dieß ist in Hinsicht der innern Mannigfaltigkeit in jedem Individuo derselben schon Kap. 2. bemerkt worden. Dieß wird in anderer Hinsicht auch dadurch wahrscheinlich, daß sie die von einem unendlichen Urheber erwählte Welt sey, die selbst diesen Character von ihrem Urheber haben müße, daß sie von keinem endlichen Wesen ganz begriffen werden kann.

Kapitel 5
Von der Vollkommenheit der Welt und von der besten Welt

§ 25

Erklärung Die Summe der Vollkom- | menheiten in der | 24 Welt und die Größe dieser Vollkommenheiten macht die Vollkommenheit oder Güte der Welt aus.

Nun bestehen die Vollkommenheiten in der Welt

1. in bloß physischen Realitäten. Iede solche physische Realität[12] ist eine Vollkommenheit und jede Beschaffenheit eines Dinges, wodurch seine absolute Realität vermehrt wird, ist eine Vollkommenheit nach §§ 149, 150 der allgemeinen Philosophie.
2. Dasjenige, was die Ursache eines angenehmen Gefühls bey fühlenden Wesen ist, oder ein Grund des Vergnügens, eine empfindbare und genießbare Realität[13] ist eine Vollkommenheit im moralischen Verstande.

Iede genießbare Realität ist eine physische Realität. Das Nichts kann nicht positiv gefühlt werden, nur das Reelle allein kann positive Empfindungen geben. Die unangenehmen Gefühle entstehen aus der Entgegensetzung der vermischten Realitäten, und diese Entgegensetzung hat ihren Grund in dem Negativen nach § der allgemeinen Philosophie.

Die Größe des Vergnügens hängt | ab von der Größe | 25 der absoluten Realität, die gefühlt wird und von der Stärke des Gefühls und von der Beziehung des Gefühls auf die vorhandene Realität.

§ 26

Erklärung Die Summe der angenehmen Gefühle aller fühlenden Wesen in der Welt macht das gesammte Wohl der

23 §] Referenz fehlt

sich fühlenden Wesen aus. Die Summe der angenehmen Empfindungen aus Realitäten, die von der Freyheit abhangen, macht das moralische Vergnügen aus, und wenn diese Empfindungen aus deutlichen Vorstellungen und moralischen Realitäten entspringen, die Glückseligkeit der verständigen Wesen.

§ 27

Lehrsatz 8. Erklärung Die Verbindung und Art der Coexistenz der Dinge ist nichts absolutes für sich, sondern nur Folge und Grund deßelben. Also ist diese Verbindung nur in so fern eine Vollkommenheit, als sie sich auf absolute Realitäten bezieht.

Die bloß physischen Realitäten können wir nach unse-
26 | rer Vorstellung für so etwas nicht ansehen, das | für sich allein betrachtet eine Absicht eines verständigen Wesens seyn könnte. Wir sehen sie für an sich gleichgültige Realitäten an, die nur einen Wert haben, in so fern sie Mittel zu einem angenehmen Gefühl sind oder werden können. Indeßen da diese Art sie zu betrachten nur von unserer Denkungskraftart abhängt, so kann die Summe physischer Realitäten nicht von der Summe der Vollkommenheiten in der Welt ausgeschlossen werden.

Diese Summe von Vollkommenheiten besteht also aus der Summe aller physischen Realitäten und aus dem gesammten Wohl der fühlenden Wesen, und aus der gesammten Glückseligkeit der verständigen Wesen oder Geister. Dieß ist die Güte der Welt.

§ 28

Erklärung Diese Welt ist eine herrliche Welt, der Ausdruck unendlicher Eigenschaften ihres Urhebers, aber daß sie die beste sey unter allen möglichen kann aus der Erfahrung
27 | weder bewiesen noch widerlegt werden. |

Um nemlich die beste Welt (optimus mundus) zu sey, müßte in ihr die Summe aller Vollkommenheiten, und nach unserer Vorstellungskraft die Summe der genossenen Realitäten, d. i. die Summe des Wohls und der Glückseligkeit die größeste seyn, die in irgend einem Ganzen möglich gemacht werden könnte. Die beste Welt muß als ein endliches Ding von jeder Seite betrachtet Mängel oder Verneinungen an sich haben. Sie kann auch, da alle Realitäten in ihr vermischter Art sind Collisionen derselben in sich haben und die daraus entspringenden Unvollkommenheiten. Dennoch aber im Ganzen die beste mögliche seyn.

§ 29

Anmerkung Die Möglichkeit einer solchen besten Welt wird dadurch nicht widerlegt, wenn auch zugegeben wird, es sey keine Welt so groß, daß nicht eine größere möglich sey. Denn es folgt nicht, daß die beste Welt auch die größte seyn müße, die möglich wäre. Die Menge der Substanzen kann der Vollkommenheit der | Verknüpfung der Substanzen | 28
entgegen seyn. Auch fällt dadurch die Möglichkeit der besten Welt nicht weg, daß man annehmen könnte, außer und neben der besten Welt, die nemlich vorausgesetzt wird, als eine solche, kann immer noch eine zwote und so mehrere vorhanden seyn, entweder dieselbe noch einmal, oder auch eine andere von ihr verschiedene, so würde doch das ganze existirende vollkommner seyn, als die zuerst angenommene Welt; die letztere also nicht die beste möglichste. Allein es ist eine andere Frage, ob nicht außer der besten Welt auch noch andere minder vollkommne seyn und mit jener zugleich existiren könnten? oder die beste Welt mehrmal vorhanden seyn könnte? Und eine andere Frage: ob nicht unter diesen mehreren Welten eine den Vorzug vor den übrigen haben könnte? Denn jene mehrern Welten neben einander würden zusammen nicht Eine Welt, nicht Ein

22 mehrere] mehre

verbundenes Ganze ausmachen. Es ist zwar auch nicht völlig bewiesen, daß es durchaus unter allen möglichen
29 | Welten | eine geben müßte, welche die beste sey. Vielleicht könnten mehrere seyn von gleicher Güte, und doch alle so gut, daß keine beßer seyn könne. Aber wenn man näher untersucht, was hiebey vorausgesetzt werden würde, so wird es doch wahrscheinlicher, daß Eine die beste seyn würde, als daß mehrere von einander verschiedene von gleicher Güte seyn könnten.

Kapitel 6
Von der Natur der Welt, vom Natürlichen und Uebernatürlichen

§ 30

Erklärung Die Natur der Welt, die Natur schlechthin, ist der Inbegriff aller Naturen der einzelnen Substanzen in ihrer Verbindung betrachtet, in der sie in der Welt wirklich sind. Die Natur der Welt ist keine enzelne Substanz, ist nicht Eine Natur Eines Dinges, sondern ein Ganzes mehrerer verschiedener Naturen, die mit einander in Verknüpfung sind. Dieß Ganze kann nur in einer verwirrten Vorstellung als Ein Ding, Ein Ganzes, Eine Substanz vorgestellt werden, und dann ist diese Vorstellung nur ein Phänomen, ein Schein | des ganzen Inbegriffs aller. | 30

§ 31

Zusatz Die einzelnen Naturen der Substanzen sind zufällig und ihre Verbindung ist zufällig, daher die Natur der Welt, die aus diesen besteht, gleichfalls zufällig ist.

§ 32

Lehrsatz 9 In jeder Substanz in der Welt giebt es ein inneres Veränderliches.

Beweis Bey der durchgängigen Verbindung der Dinge in der Welt kann keine einzige ihrer Substanzen in einem bloß natürlichen Zustande sich befinden, in statu mere naturali. Das ist, es giebt keinen Zustand in irgend einer Substanz, in der nicht schon etwas sich befindet, was nicht bloß durch die Natur der Substanz gesetzt wird, sondern in andern Substanzen seinen Grund hat. Also giebt es auch keine Substanz, in deren Innern nicht mit dem Unveränderlichen auch was Veränderliches verbunden wäre.

§ 33

Erklärungen Was von den Naturen der Dinge abhängt,
31 | kann von dem unterschieden werden, was von | ihren modificirten Naturen abhängt, und wiederum das, was in den modificirten Naturen der Dinge seinen Grund hat, von dem, was nur durch die Coexistenz der Dinge gesetzt wird.

Durch das erstere werden die allgemeinsten Wirkungsgesetze der Natur bestimmt, durch das andere das Mehrbestimmte und Besondere in diesen Naturgesetzen. Und wenn nun auch das letztere, was aus der Coexistenz folgt, dazu genommen wird, so hat man den Grund von den individuellen Begebenheiten und Veränderungen (Ereignißen, factis, Thatsachen).

§ 34

Erklärung Uebernatürlich, supernaturale im metaphysischem Verstande heißt ein wirklich gewordenes Ereigniß, daß keine Wirkung ist von der Natur der Welt, d. i. durch die Kräfte der wirklichen endlichen Dinge in ihrer dermaligen Verbindung nicht bewirkt ist. Es setzt also eine Kraft voraus, die von der Welt verschieden und außer ihr ist. Das Uebernatürliche ist wegen der Zufälligkeit der Dinge
32 | in der Welt und der Zufälligkeit in der Folge | der Veränderungen möglich. Weiter aber als die Möglichkeit des Uebernatürlichen läßt sich aus metphysischen Grundsätzen nichts erweisen.

§ 35

Erklärung Ein Wunder, miraculum, wird entweder genommen, für das außerordentliche, extraordinarium, welches, ob es gleich seinen Grund hat in den Kräften der Welt, doch ganz ungewöhnliche und außerordentliche Einrichtungen und Verbindungen derselben voraussetzt; oder man verbindet in dem Begriff von Wunder das Uebernatürliche mit den Außerordentlichen.

Oder man nennt auch das Uebernatürliche allein ein Wunder. Das Außerordentliche ist eben so möglich in der Welt als das Ordentliche.

THEOLOGIE DER VERNUNFT

Kapitel 1
Begriff von Gott, und von dessen Daseyn

§ 1

Erklärung Der ganze Inbegriff aller wirklichen mit einander verknüpften Dinge ist das All der Dinge, das Ganze wirkliche (universum, $\pi\alpha\gamma$).

§ 2

Erklärung Dasjenige Wesen, was den letzten Sachgrund von der Verknüpfung der Dinge in sich enthält, heißt die Gottheit, Gott.

§ 3

Zusatz 1 Was die letzte Ursache der Verknüpfung der Dinge in dem Ganzen ist, ist Gott.

Zusatz 2 Wenn Gott die Ursache von der Verknüpfung des Ganzen ist, so ist dasjenige, was in der Einrichtung des
2 | Ganzen in ihm seinen Grund | hat, etwas von ihm selbst reell verschiedenes (§ 226 der allgemeinen Philosophie).

§ 4

Zusatz 3 Wer eine letzte Ursache von der Verknüpfung des Ganzen annimt, nimmt eine Gottheit an, und kann ein Theist[1] genannt werden.

Zusatz 4 Wer mehrere letzte Ursachen von der Verknüpfung in dem ganzen Wirklichen annimmt, nimmt mehrere Götter an, und ist ein Polytheist, ein Vielgötter[2].

Zusatz 5 Wer einen letzten zureichenden Grund von der Verknüpfung in dem Ganzen annimmt, ohne diesen letzten Grund sich in Einem Wesen vorzustellen, nimmt keinen Gott an, und kann in Atheist, ein Ungötter[3], d. i. der keinen Gott glaubt genannt werden.

Wer gar keinen letzten Grund von der Verknüpfung des Ganzen annimmt, ist ebenfalls ein Atheist.

Zusatz 6 Wer den letzten Grund von der Verknüpfung in dem Ganzen in Einem Wesen annimmt, aber jenen Grund nicht als einen Sachgrund vorstellt, der von dem in ihm ge- | gegründeten reellen unterschieden ist (allgemeine Philosophie §§ 48, 78) nimmt auch an, daß jenes Eine Wesen, worin der letzte Grund ist, mit dem in diesem Grunde gegründeten ganz oder zum Theil einerley sey. | 3

Dieß ist der Pantheismus[4] (das Alleins) wohin der Spinocismus[5] gehört, in welchem die Beziehung des gegründeten in dem Ganzen auf den letzten Grund, auf eine nähere Art bestimmt wird.

Das Ganze ist alsdenn Ein Wesen, oder Eine Substanz. Alles ist Eins in diesem Sinn.

§ 5

Anmerkung Der Pantheismus muß nicht verwechselt werden mit den Systemen von einer Gottheit, in denen zugleich die Art, wie die letzte Ursache der Verbindung in

dem Ganzen ist, sinnlich und nahe sinnlich bestimmt vorgestellt wird. z. B. unter dem Bilde des unendlichen Raums, worin das Ganze ist, oder unter dem Bilde einer Weltseele, oder eines durch die Welt verbreiteten allgemeinen Geistes, obgleich diese sinnlichen Vorstellungen mit den ebenfalls sinnlichen Vorstellungsarten des pantheistischen Systems
4 | übereinstim- | men können.

§ 6

Erklärung Wer eine letzte Ursache von der Verknüpfung des Ganzen annimmt, und zugleich daß selbiges ein verständiges Wesen sey, nimmt eine personelle Gottheit an. Wenn die Gottheit als ein metaphysisch unendliches Wesen vorgestellt wird (§ 304 allgemeine Philosophie) und von welchem auch die Existenz der endlichen Dinge, als von einem Sachgrunde abhängt (§ 312 allgemeine Philosophie), so heißt dieß der reine Theismus, der metaphysische Theismus.

§ 7

In dem reinen Theismus sind folgende drey Sätze enthalten:

1. Es giebt einen Gott.
2. Gott ist ein verständiges Wesen.
3. Gott ist ein metaphysisch unendliches Wesen.

§ 8

Grundsatz Eine Verbindung von Dingen, die nicht gegründet ist in den mit einander verbundenen Dingen selbst, sich aber durch ihre Ordnung und Vollkommenheit von andern möglichen Arten des Beysammenseyns auszeichnet und fortdauernd ist, setzt eine von den verbundenen Dingen verschiedene Ursache voraus, in welcher der Sachgrund von
5 | jener ordentlichen Verbindung ist. |

Anmerkung Dieser Satz so bestimmt auf Verbindungen von Dingen eingeschränkt, in denen eine sich auszeichnende fortdaurende Ordnung angetroffen wird, kann der Grundsatz des gemeinen Menschenverstandes vom zureichenden Grunde genannt werden. Der allgemeine Grundsatz in §§ 290 und 291 der allgemeinen Philosophie ist der metaphysische Grundsatz vom zureichenden Grunde. Die Ordnung macht den Gedanken von einem Warum deßelben nothwendig und das Fortdaurende schließt die Vorstellung von einem Zufall aus.

§ 9

Erfahrungssatz Es giebt ein wirkliches Ganze mit einander in Verbindung stehender endlicher Dinge, die von einander verschieden sind.

§ 10

Erfahrungssätze Es giebt in den wirklichen Dingen eine fortdaurende Ordnung (eine bestehende regelmäßige Art des Beysammenseyns der Dinge).

In jedem einzelnen Theil des Ganzen was aus mehreren reell verschiedenen wirklichen Dingen besteht, giebt es eine gewiße Art der Verbindung, welche die Form derselben ist, ihre Materie besteht aus | den Dingen selbst für sich | 6
betrachtet.

Die gegenwärtig vorhandene Form der Welt besteht in der Art, wie die Dinge in den Theilen der Welt beysammen mit einander verbunden sind, und wie diese Theile in dem Ganzen mit einander verbunden sind.

Die ganze bestimmte Reihe der auf einander folgenden Formen, in so fern sie von einander verschieden sind, machen die ganze bestimmte Form der Welt aus.

§ 11

Erfahrungssatz In jeder vorhandenen Form der Welt ist Ordnung und Uebereinstimmung des Mannigfaltigen.

§ 12

Erfahrungssatz In den auf einander folgenden Formen der Welt oder des wirklichen Ganzen giebt es etwas Fortdaurendes in dem Ganzen, obgleich die Formen der einzelnen Theile aufhören.

§ 13

Erfahrungssatz Es giebt Formen in der Welt in ihren Theilen, d. i. Arten des Beysammenseyns und der Verbindung,
7 | welche dieselbigen bleiben, obgleich | die in ihnen vorhandenen Dinge, als die Materie solcher Theile sich immerfort verändern. Die Bestandtheile solcher Formen werden auch Bestandtheile anderer Formen, gehen aus einer in die andere über.

Es giebt überhaupt keine Dinge in der Welt, deren bestimmte Art ihrer Coexistenz und Verknüpfung mit andern nicht außer den innern Beschaffenheiten der Dinge selbst (ihren Vermögen, Kräften, und Causalität) auch noch äußern Beziehungen auf andere coexistirende (eine gewiße Art der Coexistenz mit andern) zu ihrem gesammten Sachgrunde erfordern (allgemeine Philosophie §§ 223, 225, 240, 242).

Das ist, es giebt keine unbedingte Ursachen in der Welt (§ 224 der allgemeinen Philosophie).

§ 14

Lehrsatz 1 Keine merkliche Form in der Welt (weder in den einzelnen Theilen, noch in dem Ganzen, weder die veränderliche noch die unveränderliche) hat den zureichenden

Grund ihrer Wirklichkeit in den mit einander verbundenen Dingen.

Beweis Iede bestimmte Form besteht | [8] in einer bestimmten Art des Beysammenseyns und der Verknüpfung der verbundenen Dinge (§ 8) und diese letztern (sie mögen nun in derselben Art der Coexistenz und Verknüpfung mit einander bleiben oder nicht, sind keine unbedingte Ursachen, sondern es wird außer ihren innern Beschaffenheiten, die ihnen für sich betrachtet zukommen, noch jedesmal eine bestimmte Coexistenzart mit andern vorausgesetzt, wenn eine zureichende Ursache von der Form, worin sie sind, vorhanden seyn soll (§ 11). Die Dinge selbst enthalten also den zureichenden Grund von den Formen nicht.

§ 15

Lehrsatz 2 Es muß eine letzte Ursache geben von der Verknüpfung der Dinge in dem Ganzen.

Beweis Diese wirkliche Verknüpfung hat ihren zureichenden Grund nicht in den verknüpften Dingen (§ 12), ist aber eine ordentliche Verknüpfung (§ 9) und fortdaurend (§ 10), muß also nach dem Grundsatz § 6 einen Sachgrund haben in einer von | [9] diesen Dingen verschiedenen Ursache.

Ist diese Ursache eine subordinirte Ursache, so muß es eine Ursache geben, der sie subordinirt ist, und in deren Hinsicht sie ein Verursachtes oder eine Wirkung ist. So viel solcher einander subordinirter Ursachen man auch annehmen mag, so muß es eine von diesen Zwischenursachen verschiedene Erste Ursache geben nach § 286 der allgemeinen Philosophie.

27 der] ergänzt

§ 16

Anmerkung Dieß kann man den Beweis des bloßen gesunden Menschenverstandes nennen.

Setzt man aber das Princip vom zureichenden Grunde in seinem ganzen Umfang voraus, wie es in der allgemeinen Philosophie § 290 ausgedrückt ist, so hat man den metaphysischen cosmologischen Beweis für das Daseyn Gottes,[6] ohne mehr als den Satz im § 7 aus der Erfahrung anzunehmen.

§ 17

Wenn man den Grundsatz vom zureichenden Grunde des Zufälligen voraussetzt, so ist zugleich erwiesen, daß die Gottheit ein nothwendiges und ein metaphysisch unendli-
10 | ches Wesen sey zufolge der Lehrsätze | in der allgemeinen Philosophie § 293. 294. und 312, wovon die endlichen Wesen auch in Hinsicht ihres Daseyns abhangen.

15 § 293. 294. und 312] § ~~3~~293. ~~3~~294. und 312 Ziffern überschrieben

Kapitel 2
Entwicklung des Begriffs von der Gottheit, von den Eigenschaften Gottes

§ 18

Anmerkung 1 Die näheren Bestimmungen der ersten Ursache der Welt werden gefunden 1) durch Schlüße aus der allgemeinen Analogie der Ursachen und Wirkungen (allgemeine Philosophie, 3. Abth., Kap. 10, § 261 u. folg.).

Wenn man bloß bey dem Beweis des gemeinen Verstandes vom Daseyn der ersten Ursache in § 12 stehen bleibt, so ist es wegen der unausforschlich großen Ordnung und Vollkommenheit der Welt natürlich und vernünftig sich diese Ursachen unter dem vollkommensten Begriff eines Wesens vorzustellen, deßen der menschliche Verstand fähig ist, d. i. unter dem Begriff eines verständigen und unendlichen Wesens.

§ 19

Anmerkung Auch nichts mehr als das obige Princip des bloßen Menschenverstandes vorausgesetzt, kommt man doch zu dem Schlußsatz, daß die erste | Ursache der Verknüpfung in dem ganzen eine Intelligenz, oder ein verständiges Wesen sey. | 11

Denn entweder ist diese Ursache eine einfache Substanz, Eine Substanz oder eine zusammengesetzte aus einem Inbegriff mehrerer zu Einer ersten Ursache vereinigten Substanzen.

Ist sie eine einfache Substanz, so hat sie den Grund von der Ordnung und Vollkommenheit des Ganzen in sich. Dazu muß sie als erste Ursache der Verknüpfung in dem Ganzen selbst, thätig wirken, ihren innern Bestimmungen gemäß, ihren innern Typus von der Wirkung gemäß § 274

13 vollkommensten] vollkomsten

allgemeine Philosophie und unabhängig von einer angenommenen Art der Coexistenz mit den Dingen, welche durch sie gegründet sind. Denn, wenn dieß letztere nicht stattfindet, so führt das Ganze des Wirklichen und die Verbindung der ersten Ursache mit den übrigen Wesen, die
12 | als Welt | von ihr geordnet sind, aus demselben Grunde, woraus § 12 geschlossen ist, von neuem auf eine andere Ursache, jene könnte also die Erste nicht seyn, wie dieß vorausgesetzt wird.

Ist sie aber selbstthätig und unabhängig in ihrer Wirkung von einer besondern Coexistenzart, so ist sie nach § 274 allgemeine Philosophie Eine Intelligenz, eine intellectuelle Ursache. Der Verstand seinem Wesentlichen und Reellen nach ist ein Vermögen in dem verständigen Wesen aus einer Selbstthätigkeit, unabhängig von den äußern Umständen und der dermaligen Coexistenzart (der Beziehung des Innern auf die Wirkung nach) nach Plan und Absicht zu wirken.

Sollte aber die erste Ursache selbst etwas zusammengesetztes, aber etwas aus einer Vereinigung mehrerer Substanzen bestehendes Ganze seyn, so kann sie doch nicht als ein materielles Ganze, als eine zusammengesetzte Sub-
13 | stanz, als eine Grundnatur (natura naturans) | vorgestellt werden, die ein geordnetes materielles nothwendiges Wesen ausmache, und dadurch den Grund der Ordnung in der Verknüpfung der übrigen Substanzen in dem wirklichen All in sich enthalten.

Eine solche Vereinigung mehrerer Substanzen zu Einer zusammengesetzten Substanz setzt in der ersten Ursache voraus, daß die vereinigten Substanzen in einer Verbindung sind, die theils von ihren innern Naturbeschaffenheiten und den davon abhängenden Kräften und Vermögen in einander zu wirken und ihren innern Beziehungen auf einander

16–17 (der Beziehung des Innern auf die Wirkung nach)] $_{7}$(der Beziehung des Innern auf die Wirkung) nach)

abhangen, aber zugleich auch zu ihrem Sachgrunde eine gewiße vorauszusetzende Coexistenzart voraussetze, welche durch jene nicht gesetzt wird, um völlig so bestimmt, wie sie ist begriffen zu werden.

Alsdenn ist diese erste Ursache, die immerhin als ein Keim, oder Lebenskraft des wirklichen Alls angesehen werden mag, nichts als ein innerliches geordnetes Wesen, was | aus Theilen zusammengesetzt ist, die nicht in sich selbst | 14 allein, sondern nur mit der Voraussetzung eines bestimmten modi coexistendi den Grund von ihrer Verbindung zu demselben enthalten. So ist dieß zusammengesetzte Wesen nichts als eine Welt im Wesentlichen in ihrem ersten Grunde, die aber von neuem auf eine Ursache ihrer Verbindung zurückführt. Denn es ist ein Ganzes, worin eine bleibende Ordnung ist, die nicht durch die Theile selbst gesetzt wird. So ist es nicht die erste Ursache der Welt.

Diese kann also nicht eine zusammengesetzte Substanz seyn.

Soll also die erste Ursache eine Mehrheit vereinigter Substanzen in sich enthalten, so müßte die Vereinigung dieser Substanzen zu Einer Ursache der Welt allein durch das Innere und zwar durch die Naturbeschaffenheiten, Kräfte, Vermögen dieser Substanzen gesetzt werden, unabhängig von einer außer ihren aus diesen folgenden natürlichen | | 15 Beziehungen anzunehmenden Art des Beysammenseyns derselben.

Das heißt mit andern Worten es müßte die erste Ursache aus einer Verbindung mehrerer Intelligenzen bestehen, die sich zu einer Ursache der Verknüpfung in dem wirklichen All selbstthätig und bloß ihren innern Beziehungen gemäß (nach Zweck und Absichten) vereinigt hätten.

Dieß würde das System des Polytheismus seyn, die sich zu einer Ursache der Welt vereinigt hätten.

24 ihren] ih~~n~~ren

Aber so nothwendig es ist, Eine Intelligenz als erste Ursache der Verknüpfung anzunehmen, so ganz und gar ist es ohne Grund, mehrere dergleichen vorauszusetzen, da vielmehr die Verknüpfung der Theile in der Welt, insonderheit die durchgängige Verknüpfung derselben die Vorstellung von einer Mehrheit erster intelligenten Ursachen ausschließt.

§ 20

Anmerkung 3 Nimmt man das Princip vom zureichen-
16 | den Grunde in seiner ganzen Allgemeinheit an, | wie es in der allgemeinen Philosophie bestimmt ist, so ist mit dem Beweis für das Daseyn der ersten Ursache zugleich bewiesen,

1. daß diese erste Ursache eine einfache Substanz sey,
2. ein unendliches Wesen,
3. auch den Grund der Wirklichkeit der endlichen Substanzen in der Welt in sich enthalte, also auch Schöpfer dieser Substanzen sey.

Dann kann man die Eigenschaften dieser ersten Ursache, oder der Gottheit

a) aus der Analogie der Ursachen zu ihren Wirkungen bestimmen aus der Coexistenz der Welt.
b) Aus dem Begriff vom unendlichen Wesen, auf die zwofache Art, wie allgemeine Philosophie §§ 313, 314 angegeben ist.

Dann führen beyde Methoden dahin, daß diese erste Ursache als eine Intelligenz, oder als ein verständiges Wesen vorgestellt werden könne und müße.

Und wenn man Bedenken trägt, den aus den innern
17 | Empfindungen unserer Verstandeskraft | abgezogenen Begriff von einer Intelligenz mit Einmischung der unentwickelten sinnlichen Merkmale, die der Vorstellung aus der Empfindung ankleben, für eine richtige Vorstellung von der göttlichen Intelligenz anzunehmen, so erhellt doch so viel,

daß der transcendente Theil dieser Vorstellung als richtig gebraucht werden könne, und so folgt, daß diejenige Realität, welche wir uns unter dem Begriff von Intellectualität und Spiritualität vorstellen, wenn sie nicht gleichartig mit unserm Verstande ist, ein höheres Wesen sey, und also alle Folgen, die wir aus dem Reellen dieser Eigenschaft ziehen, richtig sind.

ANMERKUNGEN DES HERAUSGEBERS

Vorbericht

[1] *Eisler* 2, <Pneumatik>, 1037: »Geisteslehre, Geisterlehre, auch *Pneumatologie.*« Vgl. a. HWPh 7: <Pneumatologie, P.>, 996–999. *Walch*, Sp. 2017–2019, 2017: »Pneumatic, Die Geister-Lehre handelt von dem Wesen und wesentlichen Würckungen der Geister. Insgemein begreift man darunter die Lehre von den Geistern, so wohl von dem unerschaffenen Geist, nemlich Gott, als erschaffenen Geistern, die man gewöhnlicher massen in die Engel und menschliche Seele theilet, [...]. Einige schränken die Bedeutung dieses Worts ein, und tragen darinnen nur die Lehre von den erschaffenen Geistern für; von Gott aber handeln sie in der Metaphysic, oder natürlichen Theologie, welche doppelte Bedeutung statt haben kan, in dem keine die andere aufhebet.«

[2] Tetens verwendet den Begriff »Theologie der Vernunft« in *ASP*: Wie eine »Metaphysik des gemeinen Menschenverstandes« (12) so gibt es eine »von allen Systemen der Metaphysic unabhängig[e]« Theologie der Vernunft (14); wie auch die »Intellectual-Philosophie« ist sie der »Philosophie des Körperlichen« parallel strukturiert und besteht wesentlich in der »Anwendung der allgemeinen Theorie auf wirkliche Gegenstände« (24), verbindet also theoretisches Wissen mit Erfahrung.

Kant unterscheidet die Theologie »aus bloßer Vernunft (theologia rationalis)« von der »aus Offenbarung (relevata)«; erstere wiederum setzt sich zusammen aus der transzendentalen und der natürlichen Theologie (*KrV* B 659). In B 664 heißt es: »Ich behaupte nun, daß alle Versuche eines bloß spekulativen Gebrauchs der Vernunft in Ansehung der Theologie gänzlich fruchtlos ist und ihrer inneren Beschaffenheit nach null und nichtig sind; daß aber die Prinzipien ihres Naturgebrauchs ganz und gar auf keine Theologie führen, folglich, wenn man nicht moralische Gesetze zum Grunde legt, oder zum Leitfaden braucht, es überall keine Theologie der Vernunft geben könne.«

Vgl. ferner Immanuel Kant: *Immanuel Kants Vorlesungen über die philosophische Religionslehre*, hrsg. v. Karl Heinrich Ludwig Pölitz, Leipzig 1817, 11 und *AA* 28.2.2, 995, 999; Heinrich von Bünau: *Betrachtungen über die Religion und ihren itzigen Verfall*, hrsg. v. Johann Friedrich Burscher, Leipzig 1769, 198 (polemisch); Karl Leonhard Reinhold: »Briefe über die Kantische

Philosophie. Dritter Brief«, in: *Der Teutsche Merkur* 1787, 3–39, hier 26. – Die erste Verwendung der lateinischen Entsprechung »theologia rationalis« als Titel erfolgt wohl durch Juan Caramuel Lobkowitz: *J. Caramuelis Theologia rationalis* ... Francofurti 1654.

3 Tetens gibt eine Bestimmung des Begriffs »Intellektualphilosophie« in *ASP*, 23: Neben der Philosophie des Körperlichen ist der zweite aus dem Stamm der Grundwissenschaft oder Ontologie erwachsende Ast der theoretischen Philosophie die »Philosophie über die Seelen und Geister und über Gott, [...] dessen Gegenstände die unkörperlichen und immateriellen Wesen sind, und den ich deswegen Philosophie vom Unkörperlichen, oder Intellectual-Philosophie, nennen mögte.« Vgl. die Einleitung oben, Seite xcviii.

Kant unterscheidet in der »Geschichte der reinen Vernunft« (Transzendentale Methodenlehre, Viertes Hauptstück; *KrV* A 853/B 881): »*In Ansehung des Gegenstandes* aller unserer Vernunfterkenntnisse, waren einige bloß *Sensual*-, andere bloß *Intellektualphilosophen. Epikur* kann der vornehmste Philosoph der Sinnlichkeit, *Plato* des Intellektuellen genannt werden.«

Vgl. ferner die Begriffsverwendungen bei Wilhelm Traugott Krug: *System der theoretischen Philosophie*, Bd. II, Königsberg 1808, § 78: Empirismus oder Sensualphilosophie vs. Razionalismus oder Intellektualphilosophie, 144 (Anm.); Jakob Friedrich Fries: *System der Logik. Ein Handbuch für Lehrer und zum Selbstgebrauch*, Heidelberg 1811, 501–502 (Intellektualphilosophien haben sich durch Verwechslung der systematischen Form gebildet); Ludwig Heinrich von Jakob: *Prüfung der Mendelssohnschen Morgenstunden oder aller spekulativen Beweise für das Daseyn Gottes in Vorlesungen*, Leipzig 1786, xxii–xxiii (Intellektualphilosophie begünstigt keine Schwärmerei); Wilhelm Traugott Krug: *Allgemeines Handwörterbuch der philosophischen Wissenschaften nebst ihrer Literatur und Geschichte*, Bd. II, Leipzig 1827, 467 (Intellectualismus oder Intellectualphilosophie).

4 Der genaue Ursprung des Begriffs ist unklar; der Sache nach eine Lehnübersetzung von »psychologia empirica«, verwendet Wolff neben der bekannten lateinischen Unterscheidung von Psychologia rationalis/empirica die Übertragung »Seelenlehre« (»Psychologie«, in: Hartmut Lehmann/Horst Gundlach (Hrsg.) (= Geschichte des Pietismus; 4), Göttingen 2004, 309–331, hier 310); vgl. die feinen Nuancierungen bei Krüger: *Versuch einer Experimental-Seelenlehre* und Moritz: »Vorschlag zu einem Magazin«. Letzterer wählt den Begriff nach eigener Angabe auf Anregung Mendelssohns (nachdem er zunächst den Begriff Krügers verwandt hatte: ders.: *Aussichten zu einer Experimentalseelenlehre.*

An Herrn Direktor Gedike (bei der Jubelfeier des Werderschen Gymnasiums), Berlin 1782). Erstmals im Titel bei Mauchart: *Phänomene der menschlichen Seele*.

In seiner programmatischen Einladungsschrift *Gedancken über einige Ursachen* von 1760 verwendet Tetens noch »Experimental-Seelenlehre« (5) und »Erfahrungs-Seelenlehre« alternierend, bezieht sich dabei hinsichtlich der Beachtung der »Beschaffenheit des Körpers« in der Psychologie affirmativ auf das »Beyspiel des Hrn. Prof. Krügers« (61). Es scheint möglich, daß Tetens – Krüger variierend bzw. bewußt von ihm abweichend – den exakten Terminus »Erfahrungsseelenlehre« geprägt hat. Vgl. a. d. bloß zweimalige Verwendung in den *Versuchen* I, iv, 332.

5 In enger Nähe zum »Gemeinsinn« (vgl. das entsprechende Lemma HWPh 3, 244–247) faßt Tetens den »gemeinen Verstand« als unmittelbares Unterscheidungsvermögen. Die Gegenüberstellung von *sensus communis* und räsonnierender Vernunft kann als Korrektiv von Wahrheitsansprüchen dienen – vgl. den achten der *Versuche*, I (»Von der Beziehung der höhern Kenntnisse der raisonnirenden Vernunft, zu den Kenntnissen des gemeinen Menschenverstandes«, 570–589; außerdem den Abschnitt »Von der Metaphysic des gemeinen Menschenverstandes« in *ASP*, 12–15.

6 Vgl. Kant, *KrV* B 21: »Nun ist aber diese Art von Erkenntnis in gewissem Sinne [...] doch als Naturanlage (metaphysica naturalis) wirklich.« Und wirft die Frage auf: »Wie ist Metaphysik als Naturanlage möglich?« (B 22). Vgl. außerdem *Prolegomena*, *AA* 4, 279–280, § 5 (Hauptfrage der P. muß dic »Naturanlage zu einer solchen Wissenschaft« beinhalten). – Vgl. a. Georg Friedrich Meier: *Metaphysik*, Halle 1755, Einleitung, § 7: künstliche vs. natürliche Metaphysik; Baumgarten, *Met.*, Prolegomena, § 3: »Natürliche Metaphysik ist die auf dem Wege bloßer Gewohnheit erworbene Erkenntnis der Dinge, die in der Metaphysik vorkommen [...]«.

7 Tetens verwendet den Begriff »Geschichte« hier wohl im Sinne von Wolffs historischer Erkenntnis (Wolff: *Discursus praeliminaris*, Kapitel I: »Von der dreifachen menschlichen Erkenntnis: der historischen, philosophischen und mathematischen«; hier § 7: »bloße Kenntnis einer Tatsache«), die zugleich das Fundament der philosophischen Erkenntnis (ebd., »Erkenntnis des Grundes dieser Tatsache«) ist. – Vgl. außerdem ders.: *Ausführliche Nachricht*, § 79, 231: »Die *psychologia empirica* ist eigentlich eine Historie von der Seele [...].«

8 Michael Hißmann: *Anleitung zur Kenntniß der auserlesenen Litteratur in allen Theilen der Philosophie*, Göttingen 1778.

[9] Immanuel Kant: *Kritik der reinen Vernunft* (= AA 4, 1–252), Riga 1781.

[10] Immanuel Kant: *Prolegomena zu einer jeden künftigen Metaphysik, die als Wissenschaft wird auftreten können* (= AA 4, 253–383), Riga 1783. – Die Formulierung »ein kurzer Auszug der Kritik« soll offensichtlich die *Prolegomena* näher bezeichnen.

[11] Johann August Heinrich Ulrich: *Institutiones Logicae Et Metaphysicae*, Jena 1785.

[12] Jacob Friedrich Abel: *Grundsätze der Metaphysik nebst einem Anhange über die Kritik der reinen Vernunft*, Stuttgart 1786.

[13] Jacob Friedrich Abel: *Plan einer systematischen Metaphysik*, Stuttgart 1787.

[14] Johann Albert Heinrich Reimarus: *Ueber die Gründe der menschlichen Erkentniß und der natürlichen Religion*, Hamburg 1787.

[15] Heinrich Corrodi: *Versuch über Gott, die Welt, und die menschliche Seele*, Berlin 1788.

Psychologia empirica

[1] Zum Begriff der »raisonnirenden Psychologie« vgl. Seite ci der Einleitung.

[2] Vgl. <Organ>, in: Joachim Heinrich Campe: *Wörterbuch zur Erklärung und Verdeutschung der unserer Sprache aufgedrungenen fremden Ausdrücke*, Bd. II, Braunschweig 1801, 498:

»Organ, Lat. Organum, Griech. Organon, das Werkzeug. Der Sprachgebrauch aber hat diesem fremden Worte die nähere Bestimmung beigefügt, daß es ein Werkzeug der Sinne, z.B. Auge, Ohr u.s.f., bezeichnet. Also Sinnenwerkzeug, oder Sinngeräth. Von diesen schon ehemahls von mir vorgeschlagenen Ausdrücken sagt *Heynatz* im Antibarbarus: [...] Sollte Sinnglied, von dem ich nicht zu sagen mir getraue, ob ich es irgendwo gefunden oder selbst gebildet haben mag, ihm annehmlicher vorkommen?«

Der Sprachforscher Johann Friedrich Heynatz (1744–1809) hätte das Wort jedenfalls vor der Veröffentlichung seines *Versuch eines Deutschen Antibarbarus oder Verzeichniß solcher Wörter, deren man sich in der reinen deutschen Schreibart entweder überhaupt oder doch in gewissen Bedeutungen enthalten muß* in den Jahren 1796/97 finden *können*: So die früheste belegte Verwendung in Johann Christian Eschenbach: *Sammlung der vornehmsten Schriftsteller die die Würklichkeit ihres eignen Körpers und der ganzen Körperwelt läugnen*, Rostock 1756, 66, Anm. 35. Tetens dürfte durch seinen Lehrer J.Chr. Eschenbach d.Ä. (1719–1759) mit diesem Terminus vertraut geworden sein (vgl.

den Abschnitt zu Eschenbach ab xxxviii der Einleitung). – Auch Johann August Eberhard: *Allgemeine Theorie des Denkens und Empfindens*, Berlin 1786, 110; Karl Leonhard Reinhold (Hrsg.): *Beyträge zur leichtern Uebersicht des Zustandes der Philosophie beym Anfange des 19. Jahrhunderts*, Bd. IV, Hamburg 1802, 181–182 und Karl Leonhard Reinhold: *Das menschliche Erkenntnißvermögen aus dem Gesichtspunkte des durch die Wortsprache vermittelten Zusammenhangs zwischen der Sinnlichkeit und dem Denkvermögen untersucht*, Kiel 1816, 20 und öfter übernehmen diesen Begriff.

3 Bei Tetens wohl zuerst 1772 in *Ueber den Ursprung der Sprachen und der Schrift*, 34–36:

»Die ähnlicheren Züge in diesen einzelnen Bildern, fallen in der Vorstellungskraft aufeinander; und drucken sich also lebhafter ab, und tiefer hinein. Die Verschiedenheiten hingegen legen sich neben- und zwischeneinander, laufen durcheinander, und verwirren und verdunkeln sich, wie die Farbenstrahlen in dem weißen Licht. So entsteht ein *allgemeines Bild* [...]. Diese *sinnliche Abstraktion* ist bloß eine Wirkung der Einbildungskraft und des Witzes [...] geht vor der *logischen Abstraktion* des Verstandes vorher, und unterstützt diese.«

Vgl. a. *Versuche* I, 126–133, »Über die allgemeinen sinnlichen Vorstellungen«; diese »allgemeinen Bilder [sind] ursprünglich wahre Geschöpfe der Dichtkraft« (129), also der produktiven Einbildungskraft. Vgl. für die Einbildungskraft bei Tetens insgesamt den Abschnitt 5 der Einleitung.

Der Eintrag <Abstraction, Abstractum>, in: Johann Christian Lossius: *Neues philosophisches allgemeines Real-Lexikon oder Wörterbuch der gesammten philosophischen Wissenschaften*, Erfurt 1803, Bd. 1, 67–89; 73 f. vermerkt:

»Die niedrigste Stufe der Abstractorum, sind die *sinnlichen Abstracta*, das sind solche, deren Stoff einzelne existirende Dinge waren. Sie sind das Einerlei oder Gemeinsame, welches in mehreren Concretis angetroffen wurde. Die übrigen Abstracta in aufsteigender Linie, heißen *intellectuelle* Abstracta. Ein sinnliches Abstractum bezeichnet eine gewisse Klasse der Dinge, unter welcher alle diejenigen Dinge begriffen sind, welche gemeinschaftliche sinnliche Merkmale haben. Und dieses ist der eigenthümliche Charackter der sinnlichen Abstracten, daß sie nähmlich gemeinschaftliche *sinnliche* Merkmale fassen, d.i. bei welchen es immer noch etwas Empirisches zu empfinden giebt.«

Zuvor hatte Lossius (1743–1813), mit dessen materialistischen Auffassungen sich Tetens in den *Versuchen* auseinandersetzt (vgl. Bd. I, 532, 542–544), den Terminus bereits in seinen *Physische Ursachen des Wahren* von 1775 behandelt (166–180).

G.E. Schulze führt in seinem *Grundriß der philosophischen Wissenschaften*, Bd. 1, 117 aus:

»Das vorzüglichste Produkt dieses Dichtungsvermögens [...] sind die *sinnlichen Abstracta*, in welchen das Aehnliche mehrerer äußerer Empfindungen zusammengefaßt und in Eins verbunden worden ist. Dasjenige nehmlich, was mehrern äußern Empfindungen gemein ist, drückt sich in der Seele, da es öfters wieder vorkommt, stärker ab, und ist klärer als dasjenige, worinnen diese äußern und innern Empfindungen voneinander abweichen. [...] Auf diese Art entstehen die allgemeinen sinnlichen Vorstellungen vom Menschen, Baume, Körper u.s.w.«

4 Wichtiger Bestandteil der Tetensschen Vorstellungstheorie; vgl. insbes. den »Ersten Versuch: Über die Natur der Vorstellungen« im ersten Band der *Versuche*, v.a. 32–36; hier deutet Tetens auch seine experimentellen Messungen in Versuchsanordnungen der Optik an.

Ähnlich wie Tetens, sogar unter Verwendung des von Tetens angeführten Beispiels der im Kreis bewegten Fackel, argumentiert Justus Christian Hennings' (1731–1815) *Kritisch historisches Lehrbuch der theoretischen Philosophie* [Teil 2: Die Metaphysik], 185:

»[D]ie Nachempfindung hingegen ist nur die Dauer der, durch die Bewegung der Nerven hervorgebachten Vorstellung. Die Sache läßt sich dadurch faßlich machen, wenn wir erwegen, daß eine Empfindung, die durch die Einwirkung in ein Organ erfolgt, noch fortdauert, wenn gleich der Gegenstand nicht mehr wirket.«

Vgl. a. Christian Gottfried Schütz: *Grundsätze der Logik oder Kunst zu denken zum Gebrauche der Vorlesungen*, Lemgo 1773, § 74, 51.

5 Vgl. die Hinweise zu Tetens' Vorstellungstheorie in der Einleitung, Abschnitt 5. – Es konnte für den exakten deutschen Terminus kein früherer Beleg als Tetens' *Versuche* aufgefunden werden. Kant verwendet den Begriff »Empfindungsvorstellung« in den *Prolegomena* (1783: *AA* 4, 306), in der *Anthopologie in pragmatischer Hinsicht* (1798: *AA* 7, 128) in den »Reflexionen zur Metaphysik« (Nr. 3988: *AA* 17, 378) sowie im »Opus postumum« (*AA* 22, 458).

6 Im 18. Jahrhundert anscheinend vor allem in theologischen Schriften gebräuchlich; vgl. bspw. Marcus Maria Struggl: *Theologia universa*, Bd. I, Wien 1744, Quaestio I: »De Attributis Divinis«, hier v.a. 21–29; Franz Kolbe: *Universa theologia speculativa*, Bd. I, Prag 1740, 35; zuvor findet sich der exakte Terminus etwa in Glaß' *Philologia Sacra* oder bei Suárez (*Opera Omnia*, 635).

Mark J.H. Aalderink: *Philosophy, Scientific Knowledge, and Concept Formation in Geulincx and Descartes*, [o.O.] 2009, 186–187

(Volltext unter http://www.academia.edu/1417492/) führt den Begriff des *praed. rel.* im Zusammenhang von Geulincx' Wissenschaftsverständnis an: Die vierte Klasse logischer Eigenschaftsarten (nach der *proprietas negativa*, der *potentia absoluta* sowie der Gruppe von *analogia*, *proportio* und *similitudo*) ist bei Geulincx eben das relative Prädikat:

»The fourth kind of property comprises relations, considerations and conditions (*Relatio*, *Respectus*, *Habitudo*), flowing from the essence of the subject – a ›relative predicate‹ (*Praedicatum Relativum*). Geulincx offers the example that an affirmation is always an affirmation of something, which is a relative property of the affirmation.« (186)

7 Zur begrifflichen Differenzierung von Gefühl und Empfindung vgl. *Versuche* I, 2. Versuch, 166–169.

8 Tetens bezeichnet die produktive Einbildungskraft als »Dichtkraft«, »Dichtungsvermögen«, »selbstthätige Phantasie«, »selbstthätige Einbildungskraft« im Unterschied zu der »Phantasie« oder »Einbildungskraft«, mit welcher er die reproduktive Einbildungskraft benennt; vgl. insbes. *Versuche* I, 1. Versuch, XIII. Abschn., 104–107.

9 Bloße oder nackte Perzeptionen, ohne Apperzeption (eigene Übersetzung). Ohne Apperzeption sind sie un-wahrgenommen, unbewußt, also dunkle Vorstellungen. Vgl. Leibniz' Begriff der »petites perceptions«, *Neue Abhandlungen über den menschlichen Verstand*, Vorwort, xxi–xxix; Tetens' *Gedancken*, 62: »Zu der Erfahrungs-Seelenlehre gehöret auch der Saz, daß wir dunkle Vorstellungen haben, welche doch noch von vielen geläugnet werden.« Außerdem *Versuche* I, 95–104; Kant, *AA* 2, 277, 290.

10 Der Begriff »Empfindnis« geht auf Thomas Abbt zurück, er wählt ihn 1764 auf Vorschlag Mendelssohns und Nicolais für »sentiment«; vgl. *Thomas Abbts [...] freundschaftliche Correspondenz*, 270, 274 f., 284–287, 296. In *Vom Verdienste* bestimmt er wie folgt:

»Empfindung mag für *Sensation* gelten, und für *Sentiment* Empfindniß. [...] Die Empfindung beziehet lebhaft, aber verworren eine Sache auf uns, vermittelst der Sinne; das Empfindniß beziehet sie auf ähnliche Art vermittelst der Einbildung. Im ersten Falle beschäftiget uns die Sache wie gegenwärtig; im andern Falle, wenn sie auch gegenwärtig seyn sollte, thut es mehr ihr Bild« (115–116).

Der Bezug auf die Einbildungskraft läßt Abbt weiterhin hervorheben, daß in den Empfindnissen das Angenehme überwiege, da ja ein eventuell enthaltenes Leid gegenüber ursprünglichen Sinneseindrücken abgeschwächt sei (118). Abbt reflektiert auf den Beitrag des Körpers zu den Empfindnissen (128), unterscheidet schließlich eine Art der E., die auf das Ich geht, von denen, die eher auf andere bezogen sind (133–134). Vgl. a. Adam Ferguson: *Adam Fergusons Grundsätze der Moralphilosophie*, übers. v. Christian Garve, Leipzig 1772, 63–68; 63–64: »Eilfter Abschnitt. Empfindniße. Empfindungen des Herzens oder Empfindniße sind diejenigen Veränderungen der Seele, welche vorgehen wenn sie sich etwas als gut oder übel denkt. Empfindnisse sind entweder ergötzend oder verdrüßlich.«

Nach *Adelung* ist »Niß« »eine Ableitungssylbe, welche Hauptwörter aus Bey- und Zeitwörtern bildet, welche theils die Handlung selbst oder einen Zustand, theils aber auch eine Sache, welche etwas thut, oder auch welche gethan wird, [...] bedeuten« (511). Im Unterschied zum Ober- habe das Hochdeutsche lediglich eine begrenzte Freiheit zur Wortbildung mittels dieser Silbe, und so »machte [es] viel Schreibens, als Abt das Wort Empfindniß von dem Zustande des Empfindens gebrauchen wollte« (513).

Dennoch finden die Nuancierungen des Empfindens schnelle Verbreitung, beispielsweise verzeichnet das *Conversations-Lexicon oder enzyklopädisches Handwörterbuch für gebildete Stände*, neue vollständigere Auflage, Bd. III, Altenburg 1816, 380:

Empfindlichkeit, 1. die zur Fertigkeit gewordene Neigung, die Einwirkungen Anderer auf uns beleidigend zu finden. [...] 2. Reizbarkeit des Empfindungsvermögens.

Empfindnisse sind gewisse Spuren, welche von gehabten Empfindungen oder Eindrücken in unserm Herzen zurückbleiben. Sie unterscheiden sich von den Empfindungen dadurch, daß sie nicht vorübergehen, sondern eine Zeit lang anhaltend und bleibend sind. Man kann sie auch fortdauernde Rührungen nennen. [...]

Empfindsamkeit ist die Fähigkeit des menschlichen Herzens, durch etwas, das wirklich rührend ist, leicht gerührt zu werden. [...] Ist die Empfindsamkeit übertrieben, und dem Gegenstande, durch den sie erregt wird, nicht angemessen, so heißt sie *Empfindelei*, diese ist eine *überspannte* Empfindsamkeit.

Empfindung, wird oft gleichbedeutend mit Gefühl gebraucht oder bezeichnet ein dunkles Gefühl; von dem Gefühl *unterschieden*, bedeutet es die Wahrnehmung einer Veränderung in den Organen unsers Körpers, Bewußtseyn eines äußern Eindrucks. Die Empfindungen teilen sich in *Gemeinempfindungen*, auch Gemeingefühl und Organempfindungen, Sinnempfindungen.

Tetens differenziert Empfindung und Empfindniß allein hinsichtlich der affektiven Qualität, nicht (wie Abbt) auch in Bezug auf die Beteiligung der Einbildungskraft:

»[I]ch fühle mit dem außeren Sinn, oder ich *habe eine äußerliche Empfindung*. Ein solches Gefühl ist zuweilen gleichgültig, zuweilen angenehm oder unangenehm. Die gefühlte Veränderung ist die *Empfindung.* Wenn diese nicht zu den gleichgültigen gehöret, wenn sie afficirt, wenn sie uns gefällt oder mißfällt, so ist sie, von dieser Seite betrachtet, was nach dem gewöhnlichsten Gebrauch des Worts *Empfindniß* oder eine *Rührung* genennet wird. Herr *Bonnet* nennet die Empfindung, wenn sie eine *Empfindniß* ist, *Sensation*« (*Versuche* I, 166–167).

Vgl. ferner Johann Georg Sulzer: »Untersuchung über den Ursprung der angenehmen und unangenehmen Empfindungen«, in: *Vermischte Philosophische Schriften*, Leipzig 1773, 1–98, hier v.a. 81–92; Johann Christian Lossius: *Physische Ursachen des Wahren*, Gotha 1775, 184; Dietrich Tiedemann: »Aphorismen über die Empfindnisse«, in: *Deutsches Museum* 2 (1777), 505–519; sowie Feders gespielte Verzweiflung: »Aber was soll ich von der Menge der Sinne, Empfindungen und Empfindnisse sagen, die einige neuere Weltweisen annehmen, und bey denen man nicht weis, wie man sich hinein oder daraus philosophiren soll?« (*Grundriß der Philosophischen Wissenschaften nebst der nöthigen Geschichte zum Gebrauch seiner Zuhörer*, 233, § 3, Anm.).

[11] Unter Gemüt versteht das 18. Jh. vor Kant typischerweise nach der Definition von G. F. Meier und Moses Mendelssohn den »Inbegriff unserer Begehrungsvermögen« (HWPh 3, <Gemüt>, 259). – Vgl. a. *Adelung*, Bd. 2, Sp. 556: »die Seele, in Ansehung der Begierden und des Willens, so wie sie in Ansehung des Verstandes und der Vernunft oft der Geist genannt wird. Sein ganzes Gemüth auf etwas richten, sein ganzes Begehrungsvermögen.«

[12] Empfindsamkeit – auf Vorschlag Lessings von J.J. Bode 1768 für die Übersetzung von Sternes *Sentimental Journey* verwendet und in dessen Folge ungemein populär – kann nicht nur in literarischer Hinsicht als »Kernbegriff der Epoche« (HWPh 2, <Empfindsamkeit>, 455) gelten, sondern auch zur Beschreibung philosophischer Entwicklungen zwischen Wolff und Kant dienen: Mit Baumgartens erkenntnistheoretischer Rehabilitation der unteren Seelenvermögen und Begründung der Ästhetik im Sinne einer Aisthesiologie als »Logik des unteren Erkenntnisvermögens« setzt insbesondere unter psychologischem Paradigma eine breite Strömung empirisch-empfindsamen Philosophierens ein, als dessen Gipfel- und Endpunkt Tetens' *Philosophische Versuche* betrachtet werden können (signifikant häufig fällt der Begriff in den *Versuchen*: Bd. I, 53, 185 f., 190 f., 221 f., 244, 554, 626 u.ö.).

Vgl. a. Caroline Torra-Mattenklott: *Metaphorologie der Rührung. ästhetische Theorie und Mechanik im 18. Jahrhundert*, München 2002. Zu Begriff und Geschichte der Empfindsamkeit siehe grundlegend Gerhard Sauder: *Empfindsamkeit*, Stuttgart 1974.

[13] Zum Begriff des Interesses vgl. *Versuche* I, 185–191.

[14] Gebräuchlich vor allem unter dem Begriff »Ideenassoziation«; begründet von Locke, prägnant auf die Prinzipien *resemblance, contiguity* und *cause, effect* gebracht, erweitern bzw. gründen sie insbesondere Hartley und Bonnet auf physiologische Vorgänge, beeinflussen damit auch in Deutschland eine materialistische Assoziationslehre (bspw. Hißmann). Reid weist die Beschränkung der produktiven Einbildungskraft auf Assoziation zurück, Tetens geht darüber noch hinaus (HWPh 1, <Assoziation>, 548 f.). Vgl. d. Einleitung, Seite lxxxvii f.

Tetens verbindet hier in der *Metaphysik* zwei in den *Philosophischen Versuchen* unterschiedene Aspekte: Die (sozusagen direkte) Übertragung nach Search (*Versuche* I, 223) und Übertragung affektiver Komponenten durch die nach »der Hartleyschen, von verschiedenen andern auch deutschen Philosophen aufgenommenen [Ideen-; MS] Association« (*Versuche* I, 227). Dort hebt er nicht nur hervor, daß die Vorgänge beider Ansätze durchaus »auf eine ganz andere [also von einander verschiedene; MS] Art« geschähen (228), sondern auch, daß beide »zu schwache Erklärungsmittel [sind], wenn sie angewendet werden sollen, die Ableitung alles Vergnügens und Verdrusses aus den äußern Empfindungen, als aus ihrer ersten und einzigen Quelle zu bestätigen« (227).

[15] Eigentlich: De gustibus et coloribus non est disputandum, über Geschmack und Farben läßt sich/darf man nicht streiten; Herkunft unbekannt, wird aber der Scholastik zugeschrieben (HWPh 3, <Geschmack>, 445).

[16] Die »vermischten Empfindungen« gehen auf Moses Mendelssohn und dessen Briefe *Über die Empfindungen* (1755) zurück. Vgl. Alexander Altmann: *Moses Mendelssohns Frühschriften zur Metaphysik*, Tübingen 1969, 132–138.

[17] Johann Joachim Winckelmann übersetzt die Wendung in § 45 seiner »Abhandlung von der Fähigkeit der Empfindung des Schönen in der Kunst, und dem Unterrichte in derselben« von 1763:

»In Absicht des Lichts und Schattens können wenige Werke des Carravaggio und des Spagnoletto schön sein: denn sie sind der Natur des Lichts zuwider. Der Grund ihrer finstern Schatten ist der Saz: *Entgegengesetzte Dinge nebeneinander werden scheinbarer*, wie es eine weisse Haut durch ein dunkles Kleid wird. Die Natur aber handelt nicht nach diesem Saze; sie gebet stufenweis auch in Licht, Schatten und Finsterniß [. . .]« (269).

Frank Hentschel: *Sinnlichkeit und Vernunft in der mittelalterlichen Musiktheorie*, Stuttgart 2000, 242 vermerkt, daß diese Formulierung möglicherweise auf Thomas von Aquin zurückgeht.

[18] Es muß heißen: lux novitatis. Vgl. Alexander Gottlieb Baumgarten: *Ästhetik*, Hamburg 2007, 820, § 808.

[19] Tetens' Bestreben, den Aspekt der Tätigkeit noch in den Affectionen hervorzuheben (vgl. in der Einleitung für seinen Begriff der Selbsttätigkeit v.a. den Abschnitt über die Seelentätigkeiten in den *Versuchen* ab Seite **??**), läßt ihn hier eine Formulierung wählen, die zu seiner Zeit ausschließlich in physiologischem Kontext Verwendung findet; vgl. bspw. Albert Haller: *Anfangsgründe der Phisiologie des menschlichen Körpers*, übers. v. Johann Samuel Hallen, Bd. 2, Berlin 1761, 574; Friedrich Schiller: »Über die Unterscheidung von entzündungsartigen Fiebern und Faulfiebern«, in: *Erzählungen, Theoretische Schriften*, Bd. V (= Sämtliche Werke in 5 Bänden), München 2004, 1054–1147, hier 1083; Ernst Platner: *Neue Anthropologie für Aerzte und Weltweise*, Leipzig 1790, I, 580.

Vgl. *Versuche* I, 221: »Thätigkeiten der Seele im Vorstellen, im Denken, die Triebe und Regungen des Herzens, die Selbstbestimmungen des Willens«; und *Versuche* II, 779. Außer Tetens scheint allein Garve später diese Wendung in nicht-physiologischer Hinsicht zu nutzen: In *Eigene Betrachtungen über die allgemeinsten Grundsätze der Sittenlehre. Ein Anhang zu der Uebersicht der verschiednen Moralsysteme* grenzt er von den »Bewegungen des Körpers« zunächst die »Thätigkeiten des Verstandes« ab, »dann folgen die Thätigkeiten des *Herzens*, d. h. der [sic!] durch den Verstand geordneten Neigungen gegen einzelne oder wenige Personen« (14). – Kant spricht in der *KrV*, A 102, hinsichtlich der reproduktiven Synthesis der Einbildungskraft von »transzendentalen Handlungen des Gemüts«.

[20] Vgl. *Versuche* II, 12. Versuch: Ueber die Selbstthätigkeit, insbesondere ab Abschnitt VIII, 46–148. – Bei Kant findet sich der Begriff in der *Grundlegung zur Metaphysik der Sitten* (*AA* 4, 427): »Nun ist das, was dem Willen, zum objectiven Grunde seiner Selbstbestimmung dient, der Zweck, und dieser, wenn er durch bloße Vernunft gegeben wird, muß für alle vernünftige Wesen gleich gelten.« Außerdem in der *Anthropologie* (*AA* 7, 251, § 73): »Begierde (*appetitio*) ist die Selbstbestimmung der Kraft eines Subjects durch die Vorstellung von etwas Künftigem als einer Wirkung derselben.«.

Der Art. <Selbstbestimmung> im HWPh (9, 335–346) ist also dahingehend zu ergänzen, daß sich vor Kant der Begriff zumindest in Tetens' *Philosophischen Versuchen* findet.

[21] Vgl. *Versuche* I, 621: »[Die Seele] wirket *in sich selbst*, oder *außer sich in den Körper* [...]. Wenn es eine Bewegung ist, was durch ihre Kraft bewirket wird, so ist dieß eine *herausgehende Thätig-*

keit (action transiens), welche der *in ihr bleibenden* (immanens) entgegen gesetzet wird.«

[22] Anders als die Schulphilosophie der Zeit bestimmt Tetens den Nichtwillen (noluntas) nicht als bloße »Zurückziehung des Gemüthes« (*DM* § 493) oder Abneigung (aversatio rationalis; vgl. Wolffs *Psychologia empirica*, *Wolff-Werke* II/5, §§ 880, 881). Mit der Bestrebung des Gegenteils geht Tetens in Hinsicht eines Tätigwerdens darüber hinaus. – Vgl. Baumgarten, *Met.*, § 690; Johann Christoph Gottsched: *Erste Gründe der gesamten Weltweisheit. Darinn alle Philosophischen Wissenschaften in ihrer natürlichen Verknüpfung abgehandelt werden. Zum Gebrauch Academischer Lectionen entworfen*, Leipzig 1733, Bd. 1, §§ 976 f. Wolff, *Psychologia rationalis*, *Wolff-Werke* II/6, Caput II, §§ 517 ff.

[23] Hier folgt Tetens John Locke: »Uneasiness determines the will« (*An Essay concerning humane understanding*, Book II, Chap. XXI: »Of Power«, Sect. XXXI).

[24] Diese Formulierung scheint den zeitgenössisch wichtigen materialistischen Subtext aufzugreifen: Ab den 1770er Jahren nimmt die Philosophie in bemerkenswerter Deutlichkeit Bezug auf die physiologischen Experimente Albrecht von Hallers, wie er sie in der »Untersuchung von den empfindlichen (sensibiles) und reizbaren (irritabiles) Theilen des menschlichen Körpers« darlegt. Vgl. für einen kurzen Überblick hinsichtlich der Rolle von Unzers *Erste Gründe einer Physiologie der eigentlichen thierischen Natur thierischer Körper* von 1771 und Herders *Vom Erkennen und Empfinden der menschlichen Seele* von 1778 (*Herder-Werke* VIII, 165–436) vgl. HWPh 8, <Reiz und Reaktion>, 557. Vgl. a. oben die Einleitung, **??**.

[25] Der Begriff des Instinkts spielt in den *Versuchen* eine bedeutende Rolle zur Klärung des Verhältnisses von Tätigkeit und Vorstellungskraft (X. Versuch, II. Abschnitt, 627–637), ebenso hinsichtlich der Frage nach dem »Ursprung unserer Kenntnisse von der objektivischen Existenz der Dinge« (V. Versuch) sowie für die Frage nach der Entstehungsart »sinnlicher Gedanken« (VI. Versuch, 453 ff.). Vgl. auch den Begriff des (Grund-)Triebs, insbesondere in *Ursprung*.

Tetens las ab 1761 nach Reimarus' Vernunftlehre; dieser setzt in *Allgemeine Betrachtungen über die Triebe der Thiere, hauptsächlich über ihre Kunsttriebe* den Begriff des Instinkts mit dem des »Triebs« gleich und differenziert vielfältige Triebarten (s. das Register: I, [516]). Kant bestimmt im Abschnitt »Von den Leidenschaften« der *Anthropologie*: »Die innere *Nötigung* des Begehrungsvermögens zur Besitznehmung [eines] Gegenstandes, ehe man ihn noch kennt, [ist] der *Instinkt*« (*AA* 7, 265).

26 Vgl. Wolff, *Psychologia rationalis*, *Wolff-Werke* II/6, §§488–494; Baumgarten, *Met.*, §§ 595–605; Kant, *Reflexionen zur Anthropologie*, *AA* 15, 86 (R 225), 125 f. (R 316), 135 (R 343), 470 (R 1054).

Die vergleichsweise hohe Aufmerksamkeit für Sonder- und Extremfälle ist ein »Umwegphänomen« der Philosophischen Psychologie der Aufklärung, die die Bestimmung des Üblichen vom Besonderen her unternimmt (ähnlichen Status haben die Erörterungen des Traums, erkenntnistheoretische Reflexionen über Taub- und Blindheit sowie die Diskussion sog. Kaspar-Hauser-Fälle). Vgl. bsph. für die Prävisionen Johann Nikolaus Seip: *Theorie von den Vorhersehungen und Ahndungen der menschlichen Seele*, Marburg 1755, bes. §§ L–LII; 76–79 sowie Justus Christian Hennings: *Von den Ahndungen und Visionen*, Leipzig 1777.

27 Vgl. insbesondere *Versuche* II, 12. Versuch, 89–91, wo Tetens die »Selbstbestimmung zu einer Aktion« in Beziehung setzt zur Tätigkeit der reproduktiven Einbildungskraft.

28 Vgl. *Zedler*, <Natur-Triebe>, Bd. 23, Sp. 1225–1226; *Adelung*, <Der Trieb>, Bd. 4, Sp. 677–678; Kant, *Die Religion innerhalb der Grenzen der bloßen Vernunft*, *AA* 6, 26; *Versuche* I, 256 und II, 608.

29 Tetens appliziert hier die seit der Platonischen Staatsphilosophie gebräuchlichen Begriffe des Nähr- und Wehrstandes (vgl. *Politeia*, 414a–417b) auf die Einteilung der menschlichen Selbsttriebe.

Zeitgenössisch verwenden den Begriff des Wehrtriebes auch Johann Ith: *Versuch einer Anthropologie oder Philosophie des Menschen nach seinen körperlichen Anlagen*, Bern 1794, 388; Johann Gottlieb Steeb: *Über den Menschen nach den hauptsächlichsten Anlagen in seiner Natur*, Tübingen 1785, Bd. 2, 527; Johann August Unzer: *Erste Gründe einer Physiologie der eigentlichen thierischen Natur thierischer Körper*, Leipzig 1771 widmet einen Abschnitt den »Wirkungen der sinnlichen Triebe durch die Nerven in die mechanischen Maschinen« (§§ 262–304, 240–300). Johann Heinrich Sulzer, der Schweizer Entomologe (1735–1814), spricht in Bezug auf Insekten von »Kunst-, Wehr- und Nährtrieben« (*Abgekürzte Geschichte der Insecten nach dem Linnaeischen System*, xxiv). – Vgl. a. *Versuche* II, 330, 590.

30 Vgl. *Zedler*, Bd. 26, 528 f. (Sp. 103 of.): »der grössere oder mehrere Theil, ist nach Maßgebung derer Rechte nicht allein die grössere Menge, sondern auch die vernünfftigere und billigere Beschaffenheit derer Berathschlagenden bey einer Zusammenkunfft oder Unterredung einer gewissen Gesellschafft oder eines Collegii.«

31 In seiner wirkmächtigen, auf Leibniz fußenden Formulierung findet sich der »Satz des zureichenden Grundes« in Wolffs *DM*, § 30:

»alles, was ist, [muß] seinen zureichenden Grund haben, warum es ist, das ist, es muß allezeit etwas seyn, daraus man verstehen kan, warum es würcklich werden kan«. Vgl. a. populärer Gottsched: *Erste Gründe der gesamten Weltweisheit. Darinn alle Philosophischen Wissenschaften in ihrer natürlichen Verknüpfung abgehandelt werden. Zum Gebrauch Academischer Lectionen entworfen*, Bd. 1, § 216: »Alles was ist, hat einen zureichenden Grund, warum es vielmehr ist, als nicht ist.« Kritisiert bereits von Christian August Crusius: *Ausführliche Abhandlung von dem rechten Gebrauche und der Einschränckung des sogenannten Satzes vom zureichenden oder besser determinirenden Grunde*, übers. v. Christian Friedrich Krause, Leipzig 1744. – Grundlegend zur Kritik an Wolff und dem Verlauf der Diskussion bis zu Kant: Gertrud Kahl-Furtmann: »Der Satz vom zureichenden Grunde. Von Leibniz bis Kant«, in: *Zeitschrift für philosophische Forschung* 30.1 (1976), 107–122.

32 Vgl. *Zedler*, Bd. 21, Sp. 1944: »Motiven, Motifen, Bewegungs-Gründe und Ursachen, Lateinisch *Motiva, Motivum, Ratio, Causa impultrix*«. Wolff, *DM*, § 496 definiert: Vorstellungen des Guten und Vorstellungen des Bösen als »Gründe des Wollens und nicht Wollens pflegen wir *Bewegungs-Gründe* zu nennen«. – Das lateinische Lehnwort fehlt in Tetens' *Versuchen*, auch Kant verwendet es »öffentlich« vermutlich erst ab 1791; *AA* 11, 249; 8, 282; davor allein in den Vorarbeiten zur *Metaphysik der Sitten*, *AA* 13, 132.

33 Die deutschsprachige Verwendung des Begriffs »Determinismus« nimmt ihren Ausgang wohl von Johann August Heinrich Ulrich: *Eleutheriologie oder über Freyheit und Nothwendigkeit*, Jena 1788; auch Kant verwendet ihn m. W. erstmalig in den Vorarbeiten zur Ulrich-Rezension (*AA* 13, 79), dann im Briefwechsel von 1789. Im selben Jahr wie Ulrich verwendet auch Corrodi den Begriff im von Tetens in der Vorrede genannten *Versuch über Gott, die Welt, und die menschliche Seele* (s. oben, Seite 6); vor 1785 läßt sich eine Verwendung lediglich in Johann Friedrich Flatt: *Vermischte Versuche*, Leipzig 1783, 124 und in Lossius' *Uebersicht der neuesten philosophischen Litteratur*, Bd. 3 (1785), 30 belegen (Besprechung von Johann Günther Karl Werdermann: *Neuer Versuch zur Theodicee oder über Freiheit, Schicksal, Gut, Uebel und Moralität menschlicher Handlungen*, Dessau 1784).

34 Anders als den Begriff »Determinismus« verwendet Tetens dessen Gegenpart »Indeterminismus« bereits im zweiten Band der *Versuche*, 181.

35 »Wenn alles zum Handeln Erforderliche festgelegt ist, dann ist auch die Handlung zwingend festgelegt« [eigene Übersetzung].

36 *Adelung* 2 (1775), Sp. 829: »Die Grundkraft, plur. die -kräfte, bey den neuern Weltweisen, eine Kraft, welche zu dem Wesen eines Dinges gehöret, und den Grund vieler andern Kräfte in sich enthält.«

Tetens stellt diesen Begriff in den *Versuchen* in den Kontext der anthropologischen Frage der Zeit: »Ueber die Grundkraft der menschlichen Seele, und den Charakter der Menschheit« (I, Elfter Versuch, 730–766). – Reinhard Brandt: *Kritischer Kommentar zu Kants Anthropologie in pragmatischer Hinsicht*, Hamburg 1999, 466 f., der »Charakter der Gattung« kommentiert, stellt Kants Bestimmung in den Zusammenhang von Rousseaus Zweitem Discours hin zu eben Tetens' elftem Versuch.

37 Tetens expliziert hier das in den *Versuchen* terminologisch stillschweigend vorausgesetzte Gegenstück zur materiellen Idee, zur idea materialis (vgl. oben die Psychologia empirica, §§ 80–94; *Versuche* I, Vorrede sowie 2. Versuch, VIII. Abschnitt, 255–261).

Der Begriff der »idea intellectualis« findet sich bspw. bei Francisco Suárez: *Metaphysicarum Disputationum*, Mainz 1614, Disput. VIII, De veritate, 196; Wilhelm Ludwig Gottlob Eberstein: *Versuch einer Geschichte der Fortschritte der Philosophie in Deutschland vom Ende des vorigen Jahrhunderts bis auf gegenwärtige Zeit*, Halle 1794, 476:

»[Der Verfasser] findet, daß, wenn es wahrscheinlich ist, es komme in dem Organe Association der sinnlichen Bewegungen zu Stande, eben so wahrscheinlich auch in der Seele eine Association der intellectuellen Ideen sey, zu welcher zurück bleibende Spuren der gehabten Ideen erfordert würden, deren Zusammenstimmung die ganze Vorstellung gebe. Die materiellen Ideen im Gehirne könnten wegen der Vereinigung des Organs mit der Seele in derselben intellectuelle Vorstellungen erwecken: und dann wäre eine ganze Vorstellung da.«

Wolff, *Psychologia rationalis*, *Wolff-Werke* II/6, § 87 unterscheidet zwischen »imago materialis« und »imago immaterialis«, verwendet aber, soweit ich sehe, zwar »idea materialis«, nicht jedoch »idea intellecualis« (64).

38 G.F. Meier hält in erkennbarer Bezugnahme auf Leibniz' Konzept der prästabilierten Harmonie in der Cosmologie seiner *Metaphysik* von 1756 fest: »alle Veränderungen einer iedweden [Substanz], welche von dem Einflusse der andern abhangen, [nennt man] harmonische Veränderungen« (Bd. 2, § 442, 268). Tetens schränkt den Bereich einer solchen Veränderung deutlicher als Meier auf das Zusammenwirken von Körper und Geist, von Leib und Seele ein.

39 Gottlob Ernst Schulze: *Grundriß der philosophischen Wissenschaften*, Wittenberg 1788, Bd. 1, 67 faßt (mit Verweis auf Tetens' *Versuche*, 752) zusammen:

»*Tetens* findet in der innern Selbstmacht der menschlichen Seele und in der stärker Kraft zur Selbstthätigkeit, wodurch sie weit weniger abhängig von den äußern Empfindungen und Eindrücken als wie die Thiere ist, das Unterscheidungsmerkmal der menschlichen Seele von den thierischen Seelen.«

Johann Günther Karl Werdermann: *Versuch einer Geschichte der Meinungen über Schicksal und menschliche Freiheit von den ältesten Zeiten bis auf die neuesten Denker*, Leipzig 1793, 332–349, §§ 98–111 referiert, ausgehend von dessen Begriff der Selbstmacht, ausführlich Tetens' Behandlung der Freiheit in den *Versuchen*.

40 In den *Philosophischen Versuchen* ist Tetens bemüht, mit der Fähigkeit der Seele, modifiziert zu werden, Modifikationen anzunehmen, sich terminologisch von der Bildlichkeit des Eindrucks zu lösen und das Verändert-Werden der Seele abstrakter zu fassen (vgl. *Versuche* I, 61, 425, 551, 718 f.; II, 182). Hier tritt die Modifikabilität als Begriff für das dahingehende Vermögen hinzu; es scheint möglich, daß der heute in der Biologie bekannte Begriff eine Tetenssche Eigenheit ist.

41 Die Reprodukibilität ergänzt die Fähigkeit, modifiziert zu werden (s. vorige Anm.), um das Vermögen der Seele, Modifikationen wieder hervorzubringen (vgl. *Versuche* I, 88, 157; II, 124, 247, 266 f., 733, 740). Auch dieser Begriff ist eine Neuerung gegenüber den *Philosophischen Versuchen* und allein bei Tetens belegt.

42 Tetens wird in der gegenwärtigen Forschung zu den Ursprüngen der Entwicklungspsychologie wahrgenommen; vgl. Lindenberger/Baltes: »Die Entwicklungspsychologie der Lebensspanne (Lifespan-Psychologie)« und Marianne Müller-Brettel/Roger A. Dixon: »Johann Nicolaus Tetens: A Forgotten Father of Developmental Psychology?«, in: *Journal of Behavioral Development* 13.2 (1990), 215–230. – Zu Tetens' Theorie der »Epigenesis durch Evolution« (*Versuche* II, 14. Versuch, v.a. 421–554) vgl. Wolfgang Bonsiepen: *Die Begründung einer Naturphilosophie bei Kant, Schelling, Fries und Hegel*, Frankfurt/M. 1997, 108–116, sowie allgemeiner zu Tetens 393–397.

Die Allgemeine Philosophie

1 Oder Satz des Widerspruchs, principium contradictionis (diese Seite, Grundsatz 2). Tetens faßt ihn als *logischen*, nicht meta-

physischen Satz auf (ebd.). Vgl. Wolff, *Ontologia*, *Wolff-Werke* II/3, §§ 27, 28; *DM*, § 10; Baumgarten, *Met.*, 57, § 7: »das absolut erste Prinzip«.

Daß Tetens das Widersprechende mit dem Undenk- und Unvorstellbaren gleichsetzt, knüpft an seine Baumgarten-Rezeption in der Bützower Zeit an (vgl. oben ; außerdem Krouglov: »Ontologie«). In Hinblick auf Kant vgl. Josef Schmucker: »Die Originalität des ontotheologischen Argumentes Kants gegenüber verwandten Gedankengängen bei Leibniz und in der Schulphilosophie der Zeit«, in: Friedrich Kaulbach/Joachim Ritter (Hrsg.): *Kritik und Metaphysik. Heinz Heimsoeth zum achtzigsten Geburtstag*, Berlin 1966, 120–133, hier 129:

»Vergleicht man die grundlegenden Paragraphen des 1. Teiles [...] über das Possibile (§ 7 ff.), mit dem Baumgarten bezeichnenderweise seine ontologischen Ausführungen beginnt, [...] dann findet man deutlich jenes charakteristische Begriffsmaterial vor, mit dem Kant offensichtlich arbeitet und das man bei Leibniz in dieser Form nicht findet, wohl aber zu einem guten Teil bei Wolff. [...] Wenn Kant in Prop. III die Formel des Widerspruchsprinzips als Definition des impossibile auffaßt und diese Auffassung begründet [...], so ist das in der Tat nichts anderes als das in § 7 von Baumgarten Gesagte.«

2 Nach der Festlegung der »Ersten Grundsätze des Verstandes« im ersten Kapitel der Ontologie ist Tetens hier erkennbar bemüht, den Möglichkeitsbegriff allein aus der Perspektive des menschlichen Vorstellungsvermögens zu bestimmen. Während im ersten Kapitel grundlegende Aspekte der *logischen* Möglichkeit behandelt werden, beschäftigt sich das zweite Kapitel dementsprechend ausschließlich mit der *realen* Möglichkeit, die er in die innere (Tetens bezeichnet diese auch als absolut) und äußere (bedingte, Tetens sagt auch: hypothetische) Form unterscheidet (siehe v.a. § 14). Mit dieser Betonung des Real-Möglichen unter den Bedingungen des Vorstellungsvermögens nähert sich Tetens der Kantischen Behandlung des Möglichkeitsbegriffs in Hinsicht auf subjektiv-formale Erkenntnisbedingungen (vgl. HWPh 6, <Möglichkeit>, 87).

3 Unter Verweis auf Baumgarten, *Met.*, 36, hebt Martin Heidegger: *Einleitung in die Philosophie: Freiburger Vorlesung Wintersemester 1928/29* (= GA; II/27), Frankfurt/M. 1996, 54 diese Unterscheidung hervor:

»Im Verlauf der Entwicklung der neuzeitlichen Logik, vor allem bei Leibniz, wird diese Beziehung des Prädikats zum Subjekt, diese connexio, genauer gefaßt als determinatio, so daß das Prädikat die Grundfunktion des Bestimmens hat. Es bestimmt das Subjekt, und entsprechend dem Unterschied von positivem und negativem Urteil wird auch eine positive und negative determinatio unterschieden. Dieser Unterschied ist insofern wesentlich, als er zwei Begriffe in sich birgt, die für die neuzeitliche, vor allem die kantische und spätere Metaphysik von besonderer Bedeutung sind, nämlich den Begriff der Realität und der Negation.«

4 Anders als noch in der Scholastik und der Renaissance, werden in der neuzeitlichen Philosophie in der Regel die verschiedenen Gegenbegriffe positiver Prädikation nicht unterschieden. Erst Kant differenziert den Mangel (defectus, absentia) wieder von der Beraubung (privatio): *Versuch den Begriff der negativen Größen in die Weltweisheit einzuführen* (1763), *AA* 2, 177 f. (vgl. HWPh 7, <Privation>, Sp. 1382).

5 Baumgarten, *Met.*, § 139 bestimmt:

»Etwas Verneinendes ist als solches nicht positiv (§ 135). Wenn es aber als Negation mit einer Realität zusammenstimmte, wäre es eine Realität (§ 94, 36), folglich stimmt etwas Verneinendes als solches nicht zu einer Realität in dem Bejahenden, dem es innewohnt (§ 137), zusammen.«

Auch Moses Mendelssohn stützt sich auf die ontologischen Begriffe der Baumgartenschen Metaphysik, vgl. Altmann: *Mendelssohns Frühschriften*, 310 ff. *ens negativum*: 312. Zu Kant in Beziehung auf Baumgarten und Wolff vgl. Anneliese Maier: *Zwei Untersuchungen zur nachscholastischen Philosophie: Die Mechanisierung des Weltbilds im 17. Jahrhundert. Kants Qualitätskategorien*, 2. Aufl., Rom 1968, 71–145, hier 88; Heinz Heimsoeth: *Studien zur Philosophie Immanuel Kants. Metaphysische Ursprünge und ontologische Grundlagen* (= Kantstudien. Ergänzungshefte; 71), Köln 1956, 56.

6 Diesen scholastischen Satz verwendet Wolff, *Theologia Naturalis*, *Wolff-Werke* II/8, 371, § 413.

7 Vgl. Peter Schulthess: *Relation und Funktion. Eine systematische und entwicklungsgeschichtliche Untersuchung zur theoretischen Philosophie Kants* (= Kant-Studien. Ergänzungshefte; 113), Berlin 1981, einen historischen Abriß wie eine Darstellung des Relationsproblems im 18. Jahrhundert bietet Schulthess auf 126–155.

8 HWPh 11, <Unmöglichkeit>, 245: »Nach Johannes Duns Scotus ist das logisch Unmögliche das ›incompossibile‹ [...]«. HWPh 8, <Repugnanz> [Widerstreit], 879: »Die Scholastik unterscheidet mit der R. des Komplexen (Sätze) und der des Inkomplexen (Zeichen und Dinge), mit Real-R. (›repugnantia realis‹) und Begriffs-R. (›repugnantia inter conceptus‹), mit logischer (›repugnantia quantum ad simul esse verum‹) und ontologischer (›repugnantia quantum ad simul esse in eodem subiecto‹, d.h. ›incompossibilitas coexistendi‹), mit semantischer (›repugnantia

rerum significatarum‹) und syntaktischer R. (›repugnantia modorum significandi‹) metasprachlich verschiedene Referenzebenen für Unverträglichkeitsannahmen.«

9 Tetens erörtert im Zusammenhang der Verhältnisgedanken die Koexistenz auch in den *Versuchen* I, 273–280. Vgl. a. Moses Mendelssohn: »Morgenstunden oder Vorlesungen über das Dasein Gottes«, in: Wolfgang Vogt (Hrsg.): *Metaphysische Schriften*, Hamburg 2008, 91–269, hier 101: »Wir schließen von der Wirklichkeit einer Erscheinung, auf die Mitwirklichkeit aller übrigen sinnlichen Erscheinungen, die mit ihr verbunden zu sein pflegen; [...] mit dem Grade der Überzeugung, die auf die Lehre von der Wahrscheinlichkeit gegründet ist und *Induktion* genannt wird.«

10 Vgl. Kant, *Gedanken von der wahren Schätzung der lebendigen Kräfte*, *AA* 1, 36, Anm.; »Vorlesung über Metaphysik« [v. Schön], *AA* 28.2, 486; »Metaphysik Dohna«, 625; *AA* 29, 818. Vgl. ferner Baumgarten, *Met.*, §§ 29, 30.

11 »Durch das Nichts wird nichts gesetzt, aus dem Nichts folgt nichts.« Begründungslogische Variante des »nihil ex nihilo fit« (beispielsweise in Lukrez' *De rerum natura*; nach HWPh 5, <Materie>, 883). – Vgl. die Auseinandersetzung um Wolffs Verwendung des »Nichts« in der Begründung des Satzes vom zureichenden Grund.

12 Vgl. Baumgarten, *Met.*, § 27.

13 Für den Bedeutungshorizont des 18. Jahrhunderts vgl. *Zedler* 5, Sp. 2003–2004:

»*Character*, eine Figur, Zeichen, absonderlich aus Buchstaben. [...] das Ansehen, Würde, Stand, Titul; [...]

Character, Kennzeichen, Merckmahl, solche sind nichts anders als von denen Künstlern erdichtete Figuren, die etwas bedeuten. [...]

Character Universalis, ist ein Kunst-Stücke, worüber die Gelehrten annoch die Köpffe zerbrechen, nemlich eine solche Schrifft zu erfinden, deren Characteres von allen Nationen der gantzen Welt ohne weitere Dollmetschung könten gelesen und verstanden werden.«

14 Üblicherweise ist der Gegenbegriff »praedicata interna« (nicht wie unten § 102 »relationes internorum«). Vgl. Baumgarten, *Met.*, § 6. Ferner unterscheidet Baumgarten die »relatio« als im engeren Sinne bloß äußere Relation vom »respectus« (siehe unten, § 109) als entweder äußere oder innere Relation (Baumgarten, *Met.*, § 37).

15 Vgl. vorige Anmerkung zu § 100, praedicata relativa.

16 Vgl. Friedrich Ueberweg: *System der Logik und Geschichte der logischen Lehren*, 2. Aufl., Bonn 1865, 107:

»Die im engeren Sinne wesentlichen Merkmale werden auch *grundwesentlich* (essentialia constitutiva oder essentialia schlechthin), die anderen, nur im weiteren Sinne wesentlichen aber *abgeleitet-wesentlich* oder *Attribute* (essentialia consecutiva, attributa) genannt. Die übrigen Merkmale eines Objectes heissen ausserwesentlich (accidentia oder modi).«

17 Baumgarten, der keine »abgeleitet-wesentlichen Merkmale« (s. vorige Anm.) kennt, faßt Attribute und Modi unter den gemeinsamen Begriff der *affectiones*, der »innere[n] folgende[n] Bestimmungen« (*Met.*, § 41) zusammen.

18 Üblicherweise: »Modi possunt adesse et abesse salva rei essentia«; Baumgarten, *Met.*, § 65.

19 Vgl. Baumgarten, *Met.*, § 827.

20 Der Begriff scheint i.d.R. als »prima possibilitas rerum/rei« Gott vorbehalten zu sein; vgl. den dahingehenden Abschnitt zu »Possibilia und Kontingenz bei Perez« in Tilman Ramelow: *Gott, Freiheit, Weltenwahl. Der Ursprung des Begriffes der besten aller möglichen Welten in der Metaphysik der Willensfreiheit zwischen Antonio Perez S. J. (1599–1649) und G. W. Leibniz (1646–1716)*, Leiden 1997, 60–75.

21 Alles was möglich ist, ist notwendig möglich, weil doch möglich.

22 Vgl. Kant, Met. *L2*, *AA* 28.2.1, 559. Wolff, *Ontologia*, *Wolff-Werke* II/3, §§ 299–303; – Vgl. ferner zu Wolff Honnefelder: *Scientia transcendens*, Dritter Teil: Metaphysik als Ontologie: Die Explikation der Seiendheit als non contradictio bei Christian Wolff; hier. v.a. den Abschnitt über Kontingenz und Notwendigkeit, 371 ff.

23 Vgl. Baumgarten, *Met.*, § 100.

24 Vgl. ebd., § 90.

25 Vgl. ebd., § 99.

26 Vgl. ebd., § 191.

27 Kant, *Monadologia physica*, *AA* 1, 482: »accidentia non exsistunt absque suis substantiis«; »Akzidentien sind nicht ohne ihre Substanzen da« (Übersetzung Immanuel Kant: *Vorkritische Schriften bis 1768*, hrsg. v. Wilhelm Weischedel, 6. Aufl., Bd. 1, Darmstadt 2005, 539).

28 Vgl. Leibniz: »Monadologie«, 438, § 1: »*La Monade* [...] n'est autre chose qu'une substance simple, qui entre dans les composés; *simple*, c'est à dire, sans parties.« Vgl. oben § 175: »substantia simplex«.

29 Gemeint ist wohl die prominent in Baumgartens *Aesthetica* vorliegende »heuristische Fiktion«/»fictio heuristica« – überhaupt ist in Baumgartens fragmentarischem Werk ja nur das »Heuristica« betitelte erste Kapitel des theoretischen Teils ausgeführt; vgl. die Ausführungen von Dagmar Mirbach: »Einführung zur

fragmentarischen Ganzheit von Alexander Gottlieb Baumgartens ›Aesthetica‹ (1750/58)«, in: ders. (Hrsg.): *Ästhetik*, Bd. 1, Hamburg 2007, 15–80. Mirbachs hilfreicher Stellenkommentar gibt noch den Hinweis: »fictio heuristica: Erdichtung durch welche etwas erfunden werden kann: *Eth.* § 214.«

HWPh 3, <Heuristik>, Sp. 1116 hält fest, daß »weder das Adjektiv noch die substantivierten Formen [...] in der vorneuzeitlichen Terminologie nachgewiesen [sind, und] in einschlägigen Wörterbüchern [...] sogar erst im 19. Jh. Aufnahme« finden. So mögen hier ein Schreibfehler oder eine Abwandlung zwar unentscheidbar, aber gleich wenig überraschend sein.

Kant verwendet den Begriff in einem Brief an Moses Mendelssohn (8. April 1766, *AA* 10, 72):

»Diese Erdichtung aber (*fictio heuristica, hypothesis*) kan niemals auch nur einen Beweis der Möglichkeit zulassen [...] und mein Versuch von der Analogie eines wirklichen sittlichen Einflusses der geistigen Naturen mit der allgemeinen Gravitation ist eigentlich nicht eine ernstliche Meinung von mir sondern ein Beyspiel wie weit man und zwar ungehindert in philosophischen Erdichtungen fortgehen kan wo die data fehlen [...].«

Vgl. außerdem *AA* 18, Metaphysik Zweiter Theil, 69: »*In Metaphysicis* gilt *fictio* nicht als *probatoria*, sondern als *suppletoria*« (Anmerkung in seinem Handexemplar der Baumgartenschen Metaphysica) sowie a. seine Transzendentale Methodenlehre in der *KrV*, B 799:

»Die Vernunftbegriffe sind, wie gesagt, bloße Ideen, und haben freilich keinen Gegenstand in irgend einer Erfahrung, aber bezeichnen darum doch nicht gedichtete und zugleich dabei für möglich angenommene Gegenstände. Sie sind bloß problematisch gedacht, um, in Beziehung auf sie (als heuristische Fiktionen), regulative Prinzipien des systematischen Verstandesgebrauchs im Felde der Erfahrung zu gründen.«

30 Vgl. Kant, *AA* 21, Opus postumum, Drittes Convolut, I. Bogen, 2. Seite, 269 f., § 3, »Von der Materie ihrer Qualität nach«: »Sie ist entweder *flüßig* oder *vest* (starr). Das erstere wenn sie als ein stetiges Ausgedehnte (*extensum continuum*) durch die mindeste bewegende Kraft in den Stellen ihrer Berührung verändert [...] d.i. verschoben wird, das zweyte wenn die Materie dieser Verschiebung im Inneren wiedersteht.«

31 Die Unterscheidung von gleichzeitig (ens simultaneum) und sukzessive Seiendem (ens successiva) geht vermutlich auf Baumgarten zurück (*Met.*, § 238).

32 Grund des Verursachens; vgl. HWPh 4, <Kausalität>, 798.

33 Vgl. Kant, Met. L_2, *AA* 28.2.1, 573: »Man sagt: *die Umstände verändern die Sache.* Minima circumstantia variat rem. Concurr-

iren die Umstände nicht; so verändern sie die Begebenheit nicht. Posita causa ponitur effectus fließt schon aus dem vorigen. Aber sublata causa tollitur effectus ist eben so gewiß [...].«

34 Vgl. Kant, Met. Dohna, *AA* 28.2.1, 648.

35 Vgl. Kant, Met. L_2, *AA* 28.2.1, 572: »Unter den coordinirten Ursachen ist die eine principalis, die andere secundaria. Wenn eins die causa principalis ist, und die andere minus principalis, so ist die letzte causa auxiliaris. Causae instrumentales sind causae subordinatae, sofern sie quoad causalitatem durch die causa principalis bestimmt werden [...].«

36 Baumgarten verwendet den Begriff in der Theologia naturalis, im Abschnitt über die »Handlungen Gottes« (*Met.*, §§ 940, 965). HWPh 1, <Causa moralis>, 975: »Gegenstück zu C. physica, ist Bestimmung der C. efficiens, bezeichnet die schwer faßbare Kausalität z.B. der Ratgeber, Anführer, Verführer und Schwachen.«

37 Hierbei handelt es sich um zentrale Termini »[b]ei dem Streit der Cartesianer und Leibnizianer um das wahre Kraftmaß« (Bonsiepen: *Begründung*, 39). Kant bezieht sich bekanntlich 1747 in *Gedanken von der wahren Schätzung der lebendigen Kräfte* darauf (*AA* 1, 1–181), Tetens veröffentlicht 1761 die »Abhandlung Von dem Maaß der lebendigen Kräfte« (*Werke* III, 77–132).

38 Vgl. George Samuel Albert Mellin: *Encyclopaedisches Wörterbuch der kritischen Philosophie*, Bd. III, Jena 1800, 166 f. »Grundkraft, *vis primitiva, force primitive.* Diejenige Kraft, welche von keiner andern weiter abgeleitet werden kann.« Gottfried Wilhelm Leibniz: *Die Theodizee*, hrsg. v. Herbert Herring, Frankfurt/M. 1996, 335–337, § 87:

»Die Fähigkeit ist nur ein *Attribut* oder auch zuweilen eine *Seinsweise*; die Kraft aber, wenn sie nicht ein Bestandteil der Substanz selbst ist, d.h. also die *Kraft*, die keine *ursprüngliche*, sondern eine *abgeleitete* ist [*force* qui n'est point *primitive*, mais *dérivative*], ist eine *Eigenschaft*, die von der Substanz unterschieden und trennbar ist. Auch habe ich gezeigt, daß die Seele eine ursprüngliche Kraft sei, die durch die abgeleiteten Kräfte oder Eigenschaften modifiziert und verändert wird und bei den einzelnen Handlungen zur Geltung kommt.«

39 S. vorige Anmerkung.

40 Der *Zedler* 25, <OMNE>, Sp.1430–1431 vermerkt, das Omne werde

»in der Vernunfft-Lehre eingetheilet in distributivum und collectivum. *Omne distributivum* bedeutet, daß das Prädicat eines Satzes könne unter alles das vertheilet oder alle demjenigen zugeeignet werden. was unter dem Subjecto enthalten ist, [...]. *Omne collectivum* hingegen, zeiget eine SUPPOSITIONEM COPULATAM an, das ist, daß nicht von einem jeden unter dem

Subject enthaltenen ins besondere, sondern von allen zusammen das Prädicat gesaget werden könne [...].«

Bemerkenswerterweise überträgt diese Einteilung auf den Begriff der Kraft (s. unten § 259: »collective Kraft«). Siehe auch oben die §§ 3 f. der raisonnirenden Psychologie und dazugehörige Anmerkungen.

41 Baumgarten, *Met.*, § 330 f.; sowie Kants Anmerkung dazu, *AA* 17, 310. Wolff, *Philosophia prima sive Ontologia* (1736), § 922; *Cosmologia generalis*, § 477.

42 Baumgarten, *Met.*, § 329.

43 Thomas von Aquin, *Summa Theologiae*, 1a2ae. 51,2.

44 Baumgarten, *Met.*, § 109.

45 S. vorige Anmerkung.

46 Necessitas concomitans: begleitende Notwendigkeit. Vgl. HWPh 4, <Konkomitanz>, 967–968.

47 Wolff, *Theologia nataturalis*, *Wolff-Werke* II/7.1, § 312 (Anm.).

48 Svend Andersen: *Ideal und Singularität. Über die Funktion des Gottesbegriffes in Kants theoretischer Philosophie* (= Kant-Studien. Ergänzungshefte; 116), Berlin 1983, 214, Anm. 28: »Es ist aber Baumgarten, der – anders als Wolff – das ens perfectissimum als *omnitudo realitatum* charakterisiert. [...] (*Met*, § 807).« Vgl. a. Giovanni B. Sala: *Kant und die Frage nach Gott. Gottesbeweise und Gottesbeweiskritik in den Schriften Kants* (= Kant-Studien Ergänzungshefte; 122), Berlin 1990, 234.

Kant, Met. K_2, *AA* 28.2.1, 781: »Beim ente entium, gedacht als originarium, muss man sich die omnitudo realitatum nicht denken als *Aggregat*, sondern als *Grund*. Alle Realität, die wir in der Welt kennen, ist realitas phaenomenon.« Vgl. außerdem ders., *Nova dilucidatio*, *AA* 1, 394; KrV, Transzendentale Dialektik: Von dem transzendentalen Ideal, A 576/B 604.

49 Vgl. HWPh 11, <Via causalitatis; via negationis; via eminentiae>, 1034–1038. – Weg der Ursächlichkeit; Weg der Negation; Weg des Übermaßes; dreistufige Strategie des klassischen Theismus zur weitestmöglichen Benennung Gottes angesichts seiner grundsätzlichen Unerkennbarkeit. – Der von Tetens hier erläuterte Weg beschriebt allerdings nicht eigentlich eine negative Prädikation, sondern vielmehr die *Trennung* der negativen Prädikate von dem Ding, damit positive Zuschreibungen übrig bleiben.

Die Allgemeine Philosophie

1 Vgl. oben den § 1 der Psychologia empirica und dortige Anmerkung sowie ci in der Einleitung. – »Raisonnement« und »raisonni-

ren« verwendet Tetens in den *Versuchen* allgemein im Sinne von Reflexion, Überlegung; vgl. bspw. 10, 50, 144 u.ö. sowie besonders den Achten Versuch über die »raisonnirende Vernunft«. Neben der oben in der Einleitung zitierten sachlichen Erläuterung des *Zedler* kann zu Tetens' Zeit »bloßes Raisonnieren« auch abwertend gemeint sein, wie »raisonnieren« insgesamt polemischen einen pejorativen Beiklang als »vernünfteln, schwatzen« annehmen kann (Friedrich Kirchner: *Wörterbuch der philosophischen Grundbegriffe*, 2., Heidelberg 1890, <Raison>, 325 f.); vgl. bspw. Herder, *Auch eine Philosophie der Geschichte zur Bildung der Menschheit* (1774), in: *Herder-Werke* 5, 475–594: raisonnirende »Philosophische Epopeengeschichtschreiber« (548). Goethe läßt im *Egmont* den Gomez sagen, er habe sich »das Schwätzen und Räsonieren angewöhnt« (*Hamburger Ausgabe* 4, 421).

2 Der Immaterialität der menschlichen Seele widmet sich Tetens in *Versuche* II, vierter Abschnitt des XIII. Versuches, 175–213. – Einfachheit, Immaterialität und Unsterblichkeit der Seele sind zentrale Streitfragen der Aufklärungspsychologie; vgl. bsph. Martin Knutzen: *Philosophische Abhandlung von der immateriellen Natur der Seele: darinnen theils überhaupt erwiesen wird, daß die Materie nicht denken könne und daß die Seele uncörperlich sey, theils die vornehmsten Einwürffe der Materialisten deutlich beantwortet werden ; Aus dem Lateinischen übersetzt*, Königsberg 1744; Georg Friedrich Meier: *Beweiß: daß keine Materie dencken könne*, Halle 1742.

3 Christian Wolffs *DM* hebt in den §§ 1–9 insgesamt mit einem »Satz des Bewußtseins« an (vgl. Euler: »Bewußtsein – Seele – Geist«), die rationale Psychologie, also das fünfte Kapitel der *DM* (»Von dem Wesen der Seele und eines Geistes überhaupt«), nimmt ihren systematischen Ausgang im Rückbezug auf diese Grundlegung im »cogitamus« (vgl. § 728).

4 Möglicherweise bezieht sich Tetens hier auf Kants Unterscheidung der transzendentalen Einheit der Apperzeption von der bloß empirischen Einheit des Bewußtseins in KrV B 139 f.

5 Wunderlich: *Kant und die Bewußtseinstheorien des 18. Jahrhunderts*, 121, Anm. 494 hält es für »möglich, daß Tetens' Erklärung für personale Identität« insbesondere von Charles Bonnet beeinflußt ist. Zu Tetens insgesamt vgl. ebd., 69–81.

6 Vgl. *Versuche* II, 206–210: »Ob dieß nicht so viel heiße, als: jedweder Theil dieses Ganzen müsse ein fühlendes, denkendes und wollendes Ich seyn; oder, nur Einer dieser Theile müsse es seyn« (Inhaltsangabe auf 176).

7 Vgl. den XII. Abschnitt »Von der bildlichen Klarheit in den Vorstellungen. [...] Kritik über die gewöhnliche Abtheilungen der Ideen in dunkle und klare, verwirrte und deutliche« im ersten

der *Versuche*, 95: Eine einfache Empfindungsidee mögen wir uns »so stark und von so vielen Seiten ansehen als wir wollen; so ist die Empfindung und ihre Vorstellung unauflöslich, ob sie gleich Mannigfaltiges genug enthält. Ihre Züge sind für uns unleserlich. Dieß ist bildliche Undeutlichkeit oder Verwirrung in den Vorstellungen.«

8 Von colligare: zusammenbinden; verbinden, vereinigen; zusammenfassen. Vgl. oben die §§ 256–259 der Ontologie und zugehörige Anmerkungen; außerdem den folgenden Eintrag.

9 Vgl. *Versuche* II, 194–199: »In wie weit die Seelenaktus nur kollektive solche Aktus seyn können? Die kollektiven Kräfte und Wirkungen setzen eine substanzielle Einheit voraus, in der die Kollektion geschieht, und in Hinsicht auf welche sie nur solche Kräfte und Wirkungen sind, als sie sind« (Inhaltsangabe auf 175).

10 In der Vorrede der *Versuche* bezieht sich Tetens auf Bonnet (xi–xiii); vgl. dessen *Considérations sur les corps organisés* von 1762; nur kurz nach dem Erscheinen der *Considérations* lag der *Essay analytique* auf Deutsch vor: Charles Bonnet: *Herrn Karl Bonnets [...] Analytischer Versuch über die Seelenkräfte. Aus dem Französischen übersetzt und mit einigen Zusätzen vermehrt von M. Christian Gottfried Schütz*, Bremen 1770. – Im Kontext der Selbsttätigkeit des Menschen unterscheidet Tetens die »Stufenleiter [. . .] von blos organisirten Körpern, zu den mit einfachen Seelen begabten, oder eigentlich beseelten« (*Versuche* I, 756). Vgl. a. oben die §§ 130, 136 der Psychologia empirica.

11 Im neunten der *Versuche* bestimmt Tetens als die »Eine Grundkraft« der menschlichen Seele die innere »Selbstthätigkeit«, d. h. ihre Spontaneität (vgl. 611–615).

12 Im Unterschied zur »idea materialis«. Vgl. die Erörterung »die Natur der Vorstellungen betreffend« im ersten der *Versuche*: »[...] oder ob in beiden in der Seele und in ihrem Organ, zugleich so etwas zusammengehöriges vorhanden sey; eine idea materialis im Gehirn, eine idea intellectualis, oder Seelenveränderung in der Seele selbst?« (19).

13 Bereits Platon verwendet im »Theaitetos« die Spur-Metapher zur Beschreibung der Funktionsweise des Gedächtnisses (Bedorf: »Spur«, 404 f.). – In den *Versuchen* vgl. Vorrede, vii–xiii, xxii–xxxiv sowie den ersten Versuch, insbes. 12–72.

14 Vgl. *Versuche* II, 213–223. Werner Euler: »Die Suche nach dem ›Seelenorgan‹«, in: *Kant-Studien* 93.4 (2002), 453–480 situiert die Frage vor dem Hintergrund des »Streits der Fakultäten«.

15 Bereits bei Christian Wolff: *Psychologia rationalis*, *Wolff-Werke* II/6, § 112: »Motum ab objecto sensibili organo impressum dicemus posthac Speciem impressam. Motum vero inde ad cerebrum

propagatum vel ex illo in cerebro enatum Ideam materialem appellabimus«.

[16] Nahezu wörtlich in *Versuche* I, xxxi.

[17] *Zedler* 23, <Natürlicher Einfluß>, 980: »Natürlicher Einfluß des Leibes und der Seelen, *Influxus physicus*, oder mit einem Zusatze das Systema des natürlichen Einflusses, Systema influxus physici, [...] ist unter denen drey bekanntesten Meynungen von der Vereinigung des Leibes und der Seele die älteste.« *Eisler* 1, 513 notiert: »Am Influxus halten fest Rüdiger, Knutzen, Baumgarten, Crusius, Günther [...]. Gegner des Influxus sind die *Occasionalisten* [...], Spinoza, Leibniz [...]. Auch Kant ist Gegner der Theorie vom Übergehen des Zustandes des tätigen auf das leidende Ding.«

[18] Noch in der Rezeptivität oder Modifikabilität, so Tetens im neunten der *Versuche*, beweise die Seele Selbsttätigkeit, ist also ihre Grundkraft, ihr inneres Prinzip tätig; vgl. insbes. 611–615.

[19] Gelegenheitsursachen, vgl. unten »Dritte Hypothes«, § 14.

[20] System der Gelegenheitsursachen, der sog. Okkasionalismus. Vgl. jüngst Steven M. Nadler: *Occasionalism. Causation among the Cartesians*, Oxford 2011.

[21] *Eisler* 1, <Creatianismus>, 192: »Schöpfungstheorie bezüglich des Entstehens der Seele, welche nach dieser Auffassung im Moment der Geburt des Organismus von Gott mit demselben vereinigt wird. Gegensatz: Traducianismus [...].«

[22] Krug: *Allgemeines Handwörterbuch der philosophischen Wissenschaften nebst ihrer Literatur und Geschichte* I, <Concretianer>, 508: »C. (von concrescere, zusammenwachsen) heißen diejenigen Psychologen, welche annehmen, daß die Seele mit dem Leibe vermöge der ursprünglichen Erzeugung beider gleichsam zusammengewachsen sei.«

[23] *Eisler* 2, 508: »Traduzianismus heißt die Lehre, nach welcher die Seele des Kindes aus der Seele des Vaters (wie ein Sprößling, ›tradux‹) bei der Zeugung hervorgeht.«

[24] Vgl. Baumgarten, *Met.*, § 772: »Traduciani sive ex parentum anima, ut flammulam ex flammula, sive ex eorundem corpore, derivent oriundam animam [...].«

[25] Ein Präexistentianer ist, wer die Existenz der Seele bereits vor der Empfängnis behauptet (Baumgarten, *Met.*, § 770).

[26] Tritt bereits gegen Ende des 6. Jh. v. Chr. als Lehre des Pythagoras auf (HWPh 9, <Seelenwanderung>, 117). – Vgl. a. Dietrich Tiedemann: »Über die Seelenwanderung«, in: *Deutsches Museum* 2.2 (1777), 248–267. Baumgarten verwendet den Begriff »Metempsychosis« in *Met.*, § 784.

[27] Vgl. Wolff, *Psychologia rationalis*, *Wolff-Werke* II/6, § 706: die präexistierende Seele habe keine deutlichen, sondern bloß verworrene Perzeptionen (»perceptionum confusarum«).

[28] Vgl. Wolff, *DM*, Vom Wesen der Seele, § 921: »Seelen der Menschen und Thiere sind unverweßlich« (Glosse).

[29] *Adelung* 4, Sp. 1689:

»Zernichten, VERB. REG. ACT., zu nichts, oder zu nichte machen. 1. Zu nichte machen, d. i. zerstören, die Verbindung der Theile eines Dinges aufheben. Ein Kunstwerk zernichten. 2. In nichts verwandeln, aus der Reihe der existirenden Dinge wegnehmen. Der Gottlose wünscht, daß Gott seine Seele zernichte. In beyden Fällen wie vernichten. So auch die Zernichtung.«

In Moses Mendelssohn: »Phädon oder über die Unsterblichkeit der Seele«, in: Alexander Altmann (Hrsg.): *Gesammelte Schriften (Jubiläumsausgabe)*, Bd. 3.1, Stuttgart-Bad Cannstatt 1972 widerlegt Sokrates anhand der Stetigkeit natürlicher Veränderungen die »Zernichtung« der Seele. Seinen Kritikern erwidert Mendelssohn im Anhang zur dritten Auflage:

»Daß durch alle Kräfte der Natur nichts wahrhaftig zernichtet werden könne, ist, so viel ich weiß, von keinem Weltweisen noch in Zweifel gezogen worden. [...] Wie aber? fragte man, kann wohl irgend eine Veränderung ohne alle Zernichtung vorgehen? [...] – Ich glaube, man misbraucht hier das Wort zernichten« (147–48).

Die von Mendelssohn geführte sokratische Argumentation deutet allerdings (anders als Tetens' obige Differenzierung von körperlicher Zerstörung und unzerstörbarer Seele) den Tod des Körpers gleichfalls als einen sukzessiven Übergang, dessen Moment lediglich durch unsere Wahrnehmung als Epoche gesetzt wird (vgl. 61–72).

[30] Der Sache nach müßte es wohl »indestructilis« heißen, vgl. *Georges* 1, <destructilis>, 2095.

[31] Diese Verbindung des Zukünftigen mit dem Vorhergehenden ergibt sich bereits aus dem Gesetz der Stetigkeit oder Kontinuität (lex continuitatis): »natura [...] non facit saltum« (HWPh 4, <Kontinuitätsgesetz>, Sp. 1043; s.u. Anmerkung 6 zur Cosmologie).

[32] Anders als Tetens' hier geäußerte Auffassung vom Höhepunkt der seelischen Entwicklung vor dem Tode formuliert Mendelssohn eine auf den Tod zulaufende Abnahme seelischer Potenz, »sie leidet [...] allmählige Verwandelungen« (ebd., 69), »nach und nach« nimmt »die Seele auch an Kraft und innerer Wirksamkeit« ab (71). Nach der »ausgemachten Unmöglichkeit [...], daß unser Geist untergehen solle« (74), bezieht sich dieser Niedergang lediglich auf die Seelentätigkeit aufgrund sinnlicher Eindrücke; soll

sie fortdauern, muß sie denken, wirksam sein, ohne die sinnlichen Eindrück nach dem Tod des Körpers richtet sich ihre Tätigkeit auf »Weisheit, Tugendliebe und Erkenntniß der Wahrheit« (75). – Vgl. a. oben die Anm. 6 zur Psychologia empirica.

33 Lat. spiritualitas, Geistigkeit: »Seins- und Erkenntnisweise der immateriellen Wesen (Gegensätze ›corporalitas‹, ›materialitas‹)« (HWPh 9, <Spiritualität>, 1416).

34 Kant subsummiert in *KrV* A 345/B 403 Immaterialität, Inkorruptibilität und Personalität gemeinsam unter den Begriff der Spiritualität. – Vielfach wird der Begriff der Personaliät in den 1770er Jahren in Verbindung mit dem des Bewußtseins diskutiert; vgl. bspw. Christoph Meiners: »Psychologisches Fragment über die Verschiedenheiten des innern Bewußtseyns«, in: *Vermischte Philosophische Schriften*, Bd. 2, Leipzig 1776, 3–44; nach Hißmann]: *Psychologische Versuche ein Beytrag zur esoterischen Logik*, Dritter Versuch über den inneren Sinn, 148 »ist das Gefühl der Personalität der andere Zweig vom Bewußtseyn unsrer selbst«, er kritisiert jedoch eine häufige Verwechslung mit dem »Gefühl der Identität, mit dem Gefühl, [...] daß wir, die wir jetzt sind, noch gerade dieselbige Personen seyn, die wir ehedem waren.« Denn: »Ein solches Gefühl ist physisch unmöglich, und wer es zu haben glaubt, wird getäuscht.« Weiterhin wird zeitgenössisch die Abhängigkeit des – synonym verwendeten – »Gefühls unsers Ichs« (ebd., 144) vom Gedächtnis hervorgehoben. *Adelung* 3, 1000 f., und *Zedler* 23, 668 f. verzeichnen den Begriff »Person« und beschränken sich auf eine knappe Wiedergabe der Wolffischen Definition aus *DM*, § 924. Von besonderer Bedeutung für die Entstehung eines Konzepts von »personaler Identität« ist der britische Empirismus; vgl. Udo Thiel: *Lockes Theorie der personalen Identität*, Bonn 1983.

35 Vgl. Alexander Gottlieb Baumgarten: *Alexander Gottlieb Baumgartens, Professors der Philosophie, Metaphysik. Ins Deutsche übersetzt von G.F. Meier*, hrsg. v. Johann August Eberhard, Neue vermehrte Auflage., Halle 1783, § 578:

»Der *Tod eines Thiers ist entweder ein schlechterdings so genannter* [...], oder nur *ein gewissermaßen so genannter* [...]. Folglich stirbt der Mensch entweder schlechterdings, wenn er stirbt, oder nur beziehungsweise, das ist: [...] sie [sc. die Seele] wird in die genaueste Gemeinschaft mit einem andern Körper versetzt. Die Meinung, durch welche das lezte behauptet wird, heißt *der aufgehabene* [sic!] *Tod* (exilium mortis sc. absolutae).«

In der Parallel-Stelle, *Met.*, § 784, findet sich die Wendung nicht. – Vgl. ferner Johann August Heinrich Ulrich: *Erster Umriß einer Anleitung zu den philosophischen Wissenschaften: Zum Gebrauch der Vorlesungen*, Jena 1772, § 64 (recte 66), 354: »Wenn demnach natürlicher Weise, nicht allein aus nichts Nichts werden, eine endliche Kraft die andere nicht schaffen, sondern auch eben so wenig vernichten kan, (§ 47.) so giebt es keinen absoluten Tod in der ganzen Natur, und Leibnizens exilium mortis ist ein gegründeter Gedancke.«

36 Tetens scheint hier nahezulegen, die Seele besäße ein geistiges Abbild des Körpers, das sich im Verlauf des Lebens durch Erfahrungskenntnisse komplettiert und ein seelisches Pendant des körpergebundenen Gedächtnisses darstellt.

37 Vgl. Tetens' Behandlung des Alterns, der »Grenzen der Entwickelung und [...] der Wiederabnahme der Kräfte« in *Versuche* II, Fünfter Abschnitt des 14. Versuchs, 709–767.

38 Feder: *Untersuchungen über den menschlichen Willen* behandelt im dritten Kapitel »Von einigen Neigungen und Trieben, die am tiefsten in der menschlichen Natur gegründet zu seyn scheinen« u. a. den »Trieb zur Veränderung« und den »Trieb auf die Zukunft zu sehen, Trieb nach dem Unendlichen« (113–119, §§23–24) (vgl. a. oben die Anm. 6 zur Psychologia empirica: Prävisionen). – Vgl. a. *Versuche* II, Vierzehnter Versuch. Über die Perfektibilität und Entwickelung des Menschen, 368–834; insbesondere 522–526; 820–826.

39 Lambert behandelt im zweiten Band des *Neues Organon oder Gedanken über die Erforschung und Bezeichnung des Wahren und dessen Unterscheidung vom Irrthum und Schein* (Leipzig 1764) die »moralische Gewißheit« im Fünften Hauptstück »Von dem Wahrscheinlichen« (§§ 249–264) als diejenige Art der Gewißheit, »wo die Gründe und Argumente für den Willen oder von dem Willen hergenommen sind« (420). Vgl. a. Moses Mendelssohn: »Gedanken von der Wahrscheinlichkeit«, in: Wolfgang Vogt (Hrsg.): *Metaphysische Schriften*, Hamburg 2008, 3–21, der »moralische und physische Gewißheiten« unterscheidet (18); Crusius: *Ausführliche Abhandlung von dem rechten Gebrauche und der Einschränckung des sogenannten Satzes vom zureichenden oder besser determinirenden Grunde*, 85; Ernst Platner: *Philosophische Aphorismen*, Bd. I, Leipzig 1784, 238–240, §§ 761–766; Tetens, *Versuche* I, 529.

40 Vgl. Gottfried Ploucquet: *Elementa philosophiae contemplativae sive De scientia ratiocinandi, notionibus disciplinarum fundamentalibus deo, universo et speciatim de homine*, Stuttgart 1778, 469, § 94: »Memoria intellectualis differt a reminiscentia ratione *originis*. Reminiscentia enim regreditur *quaerendo* id, quod adsuit, & memoria intellectualis oritur absque *investigatione* perceptionum praeteritarum.« – Tetens meint wohl eine Rückerinnerung oder ein Wiedererkennen gänzlich nicht-sinnlicher Art. Vgl. »idea intellectualis« (*Versuche* I, 19); »mundus intellectualis« (ebd.,

570). Vgl. ferner die Unterscheidung durch Kant (an Marcus Herz 21. Februar 1772):

»Ich hatte mich in der dissertation damit begnügt, die Natur der intellectual Vorstellungen blos negativ auszudrüken: daß sie nemlich nicht modificationen der Seele durch den Gegenstand wären. [...]. Ich hatte gesagt: die sinnliche Vorstellungen stellen die Dinge vor, wie sie erscheinen, die intellectuale wie sie sind« (*AA* 10, 130–131).

41 Vgl. Tetens' Bestimmung der Vollkommenheit des Menschen und damit mittelbar auch derjenigen der menschlichen Seele nach dem Grade ihrer Selbstthätigkeit (*Versuche* II, v.a. 642–651).

42 Tetens subsummiert den Menschen unter die Tiere; vgl. *Versuche* II, Dreyzehnter Versuch. Über das Seelenwesen im Menschen, 149–150:

»I. Vorläufiger Begriff von der thierischen Natur des Menschen und von dem Seelenwesen in ihm. – Der Mensch ist ein Thier, und hat als Thier eine thierische Natur, die keiner scharfsinniger untersuchet hat, als Hr. Unzer in seiner Physiologie der Thiere. Als Thier besitzt der Mensch Seelenkräfte und körperliche Kräfte. Zu den letzten gehören sowohl die mechanischen, die eine Folge des Mechanismus des Körpers sind, als auch die Nervenkräfte. Diese letztern aber sind gleichfalls körperliche Kräfte wie die erstern, und wie jene eine Folge der Organisation. [...] Aus jener Verbindung entstehet die thierische Natur des Menschen. Das Thier ist das aus Seele und organisirtem Körper bestehende Ganze.«

Tetens bestimmt den Unterschied zwischen Mensch und Tier rein quantitativ nach Graden, nicht qualitativ.

43 Der Bezug auf die Seele der Tiere erfreut sich – zur Bestimmung des Eigenen über das Andere – zu Tetens' Zeit großer Beliebtheit, insbesondere in kritischer Auseinandersetzung mit Descartes' Bestimmung der Tiere als seelenlose Automaten; vgl. Markus Wild: *Die anthropologische Differenz. Der Geist der Tiere in der Frühen Neuzeit bei Montaigne, Descartes und Hume* (= Quellen und Studien zur Philosophie; 74), Berlin 2006. Bspw. Wolff, *DM* II, §§ 789, 896, 897, 901, 921, 923, 926; Justus Christian Hennings: *Geschichte von den Seelen der Menschen und Thiere*, Halle 1774; Hermann Samuel Reimarus: *Allgemeine Betrachtungen über die Triebe der Thiere, hauptsächlich über ihre Kunsttriebe. Zum Erkenntniß des Zusammenhanges der Welt, des Schöpfers und unser selbst*, Hamburg 1760; Georg Friedrich Meier: *Versuch eines neuen Lehrgebäudes von den Seelen der Thiere*, Halle 1749. – Auch Tetens greift dieses Thema im Hauptwerk intensiv auf; vgl. *Versuche* I, Vorrede xxvi–xxxi, 265, 297 f., 352, 547, 552, 11. Versuch 738–766.

44 Vgl. Tetens' (wohl nicht eingereichte) Beantwortung der von Herder gewonnenen Akademie-Preisfrage zum Sprachursprung in *Ursprung* sowie *Versuche* I, Anhang zum Eilften Versuch: Einige Anmerkungen über die natürliche Sprachfähigkeit des Menschen, 766–784.

45 In der Aufklärung häufig anzutreffende, facettenreiche Metapher; vgl. Ralf Konersmann: »Übersicht«, in: ders. (Hrsg.): *Wörterbuch der philosophischen Metaphern*, Darmstadt 2007, 485–498, hier 486 zum »Vertikalismus« von Stufen, Treppen und Leitern, der allerdings – dem Fokus seines Lemmas gemäß – auf Erläuterungen zur im 18. Jahrhundert wichtigen, wertenden Semantik der Artunterschiede in Stufenleitern verzichtet.

Cosmologie

1 Den Begriff der »metaphysischen Cosmologie« verwendet auch Meier: *Metaphysik*, Zweiter Theil (1756), 7–8, § 282:

»Man muß daher, die metaphysische Cosmologie, ja nicht mit derjenigen Cosmologie verwechseln, welche sich blos mit der Untersuchung der würklichen oder der gegenwärtigen Welt beschäftiget. [...] wir werden in unserer Metaphysik einen höhern Flug nehmen, und in der Cosmologie vornehmlich, alle mögliche Welten zusammen genommen, betrachten, daher wir sie auch *die allgemeine und metaphysische Cosmologie* nennen, zum Unterschiede von derjenigen Cosmologie, welche sich blos, mit der philosophischen Betrachtung der Einrichtung dieses Weltgebäudes, beschäftiget.«

Und weiter (§ 283): »Wir verstehen demnach, durch die *Cosmologie*, die Wissenschaft desjenigen, was mehrere Welten mit einander gemein haben.« Meiers Begriff entspricht damit Wolffs Definition der *Cosmologia generalis* im *Discursus*, § 78: Die »*allgemeine* oder *transzendentale Kosmologie*« ist »die Wissenschaft von der Welt im allgemeinen«, »die erklärt, was die existierende Welt mit jeder anderen möglichen Welt gemeinsam hat.«

Tetens verzichtet gegenüber Wolff und Meier auf die Heranziehung möglicher Welten (er greift lediglich in § 28 Leibniz' Theorie der besten aller möglichen Welten auf) und hebt stattdessen die Transzendenz der Vernunftsätze in der von ihm avisierten Kosmologie hervor. Er betrachtet sie folgerichtig selbst in dieser Hinsicht noch im selben Paragraphen als »eine weiter fortgesetzte allgemeine Philosophie«, also Ontologie.

2 Ununterbrochene, zusammenhängende Ausdehnungen (*Georges* 1, 1622 [continuus]; 2630 [extensio]).

3 S. vorige Anmerkung.

4 Zusammensetzungen (einfacher) Substanzen; vgl. Wolff, *Cosmologia generalis*, *Wolff-Werke* II/4, § 223: »Omnia enim corpora sunt aggregata substantiarum simplicium [...].«

5 Vgl. in der Einleitung die Ausführung zu den »sinnlichen Abstracta« (lvii ff.) sowie die Anmerkung 6 zur Psychologia empirica.

6 Tetens unterscheidet hier nicht wie etwa Kant eine Welt der Dinge an sich oder des Denkbaren (»mundus intelligibilis«) im Unterschied zur Welt der Erscheinungen (»mundus sensibilis«), sondern er führt bereits den Begriff des »mundus sensibilis« rein epistemologisch, so daß eine erkenntnistheoretische Abwandlung bzw. Anpassung konsequent ist. Vgl. Kants *De mundi sensibilis atque intelligibilis forma et principiis* (1770).

7 Gesetz der Kontinuität oder Stetigkeit, Leibniz formuliert dieses in seinen *Neuen Abhandlungen über den menschlichen Verstand* (vgl. Vorwort, xxix) aufgrund des bereits in der antiken griechischen Philosophie weitverbreiteten Prinzips »Die Natur macht keine Sprünge« (natura non saltum facit).

8 Vgl. Baumgarten, *Metaphysica*, § 450; s.o. die Anmerkung 6 zur Raisonnirenden Psychologie.

9 Vgl. Baumgarten, *Metaphysica*, § 172. Kant, *De mundi sensibilis*, § 13, *AA* 2, 398: »Principium formae universi est, quod continet rationem nexus universalis, quo omnes substantiae atque earum status pertinent ad idem totum, quod dicitur mundus. Principium formae mundi sensibilis est, quod continet rationem nexus universalis omnium, quatenus sunt phaenomena.«

10 Eigentlich principium identitatis indiscernibilium, das von Leibniz formulierte »Prinzip der Identität des Ununterscheidbaren«; vgl. HWPh 7, Sp. 1360.

11 Notwendigkeit der Folge; auch necessitas hypothetica, conditionalis, consequentiae, d.i. bedingte Notwendigkeit im Unterschied zur necessitas absoluta, simplex, also unbedingten Notwendigkeit.

12 Vgl. *Versuche* II, 634.

13 Vgl. *Versuche* II, 639–641.

Theologie der Vernunft

1 *Eisler* 3, 1502:

»Theismus (theos) heißt im Gegensatz zum Atheismus [...] die Annahme eines Gottes, 2) im Unterschiede vom Pantheismus [...] die Annahme eines außer- und überweltlichen Gottes, 3) im Unterschiede vom Deismus [...] die Annahme eines persönlichen

Gottes, der durch seinen Willen, durch seine Kraft ewig in der Welt wirkt, als ›lebendiger‹ Gott.«

Vgl. außerdem für einen differenzierten historischen Abriß HWPh 10, <Theismus>, Sp. 1054–1059.

2 Jacob Grimm/Wilhelm Grimm (Hrsg.): *Deutsches Wörterbuch*, Leipzig 1854, Bd. 26, Sp. 214: VIELGÖTTER, m., ein polytheist, einer der viele götter hat, anbetet [...]«.

3 *Adelung* 3, Sp. 597:

»Der Ohngötter, des -s, PLUR. UT NOM. SING. ein von einigen Neuern gewagtes Wort, das Griech. *αθεος* auszudrucken, wofür doch Gottesläugner richtiger und üblicher ist. Die Hochdeutschen haben das ohn in den Zusammensetzungen veralten lassen, und dafür das un behalten. Nach dieser Analogie müßte das Wort, wenn es auch keinen andern Tadel hätte, Ungötter heißen.«

4 *Zedler* 26, Sp. 595:

Pantheismus, [...] bedeutet denjenigen Irrthum, da man [...] das Gantze, oder die Welt vor Gott hält, Gott und die Natur, oder die Welt vor eines ansiehet. Diese Art des dogmatischen Atheismi [...] hat man [auch] den *Spinozismum* genennet [...].«

5 *Zedler* 39, Sp. 87:

Spinozisterey, Spinozismus, [...]. Man verstehet durch den Spinozismum diejenige Art der Atheisterey, da man nur eine und zwar materialische Substanz statuiret, folglich Gott und die Welt vor eins hält.«

6 *Eisler* 1, 664 f.:

»*Kosmologischer Beweis für das Dasein Gottes* ist der Schluß von der Endlichkeit, ›Zufälligkeit‹ (Kontingenz), Bedingtheit der Welt (der Dinge) auf die Existenz eines unbedingten, absoluten Wesens als Urgrund der Welt. Gott wird hier als die höchste, letzte Ursache bestimmt, postuliert, welche die Reihe der endlichen Ursachen in der Idee abschließt, als die Ursache, die nicht mehr als Wirkung eines andern betrachtet zu werden braucht.«

PERSONEN- UND SACHREGISTER

Indexiert wurden solche Begriffe des Vorlesungstextes, die entweder eine im weitesten Sinne philosophische bzw. philosophiegeschichtliche Relevanz aufweisen können oder nach Auffassung des Herausgebers signifikant für den Tetensschen Duktus sind.